zeit aufnahme

Geschichte
für die Sekundarstufe I

Band 2

Herausgeber: Dr. S. Graßmann
Autoren: Dr. B. Askani, J. Ender, D. Gaedke, Dr. S. Graßmann, B. Januschke,
W. Kohlhoff, H. J. Markmann, Dr. E. Thurich, E. Wagener, Dr. K. F. Warner,
W. Wunderlich

Die Autoren und ihre Beiträge:

Askani S. 24–41; Ender/Wunderlich S. 10 bis 13, 88–101 u. 106–111; Gaedke S. 148 bis 165; Graßmann S. 45, 48/49, 52/53, 56/57, 102–105 u. 166–169; Januschke/ Warner S. 112–147 u. 170/71; Kohlhoff S. 76–87; Markmann S. 4–9 u. 14–23; Thurich S. 42–44, 46/47, 50/51 u. 54/55; Wagener S. 58–75

© Georg Westermann Verlag
Druckerei und Kartographische Anstalt GmbH & Co., Braunschweig 1979
Gesamtherstellung: westermann druck, Braunschweig 1979
1. Auflage 1979
Kartographie: Kart.-Ing. J. Zwick, Gießen
Verlagslektor: Dr. F.-L. Hinz,
Assistentin: C. Kühling
Typographie und Herstellung: P. Hudy
Graphiken: I. Küster-Wasow, Hamburg, H. Schlobach, Königslutter und Technisch-Graphische Abteilung Westermann
Umschlagentwurf: H. Neumann

ISBN 3 - 14 - **11 1046** - 8

Zum Umschlag

Die Motive zeigen den arbeitenden aber auch den schöpferischen Menschen und seine Leistungen, da die Bereiche der Industrialisierung, der technischen Entwicklung und der sozialen Frage thematische Schwerpunkte dieses Bandes bilden. Bewußt wurden als Kontrast auch Aspekte aus zeitlich weiter zurückliegenden Epochen eingeflochten.

Die Vorderseite zeigt von links oben nach rechts unten:
1. Siegerländer Hüttenmann, überlebensgroße Bronzefigur, als Symbol der Siegerländer Eisenindustrie 1904 in Siegen aufgestellt. Die Figur wurde 1902 von dem Siegener Bildhauer Prof. Friedrich Reusch (1843–1906) für die Düsseldorfer Industrieausstellung geschaffen.
2. James Nasmyth's Dampfhammer (1843) in Betrieb, Gemälde des Erfinders (s. Ausf. S. 119).
3. Ballonaufstieg von Pierre Testü-Brissy auf einem Pferde, Farbstich 1798. Diese beim Anblick der Abb. leicht dem Bereich der Fabel zugeordnete Begebenheit trug sich tatsächlich zu und fand zahlreiche Nachahmer. So stieg beispielsweise 1817 vom Tivoligarten in Paris ein Ballonfahrer auf einem zahmen weißen Hirsch sitzend auf.
4. Benz-Motorwagen „Ideal" 1899 (Standort, Deutsches Museum München).
5. Spinnerin am Herd, kolorierter Stich aus dem 18. Jh. Bis zur Erfindung der Jenny (s. S. 114) mußte die Baumwolle mit der Hand zu Garn versponnen werden.

Die Rückseite zeigt von links oben nach rechts unten:
1. Modellhafte Nachzeichnung der ersten brauchbaren Dampfmaschine der Welt. Sie wurde 1712 von ihrem Erfinder Thomas Newcomen in Tipton, Staffordshire, gebaut und pumpte mehr als 30 Jahre lang Wasser aus dem Coneygre-Kohlenbergwerk.
2. Ausschnitt aus einem Altargemälde (Merode-Altar) des flämischen Malers Robert Campin um 1430. Es zeigt den heiligen Joseph an der Werkbank mit einem Kurbelbohrer, einer Erfindung des hohen Mittelalters.
3. Fortschaffung eines Kolosses aus einer Gruft zu El-Bersche. Nachzeichnung eines ägyptischen Reliefs aus dem Deutschen Museum, München.
4. Zwei Zisterziensermönche beim Spalten eines gefällten Stammes. Initiale (= Zeichnung zu Beginn einer Buchseite) einer Handschrift aus Citeaux, frühes 12. Jh. (Moralia in Job, Gregors des Großen, Bibliothek Dijon).
5. Sklavenarbeit in einer attischen Tongrube (Vasenmalerei, s. Bd. 1, S. 49).

Bildnachweis

Archiv Gerstenberg, Frankfurt/M. (5) – *Archiv für Kunst und Geschichte*, Berlin (4) – *Leo Baeck Institute*, New York (2) – *H. J. Bartsch/ Berlin-Museum* (1) – *E. Baumann*, Bad Reichenhall (1) – *Bayerisches Armeemuseum*, München (1) – *Bayerische Staatsbibliothek*, München (1) – *B. u. H. Becker*, Düsseldorf (1) – *Bibliothèque Nationale*, Paris (6) – *The Bodleian Library*, Oxford (2) – *The British Museum*, London (5) – *Photographie Bulloz*, Paris (2) – *BURDA-Bilderdienst*, Offenburg (1) – *M. Bussell*, Freshford Manor, Bath (1) – *Cassell & Company Ltd.*, London (1) – *City Art Gallery*, Manchester (1) – *C. Degn*, Kiel (1.) – *Deutsche Fotothek*, Dresden (1) – *dpa-Farbbild*, Frankfurt/M. (1) – *Deutsches Bergbaumuseum*, Bochum (4) – *Deutsches Museum*, München (5) – *Dietz Verlag*, Berlin (8) – *J. Ender*, Hamburg (5) – *M. Evans Picture Library*, London (1) – *Germanisches Nationalmuseum* Nürnberg (1) – *Photographie Giraudon*, Paris (5) – *Haus des Deutschen Ostens* (1) – *Herzog-August-Bibliothek*, Wolfenbüttel (1) – *Historia-Photo*, Hamburg (9) – *Historisches Museum*, Wien (1) – *Verlag Hoffmann & Campe*, Hamburg (1) – *Kindler Verlag*, München (2) – *Foto Kleinhempel*, Hamburg (1) – *Fried. Krupp GmbH*, Essen (1) – *G. Kühn*, Braunschweig (1) – *Louvre*, Paris (1) – *Lutherhalle Wittenberg*, Wittenberg (1) – *Verlag Otto Maier*, Ravensburg (2) – *The Mansell Collection*, London (6) – *Medienzentrum des Märkischen Kreises*, Hemer, Günter Wiening – *M. W. Mesenzew/ WAAP/Tretjakow-Galerie*, Moskau (1) – *The Metropolitan Museum of Art*, New York (1) – *Verlag H. Moos*, München (2) – *Musée Cantonal des Beaux Arts*, Lausanne (1) – *Museum für Völkerkunde*, Berlin (1) – *Nationalmuseet Stockholm*, Stockholm (1) – *The National Gallery*, London (1) – *The National Gallery*, Washington (1) – *The New York Public Library*, New York (1) – *Österreichische Nationalbibliothek*, Wien (4) – *Galerie G. Paffrath*, Düsseldorf (1) – *Bildarchiv Preußischer Kulturbesitz*, Berlin (32) – *Radio Times Hulton Picture Library*, London (3) – *Eugen Rentsch Verlag*, Erlenbach/Zürich (1) – *Cl. Roger-Viollet*, Paris (1) – *Rowohlt Verlag*, Reinbek (1) – *SCALA*, Florenz (3) – *Sammlung G. Schäfer*, Obbach (1) – *Science Museum*, London (1) – *Service de documentation de la Réunion des musées nationaux* (1) – *Staatliches Museum Berlin*, Berlin (1) – *Staatliches Museum Schwerin*, Schwerin (1) – *Stadt Siegen, Pressestelle* (1) – *G. Stiller*, Gütersloh (1) – *Süddeutscher Verlag*, München (2) – *Der Tagesspiegel*, Berlin (1) – *The Toledo Museum of Art*, Toledo/USA (1) – *Verlag Ueberreuter*, Wien (2) – *Ullstein-Bilderdienst*, Berlin (12) – *USIS*, Wien (1) – *Versailles Musée National*, Versailles (1) – *Victoria & Albert Museum*, London (2) – *Wallraf-Richarz-Museum*, Köln (2) – *Bildarchiv Westermann*, Braunschweig (17) – *Württembergische Landesbibliothek*, Stuttgart (1)

Inhalt

Marco Polo – Kaufmann, Tourist und Vorbild der Entdecker

Erweitern seine Reisen das europäische Weltbild?

Abb. 1: Gemälde Marco Polos in mongolischer Kleidung und Bewaffnung.

Einmal Asien hin und zurück

Im Jahre 1252 gelangte der Franziskanermönch Rubruk im Auftrag des französischen Königs teils zu Fuß, teils auf einem Ochsenkarren in das Reich des Großkhans, der über die Mongolenvölker herrschte. Er war zwei Monate lang in der Hauptstadt Karakorum zu Gast. Seine eigentliche Aufgabe, nämlich über ein gemeinsames Vorgehen von Großkhan und französischem König gegen den Islam zu verhandeln, mißlang.

Aber die Reise Rubruks durch ganz Asien und sein Reisebericht über die Sitten der Mongolen waren einmalige Leistungen.

Händler beim Großkhan

Hatten Rubruk neben der sicher vorhandenen Wißbegier und Abenteuerlust vor allem religiöse und politische Gründe nach Asien geführt, so reisten die venezianischen Händler Niccolò und Maffeo Polo vor allem aus kaufmännischen Gründen in den Iran und Irak und hielten sich dort mehrere Jahre auf. Mit einem Brief des Großkhans an den Papst kehrten sie schließlich aus Zentralasien zurück.

War Marco Polo ein Schwindler?

Marco Polo (1251 in Venedig geboren und 1324 dort gestorben), Sohn des Niccolo Polo, fuhr 1271 auf einer zweiten Reise in Begleitung seines Vaters und seines Onkels Maffeo zu Schiff zum Hafen Lajazzo in Armenien. Er durchwanderte die Türkei, folgte dem Fluß Tigris, besuchte Bagdad und kam mit dem Schiff bis Ormuz, einer Hafenstadt am Persischen Golf. Die Polos wollten eigentlich auf dem Seeweg weiterreisen. Als sie aber die zerbrechlichen Schiffe im Hafen sahen, entschlossen sie sich für den mühsameren, dafür zuverlässigeren Landweg. Dreieinhalb Jahre dauerte die Reise, bis die Polos dem Großkhan den Antwortbrief des Papstes übergeben konnten. Die Route führte mit Reittieren durch Persien, Afghanistan, Turkestan und die Mongolei bis nach Kambaluk (Peking) in Cathay (China). Siebzehn Jahre blieb Marco Polo in China und unternahm im diplomatischen Auftrag des Großkhans ausgedehnte Reisen nach Burma und Annam.

In Peking regierte damals der mongolische Großkhan Kublai. Sein Großvater Dschingis-Khan hatte die mongolischen Nomadenstämme Innerasiens unterworfen. Die Reiterheere seiner Nachfolger eroberten Rußland, Ungarn und tauchten 1241 sogar in Schlesien auf. So herrschte Kublai über ein Reich, das sich von Polen bis zum Chinesischen Meer dehnte.

Staunend erlebte der junge Mann riesige Städte, prächtige Bauten, technische Anlagen (z. B. Kanäle) und die komplizierte Verwaltung eines Großreiches, unvergleichbar mit dem, was Europa zu dieser Zeit bieten konnte. Als Marco Polo 1295 wieder in Venedig eintraf, erinnerte sich niemand mehr des Reisenden. Viele seiner Zeitgenossen verspotteten ihn, weil sie seinen erstaunlichen Berichten nicht trauten. Noch hunderte von Jahren gab es beim Karneval die Narrenfigur „Messer Miglione" (Herr Million), die die Größenangaben Marco Polos als Aufschneiderei entlarven sollte.

Polo beschrieb den Reichtum des Khan in Zahlen, die ihm diesen Spottnamen eintrugen: Er behauptete, der Großkhan habe seinen Rittern 12 000 Goldtuchumhänge und 156 000 Roben mit Edelsteinen und Perlen besetzt geschenkt, er besäße 100 000 Schimmel, 100 000 Diener, 5000 Elefanten, 10 000 Falkner, die Falken für die Jagd abrichteten, und Zelte aus Tausenden von wertvollen Zobelfellen.

Abb. 2: Marco Polo überreicht den Brief des Papstes.

Wissenschaftler können heute aufgrund zahlreicher Überlieferungen viele der unglaublichen Angaben bestätigen. So beruhte auch der verblüffende Bericht Polos über das Wunder des Kaiserkanals auf Tatsachen. Dieser war so geschickt konstruiert, daß entgegengesetzte Strömungen den Schiffsverkehr gleichzeitig in beiden Richtungen erlaubten.

Woher weiß man nach über 700 Jahren noch von den Reisen Marco Polos?

Nach seiner Heimkehr geriet Polo durch den Krieg zwischen den Genuesern und Venezianern in Gefangenschaft. Diese Zeit nutzte er, um einem Mitgefangenen seinen Reisebericht zu diktieren.

In den folgenden Jahrhunderten wurde dieser Bericht in viele Sprachen, auch in das Deutsche, übersetzt; gelesen und diskutiert. Fast 200 Jahre lang war man in Europa auf seine Beschreibungen angewiesen, wenn man über Asien etwas wissen wollte. Manche Orte, die er schilderte, wurden erst im 19. Jahrhundert wieder von Europäern aufgesucht.

Die ganz genaue Reiseroute Polos ist unbekannt geblieben, weil er auch Länder beschrieb, die er nicht selbst gesehen hat.

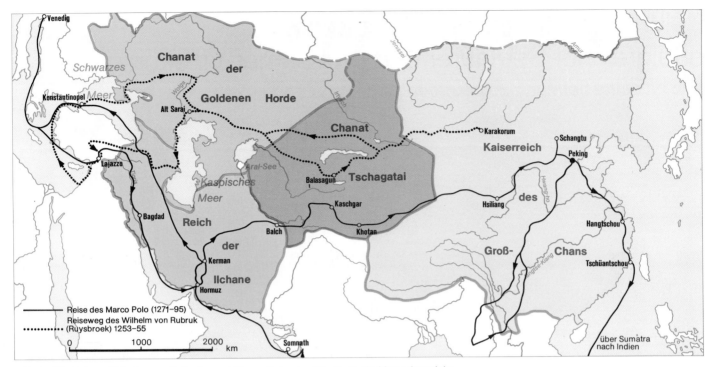

Abb. 3: Die Reisen Wilhelm von Rubruks und Marco Polos im 13. Jh. in die Mongolenreiche

Vorwort Marco Polos zu seinem Bericht

„Ihr Kaiser, Könige ... und ihr anderen alle, die ihr begierig seid, Kunde zu erlangen von der Vielfalt der Rassen des Menschengeschlechts und von den verschiedenen Königreichen ... in dem östlichen Teil der Welt – leset dieses Buch, und ihr werdet in ihm ... die Beschreibungen ... besonders von Armenien, Persien, Indien und der Tartarei, finden ...

Dieser (Marco Polo) ließ, in dem Wunsch, alles, was er sah und hörte, zum Nutzen aller, die es nicht mit eigenen Augen sehen konnten, zu veröffentlichen, im Jahr des Herren 1298 im Gefängnis zu Genua ... von dem Meister Rusticiano niederschreiben ...“

(Reisebericht, München 1969, S. 13)

Einladung an den Hof des Großkhan

Sie setzten über den Tigris und kamen schließlich in eine Wüste, die sich 17 Tagereisen weit ausdehnte. Endlich gelangten sie wieder in eine richtige Stadt. Diese hieß Bokhara und gehörte zum persischen Reich. Nun fügte es sich aber, daß sich zur gleichen Zeit ein Mann von hohem Ansehen ... in Bokhara aufhielt. Er reiste als Gesandter zum Großkhan, dem obersten Fürsten aller Tataren, welcher Kublai-Khan hieß und seine Residenz am äußersten nördlichen Ende des Festlandes hatte. Dieser Gesandte ... war sehr erfreut, unsere Reisenden zu treffen und sich mit ihnen unterhalten zu können. Denn diese hatten inzwischen einigermaßen gelernt, sich in der Sprache der Tataren zu verständigen. Der Gesandte schlug ihnen vor, „sie sollten ihn an den Hof des Großkhan begleiten, der sich über ihr Erscheinen sehr freuen würde. Wegen der außerordentlichen Schwierigkeiten, die ihnen Schnee und Überschwemmungen in den Weg legten, verging ein volles Jahr, bis sie die kaiserliche Residenz erreichten. Als die Reisenden dem Großkhan vorgestellt wurden, empfing dieser sie mit aller Leutseligkeit. Und weil sie die ersten Italiener waren, die in seinem Lande erschienen, wurde zu ihren Ehren ein Fest gegeben.“

(Reisebericht, München 1969, S. 15 f.)

Von der edlen und prächtigen Stadt Quinsai (heute Hang-tschou)

Innerhalb der Stadt gibt es zehn Marktplätze – außer den unzähligen Kaufhallen in den Straßen ... Parallel zu der die Marktplätze verbindenden Hauptstraße läuft ein breiter Kanal, an dem geräumige Warenhäuser aus Stein aufgeführt sind; diese dienen der Bequemlichkeit der Kaufleute ..., wenn sie mit ihren Waren aus Indien oder anderen Ländern kommen. Auf jedem der Plätze versammeln sich an drei Tagen in der Woche 40 000 bis 50 000 Personen, um ... Güter anzubieten.

(A. a. O., S. 203)

1. Welche Verkehrsmittel standen den Polos im Vergleich zu heute zur Verfügung? Wie lange würde die Reise heute dauern, wenn der Landweg gewählt würde?
2. Ermittle mit Hilfe der Karte die einzelnen Abschnitte des Reiseweges der Polos von Venedig bis Peking. Wie lange würde die Reise bei einem Tagesdurchschnitt von 15 km gedauert haben?
3. Welche Themen werden von Marco Polo in seinem Reisebericht behandelt?
4. Wer unternahm bereits vor den Polos eine Reise nach Asien? Wie weit kam er?

Die Chinesen verwendeten als erste Papiergeld, das durch Gold- und Silbervorräte gedeckt war. Da Marco Polo diese Zusammenhänge nicht erkannte, glaubte er der Khan sei durch die Herstellung von Geld so reich. Tatsächlich war die Geldmenge von der Edelmetallmenge abhängig.

Abb. 4: Der Khan überwacht die Verteilung von Papiergeld

Kolumbus – unfreiwilliger Entdecker, erfolgreicher Seefahrer und grausamer Vizekönig

Wie ist seine Leistung zu beurteilen?

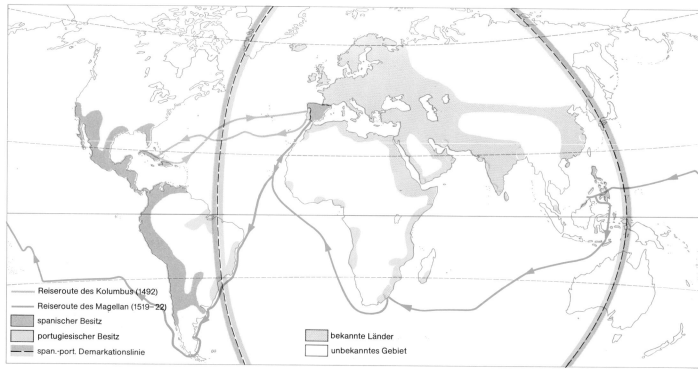

Abb. 1: Entdeckungen und Reisen im 15. und 16. Jahrhundert

Reiseroute des Kolumbus (1492)

Reiseroute des Magellan (1519–22)

spanischer Besitz

portugiesischer Besitz

span.-port. Demarkationslinie

bekannte Länder

unbekanntes Gebiet

Wer war Kolumbus?

Über den Seefahrer Kolumbus (wahrscheinlich 1451 in Genua geboren, gest. 1506 in Valladolid/Spanien) gibt es zahlreiche Lebensbeschreibungen, Romane, Gedichte und Schauspiele, in denen er verherrlicht oder verdammt wird. Aber über sein Leben vor dem Jahr 1492, dem Jahr seiner Fahrt über den Atlantik auf der Suche nach einer Westverbindung nach Asien, weiß man nur sehr wenig. Wo er seine seemännischen Erfahrungen sammelte, wie seine Kindheit und Jugend verlief und welcher Herkunft er war, ist weitgehend ungewiß.

„Ein unfreiwilliger Entdecker"

Kolumbus entdeckte einen neuen Erdteil für die Europäer. Aber er hatte nie die Absicht gehabt, mehr zu entdecken als einen Westweg zu den Ländern, die bereits der Venezianer. Marco Polo im 13. Jh. beschrieben hatte, das ostasiatische Festland, das Reich des Großkhans und Indien. Kolumbus gab bis zu seinem Tode den Irrtum nicht auf. So nannte er die Eingeborenen Indianer, weil er dachte, er sei in Indien.

Der Erfolg und Triumph

Der italienische Astronom Paolo Toscanelli (1397–1482) hatte die Idee, auf dem Westweg die asiatische Küste zu erreichen. Seit 1484 bemühte sich Kolumbus diese Idee zu verwirklichen. Aber erst als aus Spanien nach dem Sieg über die Mauren (1492 Zurückeroberung Granadas) und deren gänzlicher Vertreibung ein religiös geeinter und nationaler Machtstaat geworden war, fand Kolumbus bei dem spanischen Königspaar Unterstützung für seinen Plan. Der moderne spanische Staat benötigte Rohstoffe, Siedlungsland und Edelmetall. Kolumbus trieben religiöses Sendungsbewußtsein, Abenteuerlust, wissenschaftliche Neugier und der Wunsch nach Reichtum und Ansehen.

In den Verhandlungen zwischen Kolumbus und dem Königspaar wurde das Fell des Bären geteilt, ehe er überhaupt erlegt war. Der Seefahrer erhielt den Titel eines Großadmirals und Vizekönigs der zu entdeckenden Länder. Ihm wurde ein Zentel der Beute und ein Achtel des Schiffahrtsgewinnes zugesprochen. Mit drei kleinen Schiffen, Santa Maria (Kapitän: Kolumbus, 40 Mann), Pinta (Kapitän: Alonso Pinzon, 26 Mann) und Niña (Kapitän: Ibanez Pinzon, 24 Mann), über deren Bau und Aussehen man nur nach späteren Zeichnungen Vermutungen anstellen kann, begann am Montag, dem 6. August 1492 die Fahrt über das unbekannte Meer. Ein Teil der Mannschaft

war zum Dienst gepreßt worden. Viele Mitglieder der Mannschaft, sofern sie nicht noch im letzten Augenblick flüchten konnten, gingen mit der Furcht vor Meeresungeheuern, unheimlichen Naturerscheinungen und in Erwartung eines unvermeidlichen schrecklichen Todes an Bord.

Am 12. Oktober 1492 ertönte auf der Pinta ein Kanonenschuß. Der Matrose Rodrigo de Triana sah als erster Land. Die Eingeborenen nannten ihre Insel Guanahani. Kolumbus taufte sie San Salvador (span. Heiliger Erlöser).

Bei der Suche nach Gold kreuzte der Admiral vergeblich zwischen den vielen Inseln, auf die er stieß. Er konnte nur ein wenig goldenen Schmuck der Eingeborenen, Nasen-, Arm- und Fußringe gegen Glasperlen eintauschen.

Am 15. März, nach 7 Monaten und 12 Tagen, kehrte Kolumbus mit 6 Indianern, 40 prächtig gefärbten Papageien, aber nur mit geringfügigen Mengen an Gewürzen und Gold nach Spanien zurück. Die Reise hatte in dieser Hinsicht zunächst nicht gehalten, was man sich von ihr versprach. Dennoch erlebte er den Höhepunkt seines Erfolges. Der König adelte ihn und der Hof feierte.

Die Mißerfolge und der Niedergang

Kolumbus unternahm noch 3 Reisen (1493–1496, 1498–1500 und 1502 bis 1504) zu den westindischen Inseln. Als Entdecker und Seefahrer war er erfolgreich gewesen, als Vizekönig versagte er bei den schwierigen Regierungs- und Verwaltungsaufgaben in den eroberten Gebieten.

Mit seinen Brüdern Diego und Bartolomeo unterwarf und versklavte er die Eingeborenen. Jeder Eingeborene ab 14 mußte alle Vierteljahre eine bestimmte Menge Goldstaub oder gewebte Baumwolle abliefern. Das war den ausgeplünderten Bewohnern beim besten Willen nicht möglich. Viele flüchteten in die Berge, andere leisteten Widerstand, Tausende begingen Selbstmord oder fielen den Strafaktionen der Spanier zum Opfer. So begann bereits unter Kolumbus die Ausrottung der Bevölkerung.

Aus dem Bordbuch von Kolumbus

Kolumbus erwähnt mehrfach seine Schwierigkeiten mit der Mannschaft, beispielsweise:

Donnerstag, 6. September:
„Das sind Höllenqualen! Wir liegen bei völliger Windstille zwischen Cran Canaria und La Gomera. Auch darin sieht die Mannschaft ein böses Omen."
(Bordbuch des Kolumbus, Tübingen 1970, S. 81)

Sonntag, den 9. September
„Gestern und in der vergangenen Nacht legten wir nur 36 Meilen zurück. Ich trug weniger ein, damit die Mannschaft nicht allzu sehr den Mut verliert, falls die Fahrt länger als angenommen dauern sollte."
(Bordbuch S. 82)

10. September 1492:
„Heute ließ ich die Mannschaft zusammenrufen und sprach von den Ländern, die auf uns warten. Ich schilderte sie, wie ich sie aus dem Bericht von Marco Polo kenne. Als ich die Reichtümer erwähnte, das Gold und die Edelsteine, mit welchen sich ein jeder die Taschen würde füllen können, hellten sich die Mienen ... auf."
(Bordbuch S. 82)

7. Okt. 1492:
„Wir sehen einen Reiher, eine Ente und einen Pelikan. Der Ast eines Dornbusches, der rote Früchte trug, schwamm im Wasser. Matrosen der ‚Pinta' fischten ein Rohr aus den Wellen, das ohne Zweifel von Menschenhand bearbeitet worden war."
(Bordbuch, S. 90)

12. Oktober 1492:
„Was werden wir zu sehen bekommen? Marmorbrücken? Tempel mit goldenen Dächern? Gewürzhaine? Menschen, die uns gleichen, oder irgendein fremdartiges Geschlecht von Riesen?
Es ist eine bewohnte Insel. Am Strand erblicken wir nackende Eingeborene. Während wir uns dem Land näherten, strömten immer mehr Bewohner aus den Wäldern herbei, und ich konnte von ihren Mienen nur Erstaunen und keine feindseligen Gefühle ablesen. Ich kniete nieder und dankte Gott. Dann entfaltete ich das königliche Banner und rief die beiden Beamten der Krone zu Zeugen an, daß ich im Namen des Königs und der Königin von Spanien von der Insel Besitz ergriff."
(Bordbuch, S. 96)

1. Verfolge Dauer und Route der Reise des Kolumbus auf der Karte (Abb. 1).
2. Welche Ursachen führten zu der Entdeckungsreise des Kolumbus?
3. Warum unterstützte ihn das spanische Königspaar?
4. Woher rührten die Erwartungen von Kolumbus und seiner Mannschaft?

Abb. 2: Landung des Kolumbus in Amerika (Kupferstich von 1592)

Abb. 3: Versuch eines Nachbaus der Santa Maria im Hafen von Barcelona

Hunger, Ratten und Meuterei
Wie wurde im 15. und 16. Jahrhundert Seefahrt betrieben?

Woher wissen wir etwas über die Seefahrt im 15. und 16. Jahrhundert?
Kenntnisse über die große Zeit der Segelschiffahrt haben wir durch die Tage- und Logbücher von Kapitänen und Offizieren, durch die Reiseberichte von mitgefahrenen Wissenschaftlern und in letzter Zeit auch durch die Hebung von damals gesunkenen Schiffen. Aus den Berichten von Kolumbus, Pigafetta (Augenzeuge der Weltumsegelung Magellans von 1519–1522) u. a. kann man sich eine Vorstellung vom Verlauf und den Strapazen früher Segelfahrten machen. Allerdings weniger aus der Sicht der leidenden Matrosen als der der leitenden Offiziere.

Wie sahen die Schiffe aus?
Die vielen Abbildungen aus der damaligen Zeit geben nur ein recht ungenaues Bild von Bau und Technik der Schiffe. Bei der Ausbaggerung eines neuen Hafenbeckens in Bremen wurde 1962 eine Kogge gehoben, die man heute im Schiffahrtsmuseum Bremerhaven besichtigen kann. Das Schiff war 24 m lang, 7 m breit und konnte etwa 130 t Gewicht befördern.
Die Santa Maria des Kolumbus, eine Karracke, hatte 3 Masten und 5 Segel, war ca. 25 m lang, 8 m breit und hatte 2 m Tiefgang. Das Großsegel sorgte für den Schub, die anderen zur Änderung der Richtung. Bug und Heck hatten turmartige Aufbauten gegen Feinde auf Deck (Piraten, meuternde Matrosen).

Wie steuerte man die Schiffe?
Die Schiffe mußten oft mühselig kreuzen, d. h. im Zickzackkurs gegen den Wind fahren. Schwacher Gegenwind verlängerte die Reise. Im Sturm konnten die Segel nur gerefft (Verkleinerung der Segelfläche) werden. Man mußte sich richtungslos treiben lassen und auf das Ende des Unwetters warten.

Wie fand man Land?
Wenige Seefahrer waren in der Lage, mit Hilfe von Handbüchern schwierigere mathematische Berechnungen über den Standort des Schiffes anzustellen. Wichtigstes Instrument war der Kompaß. Wer zuerst von ihm Gebrauch machte, weiß man nicht. Seit etwa 1000 verwendete man Magneteisenstücke in der Küstenschiffahrt.

Wie lebte die Mannschaft?
Die Chancen eines Matrosen lebend zurückzukehren standen sehr schlecht. Besonders verlustreich an Menschenleben war die erste Erdumsegelung unter Magellan, die auch diesem portugiesischen Seefahrer selbst 1521, ein Jahr vor der Ankunft, das Leben kostete. Seine Flotte von 5 Schiffen war am 10. August 1519 von Sevilla abgesegelt. Nach knapp 3 Jahren kam ein einziges Schiff wieder zurück. Nur 18 ausgemergelte Seeleute sahen ihren Heimathafen wieder, zweihundert waren ertrunken, verhungert, verdurstet, ermordet von Eingeborenen, gefangen oder verschollen. Die Gewürze, die die „Victoria" von den Molukken heimbrachte, ergaben allerdings nach Abzug der Kosten für die verlorenen vier Schiffe noch einen großen Gewinn an Golddukaten.
Das schlimmste Problem war der Proviant. Getreide und Zwieback faulten schnell, ebenso das Salzfleisch (Pökelfleisch). Nur Regenwasser löschte den Durst. Man segelte deshalb wegen des Frischwassers möglichst an der Küste oder von Insel zu Insel.
Vor allem die Ernährungsmangelkrankheit Skorbut bedrohte Gesundheit und Leben der Besatzungen. Pigafetta, der die erste Weltumsegelung überlebte, schreibt über diese Vitaminmangelkrankheit, der man aus Unkenntnis der Ursachen zunächst völlig hilflos ausgeliefert war ·im November des Jahres 1520:
„Ein noch größeres Unglück sollte uns treffen: eine Krankheit, durch die unseren Leuten das Zahnfleisch im Ober- und Unterkiefer derart anschwoll, daß es die Zähne bedeckte und der Erkrankte außerstande war, Nahrung zu sich zu nehmen..."
(Pigafetta, Die erste Reise um die Erde, Tübingen 1970, S. 93)

Frisches Gemüse oder Obst kann Skorbut verhindern oder heilen, aber die Schiffsärzte wußten dies noch nicht und verfügten als Heilmittel zumeist nur über den Aderlaß und das Klistier (Einlauf).
Unmenschliche Arbeitsbedingungen, Unwetter, kriegerische Eingeborene und harte Strafen (z. B. kielholen – einen Seemann an einem Tau unter dem Kiel des Schiffes durch das Wasser ziehen) konnten dem Matrosen ebenfalls das Leben kosten.
Bei den armseligen Wohn- und Lebensbedingungen der Matrosen auf den Schiffen in der Zeit des Kolumbus war ihre Furcht vor einer Seereise von unbestimmter Dauer allerdings kein Wunder. Ein offener Feuerkasten mit einem Windschutz war die ganze Kochgelegenheit. Die Offiziere, Steuerleute, Dolmetscher und Schreiber hatten Schlafkojen. Die Voll- und Leichtmatrosen mußten sich einfach irgendwo hinlegen. Die Einführung der indianischen Hängematte löste später dieses Problem.
Oft wurden die Seeleute deshalb durch List und Gewalt zum Dienst gepreßt. Widerstand auf See galt als todeswürdige Meuterei. Trotzdem gab es zahlreiche Fluchtversuche, wenn das Schiff nur in die Nähe einer Küste kam, Selbstmorde und blutige Meutereien.
Die Schiffe waren bedrückend eng und es gelang nie, sie vollkommen abzudichten. Ständig mußte deshalb gepumpt werden. Überall gab es Ratten. Oft teilten sich die Matrosen die feuchten lichtlosen und stinkenden Räume unter Deck noch mit Soldaten und Siedlern.

Gewürz ist wertvoller als Gold
Der Dichter Stefan Zweig beginnt seine Lebensbeschreibung des Magellan mit der Bedeutung der Gewürze in Europa:
„Im Anfang war das Gewürz... Denn unvorstellbar schal und kahl bleibt bis tief ins Mittelalter die nordische Kost. Noch lange wird es dauern, ehe die heute gebräuchlichsten Feldfrüchte wie Kartoffel, Mais und Tomate in Europa dauerndes Heimatrecht finden... Aber wunderbar: bloß ein einziges Korn indischen Gewürzes, ein paar Stäubchen Pfeffer, eine trockene Muskatblüte, eine Messerspitze Ingwer oder Zimt dem gröbsten Gerichte zugemischt, und schon spürt der geschmeichelte Gaumen fremden und schmackhaft erregenden Reiz... Eine Speise gilt erst dann als richtig, wenn toll überpfeffert... selbst ins Bier wirft man Ingwer... Aber nicht nur für die Küche allein benötigt das Abendland so gewaltige Mengen...; auch die weibliche Eitelkeit fordert immer mehr von den Wohlgerüchen Arabiens... das schwüle Ambra, das süße Rosenöl... Noch gewaltiger fördert die katholische Kirche den Verbrauch orientalischer Produkte, denn keines der Milliarden... Weihrauchkörner, die in den... Kirchen Europas der Mesner im Räucherfasse schwingt, ist auf europäischer Erde gewachsen..."
(Zweig, Magellan, Hamburg 1958, S. 9)

Vertrag über die Entdeckung der Gewürzinseln vom 22. März 1518 zwischen der spanischen Krone und Magellan:

„1. Fernando de Magallanes und Ruy de Faleiro, beide von nun an Kapitäne . . . übernehmen die heilige Verpflichtung, die Gewürzinseln . . . zu entdecken und den Weg zu diesen Inseln durch westliche Meere zu suchen . . .

6. Die Krone wird für die . . . Fahrt fünf Schiffe ausrüsten, zwei mit je 130 Tonnen, zwei mit je 90 Tonnen und eines mit 60 Tonnen.

7. Diese Flotte wird eine Besatzung von 230 Mann erhalten und mit Vorräten für zwei Jahre ausgestattet werden.

8. Fernando de Magallanes erhält das Recht auf den Schiffen die höchste Gewalt, auch die über Leben und Tod, auszuüben . . .

10. Fernando de Magallanes wird alles in seiner Macht Stehende tun, die auf den von ihm entdeckten Inseln lebenden Völker zum wahren Glauben zu bekehren, und überflüssiges Blutvergießen vermeiden."

(Pigafetta, Die erste Reise um die Erde, Tübingen 1970, S. 39 ff.)

1. Vergleicht die abgebildeten Schiffstypen. Versucht herauszufinden wo eine Weiterentwicklung stattfand. Beachte Deckaufbauten und Beseglung. Welche Schiffe eigneten sich wohl nur für die Küstenschifffahrt, mit welchen Schiffen konnte man Überseefahrten riskieren. Denke auch an den Laderaum!

2. Welche Gründe hatten die Auftraggeber und die Kapitäne für die Reisen?

3. Welche Rechte und Pflichten hatten die Entdecker?

Wichtige Daten:

1252–1256 Wilhelm von Rubruk, niederdeutscher Franziskanermönch, reist im Auftrag Ludwig des Heiligen, des französischen Königs, von Palästina aus durch ganz Asien zum Großkhan.

1271–1295 Marco Polo aus Venedig erreicht Peking, die Hauptstadt des Kublai Khan, und kehrt nach siebzehnjährigem Aufenthalt nach Venedig zurück.

1492 Columbus unternimmt seine 1. Fahrt nach der mittelamerikanischen Inselwelt und entdeckt San Salvador, Kuba u. a.

1494 Vertrag von Tordesillas: Die Spanier und Portugiesen einigen sich unter der Leitung Papst Alexander VI. über den Besitz der entdeckten und unentdeckten Länder.

1498–1500 3. Reise des Kolumbus und Entdeckung des südamerikanischen Kontinents.

1507 Der von Kolumbus entdeckte Erdteil wird von dem deutschen Kartographen Waldseemüller nach dem Entdeccker Amerigo Vespucci „Amerika" getauft.

1519 Magellan umsegelt die Welt von Westen nach Osten.

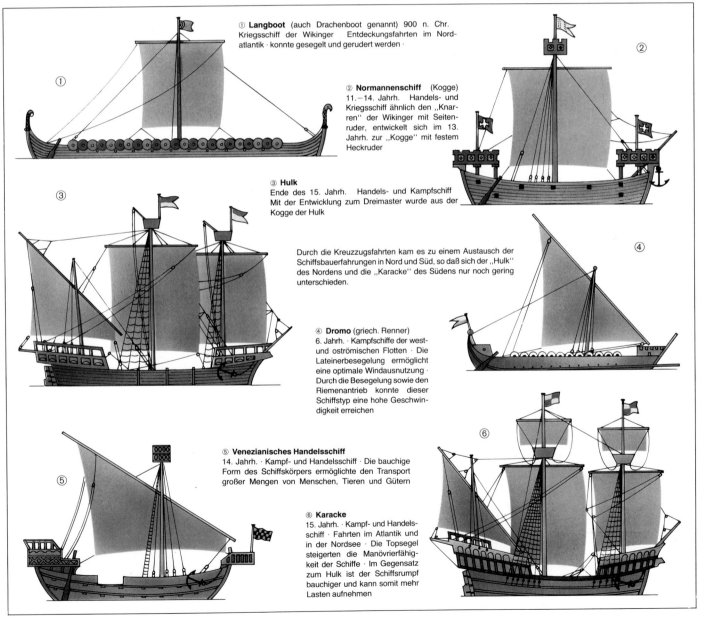

① **Langboot** (auch Drachenboot genannt) 900 n. Chr. Kriegsschiff der Wikinger · Entdeckungsfahrten im Nordatlantik · konnte gesegelt und gerudert werden ·

② **Normannenschiff** (Kogge) 11.–14. Jahrh. · Handels- und Kriegsschiff ähnlich den „Knarren" der Wikinger mit Seitenruder, entwickelt sich im 13. Jahrh. zur „Kogge" mit festem Heckruder

③ **Hulk** Ende des 15. Jahrh. · Handels- und Kampfschiff Mit der Entwicklung zum Dreimaster wurde aus der Kogge der Hulk

Durch die Kreuzzugsfahrten kam es zu einem Austausch der Schiffsbauerfahrungen in Nord und Süd, so daß sich der „Hulk" des Nordens und die „Karacke" des Südens nur noch gering unterschieden.

④ **Dromo** (griech. Renner) 6. Jahrh. · Kampfschiffe der west- und oströmischen Flotten · Die Lateinerbesegelung ermöglicht eine optimale Windausnutzung · Durch die Besegelung sowie den Riemenantrieb konnte dieser Schiffstyp eine hohe Geschwindigkeit erreichen

⑤ **Venezianisches Handelsschiff** 14. Jahrh. · Kampf- und Handelsschiff · Die bauchige Form des Schiffskörpers ermöglichte den Transport großer Mengen von Menschen, Tieren und Gütern

⑥ **Karacke** 15. Jahrh. · Kampf- und Handelsschiff · Fahrten im Atlantik und in der Nordsee · Die Topsegel steigerten die Manövrierfähigkeit der Schiffe · Im Gegensatz zum Hulk ist der Schiffsrumpf bauchiger und kann somit mehr Lasten aufnehmen

Abb. 1: Entwicklung der Schiffstypen

Die Inka — Söhne der Sonne

War im Inkareich das Glück organisiert?

Das Leben des Sonnenkönigs

„Ich entsinne mich, daß der Herr von Huaylas vom Inka einst die Erlaubnis erhielt, für eine gewisse Zeit sein Landgut zu besuchen. Er blieb aber länger fort, als er durfte. Als er zurückkam und dem Inka einen Korb voller Früchte zum Geschenk überreichen wollte, begann er so heftig zu zittern, daß er sich kaum auf den Füßen halten konnte" – so erzählt ein Spanier, der als einer der ersten Europäer 1531 das gewaltige Reich der Inka in Südamerika betrat. Dem Inka, dem König dieses Reiches, gehörte alles in seinem Land: der Boden, alle Reichtümer – Gold, „die Schweißtropfen der Sonne", Silber, „die Tränen des Mondes" – und sogar die Menschen, die er für kleinste Vergehen selbst mit dem Tode bestrafen konnte. Er lebte in Cuzco, der Hauptstadt des Reiches, in unerhörtem Prunk: Die Wände seines Palastes waren mit Goldplatten belegt, er aß von goldenen Tellern; seine Kleidungsstücke trug er nur einmal, dann wurden sie, wie die Speisen, von denen er gegessen hatte, verbrannt. Als z. B. der Inka Atahualpa einmal beim Essen einen Bissen auf sein Gewand fallen ließ, zog er sich sofort zurück und tauschte den befleckten Poncho gegen einen dunkelbraunen Mantel aus Fledermaushäuten. Bei seinen Kriegszügen und Reisen ging der Inka selten zu Fuß, sondern ließ sich in einer Sänfte tragen; sie war aus kostbarem Edelholz, strotzte von Gold und Silber und hatte ein mit Juwelen besetztes Dach.

Das Leben des Puric

Für den Puric, den einfachen Indio, war die Durchreise des Sonnenkönigs und seines prunkvollen Gefolges eine der wenigen Unterbrechungen in seinem harten und eintönigen Alltag. Sein Leben verlief in vorgezeichneten Bahnen. Nur selten – z. B. als Soldat – durfte er sein Dorf verlassen. Er lebte in einer einfachen, fensterlosen Lehmhütte, die meistens nur einen Raum hatte und mit Stroh gedeckt war. Möbel gab es nicht. Der Indio schlief, in Decken oder Lamafelle gehüllt, auf dem festgestampften Boden; in Wandnischen und auf Steinborden standen die wenigen Küchengeräte aus Ton und der auch heute noch überall benutzte Mahlstein für den Mais, das wichtigste Nahrungsmittel.

Beim ersten Tageslicht stand der Indio auf, aß eine Schale Maisbrei und wurde dann durch den Ruf des Muschelhornes zur Arbeit auf das ihm zugewiesene Feld geschickt. Zuerst bestellte man die Felder der Priester, dann die der Armen: der Witwen, Waisen, Kranken und Alten. Dann erst durfte der Indio das Feld bearbeiten, das ihm vom Beamten für dieses Jahr zugeteilt war. Die Größe dieses „Tupu" richtete sich nach der Zahl der Familienmitglieder. Zum Schluß bearbeiteten die Indios gemeinsam die Äcker des Inka. Dabei trugen sie ihre Festtagsgewänder und sangen Loblieder auf ihren Herrscher. Der Inka hatte – wie jedes Jahr – auf dem Sonnenacker bei Cuzco den Beginn der Feldarbeit feierlich eröffnet:

Abb. 1: Lastenträger in Cuzco

In Anwesenheit der höchsten Priester und Adligen grub er mit einem goldenen Grabstock ein Stück Land um. Die Indios in Südamerika züchteten viele Pflanzen, von denen einige auch für uns wichtige Nahrungsmittel geworden sind: es gab viele Arten von Mais und Kartoffeln, Kürbisse, Bohnen, Tomaten, Paprika, auch Kakao, Ananas und Avocados.

Die Verwaltung des Reiches

Die Ernte von den Feldern des Inka und der Priester wurde in staatlichen Vorratshäusern, den „Tambos", gelagert. Sie standen in den Städten und an den Straßen des Reiches und enthielten außer Nahrungsmitteln – gedörrtes Lamafleisch, Dörrgemüse, getrockneten Fisch, Mais – auch Hanf, Wolle, Baumwolle, Sandalen, Kleidung und Waffen. Die Vorräte reichten bis zu 10 Jahren und versorgten die Bevölkerung in Krisenzeiten und die Heere des Inka bei ihren Kriegszügen.

Die Soldaten konnten in kürzester Zeit in entlegene Gebiete des Reiches gelangen: Sie marschierten auf 6–8 m breiten Straßen. Die zwei Hauptstraßen liefen in Nord-Süd-Richtung und führten schnurgerade durch die Wüsten an der Küste. Sie überbrückten Moore und Sümpfe auf Erddämmen, überwanden mehr als 5000 m hohe Gebirge durch in den Fels gehauene Stufen und überquerten tief eingeschnittene Schluchten und Flüsse auf kunstvoll geflochtenen Hängebrücken. Wächter an jeder Brücke sorgten für die Instandhaltung und kontrollierten, daß niemand sie unbefugt benutzte – das Reisen im Inkareich war nur mit öffentlichem Auftrag erlaubt. Auf diese Weise war gewährleistet, daß jeder an seinem ihm zugewiesenen Ort blieb und seine Aufgaben erfüllte. Der Staat regelte so das Leben eines jeden Indios bis ins kleinste, nahm ihm die Sorge um das tägliche Brot, aber auch die Möglichkeit, sein Leben nach eigenem Plan zu gestalten.

Dieses Verwaltungssystem entwickelten die Inkaherrscher in mehreren Generationen bis zur Perfektion. Unter Huayna Capac, dem vorletzten Inka, erlangte das Reich seine größte Ausdehnung und Macht. Doch beging er im Gegensatz zu seinen Vorgängern den verhängnisvollen Fehler, sein Reich unter die Söhne Huascar und Atahualpa aufzuteilen. Diese begannen sofort nach seinem Tod einen blutigen Kampf um die Alleinherrschaft. Atahualpa hatte gerade seinen Bruder besiegt, da landete der Spanier Franzisco Pizarro mit seiner kleinen Streitmacht in Tumbez.

Die Chasqui – Stafettenläufer des Inka

„Das Nachrichtenwesen war so gut organisiert, daß eine Botschaft innerhalb einer Woche von Quito nach Cusco gelangte. Jeweils alle halbe Legua (ca. 2,5 km) stand ein kleines Haus, in dem zwei Indianer mit ihren Frauen lebten. Sobald dort ein Bote eintraf, wurde er abgelöst, und der neue Bote lief ohne anzuhalten bis zur nächsten, wieder eine

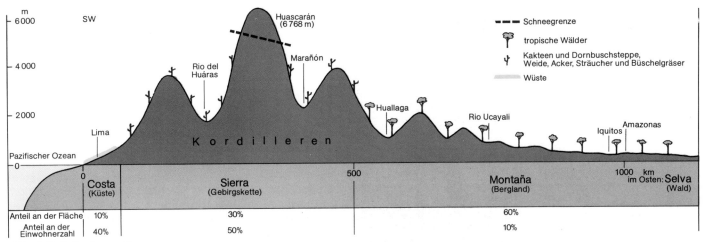

Abb. 2: Reliefkarte von Peru

Table in image 1:

	Costa (Küste)	Sierra (Gebirgskette)	Montaña (Bergland)	Selva (Wald)
Anteil an der Fläche	10%	30%	60%	
Anteil an der Einwohnerzahl	40%	50%	10%	

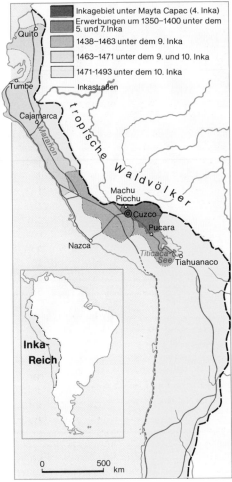

Abb. 3: Das Inkareich

Legend (Abb. 3):
- Inkagebiet unter Mayta Capac (4. Inka)
- Erwerbungen um 1350–1400 unter dem 5. und 7. Inka
- 1438–1463 unter dem 9. Inka
- 1463–1471 unter dem 9. und 10. Inka
- 1471–1493 unter dem 10. Inka
- Inkastraßen

halbe Legua entfernten Station. Die Läufer waren so schnellfüßig, daß, uneben und zerklüftet wie das Land ist, weder Pferde noch Maultiere schneller gewesen wären."
(Cieza de Léon, Auf den Königstraßen der Inka. Stuttgart 1971, S. 178)

Die Finanzbeamten des Inka:
„Ebenso konnten sie aufzeichnen, was in den Vorratshäusern lag und was an die Untertanen verteilt wurde. Es handelte sich dabei um die Quipus, das sind lange Bänder mit geknoteten Schnüren daran. In jeder Provinzhauptstadt saßen Rechnungsführer, die mittels dieses Knotensystems berechneten, wieviel die Einwohner der betreffenden Provinz an Gold, Silber, Stoffen, Herden bis hinunter zu Holz und anderen unbedeuteneren Dingen an Tribut zu entrichten hatten. Mit den gleichen Quipus konnten sie noch nach einem, zehn oder zwanzig Jahren so genau Rechnung legen, daß man sogar das Fehlen eines einzigen Paares Sandalen feststellen konnte."
(Cieza de Leon, a. a. O., S. 310)

Wie sicherte der Inka eroberte Gebiete?
„Mitimaes heißen die Indianer, die von einem Land in ein anderes verpflanzt wurden, damit sie dort für Sicherheit sorgen und die Eingeborenen lehren, wie sie zu dienen hatten. Auf diese Weise begriffen die neuen Untertanen rasch, was die langjährigen Vasallen schon gelernt hatten, nämlich ruhig und friedlich zu sein und nicht ständig Aufstände zu planen. Da die Inkas wußten, wie ungern Menschen ihre Heimat verlassen, gaben sie ihnen goldene und silberne Armbänder, Kleider aus Wolle oder Federn und verliehen ihnen allerlei Vorrechte. Unter ihnen waren Spitzel, die herumgingen und horchten, was die Eingeborenen sprachen oder planten, und das berichteten sie den Beamten des Inka. Auf diese Weise herrschte Ruhe, denn Mitimaes und Eingeborene fürchteten einander. Die zweite Aufgabe der Mitimaes war es, die barbarischen und kriegerischen Stämme am östlichen Andenabhang, die Menschenfleisch aßen, an Überfällen zu hindern."
(Cieza de Léon, a. a. O., S. 175)

1. Abb. 2 u. 3: Beschreibe Lage, Größe und Ausbreitung des Inkareiches.
2. Abb. 4–7: Welche Tätigkeiten verrichten die Indios? Wann geschehen sie bei uns?
3. Was waren „Chasqui" und „Quipu"? Welche Bedeutung hatten sie für das Inkareich?
4. Wie wurden eroberte Gebiete gesichert? Wie bewertest Du dies?
5. Was wurde durch das perfekte Verwaltungssystem bezweckt und erreicht?
6. Weshalb konnten der Inka und die Adligen so prunkvoll leben?

August   September   November   Juli

Abb. 4–7: Aus einem indianischen Ackerbaukalender

Der Untergang des Goldreiches
Wie besiegte eine Handvoll Spanier die Heere des Inka?

Abb. 1: Spanische Häuser auf Inkamauern

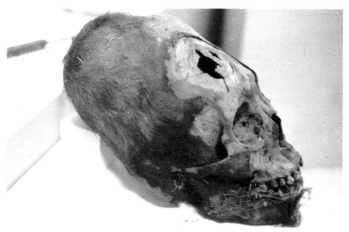

Abb. 2: Mode und Medizin. In manchen Gegenden Perus galten lange Hinterköpfe als schön. Deshalb wurden die Schädel neugeborener Kinder zwischen Holzbrettern so eingeschnürt und verformt. Die Inkas besaßen schon medizinische Kenntnisse und führten auch Schädeloperationen durch.

Abb. 3: Machu Picchu – die vergessene Stadt

Der Zug durchs Land

Wenige Monate nach seiner Landung in Tumbez bricht der spanische Konquistador (Eroberer) Franzisco Pizarro am 24. September 1532 mit 110 Fußsoldaten, 67 Reitern und 2 Kanonen zum Marsch in das peruanische Hochland auf. Durch Kundschafter hat er erfahren, daß sich der Inka Atahualpa in Cajamarca aufhält. Die Straße führt aus der Wüstenhitze der Ebene über eisige Pässe in die Sierra. Der Aufstieg ist außerordentlich beschwerlich; die Reiter müssen häufig absteigen und ihre Pferde am Zügel über Treppen hinaufführen. Mehrmals kommen sie an unbesetzten Festungen vorbei, auch enge Pässe sind unbewacht und Brücken unzerstört. Die Spanier merken aber, daß ihr Vormarsch überwacht wird.

Die Quipu, die Knotenschnüre, berichten dem Inka alle Einzelheiten: Die weißen Männer führten nie zuvor gesehene Tiere mit silbernen Füßen mit sich, die mit Menschen zusammengewachsen seien; auch feuerspeiende Donnerkeile, die nur zweimal geschleudert werden könnten; der Häuptling eines Küstenstammes habe jedoch in den Mund des Donnergottes ein Trankopfer gegossen und ihn so besänftigt. Auch berichte er, daß die Schwerter der bärtigen Männer stumpf seien.

Die Ankunft

Am 15. November erreichen die spanischen Eroberer die Stadt Cajamarca. Unverzüglich trifft Pizarro Vorbereitungen, um den Inka gefangenzunehmen: Er besetzt die strategisch wichtigen Punkte, versteckt seine Reiterei in einem großen Gebäude, dessen Tore auf den Hauptplatz münden, und lädt dann den Inka zu einem Besuch am folgenden Tag ein. An diesem Abend läßt er die Priester die Heilige Messe lesen und Gottes Hilfe für seine Soldaten erbitten, die am nächsten Tag mit dem Schwert in der Hand für die Ausbreitung des Christentums kämpfen sollen. Auch Atahualpa trifft Vorbereitungen und postiert in der Nacht 20 000 Soldaten um die Stadt; er ist davon überzeugt, daß die Spanier beim Anblick seiner Truppen fliehen und dann von seinen Lassowerfern überwältigt würden.

Die Begegnung

Am nächsten Nachmittag zieht Atahualpa in feierlichem Zug in die Stadt: *„Voraus ging eine Hundertschaft in bunten, mit Schachbrettmustern versehenen Uniformen; sie entfernten jeden Strohhalm vom Wege und kehrten ihn*

sauber. Drei weitere anders gekleidete Hundertschaften folgten singend und tanzend. Dann erschienen bewaffnete Männer mit goldenem und silbernem Schmuck und Kronen. Über ihren Köpfen Atahualpa selbst in einer mit Papageienfedern verschiedenster Farben geschmückten und mit Gold und Silber beschlagenen Sänfte, die zahlreiche Indios auf ihren Schultern trugen; es folgten weitere hochgestellte Persönlichkeiten gleichfalls in Sänften und Hängematten und eine ganze Hundertschaft mit Kronen aus Gold und Silber.
(Xerez, Sekretär Pizarros)

Die Unterwerfung

Auf Befehl Pizarros nähert sich ein Priester mit Bibel und Kreuz in der Hand dem Inka und fordert ihn durch einen Dolmetscher auf, *„sich dem Gesetze Jesu Christi und dem Dienste Seiner Majestät zu unterwerfen"*. Als der Inka die Bibel, die er nicht lesen kann, wegwirft, gibt Pizarro das Zeichen: Die Kanone wird abgefeuert, Trompeten schmettern, die Reiterei sprengt auf den Platz. Die Indios sind völlig überrascht, und im entstehenden Durcheinander metzeln die Spanier mehrere Tausend von ihnen nieder. Atahualpa wird aus der Sänfte gezerrt und gefangengenommen. Am folgenden Tag bietet der Inka als Preis für seine Freiheit an, einen Raum von 24 x 17 Fuß so hoch mit Gold füllen zu lassen, wie er mit den Händen reichen könne. Pizarro willigt ein. Auf Atahualpas Befehl hin schaffen die Indios in den nun folgenden Monaten die wunderbarsten Gold- und Silberschätze aus dem gesamten Reich heran; sie werden fast alle eingeschmolzen und ergeben 24 Tonnen Gold- und Silberbarren. Als der Raum gefüllt ist und der Inka jetzt seine Freilassung fordert, bricht Pizarro sein Wort. Unter dem Vorwand, Atahualpa ziehe heimlich Truppen zum Kampf gegen die Spanier zusammen, läßt er ihn zum Tode verurteilen. Um nicht verbrannt zu werden, willigt der Inka in die Taufe ein und wird am 29. August 1533 mit dem Würgeisen erdrosselt.

Was erleichterte den Sieg der Spanier?

a) *„Und da erschien, so sagen die Indianer, ein weißer Mann von großer Gestalt. Er hatte übernatürliche Kräfte, denn er rief Tiere und Menschen ins Dasein. Dann sei er bis zur Küste gewandert, breitete seinen Mantel auf dem Wasser aus und glitt auf ihm über die Wogen."*
(Cieza a. a. O., S. 132–134)
„Die Sage berichtet, daß Tici Viracocha, der Schöpfergott der Inka, dereinst wiederkehren werde.
(V. von Hagen, Sonnenkönigreiche, München, 1974, S. 323)
b) *„Die Leibsklaven der Inkas, welche ihre Herren haßten, die Cañaries und andere Tributvölker des Inkareiches verrieten mit Freuden den Conquistadoren alle ihnen bekannten Geheimnisse. Außerdem waren viele Spanier in verwandtschaftliche Beziehungen zu inkaischen Geschlechtern getreten, wodurch sie in den Besitz zahlreicher vertraulicher Kenntnisse gelangten."*
(Huber, Im Reich der Inka, Freiburg, 1951, S. 278)
c) *„Atahualpas Zorn (im Krieg gegen Huascar) zerschmetterte ganze Völkerschaften. Mit besonderem Grimm züchtigte er die Cañaries. Der Inka ließ die Frauen niederhauen und befahl dann, Tausenden ihrer Krieger die Herzen aus der Brust zu reißen und über die Felder zu zerstreuen."*
(Huber a. a. O., S. 155 f.)
d) *„Um diese Zeit (1527) brach eine Seuche aus, vielleicht die von den Weißen eingeschleppten Pocken; 200 000 Indianer sollen daran gestorben sein, darunter auch der Inka Huayna Capac."* (Cieza, S. 403)

Grausamkeit der Spanier:

„Die in Indien lebenden Spanier halten blutgierige wilde Hunde. Zur Verpflegung dieser Hunde führen sie auf ihren Märschen eine Menge Indianer bei sich, die in Ketten gehen und wie eine Herde Schweine einhergetrieben und geschlachtet werden."
(Las Casas in: L. und T. Engel [Hrsg.]: Die Eroberung Perus, München 1975, S. 276)

Wie bekämpfen Staat und Kirche diese Grausamkeit?

„Ihr seid alle in Todsünde und lebt und sterbt in ihr wegen der Grausamkeit und Tyrannei, die ihr gegen jene unschuldigen Völker gebraucht. Sagt, mit welchem Recht haltet ihr jene Indianer in einer so grausamen und schrecklichen Sklaverei? Wie könnt ihr sie so unterdrücken und plagen, ohne ihnen zu essen zu geben, noch sie in ihren Krankheiten zu pflegen, die sie sich durch das Übermaß an Arbeit, die ihr ihnen auferlegt, zuziehen und sie dahinsterben lassen, nur um täglich Gold zu erschachern?"
(Pater Montezinus in: Engel a. a. O., S. 66)

„Wir befehlen, daß von nun an unter keinen Umständen ein Indio zum Sklaven gemacht wird. Wir wünschen, daß sie wie unsere Untertanen der Krone von Kastilien behandelt werden, denn sie sind es ja auch . . ."
(Indianer Schutzgesetz Karls V. vom 20. 11. 1542)

Ein spanischer Chronist urteilt:

„Alles war dicht besiedelt, wie die ersten Spanier, die nach Peru kamen, bezeugen können. Sicher ist es traurig zu denken, daß diese götzendienerischen Inkas die Weisheit besaßen, dieses riesige Reich aufzubauen und zu beherrschen, während wir Christen so viele Reiche zerstört haben. Denn überall, wohin die Spanier kamen, war es, als ob ein Feuer durchs Land rase und alles auf seiner Bahn zerstöre."
(Cieza a. a. O., S. 177)

1. Abb. 1: Beschreibe das Bild (beachte besonders die Inkamauern).
2. Abb. 3: Sprich zur Anlage Machu Picchus.
3. Abb. 5: Vergleiche die Gefangennahme Atahualpas im Text und auf dem Bild.
4. Quellen a)–d): Warum siegten die Spanier so mühelos? (Vergleiche auch d. Text.)

Abb. 4   Gold der Inka – Gier der Spanier   *Abb. 5*

Die Europäer greifen in die Welt aus

Formen sie die Welt nach ihrer Kultur?

Abb. 1: Die spanische Herrschaft nahm vielen Indianern jede Hoffnung auf ein menschenwürdiges Leben nach ihren Sitten. Ganze Familien begingen Selbstmord, um der Sklaverei zu entgehen.

Von der Erkundung zur Eroberung

Die Fahrten des Kolumbus, die erste Erdumsegelung durch Magellan gehören noch in eine Zeit der Erkundung der Erde durch die Europäer. Erst seit etwa 1510 beginnt die eigentliche Besiedlung und seit 1520 die Eroberung. So entstehen die ersten europäischen Siedlungen auf dem südamerikanischen Halbkontinent und in Mittelamerika. Um 1521 zerstört Cortez das Reich der Azteken in Mexiko.

Obwohl die neuen unbekannten Welten bereits von Menschen anderer Hautfarbe bewohnt waren, zweifelten die Weißen in ihrer Mehrheit nicht daran, diese Länder erobern, unterwerfen, ausplündern und besiedeln zu können. Bereits drei Wochen nachdem Kolumbus von seiner ersten Erkundungsfahrt zurückgekehrt war, verlieh der Papst Alexander VI. den Spaniern das Recht der Herrschaft über die entdeckten Gebiete. Weil Portugal auch Ansprüche erhob, teilte der Papst am nächsten Tag die Neue Welt zwischen beiden Staaten auf. In den folgenden Jahrhunderten der europäischen Ausbreitung (Expansion) kamen die Weißen als Forscher, Abenteurer, Händler, Missionare, Seeleute, Soldaten und Siedler in alle Erdteile. Erste, oft unfreiwillige Auswanderer waren häufig Sträflinge und Arme, Bettler und Dirnen.

So schickten die Engländer vor der Unabhängigkeit der nordamerikanischen Kolonien jährlich etwa 2000 Gefangene dorthin. 1788 entstand eine Strafkolonie in Australien. In 80 Jahren kamen rund 150 000 Sträflinge aus England, die sich nach der Strafverbüßung dort ansiedelten.

Die Europäisierung

Die Ausbreitung der Weißen, die Durchsetzung ihrer Lebens- und Denkweise, ihrer Sprache, Religion, Wirtschaft und Technik über große Teile der Erde nennt man auch Europäisierung. Diese Europäisierung spielte sich in den unterschiedlichsten Formen auf friedliche und kriegerische Weise mit unterschiedlichem Ergebnis in allen Erdteilen ab: Gründung von Kolonien, Ausrottung fremder Kulturen, christliche Mission, friedlicher Handel, Vermischung mit anderen Völkern, Vertreibung oder Deportation Eingeborener, Sklavenhandel mit Negern.

Die Europäer erobern Mittel- und Südamerika

Vor der europäischen Expansion (Ausbreitung) gab es neben den Hochkulturen (Inkas, Azteken u. a.) halbnomadische Jäger- und Sammlervölker in den Wäldern und Savannen. Am Beginn der Kolonisation durch die Spanier und Portugiesen sollen es nach Zählungen des spanischen Adligen Las Casas etwa 12 bis 15 Millionen Menschen gewesen sein. Ihre Zahl sank durch Ausrottung, Zerstörung ihrer Lebensweise, Alkohol, Krankheiten und Selbstmord.

Die Europäer nutzten zunächst nur Edelmetalle, Baumwolle und Indianersklaven. Von Las Casas gibt es in seinem Buch über die Verwüstung der Westindischen Länder erschütternde Berichte über die Verfolgung und Ausrottung der Indianer:

„Unter diese sanften Schafe ... fuhren die Spanier ... wie Wölfe, Tiger und Löwen ... Seit 40 Jahren haben sie unter ihnen nichts anderes getan, als daß sie dieselben zerfleischen, erwürgen, peinigen, martern, foltern, und sie auf die grausamste Art aus der Welt vertilgen. Hierdurch brachten sie es dahin, daß von mehr als 3 Millionen Menschen, die ich ehedem auf der Insel Haiti mit eigenen Augen sah, nur noch 200 Eingeborene vorhanden sind. Aus dem gleichen Grund sind mehr als 30 Inseln entvölkert und öde. Die einzige und wahre Grundursache, warum die Christen eine so ungeheure Menge schuldloser Menschen ermordeten, war, daß sie ihr Gold zu bekommen suchten. Nun fingen die Indianer an, auf Mittel zu denken, wie sie die Christen aus ihrem Lande jagen könnten. Sie griffen demnach zu den Waffen, die aber sehr schwach sind, nur leicht beschädigen, wenig Widerstand leisten, noch weniger aber zur Verteidigung dienen. Die Spanier hingegen, welche zu Pferde und mit Schwertern und Lanzen bewaffnet waren, richteten ein greuliches Gemetzel und Blutbad unter ihnen an.“
(Las Casas, Kurzgefaßter Bericht, Frankfurt/M. 1966, S. 7 ff.)

Las Casas, dessen Vater schon Kolumbus auf einer seiner Fahrten begleitet hatte, setzte auch als Greis seinen Kampf gegen die Verwüstung der westindischen Länder fort. Er unternahm 14 Seereisen, um die Interessen der Indianer zu vertreten. Als er einsah, daß der Kampf politisch nicht zu gewinnen war, versuchte er über die Tätigkeit als Bischof von Chiapa in Mexiko den Indianern zu helfen. Er erreichte, daß einige Schutzgesetze für die Indianer in den spanischen Kolonien erlassen wurden. Als Ausgleich führte man Sklaven aus Afrika ein.

Eroberung und Besiedlung Nordamerikas

Die Ausbreitung der Europäer in Nordamerika begann vom Süden durch die Spanier, von Osten durch die Engländer und von Nordosten durch die Franzosen. Zunächst waren die Beziehungen zwischen den Indianern und Weißen friedlich, weil die Weißen ohne die Hilfe der Indianer in dem fremden Lande zugrundegegangen wären.

Die ersten europäischen Einwanderer waren Pelzhändler, Jäger, Kundschafter und „Waldläufer". Aber ständig kamen neue Kolonisten aus Europa dazu, die die Jagdgebiete der Indianer einzäunten und in Acker- und Weideland verwandelten.

Die Ureinwohner, man schätzt ihre Zahl auf ungefähr eine Million Menschen, waren durch Sprache, Dialekt, Religion, Sitte und Wirtschaftsweise oft grundlegend voneinander unterschieden.

Durch List, Täuschung, mißverständliche Verträge und waffentechnische Überlegenheit unterwarfen die Weißen die zerstreut lebenden Indianer trotz ihres tapferen Widerstandes.

Weit über hundert Jahre überlebten viele Indianer in der Prärie, indem sie von den Weißen das Pferd und das Gewehr übernahmen und eine neue Jagd- und Lebensweise entwickelten. Mit der Ausrottung der Bisons durch die Weißen scheiterte auch dieser letzte Versuch der Indianer durch Anpassung an die veränderten Verhältnisse zu überleben.

Unsere Vorstellungen vom Indianer beziehen sich fälschlicherweise auf diese Präriekultur, die erst eine Antwort auf die Eroberung durch die Weißen ist.

Am Ende des 19. Jahrhunderts hatten die Amerikaner die Indianer durch private und staatliche Ausrottungskriege so entmutigt, daß sie die Überlebenden zwangsweise in Reservaten ansiedeln konnten.

Rede eines Indianerhäuptlings

Es gab da einen jungen tapferen Mann, dessen Vater war vor fünf Jahren von weißen Männern getötet worden. Dieser Mann schürte böses Blut gegen die weißen Männer. Noch immer mochte ich nicht glauben, daß sie Krieg anfangen würden. Ich weiß, daß meine jungen Männer ein großes Unrecht begingen (Sie töteten vier Weiße), aber ich frage, wer ist schuld? Sie sind tausende von Malen beleidigt worden; ihre Väter und ihre Brüder sind getötet worden; ihre Mütter und Frauen wurden entehrt; sie wurden zum Wahnsinn getrieben vom Whisky, und dazu waren sie heimatlos und verzweifelt."

(North American Review vom April 1879)

Urteil eines Indianers über Weiße

„Für den Weißen war alles wertlos außer dem Gold in den Bergen. Dem Indianer gegenüber *waren die Weißen völlig gefühllos, und wo ein Volk kein Gefühl hat, besitzt es auch kein Erbarmen. Niedergemacht wurde der Schwarze Wald und ausgerottet der letzte Büffel, dieses edle Tier und dieser... Freund..."*

(Burckhardt, Der Wilde Westen, 1966, S. 7)

Abb. 2: Fischfang der Indianer im 16. Jahrhundert in North Carolina: Speeren der eingezäunten Fische, Einholen ins Kanu, Räuchern der Beute

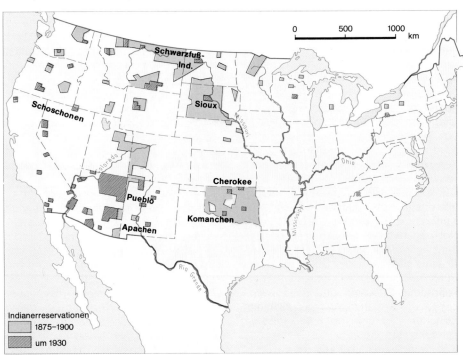

Abb. 3: Indianerreservationen in Nordamerika

1. Was versteht man unter Europäisierung?
2. Mit welchen Mitteln versuchte Las Casas den Indianern zu helfen?
3. Weshalb unterlagen die Indianer den Weißen?
4. Wie veränderten sich die Reservationen der Indianer von 1875 bis 1930?

15

Europäer in Afrika

Segen oder Fluch?

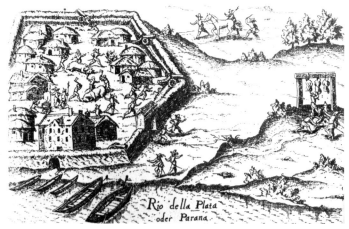

Abb. 1: Buenos Aires in Südamerika 1534

Abb. 2: Die Stadt Benin in Westafrika um 1603

Die Eroberung Afrikas

Bis auf die Gründung einer holländischen Kolonie am Kap der Guten Hoffnung 1652 begnügten sich die Europäer mehrere Jahrhunderte mit Küstenstützpunkten, die dem Handel mit Sklaven, Gold und Elfenbein dienten. Das schwer erträgliche Klima südlich der Sahara schreckte die Weißen ab und Nordafrika war fest in den Händen der Türken und Araber.

Dennoch führte der europäische Einfluß zu einer verheerenden Entvölkerung Afrikas. Denn bis ins 19. Jahrhundert verschiffte man Jahr für Jahr Zehntausende von Negern als Sklaven nach Amerika. Die blutigen Menschenjagden in den Dörfern, der Transport der Neger bis zur Küste, die hohe Kindersterblichkeit und die geringe Lebensdauer der Zwangsarbeiter erhöhten die Bevölkerungsverluste Afrikas.

Die europäische Ausbreitung brachte allerdings nicht nur Zerstörung alter Kulturen (z. B. Benin), wirtschaftliche Not und unbeschreibliches Leid, sondern auch die Kenntnis neuer Pflanzen (Baumwolle, Kakao, Sisal, Knollenfrüchte), ein erstes einfaches Verkehrsnetz, Bergbau- und Energiewirtschaft, die Eindämmung von schlimmen Seuchen und eine bessere medizinische Versorgung.

Schicksal eines afrikanischen Königreichs

Benin war seit dem 12. Jahrhundert ein mächtiges afrikanisches Reich der Sudanneger im Südwesten Nigerias.

1897 wurde es bei einer britischen Strafexpedition zerstört. Die damals von Soldaten geraubten Bronzearbeiten sind heute der Stolz vieler Museen. Die Engländer machten dann das Königreich zur englischen Kolonie.

Das Land von Wilden?

Gotthardt Arthus von Dantzig (1570–1630) hat eine Beschreibung der Stadt Benin aus Berichten von Seefahrern des 16. Jahrhunderts zusammengetragen:

„Die Stadt Benin scheinet anfänglich gar groß zu sein, dann wann man hineingehet, so kommt man alsobald in ein große, breite Gassen . . .

Wenn man zur Pforten hineinkommt, so siehet man alsobald ein hohes Bollwerk . . . desgleichen auch ein breiten, tiefen Graben . . . Es wäre wohl mehr von dieser Stadt zu schreiben, wenn es einem zugelassen würde, dieselbe rechtzu besehen . . . Aber dasselbe wird einem . . . hart verboten und gewehret . . .

Die Häuser stehen in dieser Stadt in guter Ordnung, nämlich eins an dem andern, fast in der Art, wie sie in Holland stehen . . .

Das Schloß des Königs ist viereckicht . . . Es ist in viel prächtige Wohnungen eingeteilt und hat schöne lange viereckichte Lustgänge . . .

Es hat aber auch der König viel vom Adel, die ihm zu Hof dienen, und wann der Adel zu Hof kommet, so reiten sie alle auf Pferden . . . hinter ihnen aber haben sie viele Knechte . . ., deren etliche große Schilde oder Schirme tragen, da sie ihrem Junkern oder Edelmann die Sonne mit aufhalten und abwenden . . . Und spielen etliche auf Trommeln, etliche blasen auf Hörnern und Pfeifen, etliche haben ein hohles Eisen, darauf sie klopfen."

(J. Jahn, Wir nannten sie Wilde, München 1964, S 132 ff.)

Technologie oder Lebensfreude?

Ein Vergleich zwischen den Afrikanern und Europäern führt sehr leicht zu Vorurteilen gegenüber Afrika. Was man bei einem Vergleich berücksichtigen muß, erklärt ein Historiker unserer Zeit!

„Die kulturelle Lücke zwischen den Afrikanern und den Europäern schien sehr groß zu sein; aber es war auch ein Mißverständnis. Das Nichtvorhandensein einer komplizierten Technologie in europäischem Sinne . . . hatte nicht die Folge einer Unterentwicklung an anderen Stellen. Die Afrikaner waren geschickt in der Kunst, dem Gebrauch der Freizeit, der persönlichen Beziehungen und in den Regeln des Gesetzes. Die Kriminalität wurde durch Geldbußen oder durch sofortige Tötung kontrolliert. Es gab keine Polizei oder Gefängnisse. Die Stämme hatten ein soziales Sicherungssystem, daß von der Wiege bis zum Grabe reichte. Es wurden für die Waisen, Witwen und Alten gesorgt und keiner brauchte zu hungern, es sei denn, alle hungerten zu Zeiten der Hungersnöte . . .

In den Augen der aus christlichen Ländern kommenden Europäer waren die Stammesleute des tropischen Afrikas Heiden, deren Aufklärung mit Hilfe des Evangeliums eine „Aufschließung" des Kontinents möglich machen würde."

(Huxley, Afrika (Enzyklopädie) S. 18)

1. Nenne Unterschiede in der Eroberung Afrikas und Süd- und Mittelamerikas!
2. Inwiefern widerspricht die Kultur von Benin den Vorurteilen der Weißen über die Afrikaner?
3. Vergleiche die Darstellung von Buenos Aires aus dem Jahre 1534 mit der Darstellung Benins von 1603. Diskutiert über Lebensmöglichkeiten und Bauformen.

Sklaven, Zucker, Schnaps und Flinten im Dreieckshandel

Sklavenhandel – ein Gewerbe wie andere?

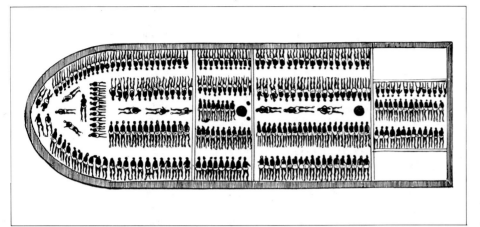

Abb. 1: So wurden die Neger auf dem Sklavenschiff „Brookes" um 1800 „verstaut". „Stauflächen": Mann 182,41 cm, Frau 177,41 cm, Junge 152,36 cm, Mädchen 137,30 cm. Flugblatt der Sklavereigegner, London 1808, das massenweise verschickt wurde.

Abb. 2: Ein Sklave, dessen Bein gefesselt wurde, um ihn am Davonlaufen zu hindern. „Erfindung" eines Sklavenhändlers

Der Sklavenhandel: Ursachen

Der Sklavenhandel war in Afrika und in den Mittelmeerländern seit dem Altertum verbreitet. 1441 wurden 10 Afrikaner als Geschenk an Prinz Heinrich den Seefahrer nach Portugal gebracht. Damit beginnt das Zeitalter des modernen Sklavenhandels, der vom 16. bis zum 19. Jahrhundert ein erschreckendes Ausmaß annahm, da die amerikanischen Plantagenbesitzer viele billige Arbeitskräfte brauchten.

Organisation des Sklavenhandels

Die Europäer trafen sich mit den afrikanischen Zwischenhändlern in einer befestigten Handelsstation an der afrikanischen Westküste oder auf dem Schiff. Eingeborene dolmetschten. Man besprach die Preise, den Zeitplan für die Sklavenschiffe und Sklaventreiber. Bezahlt wurde mit Flinten und Pulver, Stoffen, Branntwein, Messern usw. Ältere und Kinder kosteten weniger als ein erwachsener Neger. Nach 4 bis 5 Jahren Ausbeutung hatte der Sklave die Kosten durch Arbeit wieder eingebracht.

Schicksal der Sklaven

Die Verzweiflung der Sklaven, die ahnungslos über ihre Zukunft auf ein fremdes Schiff verschleppt wurden, war schrecklich. Viele aßen nichts mehr, einige töteten sich, andere wurden irre. Auf der acht- bis zehnwöchigen Reise starben häufig fast die Hälfte. Kranke wurden über Bord geworfen; als „Ballast" stand dann im Logbuch.

Ein Sklavenhändler beschreibt „die Arbeit" der Schiffsärzte in den Sklavendecks, wo sie Medizinen verabreichen sollen: *„Dies können sie unter Deck nicht tun, wegen der großen Hitze, die dort herrscht und manchmal so beklemmend ist, daß die Ärzte ohnmächtig werden und die Kerzen erlöschen".*

Um die Sklaven überhaupt notdürftig am Leben zu erhalten, wurden sie bei gutem Wetter auf Deck geholt und mit Peitschenhieben zum Tanzen und Singen gezwungen.

Dreieckshandel: Sklaven – Zucker – Rum

Waren die Sklaven in Amerika verkauft, wurden die Schiffe gereinigt, die Fußeisen verstaut und eine Fracht Zucker oder Melasse (Zuckerhaltiger Sirup) aufgenomen, die in Europa abgesetzt wurde. Der Gewinn wurde zum Teil in Rum und Branntwein angelegt, mit dem man in Afrika neue Sklaven einkaufte. Diese Handelsverbindung zwischen den drei Erdteilen Afrika – Amerika – Europa nennt man Dreieckshandel.

Die Zwangsarbeit auf der Plantage

Der Arbeitstag begann vor Sonnenaufgang. Mit Hacken und Schaufeln marschierten die Sklaven auf die Felder. Ein Weißer und ein Negertreiber beaufsichtigten jede Gruppe mit Peitschen und Bluthunden. Um 9 Uhr kam eine Frühstückspause, von 12 bis 14 Uhr war Mittagspause, nach Sonnenuntergang erfolgte der Rückmarsch. Dann sperrte man die vom feuchtkalten Morgennebel, brütender Sonne, und Regenschauern erschöpften Menschen in kleine Hütten, die zu niedrig waren, um aufrecht darin stehen zu können. Oft bekamen die Sklaven nur so viel zu essen, daß sie nicht einfach verhungerten.

Abb. 3: Sklaventransport zur Küste um 1860

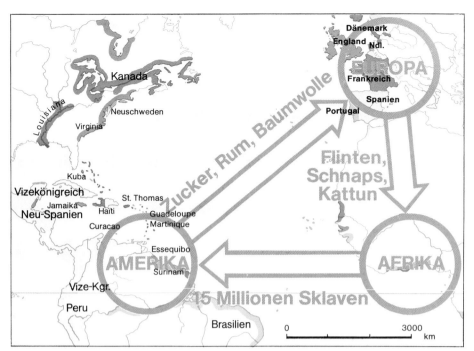

Abb. 4: Der atlantische Dreieckshandel

Sklaven kämpfen um ihre Freiheit

Die Herren der versklavten Neger fürchteten ständig deren Verlust durch Flucht, Selbstmord, aber auch Rache und Rebellion der Gepeinigten. Gleich nach der Ankunft auf der Plantage verteilte man sie auf die Hütten möglichst zuverlässiger älterer Sklaven. Familien- und Stammesangehörige wurden getrennt, um Verschwörungen zu verringern. Die strenge Arbeitsordnung nach der grausamen Seereise kostete in den ersten Wochen der Anpassung ein Drittel der Neulinge das Leben. Die Peitsche hielt die Überlebenden in ständiger Angst. Die Neger selbst zwang man, auf der Flucht ergriffene Sklaven zu bestrafen. Viele Sklaven gaben nach und paßten sich dem widrigen Umständen an so gut es ging, andere ließen sich durch keine Folterung von Fluchtversuchen abhalten. Schwierig blieb es, Rache- und Sabotageakte zu verhindern. So terrorisierten Rebellen durch ständige Brandstiftungen die Plantagen. Im Jah-

re 1785 vergiftete auf Saint-Domingue ein Sklave zahlreiche Weiße und Afrikaner.

1791 brach auf der Insel Saint Domingue einer der blutigsten Sklavenaufstände aus.

Überraschend erhob sich die schwarze Bevölkerung und verwüstete Häuser und Zuckerrohrfelder, tötete die Pflanzer, Verwalter und Aufseher. Der wichtigste Führer des Aufstandes, Toussaint Louverture, machte sich zum Generalgouverneur und erließ eine Verfassung. Auch die Unterwerfung Toussaints durch ein Expeditionskorps konnte die alten Verhältnisse nicht wieder herstellen. Die Zuckerproduktion sank zwischen 1791 und 1815 von 163 Mill. Pfund auf 10 Mill. Pfund.

Wann und warum endete der Sklavenhandel?

Der Sklavenhandel endete erst vor vier Generationen, 1865 wurde in den USA, 1888 im Kaiserreich Brasilien die Sklaverei abgeschafft.

Für die Abschaffung der Sklaverei kämpften vor allem die sogenannten Abolitionisten (engl. abolition = Abschaffung) aus menschlichen, sozialen und politischen Gründen. Diese amerikanische Bewegung in den Jahren 1831–1865 war seit 1833 in der National Anti-Slavery Society (Nationale Anti-Sklaverei Gesellschaft) organisiert.

Auch aus religiösen Gründen gewann der Abolitionismus immer mehr Anhänger, die eine sofortige entschädigungslose Freigabe der Negersklaven forderten. Veröffentlichungen, wie der berühmte Roman „Onkel Tom's Hütte" von Harriet Beecher Stowe (1852), der das Negerleben in den Sklavenstaaten von Nord-Amerika anprangerte, weckten das Gewissen der Menschen und förderten die Bewegung zur Abschaffung der Sklaverei.

Folgen der Sklaverei in der Gegenwart

Die Sklavenwirtschaft und der Sklavenhandel haben Schäden angerichtet, die bis in unsere Gegenwart und Zukunft reichen. In Afrika wurde zunächst jede selbständige Entwicklung der Eingeborenen zerschlagen, Handel und Gewerbe gelähmt und die Bevölkerung mit Gewalt vermindert. In Südamerika und Westindien verschmolzen die Neger wenigstens teilweise mit der Kolonialgesellschaft der Weißen, weil die Rassenvorurteile bei den Spaniern und Portugiesen geringer waren. Aber in den USA blieben große Teile der dortigen Bevölkerung bis heute außerhalb der Gesellschaft. Für 20 Millionen Neger ist mit der Aufhebung der Rassentrennung das Leben immer noch nicht viel leichter geworden.

„Doch schlimm ergeht es jedem dann
Alt oder jung, Weib oder Mann ...
Der nicht die Reihe halten kann!
Die Löcher graben im Verein
Darum wir in den Boden ein.

Ein Schritt zurück, es gibt kein Ruhn,
Wer säumt, verspürt die Peitsche nun."
(Negergesang beim Pflanzen, aus: Hennessy, Geschäft mit schwarzer Haut, 1970, S. 157)

Abb. 5

Abb. 6: Titelblatt Onkel Tom's Hütte

Der deutsche Kapitän und Sklavenhändler Joachim Nettelbeck (geb. 1738 in Kolberg und dort 1824 gest.) hat eine Lebensbeschreibung hinterlassen, in der er auch über den Negerhandel um 1820 berichtet:

„Nettelbeck ein Sklavenhändler? Wie kommt ein so verrufenes Handwerk mit seinem ehrlichen pommerschen Herzen zusammen? – Allein das ist es ja eben, daß dies Handwerk zu damaliger Zeit bei weitem nicht in einem solchen Verrufe stand, als seitdem man, besonders in England, wider den Sklavenhandel (und auch wohl nicht mit Unrecht) als einen Schandfleck der Menschheit, geschrieben und im Parlament gesprochen hat. Aber vor 50 Jahren war und galt dieser böse Menschenhandel als ein Gewerbe wie andre, ohne daß man viel über seine Recht- oder Unrechtmäßigkeit grübelte. Wer sich dazu brauchen ließ, hatte die Aussicht auf einen harten und beschwerlichen Dienst, aber auch auf leidlichen Gewinn. Barbarische Grausamkeit gegen die eingekaufte Menschenladung war nicht notwendiger Weise damit verbunden und fand auch wohl nur in einzelnen Fällen statt; auch habe ich meinesteils nie dazu geraten oder geholfen. Freilich stieß mein Auge oft genug auf Roheit und Härte; aber die waren mir leider überall, wohin der Beruf des Seemanns mich führte."
(Nettelbeck, Mein Leben, Zeulenroda 1938, S. 202)

Marktbericht über die Sklavenpreise 1773

„Neger sind bei uns nach wie vor gefragt. Gute Sklaven werden einen hohen Preis erzielen. Wir verkauften Kapitän Wantons Fracht. Sie war ‚erste Wahl', und solche Sklaven finden immer einen günstigen, aufnahmebereiten Absatzmarkt. Den letzten Meldungen zufolge war jedoch ein Rückgang zu verzeichnen, und nach dem niedrigen Reispreis schätzten die Faktoren (Verwalter), daß die Preise für Sklaven noch weiter fallen werden."
(zitiert nach: Pope-Hennessy, Geschäft mit schwarzer Haut, München 1970, S. 29)

Aus dem Inventarverzeichnis der Baron v. Schimmelmannschen Plantage in Westindien

1 Brenneisen, um die Zuckerfässer zu brennen, 1 silbernes Instrument, die neuen gekauften Neger mit zu markieren mit dem Buchstaben BvS.
(zit. nach: Degn, Die Schimmelmanns, S. 59)

Beschreibung und Liste der Sklaven

Andreas, Bomba oder Treiber für die anderen Neger, frisch und stark
Christian, mit Pocken, sonst gewohnt in den Busch wegzulaufen
Cupido oder **Attha,** gesund, jetzt weggelaufen in den Busch
Isach, arbeitet in der Plantage, im übrigen stiehlt er und ist ein großer Schelm.
Akra, in Eisen, weil er in den Busch weggelaufen war, obgleich er schlechte Beine hat; steht angekettet an der Mühle, um Zuckerrohr einzustecken
Tobias hat die linke Hand an der Mühle verloren
Martha, ist eine Negerin, die zum Eiland St. Jan gehört, verurteilt, zeitlebens in Eisen zu gehen wegen ihrer Teilnahme an der Rebellion dort.
(ebd. S. 64)

1. Beschreibe die Ursache und Organisation des Sklavenhandels!
2. Woran erkennt man auf Abb. 3 den

Der Sklavenhandel – Zahlen und Fakten

1441 Prinz Heinrich der Seefahrer erhält 10 Afrikaner als Geschenk
1444 im portugiesischen Hafen Lagos werden 235 Afrikaner, Männer, Frauen und Kinder an den Hofstaat verteilt
1518 Karl V. vergibt Monopol zur Verschiffung von jährlich 4000 Negern nach Westindien
1619 die ersten 20 afrikanischen Sklaven werden nach Jamestown, Virginia, gebracht
1658 Indianer und Negersklaven verbrennen Häuser von Sklavenhaltern in Connecticut
1690 Aufstand der Indianer und Neger in Massachusetts
1777 Ein Sklave aus Jamaika fordert in Schottland gerichtlich seine Freilassung
1791 Sklavenaufstand auf Saint Domingue
1807 Abolition Act erklärt in England den Sklavenhandel für ungesetzlich
1814 Sklavenhandelsverbot in Holland
1815 Sklavenhandelsverbot in Frankreich
1831 Sklavenaufstand unter Nat Turner in Virgina
1865 Abschaffung der Sklaverei in USA
1888 Abschaffung der Sklaverei in Brasilien

Sklavenaufseher? Beachte Kleidung, Bewaffnung, Hautfarbe und Haltung!
3. Auf welche Weise entschuldigt der deutsche Schiffskapitän Nettelbeck seine Tätigkeit als Sklavenhändler?
4. Was versteht man unter Dreieckshandel?
5. Nenne Ursachen für die Abschaffung der Sklaverei.
6. Inwiefern sind die Folgen des Sklavenhandels heute noch ein Problem?

Abb. 7: Die Menschenware wird vor dem Verkauf geprüft (aus Onkel Tom's Hütte, 1853)

19

Europäer und Menschen anderer Kulturen begegnen sich

Wer hat wen entdeckt?

Abb. 1: Lebensgroße Holzplastik eines Tigers, der einen Offizier der Britischen Ostindien-Kompanie zerfleischt (1799 im Palast eines Maharadscha gefunden). Der Tiger ist hohl und enthält ein Spielwerk, das das Brüllen des Tieres und das Stöhnen des Opfers wiedergibt, eine Wunschvorstellung des Fürsten.

Das 15. bis 17. Jahrhundert wird häufig etwas irreführend als „Zeitalter der Entdeckungen" bezeichnet. Bei dem Wort „Entdeckungen" könnte man meinen, es seien völlig unbekannte Länder gefunden worden. Aber in den „entdeckten Ländern" lebten natürlich Völker, die ihre Heimat und ihre Nachbarn oft sehr gut kannten und in Landkarten oder Erzählungen ihre Kenntnisse überliefert hatten.

Das Wort „Entdeckungen" ist also aus der Sicht der Europäer zu verstehen, die diese Länder noch kaum oder gar nicht kannten. Für diese war zum Beispiel Amerika tatsächlich eine Entdeckung. Allerdings auch nur eine Wiederentdeckung. Denn vor Kolumbus hatten bereits die Wikinger um 999 die Küste von Nordost-Amerika erreicht und 1003 gründete der Norweger Torfinn im Markland (wahrscheinlich Labrador) eine Niederlassung, die nach einem Angriff der Ureinwohner aufgegeben werden mußte.

Die Völker in Übersee legten natürlich wenig Wert darauf in dieser Art „entdeckt" zu werden und wollten durchaus keine Europäer werden. Sie betrachteten die „Entdecker" als interessante Gäste, als Eindringlinge, als kulturlose Barbaren oder als gefähr-

liche Feinde. Als sie erkennen mußten, die Europäer wollten sie unterwerfen und sich ihr Land aneignen, leisteten sie oft über viele Jahrhunderte erfolgreich Widerstand oder suchten in das Landesinnere auszuweichen.

Fremde Völker begegnen sich

Überall, wo sich Eingeborene und Europäer zum ersten Mal begegneten, waren sich beide Seiten wohl darin einig, daß die anderen die seltsamsten Wesen der Welt seien. Im übrigen unterschied sich das Verhalten der „entdeckten" Völker zu ihren Besuchern und umgekehrt außerordentlich. Furcht, Mißtrauen, Belustigung oder Verachtung waren verbreitete Gefühle bei diesen Begegnungen.

Mißverständnisse können oft so groß sein, daß die Absichten des anderen zumindest zunächst gar nicht erkannt werden. So nahm zum Beispiel Kolumbus im Jahre 1492 feierlich unter Anrufung von Zeugen eine Insel der Arawak-Indianer im Beisein der erstaunten und belustigten Einwohner in Besitz, ohne daß diese ahnten, was ihnen geschah. Ein spanischer Historiker der Gegenwart, Madariaga, bemerkt dazu:

„Man wird sich kaum einen Vorgang von solch tragischer Ungleichheit zwischen Menschen vorstellen können. Es war noch ein glücklicher Umstand, daß es die Verschiedenheit der Sprache gab. Denn so konnten die Eingeborenen den feierlichen Akt der Eindringlinge wenigstens als magischen Akt deuten. Denn eine Besitzergreifung wäre diesen Menschen, die überhaupt keinen Sinn für Eigentum hatten, völlig unbegreiflich erschienen."
(Madariaga, Kolombus, München 1975, S. 267)

Die weitverbreitete anfängliche Freundlichkeit der Eingeborenen kam oft aus der Meinung, die Fremden seien überirdische Wesen. Die schwimmenden Häuser, die aus dem Nichts zu kommen schienen, die unbegreiflichen Zerstörungen über weite Entfernungen (Kanonen) stärkten diesen Glauben zunächst. Deshalb suchten die Eingeborenen die Hilfe der Weißen auch gegen ihre Feinde im eigenen Land, was der Herrschaft der Europäer meist zugute kam.

Abb. 2: Schreibender Portugiese / Schnitzerei eines Afrikaners von der Westküste

Die Ordnung der Europäer ist nicht die Ordnung der Eingeborenen

Der englische Seefahrer, Entdecker und Erdumsegler James Cook (1728 bis 1779) berichtet in seinem Tagebuch von der ersten Reise nach Tahiti, 1769 von Zusammenstößen mit den Eingeborenen:

„Donnerstag, 13. April
Kaum waren wir in selbiger Königlichen Bucht vor Anker gegangen, als sich schon eine große Anzahl Eingeborener in Kanus unserm Schiffe näherte; sie führten Kokosnüsse mit sich, welchen sie dem Anschein nach großen Wert beimaßen. Da unser Aufenthalt sehr wohl von längerer Dauer sein mochte, erachtete ich es als äußerst wichtig, daß bezüglich des Verkehrs mit den Eingeborenen eine gewisse Ordnung beobachtet würde. Auf jede geziemende Weise ist eine Freundschaft mit den Eingeborenen anzustreben.

Freitag, 14. April
Zwei, welche dem Anschein nach Häuptlinge waren, hatten wir an Bord, denn es kostete uns erhebliche Mühe, sie vom Schiffe fernzuhalten, allzumal sie in der Kletterkunst den Affen ebenbürtig sind. Doch es war noch schwerer, sie von dem Diebstahl aller Gegenstände abzuhalten, welche in ihre Reichweite kamen; denn auf das Stehlen verstehen sie sich trefflich.
Unser erster Landeplatz war der Hafen des Großen Kanu. Hier waren wir alsbald von einer großen Menge Eingeborener

umgeben, welche uns mit der größten Freundlichkeit begegneten; nur zeigten sie die starke Neigung, unsere Taschen zu entleeren.
Trotz all unserer Vorsicht wurden Dr. Solander und Dr. Munkhause bestohlen; den einen brachte man um sein Fernglas, den anderen um seine Schnupftabakdose. Lycurgus (so wurde der Häuptling der Eingeborenen im Scherz von den Engländern genannt) schien davon tief betroffen, und zum Ausgleich bot er uns alles an, was sich in seinem Hause befand; wir lehnten jedoch ab und bedeuteten ihm, nur das Gestohlene wiedererlangen zu wollen. Dazu hatte er bereits Männer ausgesandt, und diese brachten alsbald das Gesuchte.

Samstag, 15. April
Wir hatten eben erst den Fluß überquert, als Mr. Banks drei Enten auf einen Schuß erlegte (mit Schrot), was die Eingeborenen so entsetzte, daß die meisten von ihnen niederfielen, als seien sie selbst getroffen. Ich hatte Hoffnung, dies werde gute Wirkung auf sie erzielen, doch meine Hoffnung trog; denn wir hatten uns noch nicht lange von dem Zelt entfernt, als sich die Eingeborenen erneut darum zu sammeln begannen, und ihr Waghalsigster brachte einen der Wächter zu Boden, wand die Muskete aus seiner Hand, führte einen Schlag gegen ihn und machte sich davon, und mit ihm flohen alle anderen. Doch unverzüglich befahl der Maat seinen Männern das Feuer zu eröffnen, und der Räuber

der Muskete wurde zu Tode getroffen, die Muskete aber ward dennoch entführt.“
(Cook, Entdeckungsfahrten im Pacific, Tübingen, 1972, S. 46 ff.)

Schwierigkeiten eines Kapitäns auf einer Südseereise um 1766

„Der Anblick der Mädchen machte alle unsere Männer ganz verrückt nach einem Landgang, sogar die Kranken, die schon mehrere Wochen auf der Liste des Arztes standen. Für ein Abendvergnügen zahlten die Matrosen einen großen Nagel, der für die Insulaner wegen seines Eisens sehr wertvoll war. Eines Tages, als ich die freien Männer ins Boot befahl, kam der Zimmermann zu mir und sagte, daß jede Klammer daraus entfernt und alle Nägel ausgezogen seien. Der Bootsmann berichtet mir, daß zwei Drittel der Männer wegen Mangel an Nägeln zum Aufhängen ihrer Hängematten gezwungen seien, an Deck zu schlafen.“
(nach Hale, Zeitalter der Entdeckungen, 1967, S. 142 f.)

Wie kann man „Heiden" zum Christentum bekehren?

In einem Buch über die europäisch-überseeische Begegnung schildert der Verfasser die gegenseitigen Mißverständnisse und Schwierigkeiten bei Bekehrungsversuchen der Missionare unter den Eingeborenen:

„Vor allem aber erwies es sich als ganz unmöglich, abstrakte (allgemeine) Begriffe der Glaubenslehre wie Schuld, Sünde oder Gnade dem Eingeborenen faßbar zu machen.
Neugierde und eine Neigung zum Spiel und Mummenschanz bewogen schließlich manche Indianer, vor allem Jugendliche, eine Anteilnahme an christlichen Kulthandlungen zu zeigen, welche die Missionare über ihre wahre Haltung hinwegzutäuschen vermochte.
Zur Enttäuschung, die der häufige Rückfall dem Missionar bereitete, gesellte sich die Verärgerung über die Quertreibereien der Medizinmänner und Dolmetscher. Die letzteren übersetzten oft unzuverlässig und machten sich einen Spaß daraus, dem Kirchenmann obszöne (unanständige) Wörter einzuflüstern, welche dieser bei der nächsten feierlichen Gelegenheit zum Gaudium (zur Freude) seiner Zuhörerschaft wiedergab.“
(Bitterli, Die „Wilden" und die „Zivilisierten", München 1976, S. 114 ff.)

1. Weshalb ist die Bezeichnung „Entdeckungen" etwas irreführend?
2. Wie beurteilen die Eingeborenen die Weißen? Wie beurteilen die Weißen die Eingeborenen?
3. Zu welchen Mißverständnissen kommt es bei der Begegnung von Eingeborenen und Weißen?
4. Aus welchen Gründen kommt es zu Mißverständnissen und Zusammenstößen?

Abb. 3: Ein Maori und ein Seemann der Endeavour tauschen (gemalt von einem Mitglied der Mannschaft)

Eingeborene besuchen die Weißen
Anpassung oder Widerstand

Eingeborene auf Besuch

Während immer mehr Weiße als Händler, Eroberer und Siedler in allen Weltteilen auftauchten, kamen in geringer Zahl Eingeborene als friedliche Besucher in die Städte der Europäer.

Die Eingeborenen vermochten sich aber zumeist nicht anzupassen und starben oft nach kurzer Zeit an anstekkenden Krankheiten oder Heimweh. Um 1610 lebte ein Hurone, von den Franzosen Savignon genannt, über ein Jahr in Paris, ohne Kleidung oder Sitten der Franzosen zu übernehmen. Im Gespräch mit dem Entdeckungsreisenden Lescarbot äußerte er sich recht kritisch über die Franzosen. Es fehle ihnen an Mut und Entschlossenheit, sie benähmen sich wie Frauen und redeten, statt zu kämpfen.

Indianerprinzessin Pocahontas

Romane, Dramen und Gedichte verklärten die romantische Geschichte der indianischen Häuptlingstochter Pocahontas. Im Kapitol zu Washington zeigt ein Wandgemälde, wie sie getauft wird. 1607 rettete sie dem englischen Kapitän John Smith, der in indianische Gefangenschaft geriet, das Leben. Pocahontas, der Name bedeutet „Glänzender Strom zwischen zwei Bergen", wurde zwei Jahre später, im Alter von 14 Jahren, von einem Kapitän nach Jamestown entführt, aber gegen Lösegeld freigelassen. Ein Tabakpflanzer, John Rolfe, verliebte sich so heftig in sie, daß er eine Ehegenehmigung des englischen Königs erwirkte und sie 1613 heiratete. Die Bittschrift des Adligen Rolfe kann man heute noch in Oxford sehen. 1619 reiste das Ehepaar mit dem ein Jahr alten Sohn Thomas und indianischen Verwandten nach London. Die Königin Anna, die die Ehe zunächst mißbilligt hatte, war so von ihr entzückt, daß sie sie bei Hofe bevorzugte. Die besten Hofmaler porträtierten Pocahontas. Im Frühjahr 1617, kurz vor der Rückfahrt nach Amerika, erkrankte sie und starb nach wenigen Tagen.

Omai will zu Hause imponieren

Als der englische Forscher James Cook 1775 von seiner zweiten Weltreise nach England zurückkehrte, begleitete ihn auf eigenen Wunsch ein Eingeborener aus Tahiti, Omai, über den berichtet wird: *„Er ist keineswegs hübsch, aber gut gebaut. Ich glaube, wir haben es seinen weiten Nasenlöchern zu danken, daß er uns besuchte, denn, so sagte er selbst, das Volk seines Landes habe ihn deswegen ausgelacht, und er hoffe, nach seiner Rückkehr in die Heimat soviel feine Dinge erzählen zu können, daß man ihn respektieren werde."* In England staffierte man ihn mit Rock und Degen aus, führte ihn ins Theater

Abb. 2: Pocahontas, erste indianische Besucherin Englands, 1616 in London

und die Museen Londons und stellte ihn bei König Georg III. vor. Der berühmte Maler Reynolds porträtierte ihn. Man hoffte, Omai werde das englische Ansehen in Tahiti heben. Aber nach seiner Heimkehr erregte er nur flüchtiges Aufsehen, seine Familie wollte nichts mehr von ihm wissen und er mußte zu seiner Sicherheit sogar die Insel verlassen.

Wi-Jun-Jon – Delegierter und Tourist

Schlimmer noch als Omai erging es einem indianischen Delegierten, der 1832 seinen Stamm in Washington vertrat. Ihm gefiel die Lebensweise der Amerikaner. Er legte eine Uniform an, bereiste die großen Städte, verlor aber nach seiner Rückkehr das Vertrauen des Stammes. Die Erlebnisse hielt man für Lügen, dann für Visionen eines Medizinmannes. Als er seine Machtfülle als Medizinmann mißbrauchte, tötete man ihn schließlich.

Vassa bekämpft die Sklaverei

Der Afrikaner Equiano (in Europa Vassa genannt) gelangte um 1760 als Sklave nach England. Er wurde Händler und reiste bis Grönland. Vassa schrieb ein Buch gegen den unchristlichen Sklavenhandel.

Abb. 1: Oglethorpe, Gründer Georgias, stellt Creekhäuptling Tomochichi 1734 in London vor

Abb. 3: Omai aus Tahiti reiste 1775 nach England (Gemälde von Reynolds)

Abb. 4: Wi-Jun-Jon, Assiniboin-Krieger, vertrat 1832 seinen Stamm in Washington und bereiste dann ein Jahr amerikanische Städte. Das Bild zeigt ihn vor und nach seiner Reise.

Gespräch Karls IX. in Rouen mit drei brasilianischen Indianern im 16. Jh.

„Der König sprach lange mit ihnen, man zeigte ihnen unsere Lebensart, unseren Prunk, die Anlage einer schönen Stadt. Danach fragte sie jemand nach ihrer Meinung. Sie sagten, sie hätten es sehr seltsam gefunden, daß so viele Männer, bärtig, stark und bewaffnet, die den König umgaben, sich herbeiließen, einem Kind zu gehorchen, (Karl IX. hatte bereits als 10jähriger den Thron bestiegen) und daß man nicht eher einen von ihnen wählte, um den Befehl zu führen; zum zweiten hätten sie bemerkt, daß es unter uns üppige, mit allen Annehmlichkeiten gesättigte Menschen gäbe und daß ihre anderen Hälften, von Armut und Hunger ausgemergelt, bettelnd vor ihren Türen stünden; und fänden es wunderlich, wie diese derart bedürftigen Hälften eine solche Ungerechtigkeit ertragen könnten und daß sie nicht die andern an der Gurgel packten oder Feuer an ihre Häuser legten."
(Montaigne, Essais, Zürich 1953, S. 242 f.)

Leben zwischen zwei Welten

„Dem in seine Heimat zurückgekehrten Eingeborenen blieben im Grunde nur zwei Möglichkeiten des Verhaltens: entweder er vergaß möglichst schnell alles, was er sich in Europa angeeignet hatte;

oder er führte, wo die Umstände dies ermöglichten, im Schatten der europäischen Kolonialisation ein Dasein europäischen Stils, was zur Folge hatte, daß er den Kontakt mit seinen Stammesangehörigen vollkommen verlor und, zusammen mit einer Mittelschicht von Mischlingen, zwischen Abhängigkeit und Verstoßung hin und her schwankte.
Meistens trat der erste Fall ein: die Erinnerung des Heimgekehrten an Europa verblaßte schnell, und zahlreich sind die Klagen europäischer Kolonisten, die verblüfft feststellten, wie ihr eingeborener Schützling jede Bildung und feinere Lebensart abstreifte."
Bitterli, Die „Wilden" und die „Zivilisierten", München 1976, S. 202).

Bittschrift von John Rolfe um die Ehegenehmigung zur Heirat mit Pocahontas

„Vor Gott und meinem eigenen Gewissen ist dies mein wohlgefaßter Entschluß, den ich am Tage des Jüngsten Gerichts (an dem die Geheimnisse aller Menschenherzen offenbar werden) zu vertreten gedenke. Mein Herz und meine Gedanken sind seit langer Zeit so von ihr eingefangen und entzückt worden, und ich befinde mich in einem so verschlungenen Labyrinth, daß ich mich entschlossen habe, mich von dieser Qual zu

befreien."
(Zitiert nach E. Lips, Nicht nur in der Prärie ..., Leipzig 1976, S. 138)

Idealvorstellungen der Gelehrten von den westindischen Indianern im 17. und 18. Jahrhundert (Du Tertre 1650)

„Ich benutze hier die Gelegenheit, zu zeigen, daß die Wilden, welche diese Inseln bewohnen, zu Völkern gehören, welche die zufriedensten, glücklichsten, tugendhaftesten, geselligsten, wohlgestaltetsten, von Krankheit am wenigsten heimgesuchten der ganzen Erde sind. Denn diese Indianer leben, wie die Natur sie geschaffen hat, das heißt in großer Einfachheit und natürlicher Naivität; alle sind sich gleich, Eltern und Kinder begegnen sich ohne Unterwürfigkeit. Niemand ist reicher oder ärmer als sein Gefährte."
(Bitterli, a. a. O. S. 380 f.)

1. Auf welche Weise gelangten Eingeborene als Besucher nach Europa? Weshalb waren es nur wenige?
2. Wie wurden die Besucher behandelt?
3. Vergleiche die Urteile der Besucher über die bereisten Städte und Länder!
4. Welche Schwierigkeiten ergaben sich für die Reisenden, wenn sie in ihre Heimat zurückkehrten?

Wohlstand, Macht und Festlichkeiten

Wie verändert der Reichtum das Leben in den Städten Italiens?

Wie gestalten die Reichen ihr Leben?

1348, es ist Sommer, in Florenz wütet die Pest. Aus Furcht vor Ansteckung wagen es die Leute nicht mehr, die Kranken zu versorgen; die Leichen werden einfach vor die Haustüren geworfen, Pestknechte sammeln sie auf, sie werden in Massengräbern – oft ohne Priester – beerdigt.

Da treffen sich sieben befreundete junge Damen, von denen eine einen Plan hat: *„Damit wir nicht aus Trägheit oder Sorglosigkeit einem Unglück erliegen, dem wir, wenn wir wollten, entgehen könnten, dächte ich, wir verließen, so wie wir sind, diese Stadt, wie es viele vor uns getan haben und noch tun. Mit Anstand könnten wir auf unseren ländlichen Besitzungen verweilen, deren jede von uns eine Menge hat, wo wir uns dann Freude, Lust und Vergnügen verschaffen, soviel wir nur könnten."* Der Vorschlag gefällt den anderen; sie finden noch drei junge Männer und begeben sich mit ihnen auf ein Landgut vor der Stadt, wo sie die nächsten Tage mit Musizieren, Tanzen und Geschichtenerzählen in aller Heiterkeit verbringen, ohne auch nur einmal die Pest in der Stadt zu erwähnen.

(Boccaccio, Das Dekameron, München 1961, S. 18)

So hat Giovanni Boccaccio (1313 bis 1375) seine berühmte Geschichtensammlung „Decameron" eingeleitet. Boccaccio ist der Sohn eines Florentiner Kaufmanns. Zur kaufmännischen Ausbildung und zum Studium der Rechte wurde der junge Mann nach Neapel geschickt und übernahm danach Ämter und Gesandtschaften im Auftrag der Republik Florenz. Dort veröffentlichte er auch seine Bücher, neben italienischer Unterhaltungsliteratur vor allem Forschungen über die Antike. Schließlich erhielt er von der Stadt den ehrenvollen Auftrag, öffentliche Vorlesungen über den Florentiner Dichter Dante (1265–1321) zu halten.

Tyrannen aus Freude an der Macht

Bis zum Ende der Stauferherrschaft hatte Italien zum Reich gehört, danach aber kamen die deutschen Herrscher nur noch selten über die Alpen. Die reichen Städte Italiens fühlten sich frei und machten sich politisch selbständig. Florenz nannte sich stolz Republik; man verstand darunter aber nicht eine Demokratie, sondern die gemeinsame Herrschaft der reichsten Kaufmannsfamilien in einem Rat, der Signoria, an deren Spitze der Gonfaloniere, später der Herzog, stand. Die Geschäfte der Florentiner im Tuchhandel gingen so gut, daß im 14. Jh. der Florentiner Goldgulden in ganz Europa zur wichtigsten Währung wurde. Und als die Stadt so reich geworden war, ließ die Signoria eine neue 8,5 km lange Stadtmauer bauen, warb Söldner an und unterwarf das umliegende Land, zuletzt sogar die Städte Pisa (1406) und Livorno (1421). Gleichzeitig entstanden große öffentliche Gebäude: Ein neuer Dom mit einer riesigen Kuppel wurde gebaut, und an dem großen Stadtplatz errichtete man ein eindrucksvolles Rathaus mit hohem Turm, der alle anderen Gebäude überragte. Auch die reichen Bürgerfamilien und viele in die Stadt gezogene Landadlige bauten sich Paläste in der Stadt. Das Volk hatte an diesem Wohlstand keinen Anteil; es konnte nur als Zuschauer an dem festlichen Leben teilnehmen, so z. B. an dem Pferderennen durch die Straßen der Stadt, das die Stadt jedes Jahr zu Ehren ihres Schutzheiligen veranstaltete.

Einen Höhepunkt der Prachtentfaltung erlebte Florenz, als sich Männer aus der Bankiersfamilie Medici zu Tyrannen aufwarfen. Die bedeutendsten von ihnen sind Cosimo de Medici (1434 bis 1464) und Lorenzo der Prächtige (1469–1492). Wie diese neuen Herrscher dachten, zeigt ein Ausspruch Cosimos. Auf den Vorwurf, er richte die Stadt durch Vertreibung der besten Männer zugrunde, soll er gesagt haben: *„Besser eine zugrunde gerichtete Stadt als eine verlorene. Zwei Ellen roten Tuchs machen einen Mann von Stand. Den Staat regiert man nicht mit dem Rosenkranz zwischen den Fingern."*

(Zit. bei: E. Barincou, Niccolò Macchiavelli, Hamburg 1958, S. 109)

Dieser Ausspruch ist uns von dem Florentiner Rechtsgelehrten, Geschichtsschreiber und Politiker Niccolò Machiavelli (1469–1527) überliefert, der in seinem Büchlein „Der Fürst" den Herrschern seiner Zeit Ratschläge gegeben hat:

„Jedermann weiß, wie lobenswürdig es ist, wenn ein Fürst sein Wort hält und rechtschaffen lebt, nicht mit List. Dennoch sieht man aus der Erfahrung unserer Tage, daß diejenigen, welche sich aus Treu und Glauben wenig gemacht haben und mit List die Gemüter der Menschen zu betören verstanden, große Dinge ausgerichtet und am Ende diejenigen, die redlich handelten, überwunden haben ... Ein Fürst, und besonders ein neuer Fürst, kann nicht immer alles das beachten, was bei andern Menschen für gut gilt; er muß oft, um seinen Platz zu behaupten, Treue, Menschenliebe, Menschlichkeit und Religion verletzen.

(N. Macchiavelli, Il principe, cap. 18)

Hat Savonarola eine Chance?

Mai 1498. Auf der Piazza vor dem Rathaus in Florenz sind ein Galgen und ein Scheiterhaufen errichtet. Der Mönch Savonarola soll hingerichtet werden. Was wird ihm zur Last gelegt? Savonarola, ein Dominikanermönch aus Ferrara, war 1484 nach Florenz gekommen und hatte durch seine mitreißende Predigt schnell die Dominikanerklöster der Stadt und der Umgebung für eine strenge Reform gewonnen. Auch seine Anhängerschaft im Volk wuchs, als seine Prophezeiung vom Ende der Medici-Herrschaft in Florenz eintraf. Nun versuchte er, das ganze Leben der Stadt nach demokratischen und zugleich streng sittlichen und religiösen Ordnungen zu gestalten. Er wetterte gegen den Luxus und die Beschäftigung mit dem Heidentum der Antike, und er wandte sich auch gegen das weltliche Leben am päpstlichen Hof. Am Ende des Karnevals 1497 ließ er auf einem riesigen Scheiterhaufen mitten auf dem Platz der Signoria in Florenz alles das, was ihm verwerflich erschien, verbrennen. *„Unten waren Larven, falsche Bärte, Maskenkleider u. dgl. gruppiert; darüber folgten Bücher der lateinischen und italienischen Dichter, z. T. kostbare Pergamentdrucke und Manuskripte mit Miniaturen; dann Zierden und Toilettengeräte der Frauen, Parfüms, Spiegel, Schleier, Haartouren; weiter oben Lauten, Harfen, Schachbretter, Tricktracks (ein Brettwürfelspiel), Spielkarten; endlich enthielten die beiden obersten Absätze lauter Gemälde, besonders von weiblichen Schönheiten."*

(I. Burckhardt, Die Kultur der Renaissance in Italien. Stuttgart 1958, S. 453)

Schon zwei Jahre vorher hatte Papst Alexander VI. Savonarola das Predigen verboten. Und als er nicht gehorchte, wurde er von der Kirche verstoßen. Schließlich gelang es seinen Gegnern, ihn gefangenzunehmen. Er wurde gefoltert, widerrief seine Geständnisse, wurde aber trotzdem als Ketzer hingerichtet.

Abb. 1: Gondeln auf dem Canale Grande in Venedig, Gemälde von Carpaccio, 1494

1. Nennt die Berufe und Beschäftigungen der Bürger, die zur gehobenen Gesellschaft gehören! (Vergleicht auch die folgende Seite!)

2. Warum konnten sich während der Pest nicht alle Leute so wie die junge Gesellschaft aus Boccaccios Erzählung verhalten?

3. Sucht die im Text genannten Städte auf dem Atlas, und beschreibt, in welchem Gebiet sie liegen. Wißt Ihr, warum heute viele von ihnen Anzugspunkte des Fremdenverkehrs sind?

4. Beschreibt, was auf dem Bild von Venedig (Abb. 1) vor sich geht! Überlegt, wer sich im 15. Jahrhundert eine Urlaubsreise leisten konnte!

5. Sucht die neuen Bauten auf dem Bild von Florenz (Abb. 2)! Wie zeigen die Florentiner ihren Reichtum und ihre Macht?

6. Erläutert den Anspruch des Cosimo de Medici, S. 24, mittlere Spalte! Würdet Ihr einem Regierenden auch solche Ratschläge geben wie Machiavelli?

7. Wer waren die Gegner und die Anhänger Savonarolas?

Abb. 2: Die Verbrennung Savonarolas in Florenz, 1498, Gemälde eines unbekannten Florentiner Meisters, um 1500 (Kopie)

Revolution in Wissenschaft und Technik
Was leistet der freie Forscherdrang?

Freiheit für den Geist!

Seit es in Europa genug Universitäten gab, konnte jeder, der Geld hatte, dort studieren. Die Kaufleute in den aufstrebenden Städten bemühten sich natürlich nicht in erster Linie um die Theologie, sondern um praktische Wissenschaften wie Jura oder Medizin. Aber auch „nutzlose" Studien waren ihnen etwas wert, denn Bildung galt als Ausweis der Zugehörigkeit zur maßgeblichen Gesellschaft.

Um ihren Ruhm zu vergrößern, unterstützten die Städte und ihre Herrscher die Gelehrten, gaben ihnen Staatsämter und gründeten selbst gelehrte Gesellschaften. Die berühmteste darunter war die Platonische Akademie in Florenz, 1459 von Cosimo de Medici gegründet. Aus ihr ist der Philosoph Pico von Mirandola hervorgegangen, der in seiner „Rede über die Würde des Menschen" die Freiheit des denkenden Menschen preist, sich durch Bildung und Philosophie Gott gleichzustellen.

Künstler, Erfinder und Ingenieur in einer Person

Die gotischen Baumeister hatten meist einfach experimentiert und es in Kauf genommen, wenn das Gewölbe einer Kathedrale wieder einstürzte. Beim Bau der Kuppel des Doms von Florenz hat der Architekt Brunelleschi 1420 zum erstenmal statische Berechnungen angestellt und damit eine Verbindung zwischen Kunst und Technik hergestellt, die bis heute besteht. In der gleichen Zeit wurde man sich auch der praktischen Bedeutung technischer Erfindungen bewußt und begann, Erfinder mit allen Mitteln zu fördern; so erließ man z. B. bereits 1474 in Venedig ein Patentschutzgesetz zugunsten der *„scharfsinnigen Köpfe, die es verstehen, mancherlei sinnvolle und kunstreiche Gegenstände auszudenken und zu erfinden."*

Am eindrucksvollsten zeigt sich die Verbindung von Maler, Architekt, Ingenieur und Erfinder an dem genialsten der Renaissance-Künstler Leonardo da Vinci (1452–1519). Er ist der Sohn eines Florentiner Notars. Bei dem berühmten Maler Verrocchio lernte er neben der Malerei so viel anderes, daß er sich 1481 erfolgreich um die Stelle eines Militäringenieurs bei dem Mailänder Herzog Ludovico Sforza bewerben konnte. Seine Arbeit in Mailand bestand im Entwerfen von Kriegsmaschi-

Abb. 1: Gelehrte Männer und Frauen bei der Handarbeit, Wandgemälde, Ferrara, 1469/70

nen, dem Bau von Festungsanlagen, der Planung von Kanalbauten sowie dem Entwerfen von Denkmälern für den Herzog. Das Malen betrieb er nur nebenbei; und nebenbei beschäftigte sich Leonardo außerdem noch mit allen möglichen Problemen der Physik, Mechanik und Anatomie. Durch Beobachtungen und Experimente versuchte er z. B., die Gesetze der Luftströmungen und des Vogelflugs zu finden und eine Flugmaschine für den Menschen zu entwerfen. Ähnlich vielseitig wie Leonardo waren die meisten Künstler dieser Zeit, die man Renaissance nennt, weil die Kunst der Römer und Griechen wieder lebendig gemacht werden sollte. Von der Kunst des Mittelalters unterscheidet sie sich durch die Einführung der Perspektive, die Darstellung der Menschen als Einzelpersönlichkeiten und die Einbeziehung der natürlichen Landschaft in die Bilder. Die Baukunst übernahm Säulen, Bogen, Giebel und Gesimse von den antiken Bauwerken.

„Und sie bewegt sich doch!"

In der Renaissance gab es auch eine Revolution des Weltbilds, die nur mit den Erkenntnissen der modernen Atomphysik verglichen werden kann. Nikolaus Kopernikus (1473–1543), der die entscheidenden Entdeckungen machte, stammt zwar aus Thorn an der Weichsel, seine wissenschaftliche Ausbildung hat aber auch er in Italien erhalten. Seit 1496 studierte er in Bologna Rechtswissenschaften, wandte sich aber schon dort der Astronomie zu, danach war er kurz in Rom und ergänzte zuletzt seine Studien in Padua und Ferrara. Kopernikus gefiel es nicht, daß nach dem überlieferten Weltbild des Ptolemäus die Berechnung der Planetenbahnen so kompliziert war. Er suchte nach einer einfacheren Erklärung für diese Unregelmäßigkeiten; und er fand eine Theorie, die sowohl das antike als auch das mittelalterliche Weltbild über den Haufen warf: Danach war die Sonne – und nicht die Erde – der Mittelpunkt des Weltalls. Alle Planeten, auch die Erde, bewegten sich in Kreisbahnen um sie herum. Die Erde als Kugel drehte sich um sich selbst, und der Mond umkreiste sie.

Dieses heliozentrische (Sonne = Mittelpunkt) Weltbild widersprach der Lehre der Kirche. Die deutschen Protestanten reagierten aber darauf nur schwach, und die Römische Kirche wandte sich erst Anfang des 17. Jh., aber dann um so heftiger, dagegen. Da hatte bereits der deutsche Astronom Johannes Kepler (1571–1630) aufgrund genauerer Beobachtungen das kopernikanische System noch verbessert. Kepler war kaiserlicher Hofastronom in Prag und Wien und deshalb gegen die Kirche geschützt. Der Italiener Galileo Galilei (1564–1649) dagegen arbeitete in Florenz mit dem damals neu erfundenen Fernrohr und entdeckte damit u. a. die Mondkrater und die Jupitermonde. Als er sich in seiner Schrift über die Sonnenflecken für das heliozentrische System aussprach, wurde die Kirche aufmerksam. Man befahl ihm, in Rom vor dem Kirchengericht zu erscheinen. Dort wurde 1616 das kopernikanische System für absurd und theologisch sowie philosophisch falsch erklärt und Galilei zum Schweigen verurteilt. Als er 1632 sein Schweigen brach, wurde er erneut vor das Gericht des Heiligen Offiziums nach Rom geladen. Diesmal drohte man ihm mit der Folter, bis er widerrief. Galilei soll zwar danach gesagt haben: „Und sie bewegt sich doch!" Aber er wurde von jetzt an von der Kirche in Haft gehalten und durfte nichts mehr veröffentlichen.

Eine Erfindung mit Folgen

Ganz wesentlich für die Entwicklung der Wissenschaft war die Erfindung des Buchdrucks. Um 1450 kam der Mainzer Patriziersohn Johannes Gutenberg auf die Idee, einzelne erhöhte Buchstaben aus Metall zu gießen, dann zu Zeilen und Seiten zusammenzusetzen und von diesen Platten auf der Druckerpresse Abzüge herzustellen. Von einer solchen Platte konnten mehrere hundert, bald sogar mehrere tausend Exemplare gedruckt und dann zu Büchern zusammengebunden werden. Dieses Verfahren war viel billiger als handschriftliches Abschreiben und versprach gute Gewinne. Gutenberg selbst hat freilich Konkurs gemacht, aber seine Erfindung wurde sehr schnell, vor allem von deutschen Drukkern, in ganz Europa verbreitet. In den großen Handels- und Universitätsstädten Straßburg, Köln, Basel, Augsburg, Nürnberg, in Rom, Venedig, Florenz, Mailand und in Paris entstanden bis 1475 bedeutende Druckerwerkstätten, die meist auch selber ihre Erzeugnisse verlegten. Und noch ein Weiteres machte der Buchdruck möglich, nämlich die Verbreitung von aktuellen Nachrichten, wie wir sie heute in der Zeitung lesen oder durch das Fernsehen vermittelt bekommen.

Pico von Mirandola: Rede über die Würde des Menschen, 1486:

„Gott stellte den Menschen in die Mitte der Welt und sprach zu ihm: ‚Wir haben dir weder einen bestimmten Wohnsitz noch ein eigenes Gesicht noch irgendeine besondere Gabe verliehen, o Adam, damit du jeden beliebigen Wohnsitz,

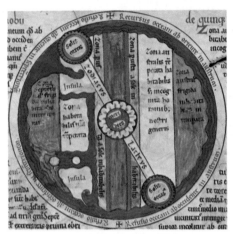

Abb. 3: Das Weltbild des Mittelalters

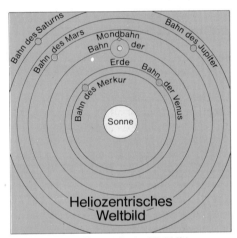

Abb. 4: Das heliozentrische Weltbild

jedes beliebige Gesicht und alle Gaben, die du dir sicher wünschst, nach deinem Willen und nach deiner eigenen Meinung haben mögest. Den übrigen Wesen ist ihre Natur durch die vorgeschriebenen Gesetze bestimmt und wird dadurch in Schranken gehalten. Du bist durch keinerlei unüberwindliche Schranken gehemmt, sondern du sollst nach deinem eigenen freien Willen, in dessen Hand ich dein Geschick gelegt habe, sogar jene Natur dir selbst bestimmen. Ich habe dich in die Mitte der Welt gesetzt, damit du von dort bequem um dich schaust, was es alles in der Welt gibt. Wir haben dich weder als einen Himmlischen noch als einen Irdischen geschaffen, damit du als dein eigener Bildner und Gestalter dir selbst die Form bestimmst, in der du zu leben wünschst. Es steht dir frei, in die Unterwelt des Viehs zu entarten. Es steht dir ebenso frei, in die höhere Welt des Göttlichen dich durch den Entschluß deines Geistes zu erheben ...' „Das alles sind die Gründe, die mich zum Studium der Philosophie gezwungen haben."
(Guggenbühl, Quellen des Mittelalters, 1946, S. 285)

Leonardo da Vinci: Über das Sehen

„Die Pupille des Auges ändert sich in ebensoviel unterschiedlichen Größen, wie es Abstufungen von Licht und Dunkelheit der Objekte gibt, welche sich ihr gegenüberstellen. Hier macht es die Natur wie derjenige, der zuviel Licht in seiner Wohnung hat und je nach der Notwendigkeit das Fenster mehr oder weniger schließt. Wenn du das beim Menschen ausprobieren willst, so blicke ihm starr in die Pupille des Auges, wobei du eine brennende Kerze in einiger Entfernung hältst. Lasse ihn in die Lichtquelle schauen, während du ihm diese nach und nach näherbringst, und du wirst beobachten, wie die Pupille sich umso mehr verengt, je mehr sich das Licht ihr nähert."
(Leonardo da Vinci, Wiesbaden 1955, S. 430)

1. Vergleiche Picos Vorstellung vom Menschen mit dem Schöpfungsbericht der Bibel!
2. Erklärt, warum sich die Kirche gegen das kopernikanische Weltbild wandte!
3. Auf welche Weise hat Leonardo seine Erkenntnisse über das Auge gewonnen?
4. Beschreibt die einzelnen Tätigkeiten in einer Druckerei (Abb. 2)! Überlegt, welche Folgen der Buchdruck für Wissenschaft und Politik gehabt hat!
5. Beschreibe die einzelnen Tätigkeiten in der Druckerei! Erkläre die Vorteile des neuen Druckverfahrens gegenüber der handschriftlichen Buchherstellung! Überlege, welche Konsequenzen der Buchdruck für Wissenschaft und Politik gehabt hat!

Abb. 2: Druckerwerkstatt, Stich von J. van der Straat, 1638

Todesfurcht und Höllenangst

Warum versagte die Kirche am Ende des Mittelalters?

„Zu den Zeiten stand eine seltsame bündische Gesellschaft von Bürgern und Bauern auf; die zogen durch viele Länder und Städte mit Kreuzen und Fahnen und sangen deutsche Lieder und predigten und geißelten sich selbst oft und fest und knieten nieder zum Beichten und

erteilten einander selbst die Absolution und ermahnten einander sehr, den Bund sowie die gegen den Christenglauben verstoßenden Dinge und Vorschriften zu halten, und sie zogen an sich Weib und Mann, arm und reich, zuletzt waren es so viele, daß manche meinten, es seien 42 000 Menschen . . ."

Abb. 1: Geißlerzug im Pestjahr 1349

Nördlich der Alpen, wo bis zur Mitte des 14. Jh. die Bevölkerung so gewachsen war, daß der Boden kaum noch zu ihrer Ernährung ausreichte, reagierten die Menschen anders auf die Pest als die reichen Bürger der italienischen Städte. Wie um ihr leibliches Wohl bangten

die Leute hier auch um ihr ewiges Heil. Für sie war die Welt nicht heiter, sondern erfüllt von dämonischen Wesen, die sich um die Menschenseelen stritten.

Kann ein Konzil die Kirche retten?

Die Kirche hatte viel von ihrem Ansehen verloren, nachdem der Papst unter dem Druck des französischen Königs 1309 von Rom nach Avignon in Südfrankreich übergesiedelt war. Noch schlimmer aber wurde die Lage nach seiner Rückkehr; da wählten nämlich die Kardinäle 1378 zwei verschiedene Päpste, die sich gegenseitig bekämpften. Einer regierte in Rom, der andere in Avignon; und die europäische Christenheit spaltete sich in zwei Lager. Diese Spaltung (Schisma) mußte unbedingt beseitigt werden.

Schließlich nahm der Kaiser die Sache in die Hand. Er hatte besondere Veranlassung dazu, denn in einem seiner Länder, an der Universität Prag, war der Theologieprofessor Jan Hus mit scharfen Angriffen gegen die Kirche aufgetreten, und es drohte ein Aufstand. Deshalb lud Kaiser Sigismund die Bischöfe, Äbte und Fürsten aus Deutschland, England, Frankreich und Italien 1414 zu einem großen Konzil nach Konstanz ein. Auch Jan Hus wurde aufgefordert, sich dem Gericht des Konzils zu stellen. Über drei große Aufgaben sollte in Konstanz beraten werden: 1. Die Beseitigung des Schismas, 2. Die allgemeine Reform der Kirche und 3. Die Lehre des Jan Hus. Dieses dritte Problem wurde als erstes erledigt: Hus wurde 1415, obwohl der Kaiser ihm freies Geleit zugesichert hatte, als hartnäckiger Ketzer auf dem

Scheiterhaufen verbrannt. Am Ende wählte das Konzil einen neuen Papst.

Geringer Anlaß – große Auswirkungen

Im Herbst 1517 veröffentlichte der Wittenberger Theologieprofessor Doktor Martin Luther 95 Leitsätze (Thesen) gegen die Ablaßpraxis der Kirche.

Mit seinen Ablaßthesen löste der Wittenberger Professor eine Lawine lang aufgestauter Kritik an der Kirche aus. Luther ist 1483 geboren. Sein Vater, der durch Anteile an einem Bergwerk zu Wohlstand gekommen war, wollte ihn in Erfurt Rechtswissenschaften studieren lassen. Da geriet der junge Student im Sommer 1505 auf dem Rückweg aus den Ferien in ein Gewitter, ein Blitz schlug in seiner Nähe ein, und in seiner Todesangst rief er: „Hilf, Heilige Anna, ich will ein Mönch werden!" Vierzehn Tage später trat er in das Augustinerkloster in Erfurt ein. Es folgte eine Zeit, in der ihn die Angst um seine Sünden quälte und ihn zu unablässigem Beten und Fasten trieb. Aber er fand keine Ruhe. Von einer Reise nach Rom im Auftrag seines Ordens kehrte er zurück, entsetzt über die weltliche Pracht des Papsttums und den Mangel an Frömmigkeit unter den italienischen Geistlichen. Vorher schon hatte er wieder angefangen Theologie zu studieren, und bereits 1512 wurde er an der Universität Wittenberg Doktor, d. h. Professor. Beim Bibelstudium zur Vorbereitung seiner Vorlesungen fand er nun auch Antwort auf die ihn quälende Frage nach der Sündenvergebung. Und als die Käufer von Ablaßbriefen 1517 bei ihm nicht mehr beichten wollten, fiel sein Zorn auf die Ablaßprediger.

Abb. 2: Auskleidung und Verbrennung des Jan Hus, 1415

Abb. 3: Das Jüngste Gericht, Gemälde von Stefan Lochner, ca. 1430

Aus Luthers 95 Thesen von 1517:

1. Wenn unser Herr und Meister Jesus Christus sagt: Tut Buße!, so will er, daß das ganze Leben der Gläubigen Buße sei.
27. Die predigen Menschentand, die vorgeben, daß, sobald der Groschen im Kasten klingt, die Seele von Stund an aus dem Fegefeuer fahre.
36. Jeder Christ ohne Ausnahme, der wahrhaft Reue empfindet, hat völlige Vergebung von Strafe und Schuld, die ihm auch ohne Ablaßbrief gebührt.
37. Jeder wahrhaftige Christ, er sei lebendig oder tot, ist durch Gottes Geschenk aller Güter Christi und der Kirche teilhaftig, auch ohne Ablaßbriefe.
43. Man soll die Christen lehren, daß, wer dem Armen gibt und dem Bedürftigen leiht, besser tut, als wer Ablaßbriefe kauft.
50. Man soll die Christen lehren, daß der Papst, wenn er von der Schinderei der Ablaßprediger wüßte, lieber wollte, daß St. Peters Münster zu Asche verbrannt würde, als daß es mit Haut, Fleisch und Bein seiner Schafe erbaut werde.
62. Der wahre Schatz der Kirche ist das heilige Evangelium der Herrlichkeit und Gnade Gottes.

Luther schreibt an den Erzbischof von Mainz:

„Es wird im Land umhergeführt der päpstliche Ablaß unter Euer Gnaden Namen zum Bau von Sankt Peter. Ich will dabei gar nicht über der Ablaßprediger großes Geschrei Klage führen. Aber ich beklage die falsche Auffassung, die das arme, einfältige, grobe Volk daraus entnimmt und die jene Prediger allenthalben marktschreierisch rühmen. Denn die unglücklichen Seelen glauben infolgedessen, wenn sie nur Ablaßbriefe lösen, seien sie ihrer Seligkeit sicher; weiter glauben sie, daß die Seelen ohne Verzug aus dem Fegefeuer fahren, sobald man für sie in den Kasten einlege; diese Ablaßgnade sei ferner so kräftig, daß keine Sünde so groß sein könne, daß sie nicht erlassen und vergeben werden könnte. Ach, lieber Gott, so werden die Eurer Sorge anvertrauten Seelen, teurer Vater, zum Tode unterwiesen . . .!"
(Luther, hrsg. v. K. Steck, Frankfurt 1955, S. 30/31)

1. Erklärt, warum die Menschen nördlich der Alpen anders auf die Pest reagierten als die Italiener!
2. Wer kommt auf dem Bild von Lochner (Abb. 2) in den Himmel und wer in die Hölle?
3. Was bewegt Luther zur Kritik an der Kirche?

O Ihr Teutschen, merkt mich recht,
Des heiligen Vater Pabsts Knecht
Bin ich, und bring euch ietzt allen
Zehntausend und Neunhundert Karnen
Gnad und Ablaß eurer Sünd,
Vor euch, eure Aeltern, Weib und Kind,
Soll ein jeder gewähret seyn,
So viel er legt ins Kästel ein.
So bald der Gülden im Becken klingt,
Im Hun die Seel in Himmel sich schwingt.

Abb. 4: Flugblatt zu Tetzels Ablaßhandel

Freiheit für den Christenmenschen
Was lehrten die Reformatoren?

Wie wirkten Luthers Thesen auf seine Zeitgenossen und die Kirche?

Der führende humanistische Gelehrte jener Zeit, der Baseler Professor Erasmus von Rotterdam, der 1516 das Neue Testament in Griechisch herausgegeben hatte, soll einmal gesagt haben: *„Ich legte ein Ei, doch Luther brütete einen Vogel aus, der war gänzlich anderer Art."* Viele andere Wissenschaftler in Deutschland aber stellten sich entschieden auf Luthers Seite. Die 95 Thesen Luthers verbreiteten sich in Form gedruckter Blätter sehr schnell vor allem in den Städten. Überall fand Luther begeisterte Zustimmung; es sah aus, als hätten die Menschen nur auf ein mutiges Wort oder einen zündenden Funken gewartet, um all ihre angestaute Unzufriedenheit endlich einmal frei äußern zu können.

Die eigentlich mit den Thesen angegriffene Römische Kirche dagegen kam erst im Jahr später gegen Luther zum Zuge. In Augsburg wurde der widerspenstige Augustinermönch vom päpstlichen Legaten (Beauftragten), dem Kardinal Cajetan, ergebnislos verhört. Erst mit seinen Äußerungen bei einem theologischen Streitgespräch in Leipzig (1519) mit Johann Eck wandte sich Luther so scharf gegen Kirche, Papst und Konzilien, daß er als Ketzer mit dem Kirchenbann rechnen mußte. Er forderte die Exkommunikation sogar heraus, als er 1520 mit seinen Studenten in Wittenberg das päpstliche Schreiben, in dem ihm der Bann angedroht worden war, öffentlich verbrannte. Im gleichen Jahr 1520 hat Luther in drei großen Schriften die Grundsätze seiner Reform und seine Kritik an der Papstkirche niedergelegt:

In der ersten *„An den christlichen Adel deutscher Nation von des christlichen Standes Besserung"* ruft er den Adel zur Reform auf, weil die Kirche versagt habe. Er begründet diesen Auftrag damit, daß nach dem Evangelium nicht nur die Geistlichen, sondern alle Gläubigen Priester seien. Die zweite Schrift *„Von der babylonischen Gefangenschaft der Kirche"* befaßt sich mit den Sakramenten. Nur drei von ihnen findet Luther in der Bibel bestätigt: das Abendmahl, jedoch in Form von Brot und Wein für alle Gläubigen, die Taufe und die Buße. Die übrigen vier, nämlich Firmung, Eheschließung, Priesterweihe und Letzte Ölung (Sterbesakrament) will er abschaffen. In der dritten und wichtigsten Schrift schließlich *„Von der*

Abb. 1: „Des Teufels Dudelsack", Lutherkarikatur von Erhard Schoen, 1521

Freiheit eines Christenmenschen" erklärt Luther den neuen evangelischen Glauben.

Wie verhielt sich der Staat zu Luther?

Der Staat, das ist für einen Deutschen des 16. Jh. zweierlei: erstens der Landesfürst oder der Rat der Stadt und zweitens Kaiser und Reich. Luthers Landesfürst, Kurfürst Friedrich der Weise von Sachsen, war ein sehr frommer Mann und hat sich bis zu seinem Tod im Jahre 1525 für den unbequemen Theologieprofessor an seiner Universität eingesetzt.

Ganz anders stand es mit dem Reich. Kaiser Maximilian I. war 1519 gestorben; sein Enkel Karl, der schon mit 16 Jahren Herzog von Burgund und König von Spanien geworden war, bewarb sich um die Kaiserkrone. Obwohl er als Fremder galt und nicht einmal die deutsche Sprache beherrschte, wurde der Neunzehnjährige von den Kurfürsten als Karl V. zum Kaiser gewählt, weil er die höchsten Wahlgelder bezahlt oder wenigstens versprochen hatte. Erst 1520 kam er persönlich ins Reich, um sich in Aachen krönen zu lassen und für 1521 einen Reichstag nach Worms einzuberufen.

Auf diesen Reichstag wurde auch Luther geladen. Es sollte geprüft werden, ob seine Lehre ketzerisch sei und dem Kirchenbann die Reichsacht folgen müsse Voller Angst, es möchte Luther so ergehen wie einst Hus in Konstanz, erwirkte Friedrich der Weise beim Kaiser freies Geleit für ihn. Der Jubel der Bevölkerung begleitete Luther auf seiner Reise nach Worms, wie im Triumph zog er in die Stadt ein. Schon am Tag darauf wurde er vorge-

laden, seine Bücher wurden ihm vorgelegt und er wurde gefragt, ob er widerrufen wolle. Er erbat sich Bedenkzeit, aber 24 Stunden später gab er eine ausführliche Antwort, die den Widerruf ablehnte.

Danach konnte Luther ungehindert abreisen. Vorsorglich versteckte ihn sein Landesherr auf der Wartburg, wo er mit der Bibelübersetzung begann, während der Reichstag im *Wormser Edikt* die Acht über ihn aussprach und seine Bücher verbot.

Warum schloß sich Calvin Luther nicht an?

In fast allen Städten des Reichs gab es Geistliche, die schon gleich nach dem Erscheinen von Luthers Thesen seine Gedanken in die Tat umsetzten. Viele traten mit ihm in Briefwechsel, holten sich Rat in Wittenberg und wurden zu kleinen Reformatoren in ihrem heimatlichen Umkreis.

Einer der selbständigsten darunter war Ulrich Zwingli, Priester am Münster von Zürich in der Schweiz. Hier bildete sich neben Wittenberg ein zweiter Mittelpunkt der Reformation, als der Rat der Stadt von Zwingli eine Kirchenreform durchführen ließ, in der nur noch bestehen blieb, was im Evangelium ausdrücklich erlaubt oder vorgeschrieben war.

Größeren und dauernden Erfolg als Reformator hatte der Nordfranzose Jean Calvin. Er war etwa eine Generation jünger als Luther und Zwingli. 1523 hatte er in Paris ein Jurastudium begonnen, war als Student mit Luthers Lehren in Berührung gekommen und hatte schließlich genau wie Luther gegen den Willen seiner Eltern das angefangene Studium zugunsten der Theologie aufgegeben. Aber im katholischen Frankreich konnte er sich nicht entfalten, mußte 1534 sogar nach Basel fliehen, wo er 1536 sein Hauptwerk *„Unterricht in der christlichen Religion"* veröffentlichte. Noch im selben Jahr wurde der berühmte Theologe zur Durchführung der Reformation in die Stadt Genf berufen, wo er nach anfänglichen Schwierigkeiten einen von der Religion geprägten Musterstaat errichtete. Calvins theologisches Hauptanliegen war im Gegensatz zu Luther die Erkenntnis der Macht Gottes, der die Menschen zur Seligkeit erwählt oder zur Verdammnis bestimmt und Gehorsam von ihnen erwartet.

Luther vor dem Wormser Reichstag

„Weil denn Eure allergnädigste Majestät und fürstliche Gnaden eine einfache Antwort verlangen, so will ich eine ohne Hörner und Zähne geben: Wenn ich nicht mit Zeugnissen der Schrift oder mit offenbaren Vernunftgründen besiegt werde, so bleibe ich von den Schriftstellen besiegt, die ich angeführt habe, und mein Gewissen bleibt gefangen in Gottes Wort. Denn ich glaube weder dem Papst noch den Konzilien allein, weil es offenkundig ist, daß sie öfters geirrt und sich selbst widersprochen haben. Deshalb kann und will ich nichts widerrufen, weil es gefährlich und nicht ratsam ist, gegen das Gewissen zu handeln. Gott helfe mir, Amen."

(Luther, hrsg. v. K. Steck, Frankfurt 1955, S. 101)

Aus Luthers Schrift „Von der Freiheit eines Christenmenschen" (1520)

Ein Christenmensch ist ein freier Herr über alle Dinge und niemand untertan.
Ein Christenmensch ist ein dienstbarer Knecht aller Dinge und jedermann untertan.

fromm, frei und Christ sei, als das heilige Evangelium, das Wort Gottes. Es ist nichts anderes als die Predigt Christi, die das Evangelium enthält, in der du hörst deinen Gott zu dir reden, wie all dein Leben und Werk nichts seien vor Gott, sondern müssest mit allem dem, was in dir ist, ewiglich verderben. So du solches recht glaubst, wie du schuldig bist, so mußt du an dir selber verzweifeln.

Damit du aber aus deinem Verderben herauskommen mögest, stellt Gott dir seinen lieben Sohn Jesum Christum vor Augen und läßt dir durch sein lebendiges tröstliches Wort sagen: Du sollst in ihn mit festem Glauben dich ergeben und frisch auf ihn vertrauen. So sollen dir um desselben Glaubens willen alle deine Sünden vergeben, all dein Verderben überwunden sein und du gerecht, wahrhaftig, befriedet, fromm und alle Gebote erfüllt sein, von allen Dingen frei sein.

Obwohl der Mensch inwendig nach der Seele durch den Glauben genügend gerechtfertigt ist, so bleibt er doch noch in diesem leiblichen Leben auf Erden

Aus zwei Briefen Jean Calvins:

6. Oktober 1552: „Wenn einer mich anklagt, ich hätte geschrieben, der Mensch sei durch Gottes Anordnung und Willen zur Sünde genötigt, so wünschte ich, man unterstellte mir nicht solche mönchische Ausdrucksweise. In der Tat können nur Kaffern in ihrer Dummheit so schwatzen. Meine Lehre sollte aber doch so betrachtet werden, wie ich sie aufstelle. Ich gebe zu, daß die Bösen aus Notwendigkeit sündigen und daß diese Notwendigkeit nach Gottes Anordnung und Willen besteht. Aber ich füge hinzu, daß trotzdem diese Notwendigkeit nicht in der Weise ein Zwang ist, daß der einzelne Sünder zu seiner Entschuldigung sagen könnte, er sei dazu gezwungen worden. Und ich kann das aus der Heiligen Schrift so gut begründen, daß es allen Menschen auf Erden unmöglich wäre, zu widersprechen..."

1. Januar 1552: „Töricht ist es, wenn einige die Gnadenwahl (= Vorherbestimmung der Seligkeit durch Gott – „Prädestination") bestreiten, weil das Evangelium eine Gotteskraft genannt wird, die selig macht alle, die daran glauben. Es müßte ihnen doch in den Sinn kommen, woher der Glaube entsteht. Nun spricht es aber die Schrift überall aus, daß Gott seinem Sohn gibt, die sein waren, daß er beruft, die er erwählt hat. Und wie nun keine andere Tür zum Himmelreich führt als der Glaube an Christum, der mit den klaren Verheißungen des Evangeliums zufrieden ist, so ist es mangelnde Auffassungsgabe, wenn wir nicht erkennen, daß Gott es ist, der uns die Augen aufgetan hat, Gläubige zu sein, ehe wir im Mutterleib empfangen wurden."

(E. W. Zeeden, Das Zeitalter der Gegenreformation, Freiburg 1967, S. 49/50)

Abb. 2: Das Abendmahl der Evangelischen und der Höllensturz der Papisten. Holzschnitt von Lucas Cranach d. J.

Wenn wir diese zwei sich widersprechenden Sätze von der Freiheit und Dienstbarkeit verstehen wollen, müssen wir bedenken, daß jeder Christenmensch von zweierlei Natur ist, geistlicher und leiblicher. Nach der Seele wird er ein geistlicher, neuer, innerlicher Mensch genannt, nach dem Fleisch und Blut wird er ein leiblicher, alter und äußerlicher Mensch genannt.

Also hilft es der Seele nichts, ob der Leib heilige Kleider anlegt, wie die Priester und Geistlichen tun, auch nicht, ob er in den Kirchen und heiligen Stätten sei, auch nicht, ob er leiblich bete, faste, wallfahre und alle guten Werke tue. Es muß noch etwas ganz anderes sein, was der Seele bringe und gebe Frömmigkeit und Freiheit.

Die Seele hat kein ander Ding, weder im Himmel noch auf Erden, darin sie lebe,

und muß seinen eigen Leib regieren und mit Leuten umgehen. Da fangen nun die Werke an. Hier darf er nicht müßig gehen, da muß fürwahr der Leib mit Fasten, Wachen, Arbeiten und mit aller mäßigen Zucht getrieben und geübt sein, daß er dem innerlichen Menschen und dem Glauben gehorsam und gleichförmig werde. Denn der Spruch ist wahr: Gute, fromme Werke machen nimmermehr einen guten, frommen Mann, sondern ein guter, frommer Mann macht gute, fromme Werke!

Siehe, das ist die rechte, geistliche Freiheit, die das Herz frei macht von allen Sünden, Gesetzen und Geboten, welche alle andere Freiheit übertrifft wie der Himmel die Erde."

(Zit. nach: Luther, hrsg. v. K. Steck, Frankfurt 1955, S. 75–96)

1. Wie stehen die Künstler der zwei Bilder der Reformation gegenüber?
2. Könnt Ihr Euch denken, was Erasmus mit seinem Ausspruch sagen will?
3. Welche reformatorischen Lehren hat Cranach auf dem Bild (Abb. 2) hervorgehoben?
4. Warum treffen Luthers Lehren von der Rechtfertigung aus dem Glauben, vom allgemeinen Priestertum der Gläubigen und von den Sakramenten die Römische Kirche so hart?
5. Was versteht Luther unter „Freiheit"? Könnt Ihr herausfinden, was Calvin an Luthers Lehre nicht gefallen hat?
6. Gegen welche Einwände mußte Calvin seine Lehre von der göttlichen Erwählung (Prädestination) verteidigen? Könnt Ihr Euch vorstellen, wie sich diese Lehre auf das Verhalten der Gläubigen ausgewirkt hat? Wollt Ihr einmal ein theologisches Streitgespräch zwischen Luther und Calvin versuchen?

Aufstände im Namen der Heiligen Schrift

Gibt es Gerechtigkeit für die Benachteiligten?

Können die Ritter ihre Freiheit retten?

Auf der Ebernburg des Reichsritters Franz von Sickingen wurde seit 1520 evangelischer Gottesdienst gehalten. Manchmal war auch Sickingens Freund, der berühmte dichtende Ritter, Ulrich von Hutten dabei. Dann werden sich ihre Gespräche nicht nur um religiöse Fragen gedreht haben; viel bedrängender war für diese kleinen, aber von Fürsten unabhängigen Adligen die Frage, wie sie ohne Räuberei mit den knappen Einkünften aus ihren paar Dörfern ein standesgemäßes Leben führen konnten. Sickingen glaubte, in der bewegten Zeit der jungen Reformation sich selbst helfen zu können. Zu Geld kam er durch Militärdienst bei einem Fürsten oder durch das gewaltsame Eintreiben fremder Geldforderungen. Mit dem Geld kaufte er verpfändetes Land, bis er schließlich ein kleines Fürstentum beisammen hatte. Zuletzt ließ er sich von der oberrheinischen und fränkischen Ritterschaft zu deren Hauptmann wählen und begann 1523 eine Fehde (Privatkrieg) gegen den Erzbischof von Trier. Er wollte, wie er sagte, der ritterlichen Freiheit und dem Evangelium zum Sieg verhelfen. Aber es gelang ihm nicht einmal, die Stadt Trier einzunehmen. Und dann kam sehr schnell der Umschwung: Der Trierer Erzbischof erschien mit seinen Verbündeten, dem Kurfürsten von der Pfalz und dem Landgrafen von Hessen vor Sickingens neu erbauter, kanonensicherer Burg Landstuhl und belagerte ihn. Die noch frischen Mauern hielten dem Beschuß nicht stand; Sickingen starb, nachdem ihm eine Kanonenkugel das Bein abgerissen hatte. Und mit seinem Untergang verloren die Reichsritter für immer ihre politische Bedeutung.

Warum machen die Bauern einen Aufstand?

Größere Bauernaufstände hat es in Frankreich und England schon im 14. Jahrhundert gegeben; und auch der Krieg der Schweizer Eidgenossen gegen Habsburg im Jahre 1291 war etwas Ähnliches gewesen. Seither waren die Bauern im deutschen Süden und Südwesten nicht mehr so ganz zur Ruhe gekommen. Immer wieder gab es einzelne Unruhen, bis sich um 1450 herum eine Vereinigung der Bauern bildete, der „Bundschuh"; er nannte sich nach dem Bauernschuh auf seiner Fahne und war in ganz Südwestdeutschland verbreitet.

Schließlich hatte es 1514, ganz kurz vor der Reformation, in Württemberg noch einen größeren Bauernaufstand gegeben, der sich „Armer Konrad" nannte. Die Unruhe unter der Bevölkerung wurde in dieser Zeit noch gesteigert durch Prophezeiungen der Astrologen für das Jahr 1524, in dem mehrere Planeten im Sternbild der Fische nahe beieinander stehen sollten; eine neue Sintflut oder wenigstens ein großes Unglück waren vorausgesagt.

Um dieses Pulverfaß zur Explosion zu bringen, genügt der kleinste Funke. Genau so wirkte denn auch die Laune einer Gräfin in der Herrschaft Stühlingen am Hochrhein, die – nach mehreren übereinstimmenden Berichten – ihre Bauern mitten in der Ernte zwang, Schneckenhäuser zu sammeln, auf die sie Garn wickeln wollte. Solche Schikanen aber waren nicht die eigentlichen Beschwerdepunkte der Bauern, die sich bewaffneten und zusammenrotteten. Sie wollten vielmehr ihre alten Gemeinderechte der Jagd, des Fischfangs und der Wiesennutzung wiederhaben, sie wollten mitreden, wenn gräfliche Richter und Amtleute eingesetzt wurden, und sie forderten eine Herabsetzung ihrer Frondienste (Arbeiten für den Grundherrn). Dabei fanden die Stühlinger bald die Unterstützung ihrer Nachbarn vom Kloster St. Blasien und der Grafschaft Fürstenberg; schnell war ihr Heerhaufen auf 1500 Mann angewachsen; aber sie gaben sich zufrieden, als ihnen eine Entscheidung über ihre Klagen durch das Reichskammergericht versprochen wurde.

Das war das Vorspiel 1524, im folgenden Jahr aber ging der Aufstand erst so richtig los. Der südliche Schwarzwald und die Landschaft nördlich des Bodensees wurden erfaßt. In der Stadt Memmingen schrieb ihnen der Kürschnergeselle Sebastian Lotzer ein Flugblatt mit zwölf Artikeln ihrer Forderungen, die er mit Bibelstellen begründete. Jetzt ging es den Bauern nicht mehr um einzelne Beschwerdepunkte, jetzt wollten sie die Wiederherstellung des von den Fürsten und Herren mißachteten göttlichen Rechts, wie es im Evangelium zu finden war.

Von nun an breitete sich der Aufstand in wenigen Wochen über den Rhein ins Elsaß, am Neckar entlang in den Odenwald und über den Main bis nach Thüringen aus, und es bildeten sich große Bauernheere, zwischen 7000 und 15 000 Mann stark, der Erfolg war greifbar nahe.

Wer wird den Bauern helfen?

Es fehlte nur noch eine gemeinsame Planung und Führung des Aufstands. Dabei hätten den Bauern am besten die politisch erfahrenen Städte helfen können, die ja ebenfalls mit den Fürsten in einem dauernden Streit lagen. Aber die meisten und vor allem die großen Städte waren seit 1480 mit Fürsten und Rittern im „Schwäbischen Bund" zusammengeschlossen, sie fürchteten auch, daß sich der Aufstand auf ihre Gebiete ausdehnen würde. Deshalb verhandelten sie zwar in Ulm mit den Bauern, aber nur, um Zeit zu gewinnen und Truppen zusammenziehen zu können. Nur am Neckar stellte sich den Bauern ein rechtskundiger Politiker, Wendel Hipler, zur Verfügung; er entwarf ein Reichsreformprogramm und wollte sie zu einem Bauernparlament nach Heilbronn zusammenrufen. Aber dazu kam es nicht mehr.

Die in militärischer Führung erfahrenen Ritter hätten ein weiterer Bundesgenosse der Bauern werden können. Aber sie dachten entweder an das Schicksal des Franz von Sickingen, oder sie nahmen es den Bauern übel, daß sie Schlösser des Adels in Brand gesteckt und in Weinsberg sogar einmal die ritterliche Besatzung hatten Spießruten laufen lassen. Nur unter den fränkischen Rittern fanden die Bauern in Florian Geyer ihren besten Anführer. Die größten Hoffnungen aber hatten die Bauern auf Luther gesetzt. Der zögerte lange, bis er als Antwort auf die „12 Artikel" eine „Ermahnung zum Frieden" herausgab. Als die Bauern darauf nicht reagierten, verfaßte er einen zweiten Aufruf, diesmal an die Fürsten gerichtet. Darin rief er sie auf, die Bauern als Aufrührer erbarmungslos totzuschlagen.

(Nach: Geschichte in Quellen, Bd. 3, hrsg. v. W. Lautemann u. M. Schlenke, München 1966, S. 144–148)

1. Warum hat der Aufstand der Reichsritter keinen Erfolg?
2. Zu welchen Ständen gehören die Personen auf Abb. 1?
3. Sucht die vom Bauernkrieg betroffenen Landschaften auf der Karte! Könnt ihr erklären, warum das vor allem Gegenden mit kleineren Herrschaften sind?

Abb. 1: „Ständebaum", Holzschnitt des Petrarca-Meisters, 1520

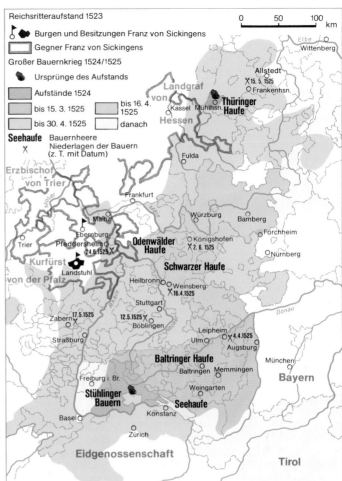

Abb. 2: Soziale Unruhen im Gefolge der Reformation 1523/1525: Ritteraufstand und Bauernkrieg

Die Forderungen der Bauern aus den „Zwölf Artikeln der Bauernschaft":

Aus der Einleitung:

„Es ist klar, daß die Bauern, die in ihren Artikeln das Evangelium zur Lehre und zum Leben begehren, nicht ungehorsam und aufrührerisch genannt werden können. Wenn aber Gott die Bauern erhören will, wer will den Willen Gottes tadeln?"

Die Forderungen der einzelnen Artikel:

1. Art. Die Gemeinden sollen ihre Pfarrer frei wählen dürfen; die Predigt des Evangeliums soll erlaubt sein.

2. Art. Der große oder Kornzehnt soll für die Bezahlung des Pfarrers und für die Armen verwendet werden. Der kleine oder Viehzehnt soll abgeschafft werden, weil davon nichts in der Bibel steht.

3. Art. Die Bauern wollen der Obrigkeit zwar gehorchen, aber die Leibeigenschaft soll abgeschafft werden.

4. Art. Das Recht der Jagd und des Fischfangs soll den Gemeinden wieder zurückgegeben werden.

5. Art. Das Recht der Holznutzung soll den Gemeinden zurückgegeben werden.

6. Art. Die Frondienste sollen wieder auf das frühere Maß zurückgenommen werden.

7. Art. Neu auferlegte Dienste sollen den Bauern bezahlt werden.

8. Art. Überhöhter Pachtzins soll neu festgesetzt werden.

9. Art. Das alte Strafrecht soll wieder in Kraft gesetzt werden.

10. Art. Die Gemeindewiesen (Allmende) sollen zurückgegeben werden.

11. Art. Abgaben der Witwe beim Tod eines Bauern („Todfall") sollen abgeschafft werden.

12. Art. „Wenn einer oder mehr Artikel hier aufgestellt sein sollten, die dem Wort Gottes nicht gemäß sind, diese Artikel wolle man uns aufgrund des Wortes Gottes als ungebührlich nachweisen, so wollten wir davon abstehen, wenn man uns den Nachweis mit Begründung aus der Schrift führt."

Aus Luthers „**Ermahnung zum Frieden auf die 12 Artikel der Bauernschaft in Schwaben**" (Ende April/Anfang Mai 1525):

„An die Fürsten und Herren
Solchen Unrat und Aufruhr verdanken wir niemand anderem auf Erden als euch Fürsten und Herren, besonder euch blinden Bischöfen und tollen Pfaffen und Mönchen, die ihr im weltlichen Regiment nicht mehr tut, als daß ihr schindet und schatzt, um eure Pracht und Hochmut zu führen, bis es der arme gemeine Mann nicht kann noch mag länger ertragen.
An die Bauernschaft
Wenn ihr sprecht: Die Obrigkeit ist böse und unleidlich; denn sie wollen uns das Evangelium nicht lassen und drücken uns allzu hart und verderben uns also an Leib und Seele. So antworte ich: Daß die Obrigkeit böse ist, entschuldigt keine Rotterei noch Aufruhr. Darum sage ich abermal: Ich lasse eure Sache sein, wie gut und recht sie sein kann.

Weil ihr sie aber selbst wollt verteidigen und nicht Gewalt und Unrecht leiden, mögt ihr tun und lassen, was euch Gott nicht wehrt. Denn es wird euch nicht gelingen oder wird euch zu Verderben an Leib und Seele gelingen."

Aus Luthers Schrift „**Wider die räuberischen und mörderischen Rotten der Bauern**":

„Aufruhr ist nicht ein schlichter Mord, sondern wie ein großes Feuer, das ein Land anzündet und verwüstet; also bringt Aufruhr mit sich ein Land voll Mords, Blutvergießen und macht Witwen und Waisen und verstöret alles, wie das allergrößte Unglück. Drum soll hier zuschmeißen, würgen und stechen, wer da kann, und gedenken, daß nichts Giftigeres, Schädlicheres, Teuflischeres sein kann als ein aufrührerischer Mensch.
Ein Fürst und Herr muß hier denken, daß er Gottes Amtmann und seines Zorns Diener ist, dem das Schwert über solche Buben befohlen ist. Drum, liebe Herren, erbarmet euch der armen Leute, steche, schlage, würge hie, wer da kann!"
(Geschichte in Quellen, Bd. 3, a. a. O., S. 148–155)

4. Versteht ihr, warum Luther den „12 Artikeln" nicht zustimmt, obwohl sie sich auf das Evangelium berufen? Wie beurteilt ihr Luthers Verhalten?

Kanonen gegen Mistgabeln

Wie endet die Revolte der Bauern und des armen Mannes?

Abb. 1: Kanoniere überprüfen ihre Kampfwaffen (Holzschnitt des Petrarca-Meisters)

Was erhoffte sich Müntzer vom Aufstand?

In Thüringen ist der Bauernkrieg eng mit dem Namen eines Mannes verbunden: Thomas Müntzer. Wie Luther war er Theologe und auch zunächst dessen Anhänger. Luther hatte den sieben Jahre jüngeren Müntzer als Prediger nach Zwickau in Sachsen empfohlen. Dort geriet Müntzer jedoch in einen Kreis frommer Leute, die glaubten, Gott offenbare sich nicht nur im Evangelium, sondern auch in Ahnungen und Träumen. Diesen Gedanken nahm Müntzer begeistert auf. Er fühlte sich von Gott berufen, die „bösewichtischen und verräterischen Pfaffen" zu vernichten und die Kirche der „auserwählten Freunde Gottes" zu schaffen.

Aus diesem Grund wurde er in Zwickau vom Rat abgesetzt. 1523 bekam er aber wieder eine Pfarrstelle in dem thüringischen Städtchen Allstedt. Sofort reformierte er dort den Gottesdienst und gründete einen Bund zur Errichtung des Gottesreiches. Als aber der Herzog ihn bei der Ausrottung der Gottlosen nicht unterstützen wollte, drohte Müntzer mit dem Aufstand der Kleinen Leute: „Darum, ihr allerteuersten, liebsten Regenten, lernt eure Bekenntnis recht aus dem Munde Gottes. Denn der Stein, ohne Hände vom Berge gerissen, ist groß geworden. Die armen Laien und Bauern sehen ihn viel deutlicher als ihr. Ja – Gott sei gelobt – er ist so groß geworden, daß, wenn euch andere Herzen oder Nachbarn um des Evangeliums willen verfolgen wollten, sie von ihrem eigenen Volk vertrieben würden." Wieder mußte er fliehen, diesmal zu den aufständischen Bauern im Schwarzwald. Von dort kehrte er nach Mühlhausen in Thüringen zurück, wo die armen Leute revoltiert und einen „Ewigen Rat" eingesetzt hatten, der Armen und Reichen gleiches Recht gewähren sollte. Als dann im nahen Fulda die Bauern sich erhoben, sah Müntzer die Möglichkeit gekommen, mit den Gottlosen und Tyrannen abzurechnen. Er rief in der ganzen Umgegend seine Anhänger zum Kampf auf und stellte sich selbst an die Spitze eines Heeres, das bei Frankenhausen sein Lager aufschlug. Die Kriegsfahne hatte er selbst entworfen: Sie trug einen Regenbogen und die Aufschrift „Gottes Wort bleibt in Ewigkeit".

Die anrückenden Fürsten verlangten die Auslieferung Müntzers. Während die Bauern darüber berieten, stellten die Fürsten ihre Kanonen rings um das Bauernheer auf. Als die Schlacht begann, sangen die Bauern Müntzers Lied „Komm, Heiliger Geist", aber beim Einschlag der ersten Kugeln flohen sie. Die Fürsten hatten leichtes Spiel und schonten niemand: 5000 Bauern wurden niedergemacht, nur 600 gefangen. Müntzer selbst wurde enthauptet.

Was wird nun aus dem Bauernstand?

Ähnlich wie in Frankenhausen sind alle Kämpfe der Bauern ausgegangen; meist war es mehr ein Schlachten als eine Schlacht. Als z. B. der Odenwälder Haufe bei Königshofen vernichtet wurde, blieben von den 300 Einwohnern dieses Ortes nur 15 am Leben, und auf dem Schlachtfeld lagen noch Jahrzehnte danach die Knochen der Gefallenen herum. Viele Anführer, auch Bürger von Städten, die die Bauern eingelassen hatten, wurden hart bestraft. Von Müntzers Anhängern in Mühlhausen wurden 21 hingerichtet. Am schlimmsten aber erging es den Bauern; an ihnen nahmen die siegreichen Herren Rache. Die Aufrührer wurden in ihren Verstecken aufgestöbert und öffentlich hingerichtet, häufig zur Abschreckung besonders grausam, wie zum Beispiel der Maler Jörg Rathgeb, der auf dem Marktplatz in Pforzheim geviertelt wurde. Unbarmherzig trieben die Amtleute der Fürsten Haus für Haus hohe Strafsummen ein, auch wenn die Bauern im Krieg umgekommen waren. (Viele einst blühende Dörfer und kleine Städte verloren mit einem Schlag ihren Wohlstand und die letzten Freiheiten.) Bauernaufstände hat es danach in Deutschland nicht mehr gegeben.

Abb. 2: Bauern mit ihren „Waffen" (Titelseite der 12 Artikel von 1525)

Aus einem Brief Thomas Müntzers, Ende April 1525 an die Allstedter:

„Wie lange schlaft ihr? Fanget an und streitet den Streit des Herrn! Das ganze deutsche, französische und welsche Land ist wach. In Fulda sind in der Osterwoche vier Stiftskirchen verwüstet worden, die Bauern im Klettgau, Hegau und im Schwarzwald sind auf, dreimal tausend Mann stark, und der Haufe wird je länger je größer. Wenn euer nur drei sind, die in Gott gelassen, allein seinen Namen und Ehre suchen, werdet ihr hunderttausend nicht fürchten. Nun dran, dran, dran, es ist Zeit, die Bösewichter sind verzagt wie die Hunde. Regt an in Dörfern und Städten und sonderlich die Berggesellen samt anderen Burschen. Wir müssen nicht länger schlafen. Dran, dran, solange das Feuer heiß ist, lasset euer Schwert nicht kalt werden! Werft ihnen den Turm zu Boden! Es ist nicht möglich, solange sie leben, daß ihr frei von menschlicher Furcht werdet. Man kann euch von Gott nichts sagen, solange sie über euch regieren. Gott geht euch voran, folget, folget! Thomas Müntzer, ein Knecht Gottes wider die Gottlosen."

(Th. Müntzer, Schriften und Briefe, hrsg. v. G. Wehr, Frankfurt 1973, S. 179–181.)

1. Sucht die Unterschiede zwischen den süddeutschen Aufständen und der Erhebung in Thüringen!
2. Nennt die Gründe für das Scheitern! Wäre ein Sieg der Bauern möglich gewesen?

Habsburg zwischen Franzosen, Protestanten und Türken

Warum konnte Karl V. die Spaltung der Kirche nicht verhindern?

Wie groß ist die Macht Habsburgs?

Karl V. besaß ein Reich, in dem „die Sonne nicht unterging", d. h., es reichte von Ungarn im Osten bis zu den spanischen Kolonien in Amerika. Aber in Europa bildete es kein zusammenhängendes Gebiet, sondern es bestand aus vielen mehr oder weniger großen Teilen. Um zu verstehen, wie schwer ein solches Land zu regieren war, braucht Ihr nur an die verschiedenen Sprachen zu denken oder einmal die Entfernungen zwischen den Hauptstädten Wien und Madrid, oder Gent und Mailand auszurechnen.

Moritz von Sachsen, Politiker oder Verräter?

Zu all den Schwierigkeiten kam für Karl V. noch die leidige Religionsfrage im Deutschen Reich. Denn die Protestanten protestierten nicht nur gegen Kirche und Papst, sondern zugleich auch gegen ihn als kaiserliches Reichsoberhaupt. Deswegen eröffnete er nach dem Frieden von 1544 den Schmalkaldischen Krieg und fand dabei unerwartete Hilfe bei dem protestantischen Herzog Moritz von Sachsen, der es auf die Kurwürde seines Verwandten, des Kurfürsten Johann Friedrich von Sachsen, abgesehen hatte. Die Protestanten verloren den Krieg, der Kurfürst wurde gefangengenommen und Moritz erhielt dessen Kurwürde. Aber als der Kaiser 1551 die protestantischen Fürsten vollends unterwerfen wollte, verließ ihn Moritz wieder und handelte nun für die Protestanten mit dem französischen König einen Vertrag gegen den Kaiser aus. Damit aber war der Weg zum Religionsfrieden frei.

Die Bestimmungen des Augsburger Religionsfriedens von 1555:

1. Das lutherische Bekenntnis wird neben dem katholischen anerkannt. Andere Bekenntnisse sind ausgeschlossen.
2. Die Fürsten und Reichsstädte (Reichsstände) haben freie Wahl zwischen beiden Konfessionen.
3. Wenn ein geistlicher Fürst zum Luthertum übertritt, verliert er sein Amt, sein Land bleibt katholisch.
4. Wer dem Konfessionswechsel seines Fürsten nicht folgen will, darf mit seiner Familie auswandern, muß aber seinen Besitz verkaufen.

Die Politik Karls V. (1519–1556)

Außenpolitik		Innenpolitik
Der 1. Krieg gegen Franz I. von Frankreich bricht aus.	1521	Wormser Reichstag: Luthers Lehre wird im Wormser Edikt verurteilt.
Franz I. wird bei Pavia besiegt.	1525	Die Bauern machen einen Aufstand.
Franz I. verbündet sich mit dem Papst; der 2. Krieg gegen Frankreich beginnt.	1526	1. Speyerer Reichstag: Die Stände dürfen in der Religionsfrage selbst entscheiden.
Karl V. schließt Frieden mit Franz I., die Türken belagern Wien.	1529	2. Speyerer Reichstag: Die evangelischen Reichsstände protestieren gegen die Durchführung des Wormser Edikts.
	1530	Augsburger Reichstag: Das evang. Bekenntnis („Confessio Augustana") wird zurückgewiesen. Das Wormser Edikt soll durchgeführt werden.
	1531	Die Protestanten schließen ein Bündnis („Schmalkaldischer Bund").
Die Türken fallen über das Mittelmeer in Italien und Spanien ein.	1532	Nürnberger Reichstag: Die Protestanten dürfen vorläufig evangelisch bleiben.
Franz I. schließt ein Bündnis mit den Türken; der 3. Krieg gegen Frankreich beginnt.	1536 1541	(Calvin geht endgültig nach Genf.)
Der 4. Krieg gegen Frankreich beginnt.	1542	
Karl V. schließt mit Frankreich Frieden.	1544	
Das Konzil von Trient tritt zusammen. (Es ist in Übereinstimmung mit dem Kaiser vom Papst einberufen.)	1545	Die Protestanten verweigern die Teilnahme am Konzil.
	1546	(Luther stirbt.) Karl V. besiegt die Protestanten („Schmalkaldischer Krieg").
	1548	Augsburger „Interim" (Zwischenlösung): Die Protestanten erhalten Aufschub, bis das Konzil entschieden hat.
	1551	Moritz von Sachsen geht wieder zur protestantischen Fürstenverschwörung gegen den Kaiser über.
Moritz von Sachsen schließt ein Bündnis mit Frankreich; er liefert Metz, Toul und Verdun an Frankreich aus. Ein neuer Krieg mit Frankreich beginnt.	1552	
	1555	Augsburger Reichstag: Die lutherische Konfession wird anerkannt („Augsburger Religionsfriede").
Karl V. dankt ab; sein Bruder Ferdinand wird Kaiser.	1556	Karl V. dankt ab; sein Bruder Ferdinand wird Kaiser.

Erkennt Ihr die Zusammenhänge zwischen der rechten und linken Seite der Tabelle? Sind im Augsburger Religionsfrieden die Konfessionen wirklich gleichberechtigt?

Abb. 1: Die Beziehungen zwischen den europäischen Mächten in der 1. Hälfte des 16. Jh.

Lutherisch – Reformiert – Katholisch

Wie festigen sich die neuen Konfessionen und die alte Kirche?

Lutherisch

Wie wird aus Luthers Protest eine Kirche?

Luther unterscheidet zwischen dem Reich Gottes, zu dem alle wirklichen Christen gehören, und dem Reich der Welt. Wenn alle Menschen Christen wären, bräuchte man keinen Staat. Aber im Reich der Welt ist Gesetz und Obrigkeit notwendig, damit die Bösen im Auftrag Gottes mit dem Schwert gestraft werden können. Solange aber das Reich Gottes nicht vollkommen ist, müssen auch die Christen der Obrigkeit mit „Leib und Gut" gehorsam sein. Nur wo die weltliche Obrigkeit durch Zwang in religiösen Fragen die Seelen zu verderben droht, darf ein Christ ihr nicht gehorchen, aber Gewalt muß er erleiden.

Gleichwohl meint Luther, eine Obrigkeit, die christlich sein wolle, müsse zum Nutzen ihrer Untertanen regieren. Sein Landesfürst schien ihm daher auch der geeignetste Helfer beim Aufbau einer reformatorischen Kirche zu sein. Er bat ihn, als „Notbischof" die Leitung der neuen Kirche zu übernehmen. Den ehemaligen Besitz der katholischen Klöster und Kirchen nahm der Fürst an sich, um aus den Erträgen die evangelischen Pfarrer zu bezahlen. Rundbriefe und Umschulungsbücher für die weitgehend ungebildeten Land-

Abb. 1: Kurfürst Johann Friedrich v. Sachsen mit den Reformatoren, Gemälde von L. Cranach d. Ä.

geistlichen wurden verfaßt, und Kommissionen bereisten das Land zu „Visitationen". So entstand eine lutherische Kirchenordnung.

Reformiert

Wie ordnete Calvin seine Gemeinde?

Calvins Wirkungskreis in Genf war viel enger als der Luthers. Aber als Vorbild hat die Genfer Gemeinde, durch die so viele Glaubensflüchtlinge kamen, weit in die Welt gewirkt.

Im begrenzten, überschaubaren Raum der Stadt konnte Calvin auch seine Vorstellungen von der Gemeinde der Auserwählten besser verwirklichen. Er begann mit dem Gottesdienst, der nur noch aus der Predigt mit einer Umrahmung aus Gebeten und wenigen Psalmgesängen bestand. Aus den Kirchen ließ er Betsäle ohne allen Bilderschmuck machen. Der Religionsunterricht wurde intensiviert.

Theater, Tanz, Würfel- und Kartenspiel waren untersagt. In den Wirtshäusern mußte der Wirt darauf achten, daß seine Gäste fromme Reden führten; wer fluchte, mußte zur Strafe den Fußboden küssen.

Calvin hatte auch ein anderes Verhältnis zur Obrigkeit als Luther. Zwar forderte er grundsätzlich ebenfalls Ge-

horsam, aber er sah in großen Empörern Werkzeuge Gottes zur Bestrafung einer tyrannischen Obrigkeit. Und die gewählten Vertreter der Stände rief er sogar dazu auf, Königen entgegenzutreten, die *„maßlos wüten und das niedrige Volk quälen."*

Katholisch

Woher bekommt die alte Kirche neue Kräfte?

Im Jahr, als Luther in Worms vor dem Reichstag stand, wurde dem unbekannten spanischen Edelmann Ignatius von Loyola von einer Kanonenkugel ein Bein zerschmettert. In den Monaten seines Krankenlagers erlebte er eine Bekehrung: Er gab sein Ritterleben vollständig auf und beschloß, seine Zukunft unter den Wahlspruch *„Alles zum größeren Ruhm Gottes"* zu stellen. Dann begann der Dreißigjährige ein Studium, um Priester zu werden. An der Universität Paris schloß er 1534 mit Freunden einen Bund, in dem sich jeder verpflichten mußte, sich dem Papst bedingungslos zur Verfügung zu stellen. Sechs Jahre danach wurde dieser Bund vom Papst unter dem Namen „Gesellschaft Jesu" als neuer Orden anerkannt, Ignatius wurde zum Ordensgeneral gewählt. Der Jesuitenorden verlangte absoluten Gehorsam von seinen Mitgliedern.

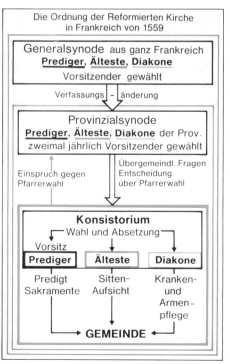

Die Ordnung der Reformierten Kirche in Frankreich von 1559

Generalsynode aus ganz Frankreich
Prediger, Älteste, Diakone
Vorsitzender gewählt

Verfassungs - Änderung

Provinzialsynode
Prediger, Älteste, Diakone der Prov.
zweimal jährlich Vorsitzender gewählt

Einspruch gegen Pfarrerwahl

Übergemeindl. Fragen Entscheidung über Pfarrerwahl

Konsistorium
Wahl und Absetzung
Vorsitz
Prediger | **Älteste** | **Diakone**
Predigt Sakramente | Sitten-Aufsicht | Kranken- und Armenpflege

GEMEINDE

Tab. 1

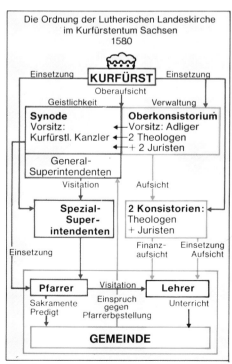

Die Ordnung der Lutherischen Landeskirche im Kurfürstentum Sachsen 1580

KURFÜRST
Einsetzung | Oberaufsicht | Einsetzung

Geistlichkeit | Verwaltung

Synode
Vorsitz: Kurfürstl. Kanzler

Oberkonsistorium
Vorsitz: Adliger
2 Theologen
+ 2 Juristen

General-Superintendenten
Visitation

Aufsicht

Spezial-Super-intendenten

2 Konsistorien:
Theologen
+ Juristen

Einsetzung | Finanz-aufsicht | Einsetzung Aufsicht

Pfarrer
Sakramente Predigt

Visitation

Einspruch gegen Pfarrerbestellung

Lehrer
Unterricht

GEMEINDE

Tab. 2

Der neue Orden bildete also ein glänzendes Werkzeug in der Hand des Papstes, das er sofort gegen den Protestantismus in Deutschland einsetzte. In vielen Städten entstanden Niederlassungen (Kollegien) der Jesuiten, sie eröffneten Schulen und brachten die Universitäten in den katholischen Ländern unter ihren Einfluß. Und sie hatten Erfolg bei der Zurückdrängung der Protestanten ("Gegenreformation").

Die zweite Kraft der Erneuerung kam aus der Kirche selbst: 1545 trat auf Einladung des Papstes und unter der Leitung seines Legaten in Trient ein allgemeines Konzil zusammen, an dem die Hauptmächte des Katholizismus, nicht aber die Protestanten, teilnahmen. Dieses Konzil legte die katholische Glaubenslehre, soweit Luther sie in Frage gestellt hatte, neu fest und gab genaue Anweisungen für das gesamte kirchliche Leben der Katholiken.

Und schließlich schuf Karls V. Sohn Philipp II. in Spanien ein Reich, in dem sich Religion und Staat unlösbar verbanden. Er baute sich ein neues Schloß, El Escorial, das zugleich Kirche und Kloster war; und er ließ Ketzer durch die Kirche (Inquisition) gnadenlos verfolgen und hinrichten.

Lutherisches Kirchenlied
"Ein feste Burg ist unser Gott"

"Das Wort sie sollen lassen stahn
und kein' Dank dazu haben;
es ist bei uns wohl auf dem Plan
mit seinem Geist und Gaben.
Nehmen sie den Leib,
Gut, Ehr, Kind und Weib,
Laß fahren dahin!
Sie habens kein' Gewinn.
Das Reich muß uns doch bleiben."

Schrift Calvius von 1560

"Zum heiligen Abendmahl Christi darf niemand kommen, wenn er nicht seinen Glauben bekannt hat. Deshalb werden jährlich vier Prüfungen abgehalten, an denen die Kinder befragt und eines jeden Fortschritte festgestellt werden. Was die Erwachsenen angeht, so wird jährlich eine Inspektion jeder Familie abgehalten. Es wird untersucht, ob es im Hause ruhig und friedlich zugeht, ob Streit mit den Nachbarn oder etwa Trunkenheit vorkommt, ob sie faul und träge im Predigtbesuch sind."
(E. W. Zeeden, Das Zeitalter der Gegenreformation, 1967, S. 41)

Testament von Ignatius von Loyola

"Beim Eintritt in den Orden und nachher muß ich in allem und für alles den Selbstverzicht vor Gott dem Herrn und meinem Oberen vollziehen", sagt Ignatius in seinem Testament, *"ich muß mich leiten und bewegen lassen, wie ein Wachsklümpchen sich kneten läßt. So muß ich*

Abb. 2: Gottesdienst in einer reformierten Kirche in Nürnberg, 17. Jh.

Abb. 3: Kath. Gottesdienst: Empfang des Papstes in einer Jesuitenkirche in Rom, 17. Jh.

Abb. 4: Luftaufnahme des Escorial, Klosterschloß Philipps II.

immer zur Hand sein, damit der Orden sich meiner bedient und mich zu allem brauchen kann, wofür er mich bestimmen will."
(E. W. Zeeden, Gegenreformation, a. a. O., S. 139)

1. Zeige die Vorteile des lutherischen Landeskirchentums für die Fürsten! Man wirft Luther oft vor, er habe aus Eigennutz gemeinsame Sache mit den Fürsten gemacht. Findet ihr den Vorwurf gerecht?
2. Vergleicht den reformierten Gottesdienst (Abb. 2) mit dem katholischen (Abb. 3)!
3. Die katholische Kirche hat nach dem Augsburger Religionsfrieden große Gebiete zurückgewonnen. Wie ist das zu erklären?
4. Wie bewertet Luther in seinem Lied das weltliche und himmlische Reich?

Bürgerkriege um Glaubensfragen
Wozu ist religiöser Fanatismus fähig?

Geistlicher Kauffhandel.

O schaw doch wunder mein lieber Christ/
Wie der Bapst/Luther vnd Calvinist/

Einander in die Haar gefallen/
GOtt helffe den Verirrten allen.

LUTHER   PABST   CALVINUS

Abb. 1: Geistlicher Raufhandel, Flugblatt

Bleibt in Frankreich die Glaubenseinheit erhalten?

In Frankreich, wo der Kalvinismus vor allem im Adel und im Bürgertum Fuß gefaßt hatte, nannte man die Kalvinisten nach der Herkunft ihrer Religion aus der Schweiz Hugenotten (frz. Huguenots), welches wohl ursprünglich ein Spottname für Eidgenossen war. Der französische König wollte ebenso wenig wie der spanische in seinem Staat eine Minderheit religiöser Unruhestifter dulden. Deshalb ließ er sie verfolgen. Er bewirkte jedoch damit nur das Gegenteil, die Gruppe der Reformierten nahm zu, zumal der König gleichzeitig gegen Spanien Krieg führte. Als er starb, geriet sein Sohn Franz II. jedoch in Abhängigkeit von seiner Mutter Katharina von Medici und der Herzöge von Guise, die die katholische Partei im französischen Adel anführten. Franz von Guise war es auch, der 1662 den offenen Glaubenskrieg in Frankreich auslöste.

Am 1. März dieses Jahres kam er zufällig mit 600 Soldaten in den kleinen Ort Vassy in der Champagne, wo sich gerade die Hugenottengemeinde in einer Scheune zum Gottesdienst versammelt hatte. Die Soldaten verspotteten die Leute und begannen eine Schlägerei; im Nu war die Scheune umstellt und angezündet. Wer nicht in den Flammen umkam, wurde niedergemacht. Das war das Signal für den Beginn des Kriegs zwischen den Konfessionen, in dem die kleine hugenottische Minderheit bald wider Erwarten Erfolge hatte und laufend wuchs, während der König unter der Aufsicht seiner Mutter hilflos zwischen den Parteien stand.

„Paris ist eine Messe wert!"

Auf Franz II. folgte der nächste Sohn Katharinas von Medici auf dem französischen Thron. Es schien sich ein Ausgleich zwischen den Konfessionen anzubahnen, als dieser sich der Bevormundung durch seine Mutter entzog und den Admiral Coligny, den Führer der Hugenotten, als politischen Berater wählte. In der gleichen Zeit wurde die Hochzeit zwischen der Schwester des Königs und Heinrich von Navarra, ebenfalls einem Hugenotten, gehalten. Zu diesem Fest versammelte sich der ganze kalvinistische Adel und somit alle Führer der Hugenotten, in Paris. Das war für die Königinmutter Katharina eine günstige Gelegenheit sich an Coligny zu rächen. Sie ließ ein Attentat auf ihn ausführen, bei dem der Admiral aber nur schwer verwundet wurde. Nun mußte Coligny sterben, ehe ihre Beteiligung an dem Anschlag aufgedeckt wurde. Zwei Tage später gelang es ihr, den König zu einem furchtbaren Befehl zu überreden: In der Nacht vom 23. auf den 24. August sollte Coligny zusammen mit den wichtigsten Persönlichkeiten unter den Hugenotten ermordet werden. Mitten in der Nacht ging ein Gemetzel los, bei dem die Pariser ihren Haß gegen die Ketzer austobten, und das unter dem Namen „Bartholomäusnacht" traurige Berühmtheit erlangt hat. Allein in Paris wurden mindestens 2000 Menschen getötet. Die hugenottische Partei hatte zwar alle Führer verloren, aber der Bürgerkrieg war damit noch lange nicht beendet.

Das Ende kam erst, als eben dieser Heinrich von Navarra, bei dessen Hochzeit das Massaker stattgefunden hatte, 1589 als Heinrich IV. den französischen Thron bestieg. Dazu mußte er allerdings erst katholisch werden. Heinrichs Wort: *„Paris ist eine Messe wert!"*, das er über seinen Konfessionswechsel gesagt hat, ist berühmt geworden.

Als König erließ Heinrich IV. für seine ehemaligen Glaubensbrüder, die damals etwa 8 % der französischen Bevölkerung ausmachten, ein Gesetz, das ihnen größtmögliche Sicherheit gegenüber der katholischen Mehrheit in ihrem Vaterland verschaffte: Das Edikt von Nantes aus dem Jahre 1598.

„Nur ein Haufen Bettler?"

Auch in den Niederlanden, dem Gebiet des heutigen Belgien und Holland, gab es schon Kalvinisten, als Philipp II. von Spanien dort 1555 die Herrschaft übernahm. Philipp ließ das an Städten reiche Land durch Margarete von Parma als Statthalterin verwalten. Er betrachtete es als gute Einnahmequelle und machte sich daran, auch dort die Ketzerei zu beseitigen. Zu diesem Zweck schickte er spanische Truppen ins Land und gab der Inquisition freie Hand, Ketzer aufzuspüren, zu verhören, sie zu bestrafen oder gar von der weltlichen Gewalt auf dem Scheiterhaufen hinrichten zu lassen.

Als eine Abordnung des niederländischen Adels, darunter viele Kalvinisten, 1566 der Statthalterin eine Bittschrift gegen die Politik Philipps überreichte, sagte einer der Spanier aus ihrem Gefolge: *„Das ist ja nur ein Haufen Bettler (frz. gueux)!"* Von da ab nannten sich die reformierten Widerständler stolz Geusen. Angestiftet von kalvinistischen Predigern, regte sich nun auch das Volk in den Städten, sie drangen in die katholischen Kirchen ein und zerschlugen die Fenster, Statuen und Altäre. Auf die „Bilderstürme" hin schickte Philipp II. 1567 den General Alba mit einer spanischen Armee in die Niederlande. Mit Terrormaßnahmen wollte dieser die Niederländer unterwerfen. Sein „Blutrat" verurteilte in sieben Jahren 12 302 Menschen, von denen 1105, z. T. auf dem Scheiterhaufen, sterben mußten. Seine prominentesten Opfer waren die Grafen Egmont und Hoorn. Die Geusen gingen von ihren Inselverstecken aus zum Gegenterror über, durchstießen Dämme und überfluteten das Land. Sie wüteten nun allerdings genauso blutig wie Alba selbst.

Schließlich spalteten sich die Niederlande: Der Süden blieb katholisch und spanisch, die sieben nördlichen kalvinistischen Provinzen unter Führung Hollands erklärten sich 1581 für selbständig und wählten Wilhelm von Oranien zu ihrem Statthalter.

Aus einem Brief des Jesuitenpaters Opser vom 26. August 1572:

„Ich glaube nicht, Sie zu langweilen, wenn ich Ihnen ausführlich von einem ebenso unerwarteten wie unserer Sache nützlichen Ereignis berichte, das die christliche Welt nicht nur zur Bewunderung hinreißt, sondern sie auch auf den Gipfel der Freude führt. Der Admiral ist mit dem ganzen französischen Ketzeradel am 24. August elend zugrunde gegangen. Just heute, den 26. August, gegen ein Uhr, hat der König von Navarra mit König Karl der Messe beigewohnt, so daß alle die größte Hoffnung faßten, ihn die Religion wechseln zu sehen. Alles preist eines Sinnes die Klugheit und Großmütigkeit des Königs, der, nachdem er durch seine Güte und Langmut die Ketzer sozusagen wie Vieh gemästet hatte, sie auf einen Schlag von seinen Soldaten abstechen ließ."
(Ph. Erlanger, Bartholomäusnacht, München 1966, S. 249)

Aus dem „Edikt von Nantes" von 1598:

„Wir befehlen, daß die katholische, apostolische, römische Religion an allen Orten und Stellen unseres Königreichs, wo ihre Ausübung unterbrochen worden ist, wiederhergestellt wird.
Um keinen Anlaß zu Unruhen und Streitigkeiten zwischen Unseren Untertanen bestehen zu lassen, erlauben wir den

Abb. 3: Massaker an katholischen Klosterbrüdern in Holland, 1580

Anhängern der sogenannten reformierten Religion, in allen Städten und Ortschaften unseres Königreichs zu leben und zu wohnen.
Wir haben auch allen Seigneurs, Edelleuten und sonstigen Personen die Ausübung der genannten Religion in einem ihrer Häuser gestattet.
Wir erlauben auch den Angehörigen der genannten Religion, an allen Orten Unseres Machtbereichs, wo im Laufe der Jahre 1596 und 1597 ihre Ausübung öffentlich stattgefunden hat, diese Ausübung fortzusetzen.
Wir verbieten ausdrücklichst, die genannte Religion an Unserem Hofe und in

Unserem Gefolge, ebensowenig in Unserer Stadt Paris und fünf Meilen außerhalb dieser Stadt auszuüben.
Wir verordnen, daß kein Unterschied gemacht werde, wenn es gilt, Schüler in Universitäten, Kollegien und Schulen aufzunehmen, ebensowenig wenn es sich handelt um Kranke und Arme in Hospitälern. Wir erklären, daß alle Angehörigen der genannten Religion fähig seien, alle öffentlichen Stellen, Würden, Ämter und Funktionen innezuhaben."
Nachtrag: „Seine Majestät hat Ihren Untertanen der sogenannten reformierten Religion bewilligt, daß alle befestigten Plätze, Städte und Schlösser, die sie bis Ende August 1597 in Besitz hatten, für acht Jahre in ihrer Obhut bleiben sollen."
(Nach: Geschichte in Quellen, Bd. 3, 1966, S. 265–267)

1. Beschreibt die Stellung der beiden Konfessionen im Edikt von Nantes! Vergleicht es mit dem Augsburger Religionsfrieden! (Wie ist der Konfessionswechsel Heinrichs IV. zu beurteilen?)

2. Zeigt, daß es in den Bürgerkriegen in Frankreich und den Niederlanden nicht nur um Glaubensfragen ging.

3. Welche Folgen hat der religiöse Fanatismus auf beiden Seiten (Abb. 2 und 3)? Warum haben die Leute jener Zeit die religiösen Anschauungen der anderen nicht respektiert? Zeigt, daß ihr Verhalten ihrem Glauben widerspricht!

Abb. 2: „Die Bartholomäusnacht", zeitgenössisches Gemälde von Francois Dubois

30 Jahre Mord und Totschlag

Wem nützt der europäische Krieg?

Wie kommt es zum 30jährigen Krieg?

Auch im Deutschen Reich zeichnete sich ein Bürgerkrieg ab, als einige protestantische Fürsten und Städte 1608 unter Führung des Kurfürsten von der Pfalz zu einer *Union* zuammenschlossen, worauf 1609 die katholischen Reichsstände mit Bayern an der Spitze die *Liga* gründeten.

In Böhmen hatte der Kaiser den Protestanten die freie Religionsausübung bewilligen müssen. Als er die Zerstörung evangelischer Kirchen zuließ, beschwerten sich die evangelischen Edelleute und warfen im Zorn zwei Räte des kaiserlichen Statthalters kurzerhand zu einem Fenster der Prager Burg hinaus (*„Prager Fenstersturz"* 1618). Die Böhmen wählten den pfälzischen Kurfürsten Friedrich V. zum König. Als er sich jedoch 1620 den von Tilly geführten verbündeten Heeren des Kaisers und der Liga am Weißen Berg zur Schlacht stellte, wurde er vernichtend geschlagen. Das Ligaheer stieß nun nach Norddeutschland vor.

Warum war dieser Krieg so schrecklich?

Für die neue Kriegsführung brauchte man so viele Soldaten, daß nicht einmal der Kaiser sich auf Dauer ein solches Heer leisten konnte. Nun gab es ehrgeizige Adlige, die auf eigene Faust und Rechnung Soldaten anwerben ließen. Der bekannteste unter ihnen ist Albrecht von Wallenstein, ein Edelmann aus Böhmen. Er hatte von Anfang an im Böhmischen Krieg mit seinen Truppen auf kaiserlicher Seite gekämpft und sich bei der Bestrafung der Aufständischen ein ganzes Fürstentum erworben. Wegen seiner Verdienste ernannte ihn der Kaiser 1625 zum Generaloberst-Feldhauptmann über ein Heer von 40 000 Mann. Und nach seinen Siegen in Norddeutschland verlieh er ihm sogar das Herzogtum Mecklenburg (1629). Doch dann traf ihn ein erster Rückschlag: Die katholischen Reichsstände, denen er zu mächtig geworden war, zwangen den Kaiser, seinen großen Feldherrn zu entlassen. Schon ein Jahr später, 1631, unter dem Eindruck der Schwedengefahr, wurde er wieder gerufen, geriet aber, weil er mit den Schweden selbständig verhandelte, in den Verdacht des Hochverrats und wurde 1634 erneut entlassen und schließlich in Eger ermordet.

Warum mischten sich fremde Mächte in den Krieg?

Als Tilly nach Norddeutschland vorrückte, trat der dänische König 1625 an der Spitze seiner protestantischen Glaubensbrüder in den Krieg ein. Schon 1626 wurde er geschlagen; der Kaiser schloß mit Dänemark einen Frieden und erließ 1629 das Restitutionsedikt: Alle seit 1552 eingezogenen katholischen Kirchengüter sollten zurückgegeben und die Bistümer wiederhergestellt werden.

Die damit erreichte Ausdehnung der kaiserlich-katholischen Macht bis zur Ostsee rief den Schwedenkönig Gustav II. Adolf auf die Kriegsbühne. Und schon wandte sich das Kriegsglück den Protestanten zu. Die Schweden schlugen Tilly und verfolgten ihn bis nach Bayern, wo er 1632 tödlich verwundet wurde; aber auch Gustav Adolf fiel im gleichen Jahr in der Schlacht bei Lützen gegen Wallenstein. Und nachdem auch Wallenstein aus dem Wege geräumt war, konnte der Kaiser 1635 mit Sachsen Frieden schließen. Der Krieg schien seinem Ende zuzugehen; da griff als dritte ausländische Macht Frankreich im Bund mit Schweden gegen den Kaiser in den Krieg ein.

Was ist durch den Friedensschluß aus Deutschland geworden?

Die Friedensverhandlungen des Reichs wurden seit 1644 in Münster mit Frankreich und in Osnabrück mit Schweden geführt. Ihr Ergebnis ist der *„Westfälische Friede"* (1648):

1. Der Augsburger Religionsfriede wird auf die Reformierten ausgedehnt. Die geistlichen Gebiete sollen bei der Konfession bleiben, die sie 1624 hatten.

Abb. 1: Soldaten plündern ein wohlhabendes Haus, Radierung von J. Callot, 1633

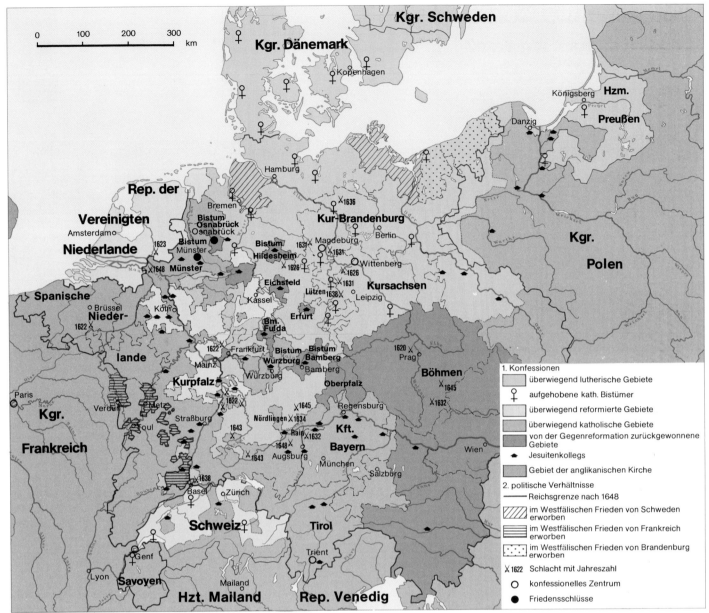

Abb. 2: Die konfessionelle und politische Lage in Mitteleuropa am Ende des 30jährigen Krieges, 1648

Map legend:

1. Konfessionen
- überwiegend lutherische Gebiete
- ♀ aufgehobene kath. Bistümer
- überwiegend reformierte Gebiete
- überwiegend katholische Gebiete
- von der Gegenreformation zurückgewonnene Gebiete
- ◆ Jesuitenkollegs
- Gebiet der anglikanischen Kirche

2. politische Verhältnisse
- — Reichsgrenze nach 1648
- im Westfälischen Frieden von Schweden erworben
- im Westfälischen Frieden von Frankreich erworben
- im Westfälischen Frieden von Brandenburg erworben
- X 1622 Schlacht mit Jahreszahl
- ○ konfessionelles Zentrum
- ● Friedensschlüsse

2. Die Vereinigten Niederlande und die Schweiz scheiden aus dem Reich aus.
3. Fürsten und Reichsstädte erhalten volle Landeshoheit. Sie dürfen Verträge mit dem Ausland schließen.
4. Bayern erhält die Oberpfalz und eine Kurfürstenstimme; Sachsen die Lausitz; Brandenburg erhält Hinterpommern und drei ehemalige Bistümer.
5. Schweden erhält Vorpommern und die Odermündung, Frankreich behält Metz, Toul und Verdun und bekommt dazu Breisach, den Sundgau und Rechte im Elsaß.

Leiden des Krieges

Wie es zuging, wenn ein Dorf überfallen wurde, erzählt Jakob von Grimmelshausen, der selbst unter den Soldaten gewesen war, in seinem Roman „Abenteuerlicher Simplicius Simplicissimus":

„Das erste, was die Reiter taten und in dem schwarzgemalten Zimmer meines Vaters anfingen, war, daß sie ihre Pferde einstellten; hernach hatte jeder seine besondere Arbeit zu verrichten, deren jede lauter Untergang und Verderben anzeigte, einige machten von Tuch, Kleidung und Hausrat große Päck zusammen, etliche schütteten die Federn aus den Betten und füllten Speck, Dürrfleisch und anderes Gerät hinein, andere schlugen Ofen und Fenster ein; Bettladen, Tisch, Stühl und Bänk verbrannten sie. Den Knecht legten sie gebunden auf die Erd, steckten ihm ein Sperrholz ins Maul und schütteten ihm einen Melkkübel voll garstig Mistlachenwasser in den Leib, das nannten sie einen Schwedischen Trunk. Dann fing man an, die Steine von den Pistolen und statt dessen die Daumen der Bauern draufzuschrauben und die armen Schelme so zu foltern; einem machten sie ein Seil um den Kopf und drehten es mit einem Stock so zusammen, daß ihm das Blut zu Mund, Nas und Ohren heraussprang."
(J. Grimmelshausen, Abenteuerlicher Simplicius Simplicissimus, München 1959, S. 16/17)

Opfer des Krieges

Der Geschichtswissenschaftler G. Franz schreibt: „Nach vorsichtiger Wertung wird man also rechnen müssen, daß in diesen 30 Notjahren etwa 40 % der deutschen ländlichen Bevölkerung dem Krieg und den Seuchen zum Opfer gefallen sind. In den Städten mag der Verlust nur auf 33 % geschätzt werden."
(G. Franz, Der 30jährige Krieg und das deutsche Volk, Stuttgart, 3. Aufl. 1961, S. 47)

1. Wer hat nun eigentlich den Krieg gewonnen? Zählt auf, welche Ergebnisse noch heute zu erkennen sind!
2. Erklärt, welche Rolle Religion und Politik im Lauf des Krieges spielen!
3. 33 % oder 40 % Tote! Wieviele Menschen wären das in eurem Haus oder eurer Stadt?
4. Beschreibt, was auf dem Bild geschieht, und vergleicht damit den Bericht von Grimmelshausen über das Wüten der Soldaten! Sucht auf der Karte die Gebiete, die vom Krieg besonders betroffen waren (Schlachtorte)!

Der absolute König

Wer soll im Staat regieren?

Abb. 1: Ludwig XIV., Gemälde von Rigaud, 1701

NIL SINE... TE.

Abb. 2: Ludwig XIV. und seine Minister Colbert und Louvois, zeitgen. Stich von Le Clerc

Am Morgen nach dem Tode des Ersten Ministers, des Premierministers Mazarin, der 18 Jahre die Geschicke Frankreichs geleitet hatte, überraschte der 23jährige König Ludwig XIV. seinen Hof: „In Zukunft werde ich mein eigener Premierminister sein. Berater lasse ich rufen, wenn ich sie brauche!" Man schrieb das Jahr 1661.

Was viele für eine vorübergehende Laune hielten, erwies sich als Beginn einer neuen Epoche. Denn für zahlreiche europäische Fürsten seiner Zeit wurde Ludwig ein Vorbild: Er setzte den Anspruch durch, daß der Herrscher zum Wohl seines Landes allein regieren müsse, unbeeinflußt, unbeschränkt, unkontrolliert von allen anderen, mit denen er bislang seine Macht teilen mußte. Von welcher Lage ging Ludwig XIV. aus? Welche Ziele setzte er sich? Welche Maßnahmen wandte er an? Die Antwort auf diese Fragen ist zugleich ein Bericht darüber, wie im 17. und 18. Jahrhundert etwas Neues in Europa entstand: der moderne, einheitlich regierte und verwaltete Staat.

„Unordnung herrschte überall"

Als Ludwig die Regierung in Frankreich übernahm, gab es eine Vielzahl von Adligen, Bischöfen, Vertretern von Klöstern und Städten, die auf alte, verbriefte Rechte pochten und für sich beanspruchten, unabhängig vom Willen des Königs über ihre Angelegenheiten selbst zu entscheiden. In den Provinzen gaben Gouverneure den Ton an, die dem einheimischen Adel entstammten und eher die Interessen ihrer Standesgenossen vertraten als die des Königs, in dessen Dienst sie standen. Die Ständeversammlungen der Provinzen, auf denen der Adel, die Geistlich-

keit und die Vertreter der Städte zusammenkamen, entschieden darüber, ob dem König für seine Aufgaben Steuern bewilligt werden sollten oder nicht. Gerichtshöfe, „Parlament" genannt, wachten darüber, daß neue königliche Anordnungen nicht etwa alte Sonderrechte in den einzelnen Landesteilen verletzten. Von Provinz zu Provinz galt anderes Recht. Die großen Städte führten ein Eigenleben. „Unordnung herrschte überall", schreibt Ludwig XIV. über sein erstes Regierungsjahr.

„Der Staat bin ich!"

Schon vor Ludwig hatten Staatsdenker gefordert, der Herrscher eines Landes müsse den Staat einheitlich regieren können. Dazu müsse er losgelöst sein (lat. absolutus) von bisher üblichen Sonderrechten einzelner Personen oder Landesteile. Ludwig XIV. wollte ein solcher absoluter Herrscher werden. „Der Staat bin ich" [„L'etat c'est moi!"], – diesen Ausspruch hat ihm die Nachwelt in den Mund gelegt, um sein Ziel zu kennzeichnen. Zu seinen engsten Mitarbeitern berief Ludwig nicht mehr Adlige, sondern Männer aus dem Bürgerstand. Den besonders wichtigen Posten des Finanzministers erhielt Colbert, der Sohn eines Tuchhändlers. In den Provinzen übernahmen 30 Oberbeamte, Intendanten genannt, die Aufgaben der Gouverneure. Sie hatten keine persönlichen Beziehungen zu ihren Provinzen, wurden häufig versetzt und konnten vom König jederzeit entlassen werden. Nachdem die Ständeversammlung des gesamten Königreiches, die Generalstände, schon seit 1614 nicht mehr einberufen worden waren, zwang Ludwig nun auch den

Ständeversammlungen der einzelnen Provinzen seinen Willen auf. Die Gerichtshöfe wurden angewiesen, königliche Befehle unverzüglich in kraft zu setzen. Wer sich widersetzte, mußte mit Verhaftung und Deportation (Verschleppung) rechnen. Die selbstbewußten Städte Bordeaux und Marseille erhielten Befestigungen, in die königliche Soldaten einrückten. Sie blieben auch im Frieden unter Waffen, eine bislang noch ungewöhnliche Tatsache.

Der Sonnenkönig

Ludwig ließ in Versailles vor den Toren von Paris einen großartigen Herrschersitz errichten, der in ganz Europa bewundert wurde und viele Nachahmungen fand. In seinen rund 2000 Räumen beherbergte das riesenhafte Schloß neben dem König und seiner Familie zahlreiche Ministerien, ein Heer von Schreibern und Beamten und einen gewaltigen Hofstaat, für den allein 338 Köche beschäftigt wurden. Der von Ludwig entmachtete Adel bekam einen neuen Lebensinhalt: er durfte am Hof des Königs dienen, dafür Titel und Ehrengehälter entgegennehmen – und wurde so immer abhängiger von der Gnade des Königs. Ludwig scharte Bildhauer und Maler, Musiker, Dichter und Wissenschaftler um sich, die seinem Hof einen einmaligen Glanz geben sollten. Bald wurde französisch in Europa die Sprache der großen Welt und blieb über Jahrhunderte die Sprache der Diplomaten. Nichts freilich durfte über den Sonnenkönig gedruckt erscheinen, was nicht ausdrücklich von ihm genehmigt worden war.

Ludwig XIV. beschreibt sein Leben

„Zwei Dinge vor allem waren notwendig: Eigene unablässige Arbeit und sorgfältige Männer, die mir dabei zur Hand gehen konnten ... Ich habe es mir zum Gesetz gemacht, regelmäßig am Tag zweimal zu arbeiten, jedesmal zwei oder drei Stunden, mit jeweils verschiedenen Mitarbeitern, nicht gerechnet die Stunden, wo ich für mich allein tätig war, oder die Zeit, die ich von Fall zu Fall über das gewöhnliche Maß hinaus für besondere Geschäfte verwendet habe ... Ich fand es gar nicht in meinem Interesse, Untergebene von höherem Stande in meinem Dienst zu haben. Ich mußte vor allen Dingen mein eigenes Ansehen fest begründen und der Öffentlichkeit schon durch den Rang, dem ich sie entnahm, zeigen, daß ich nicht die Absicht hatte, meine Autorität mit ihnen zu teilen. Es kam mir darauf an, daß sie selber sich keine größeren Hoffnungen machten als die, die ich in ihnen zu erwecken für gut fand; das ist aber bei Leuten von sehr vornehmer Abkunft schwierig ... Ich bin über alles unterrichtet, höre auch meine geringsten Untertanen an, weiß jederzeit über Stärke und Ausbildungsstand meiner Truppen und über den Zustand meiner Festungen Bescheid, gebe unverzüglich meine Befehle zu ihrer Versorgung, verhandle unmittelbar mit den fremden Gesandten, empfange und lese die Depeschen und entwerfe teilweise selbst die Antworten, während ich für die übrigen meinen Sekretären das Wesentliche angebe. Ich regele Einnahmen und Ausgaben des Staates und lasse mir von denen, die ich mit wichtigen Ämtern betraue, persönlich Rechnung legen; ich halte meine Angelegenheiten so geheim, wie das kein anderer vor mir getan hat, verteile Gnadenerweise nach meiner Wahl und erhalte, wenn mich nicht alles täuscht, die, die mir dienen, ... in einer Bescheidenheit, die weit entfernt ist von der hohen Stellung und Machtfülle des Premierministers ...

Als Bild wählte ich die Sonne, die nach den Regeln der Wappenkunst das vornehmste Zeichen vorstellt. Sie ist ohne Zweifel das lebendigste und schönste Sinnbild eines großen Fürsten, sowohl deshalb, weil sie einzig in ihrer Art ist, als auch durch den Glanz, der sie umgibt, durch das Licht, das sie den anderen Gestirnen gibt, durch die Wohltaten, die sie überall spendet, durch das Leben, die Freude und die Tätigkeit, die sie überall weckt, ... durch ihren ständigen und unveränderlichen Lauf, von dem sie niemals abweicht ... Gott, der die Könige über die Menschen gesetzt hat, wollte, daß man sie als seine Stellvertreter achte, und er selbst hat sich das Recht vorbehalten, über ihren Wandel zu urteilen. Es ist sein Wille, daß, wer als Untertan geboren ist, willenlos zu gehorchen hat."

(Ludwig XIV. Memoiren. Basel/Leipzig 1931. S. 23, 137, 271)

Abb. 3: Frankreich zur Zeit Ludwigs XIV.

Legende:
- franz. Staatsgrenze nach 1648
- franz. Staatsgrenze 1766
- Zuständigkeitsbereich des Parlaments von Paris
- Sitz eines Parlaments oder Obersten Gerichtshofes
- Provinzgrenze

Abb. 4: Steuereinzug unter Ludwig XIV.

Auseinandersetzung des Königs mit einer Ständeversammlung (ein Briefwechsel)

(Colbert, Oberintendant der Finanzen, an Grignan, Intendant in der Provence, 27. November 1671)

„Was die Summe angeht, die Seine Majestät von der Ständeversammlung fordert, so kann sich der König angesichts der enormen Ausgaben für den Krieg zu Lande und zu Meer unmöglich mit weniger als 500 000 Livres begnügen. Sie dürfen bei den Mitgliedern der Versammlung keinerlei Hoffnung auf Ermäßigung aufkommen lassen."

(Colbert an Grignan, 4. Dezember 1671)

„Seine Majestät wird des Verhaltens der Mitglieder Ihrer Ständeversammlung allmählich überdrüssig. Der König wünscht, daß Sie energisch mit ihnen reden. Wenn Ihr Antwortbrief nichts Zufriedenstellendes bringt, wird der König seine Befehle schicken, um die Versammlung aufzulösen. Er wird dann Beschlüsse fassen, um den Anteil der Provinz an den Lasten des Staates auf andere Weise hereinzubekommen als durch die Bewilligung der Abgeordneten."

(Grignan an Colbert, 13. Dezember 1671)

„Ich habe die Abgeordneten kommen lassen, ihnen den Brief gezeigt und ihnen mit den eindringlichsten Argumenten vorgestellt, welches Unglück sie auf sich und die Provinz herabbeschwören

würden, wenn sie nicht dem König schleunigst bewilligen, was er fordert. Es gibt aber Quertreiber, die den besser Gesinnten vorschwätzen, der König werde sich auch mit 400 000 Livres begnügen. Ich halte es daher für außerordentlich wichtig für den Dienst Seiner Majestät, wenn Sie mir eine Ordre zur Auflösung der Versammlung schickten nebst einigen Haftbefehlen des Königs, um die Aufsässigsten in Strafe zu nehmen."

(Grignan an Colbert, 20. Dezember 1671)

„Ich bitte Sie, mir Strafbefugnisse zu erteilen, falls ich die Leute herausbekomme, die wegen ihrer Sonderinteressen die Gegner des Königs unterstützen. Denn es geht hier um das Ansehen des Königs. Ich fühle mich allerdings auch verpflichtet, darauf hinzuweisen, daß viele Abgeordnete anfangs nur angesichts des Elends dieser Provinz Widerstand geleistet haben. Dieses Elend ist in der Tat sehr groß."

(Colbert an Grignan, 25. Dezember 1671)

„Seine Majestät ist nicht länger geneigt, das fortgesetzt schlechte Betragen der Ständeversammlung zu dulden. Er hat die nötigen Befehle gegeben, sie nach Hause zu schicken und zehn Haftbefehle erlassen."

(Colbert an den Bischof von Marseille, 31. Dezember 1671)

„Der König nimmt die 450 000 Livres, die die Ständeversammlung der Proven-

ce ihm bewilligt hat, an. Seine Majestät ist aber so ungehalten über das Betragen der Abgeordneten, daß er Befehl gegeben hat, zehn der am übelsten Gesinnten nach der Normandie und Bretagne zu verbannen. Seine Majestät dürfte kaum geneigt sein, in Zukunft noch irgendeine Ständeversammlung in der Provence zu gestatten."

(Nach: Lautemann/Schlenke [Hrsg.]: Geschichte in Quellen. Bd. III, München 1966, S. 433 ff.)

1. Welche Aufgaben muß der König nach Ludwigs Meinung persönlich wahrnehmen? Was sagt er über die Auswahl der Mitarbeiter? Wie begründet er seinen Herrschaftsanspruch?

2. Übertrage Ludwigs Beschreibung der Sonne auf seine Herrschaftsvorstellungen. Zieh auch Abbildung 1 heran!

3. Beschreibe das unterschiedliche Verhältnis der Provinzgouverneure und Intendanten zum König. Wie sichert sich Ludwig die Ergebenheit seiner Intendanten?

4. Um welche Auseinandersetzung geht es im Briefwechsel Colbert–Grignan? Wie lauten die Argumente der beiden Seiten? Zu welchen Mitteln greift der König? Auf wessen Seite steht der Intendant? Wie endet der Konflikt?

5. Ist es ein Fortschritt, wenn in allen Provinzen Frankreichs die gleichen Abgaben erhoben werden?

Abb. 5: Versailles

Soldaten

Wer stützt den absoluten König?

3

Abb. 1: Soldaten exerzieren nach neuem Exerzierreglement (nach Military Exercises 1730)

Das stehende Heer

Das 17. und 18. Jahrhundert waren eine Zeit fast dauernder Kriege. Insofern ist es nicht verwunderlich, daß für die Einrichtung und Ausrüstung der Armeen zahlreiche Veränderungen entwickelt wurden.

Ein Professor aus Leiden in Holland vertrat die Idee, die Könige sollten Heere einrichten, die immer bereitstünden. Das hatte es bis dahin nur beim türkischen Sultan gegeben. Die Soldaten erhielten von nun an Bekleidung, Bewaffnung und Verpflegung durch den Staat. Für die verschiedenen Regimenter wurden einheitliche Uniformen in unterschiedlichen Farben eingeführt. In diesen Heeren befahlen fast überall noch adlige Offiziere. Doch der Herzog von Saint Simon beklagte sich bereits bei Ludwig XIV. darüber, daß sich die Rangordnung der Offiziere nur noch nach der Leistung und nicht mehr nach der Geburt und Herkunft richte. Der König ernannte und besoldete Offiziere und Soldaten. Zahlreiche Könige trugen damals selbst eine Uniform. Eine ganze Reihe von ihnen (die Schweden Gustav Adolf und Karl XII., Friedrich der Große von Preußen und Georg II. von England) führten ihre Heere in der Schlacht selbst.

Schlacht und Bewaffnung

In der Schlacht gewann die Infanterie (Soldaten zu Fuß) jetzt größeres Gewicht neben der Kavallerie (Reitertruppe). Sie marschierte in Linie und mehreren Reihen gegen den Feind vor, hielt kurz an, feuerte und marschierte weiter. Am Ende erfolgte der Angriff mit dem neu eingeführten Bajonett.

Die Gewehre wurden mehrfach verbessert. Noch im 30jährigen Krieg hatte man Gewehre, die mit einer Lunte gezündet wurden. In der Folgezeit führte man Steinschloßgewehre ein, die den Zündfunken selbst erzeugten. Damit konnte im Spanischen Erbfolgekrieg um 1710 ein Schuß pro Minute abgegeben werden. Im Siebenjährigen Krieg (1756–63) verbesserte man die Patronen und benutzte eiserne Ladestöcke, so daß jetzt drei Salven pro Minute erfolgen konnten. – Immer wichtiger wurden auch die Artillerie (mit Geschützen ausgerüstete Truppengattung) und die Pioniere, die vor allem bei den Belagerungen der Festungen und befestigten Städte kämpften.

Werbung der Soldaten

Die Soldaten wurden zwangsweise aus den unteren Bevölkerungsschichten ausgehoben, „die wirtschaftlich am wenigsten wertvoll waren", wie ein Historiker schreibt (Mandrou). Außerdem warb man häufig im Ausland Leute an, um die eigenen Untertanen für Landwirtschaft und Handwerk zur Verfügung zu haben. Aufgefüllt wurden die Truppen dann durch verkrachte Existenzen und Kriminelle. Auch mietete man Soldaten von fremden Landesherrn, so kauften sich beispielsweise die Engländer hessische Soldaten für ihren Krieg in Nordamerika.

Diese Zusammensetzung der Armeen führte dazu, daß zahlreiche Soldaten desertierten (entflohen). Im Siebenjährigen Krieg Preußens gegen Österreich, Rußland und Frankreich sollen bei den preußischen Gegnern insgesamt 212 000 Soldaten desertiert sein. Dagegen ging man mit barbarischen Strafen vor, außerdem vermied man Nachtmärsche und Zeltlager in der Nähe größerer Wälder.

1. Diskutiert Vor- und Nachteile des stehenden Heeres? Zieht in Eure Betrachtung die Anwerbung von ,Ausländern' ein.
2. Ist es gut, Fremde für die Heere anzuwerben?

Abb. 2: Angriff der Schweden gegen die Sachsen vor Riga (1701) Kampf mit linearer Schlachtordnung

Der Staat lenkt die Wirtschaft

Wie wird ein Land reich?

Mit den Erträgen des eigenen Grundbesitzes, den Einnahmen aus Zöllen, Münzrechten, Rechten am Bergbau und mit den Einkünften aus der Gerichtsbarkeit bestritten die Herrscher im Mittelalter die Kosten der Staatsführung. Die Einnahmen waren – gemessen an heutigen Verhältnissen – bescheiden, aber ebenso bescheiden war auch das, was der Staat damit finanzieren mußte. Waren außerordentliche Aufgaben zu bewältigen, insbesondere Kriegszüge auszurichten, dann baten die Herrscher ihre Ständeversammlungen um eine zusätzliche Unterstützung. Dieser Sonderbeitrag hieß „stiure" – Steuer. Wenn der Krieg beendet war, wurden die Heere aufgelöst, der Herrscher mußte sich wieder mit den normalen Einnahmen begnügen. Im Laufe der Zeit waren einige der Sonderbeiträge dennoch zu regelmäßigen Abgaben, zu Steuern im heutigen Sinne umgewandelt worden. Doch die Ziele, die sich die Herrscher im Zeitalter des Absolutismus gesetzt hatten und die Aufgaben, die nach ihrem Willen jetzt der Staat übernehmen sollte, waren mit den bisherigen Einkünften nicht zu finanzieren. Wie konnte der Staat zu zusätzlichen Einnahmen kommen?

Eine neue Steuer wird erfunden

Zunächst verwandten die Herrscher viel Mühe darauf, die Erträge der eigenen Land- und Forstwirtschaft zu steigern. Die Beamten mußten genauer planen und exakter abrechnen. Ihr Beispiel wurde Vorbild für planvolles wirtschaftliches Handeln.

Den sich rasch entwickelnden Städten wurde eine neue Steuer auferlegt: die Akzise. Es war eine Steuer, die auf bestimmte Waren gelegt wurde und deren Preis entsprechend erhöhte. Jeder, der die Ware kaufte, bezahlte, ohne es zu merken, mit dem Kaufpreis eine Steuer an den Staat. Diese „indirekte" Form der Steuer bewährte sich so gut, daß sie die Finanzminister aller Staaten bis zum heutigen Tage beibehalten haben.

Wann ist ein Land reich?

Wenn man im Zeitalter des Absolutismus vom Reichtum eines Landes sprach, dann meinte man damit vor allem den Reichtum an Gold und Geld. Da alle Staaten reich werden wollten, verfolgten sie alle das gleiche Ziel: soviel Geld wie möglich in das eigene Land hereinzuholen und so wenig Geld wie möglich ins Ausland hinausgehen zu lassen. Waren, die früher aus dem Ausland kamen, sollten nun im eigenen Land hergestellt werden. So wurden ausländische Handwerker angeworben, um neue Gewerbezweige anzusiedeln. Die Einfuhr ausländischer Waren wurde durch hohe Zölle erschwert, die inländische Produktion durch Zuschüsse und zeitweise Befreiung von Abgaben unterstützt. Die Einfuhr von Rohstoffen aus dem Ausland wurde bevorzugt eigenen Kaufleuten vorbehalten, um Zwischengewinne für Ausländer zu verhindern. Die Ausfuhr der eigenen Fertigwaren wurde durch den Bau von Straßen und Kanälen unterstützt, auf denen die Waren schneller und billiger transportiert werden konnten.

Handwerker müssen umdenken

Die Handwerker in den Städten waren es seit altersher gewohnt, nur soviel herzustellen, wie ihre Kunden fest in Auftrag gegeben hatten. Der Schuhmacher stellte nicht einfach Schuhe her und suchte dann einen Käufer, sondern er fertigte das Paar Schuhe an, das ein Bürger bei ihm bestellt hatte. So war jedoch eine wesentliche Steigerung der Produktion nicht zu erwarten. Da machte der Staat durch Großaufträge, z. B. für die Armee, dem Handwerk Mut, die Produktion auszuweiten und dann auch auf eigenes Risiko Waren herzustellen und zum Verkauf anzubieten. Auch die Art und Weise der Herstellung mußte sich ändern. Früher wurde jedes Werkstück von Anfang bis Ende von einem Menschen hergestellt. Das war zeitraubend und teuer. Deshalb wurde der Arbeitsvorgang jetzt in Teile zerlegt. Viele Menschen arbeiteten zusammen, aber jeder hatte nur einen bestimmten Teil der Arbeit zu leisten, und zwar in der Regel immer denselben. Großbetriebe dieser Art nannte man Manufakturen (lat: manus = die

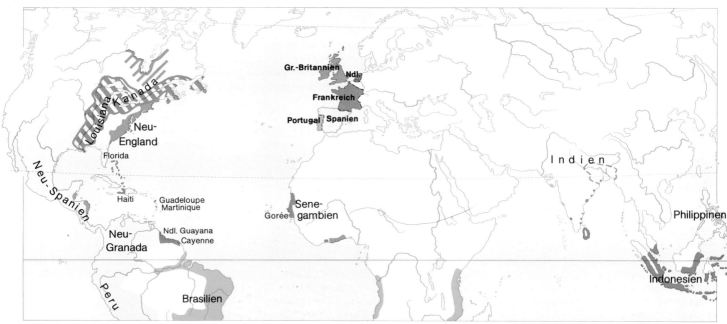

Abb. 1: Kolonialbesitz der europäischen Staaten 1750

Abb. 2: Schmiede, Schlosser, Schleifer, Polierer und Packer arbeiten in der Pariser Rasiermessermanufaktur zusammen (1790)

Hand; facere = machen). Sie produzierten mehr, schneller und billiger als die alten Handwerksbetriebe.

Die Rolle der Kolonien

Eine weitere Steigerung des Reichtums eines Landes bedeutete der Besitz von Kolonien in Übersee. Von dort konnten Rohstoffe billig ins Mutterland gebracht werden. Für die fertigen Waren boten dann die Kolonien wiederum einen lohnenden Absatzmarkt. Kaufleute, die sich in Handelsgesellschaften zusammenschlossen, betrieben dieses einträgliche Geschäft auf Kosten der Kolonien. Sie wurden vom Staat mit Sonderrechten ausgestattet, konnten staatliche Anordnungen erlassen und teilweise sogar Kriege erklären. Voraussetzung für den Aufbau eines Kolonialreiches war der Besitz einer großen Flotte, die den Transport der Waren ermöglichte und die Handelswege schützen konnte. England und die Niederlande setzten sich bald an die Spitze der Kolonialmächte und überflügelten Spanien und Portugal. Frankreich versuchte, Anschluß an diese Entwicklung zu finden.

Der Merkantilismus – Fortschritt und Hemmschuh zugleich

Die von den absolutistischen Herrschern betriebene Wirtschaftspolitik, die man Merkantilismus nennt (lat. mercator = der Kaufmann), bedeutete zunächst einen wesentlichen Fortschritt. Allenthalben nahm die Wirtschaft einen kräftigen Aufschwung. Unterentwickelte Länder, wie z. B. Preußen, fanden Anschluß an das weiter entwickelte Westeuropa. Doch die merkantilistische Wirtschaftspolitik weckte auch Gegenkräfte. Ein wohlhabendes und zunehmend selbstbewußtes Bürgertum entstand. Es verdankte dem absolutistischen Herrscher zwar seinen Reichtum, aber es konnte nicht verstehen, warum es weiterhin von jeder politischen Mitwirkung im Staat ausgeschlossen blieb.

Aufbau der Wirtschaft in Frankreich

„Von 1663 bis 1672 wurde in jedem Jahr eine neue Manufaktur eingerichtet. Die feinen Tuche, die man bis dahin aus England oder Holland bezogen hatte, stellte man jetzt in Frankreich selbst her. Der König gab jedem Manufakturbesitzer 2000 Livres Vorschuß für jeden arbeitenden Webstuhl, 1669 wurden 44 200 Wollwebstühle im Königreich gezählt. – Die Seidenmanufaktur brachte mehr als 50 Millionen Livres ein. Der Anbau von Maulbeerbäumen ermöglichte es den Manufakturbesitzer, auf ausländische Seiden zu verzichten. Ab 1666 begann man ebenso gutes Glas zu machen wie in Venedig, das bis dahin immer ganz Europa beliefert hatte. Man stellte in Frankreich jetzt Glas her, das an Größe und Schönheit von keinem anderen erreicht wurde."
(Nach Voltaire: Siecle de Louis XIV., Paris 1891, Seite 334 f.)

Entwicklungshelfer nach Preussen

„Wenn es an Tuchmachern fehlt, so muß man dieselben in Görlitz, Lissa und Holland für Geld anwerben lassen. Um einen tüchtigen Gesellen anzuwerben, kauft man demselben einen (Web-)Stuhl und gibt ihm ein hiesiges Mädchen zur Frau. Das Lagerhaus aber schießt ihm die Wolle vor. Dadurch kommt der Geselle sofort zu Brot, gründet eine Familie und wird insoweit sein eigener Herr. (Es ist) da dann nicht zu glauben, daß es große Mühe kosten werde, dergleichen Leute zu engagieren und dieselben nach Unseren Landen zu ziehen. Mit den Strumpfmachern muß es auf eben die Art angefangen werden. Man kann dieselben in Hamburg, in der Schweiz, in Hessen und zu Frankfurt am Main anwerben, und zwar nach der Methode, wie man die zu Potsdam etablierte Lüttichsche Gewehrmanufaktur angeworben hat ..."
(Aus den Instruktionen König Friedrich Wilhelms I. für das Generaldirektorium, 1722. Nach: Acta Borussica. Behördenorg. Bd. 3, Berlin 1901, S. 598 f.)

England schützt seine Wirtschaft

„Zur Vergrößerung des Schiffsbestandes und zur Förderung der Schiffahrt Englands wird von dem gegenwärtigen Parlament beschlossen, daß vom 1. Dezember 1651 an Güter oder Erzeugnisse jeder Art aus Asien, Afrika oder Amerika nach England, Irland oder irgendwelchen dazugehörigen Ländern nur noch auf Schiffen eingeführt werden dürfen, die einwandfrei Leuten unseres Volkes gehören und deren Kapitäne und Matrosen zum größten Teil Leute unseres Landes sind. Es ist ferner verboten, Güter oder Erzeugnisse irgendwelcher Art, die in Europa gewachsen sind oder dort hergestellt wurden, in England oder Irland oder den dazugehörigen Gebieten auf anderen Schiffen einzuführen als auf solchen, die entweder einwandfrei Leuten unseres Volkes oder dann Angehörigen derjenigen Länder und Orte zu eigen sind, in denen die besagten Güter gewachsen sind oder hergestellt wurden." –
(Aus der Navigationsakte von 1651 nach: Lautemann/Schlenke (Hrsg.): Geschichte in Quellen. Bd. 3, München o. J. (1966), S. 418)

1. Kannst Du Waren nennen, bei deren Kauf heute noch „indirekt" Steuern bezahlt werden müssen?
2. Stelle die Maßnahmen zusammen, mit denen die absolutistischen Herrscher die Wirtschaftskraft ihrer Länder steigerten.
3. Die Manufakturen sind Vorläufer der heutigen Fabriken. Was haben sie mit den Fabriken gemeinsam, was unterscheidet sie von ihnen? Betrachte dazu besonders den Mittelteil von Abb. 2.
4. Vergleiche die Mittel, die Ludwig XIV. und Friedrich Wilhelm I. zum Zwecke der Industrieansiedlung einsetzten. Woher kamen die Spezialisten? Was schließt Du daraus?
5. Welches Ziel verfolgt das englische Parlament mit seinem Schiffahrtsgesetz? Welche Auswirkungen hat es auf Schiffbau und Schiffahrt in den Kolonien?

Die Landwirtschaft ist die erste aller Künste

Wie lebten und arbeiteten die Bauern?

Abb. 1: Französischer Bauernhof 1750 (Gemälde von J. B. Oudry)

Im Zeitalter des Absolutismus bildeten die Bauern immer noch den größten Anteil der Bevölkerung. Friedrich II. der Große von Preußen sagte über sie: *„Die Landwirtschaft ist die erste aller Künste; ohne sie gäbe es keine Kaufleute, keine Dichter und Philosophen. Nur das ist wahrer Reichtum, was die Erde hervorbringt."*

Bevölkerung auf dem Lande

Im 17. und 18. Jahrhundert lebte die Mehrzahl der Bevölkerung auf dem Lande. Nicht alle diese Landbewohner arbeiteten als Bauern in der Landwirtschaft, einige waren auch als Handwerker tätig oder mit der Weiterverarbeitung der Rohstoffe Wolle, Leder, Flachs, Hanf, Raps und Holz befaßt.

Im allgemeinen stieg die Bevölkerung überall langsam an: Sie sank dagegen in Deutschland während des 30-jährigen Krieges, in Frankreich vorübergehend nach dem Spanischen Erbfolgekrieg und in Spanien durch die Vertreibung der Moslems. Pestepidemien und Hungersnöte unterbrachen das Bevölkerungswachstum immer wieder.

Verbesserung des Ackerbaus

Zuerst in Holland und England, bald aber überall in Europa begann man, die Landwirtschaft zu verbessern: Neues Ackerland wurde durch Trockenlegen von Flußniederungen, Sümpfen und Mooren und Erschließung bisher unbebauter Flächen gewonnen. Vor allem aber änderte man die Dreifelderwirtschaft: Man ließ jetzt nicht mehr die Felder in jedem dritten Jahr brachliegen, sondern bebaute sie in diesem Jahr mit Klee, Flachs oder Hülsenfrüchten (Erbsen, Bohnen, Linsen). Auch setzte sich immer mehr der Kartoffelanbau durch, konnte doch ein Kartoffelfeld zwei bis dreimal soviel Menschen ernähren wie ein gleich großes Getreidefeld.

Wichtig war auch, daß man es lernte, mehr als früher Vieh in Ställen mit Klee und anderen Futterpflanzen zu füttern. Die Viehzucht verbesserte sich dadurch erheblich. In England ging dies soweit, daß vielfach der Getreideanbau im 18. Jahrhundert sank, da die Großgrundbesitzer nur noch Schafzucht betrieben, die bei weniger Arbeitskräften mehr Verdienst bot.

Verkoppelung

Eine entscheidende Rolle spielten die Einhegungen, Einzäunungen oder Verkoppelungen der Bauernhöfe. Man faßte die bisher auf verschiedenen Gewannfluren liegenden Ackerstreifen eines Bauern zu einem oder wenigen größeren Landstücken zusammen. Die gemeinsamen Dorfweiden und Dorfäcker wurden dabei vielfach auf die Bauern aufgeteilt. Dadurch konnten die mittleren und großen Bauern besser arbeiten. Die Kleinbauern aber, die sich bislang dadurch ernährten, daß ihr Vieh auf den Gemeindewiesen weidete, waren nicht mehr in der Lage, von den kleinen Landstücken, die sie erhielten, zu leben. Sie wurden Landarbeiter oder zogen in die Stadt.

Unterschiede in der Landwirtschaft

Die Unterschiede der Landwirtschaft in Europa waren allerdings erheblich. Im Rußland Peters I. des Großen (1689 bis 1725) brannten die Bauern vielfach noch Waldgebiete nieder, bauten zwanzig bis dreißig Jahre Getreide an und zogen dann weiter. Da hier das Land, das nicht eingehegt war, alle sechs bis zwölf Jahre neu verteilt wurde, gab es wenig Antrieb für die Bauern, es durch Düngung und Kultivierung zu verbessern. Den Reisenden aus Westeuropa fiel auf, wie rückständig die Arbeitsgeräte oft noch waren.

Der eiserne Pflug war noch vielfach unbekannt.

Unterschiedlich waren auch die Ernteerträge, die vom Boden und Klima ebenso abhingen, wie von den Anbaumethoden. Während man in Frankreich das 5- bis 7fache der Aussaat erntete, war es in Ostpreußen nur das 3- bis 4fache.

Leibeigenschaft

Ähnliche Unterschiede gab es in der Stellung der Bauern: Es gab Großbauern, Pächter, selbständige Freibauern, Landarbeiter, Tagelöhner, Gutsuntertanen und Leibeigene. Wichtig war, ob die Bauern frei waren: Ob sie heiraten konnten, wenn sie es wollten, ob sie eine Erbschaft antreten konnten und ob sie arbeiten und ihren Wohnsitz wählen konnten, wo sie es wollten. Die Elbe war hierfür eine wichtige Grenze. Östlich davon waren die Bauern meist noch gutsuntertänig oder leibeigen: So in den östlichen Teilen Preußens, Österreich-Ungarn, Rußland und den türkischen Balkanländern, dazu kam allerdings noch Dänemark. – Im Westen und Süden Europas war die Leibeigenschaft dagegen fast gänzlich verschwunden. Ob der Landarbeiter auf einem Gut in England oder Spanien aber wirklich ein „freier Mann" war, bleibt als Frage offen. Sicher stellte sich ihr Leben nicht so bedrückend dar, wie bei vielen russischen Bauern.

Diese waren „das Privateigentum" der Großgrundbesitzer, ähnlich wie landwirtschaftliche Geräte oder Viehherden. Der Wert eines Besitzes wurde nach der Anzahl der leibeigenen Bauern bemessen und nicht nach der Anzahl der zum Besitztum gehörenden Morgen Land, wie es der Engländer Coxe in seinem Reisebericht schilderte. Noch 1763 ermächtigte der Zar die Großgrundbesitzer, Leibeigene von einem Besitz auf den anderen zu überführen. Sie konnten auf Versteigerungen verkauft oder vermietet werden.

Reisebericht über Litauen:

„Ihre Lastkarren werden ohne Eisen zusammengefügt; ihre Zugriemen und ihr Zaumzeug sind im allgemeinen aus Baumrinde gearbeitet oder aus miteinander verflochtenen Zweigen zusammengefügt. Sie kennen keine anderen Werkzeuge als das Beil, mit dem sie ihre

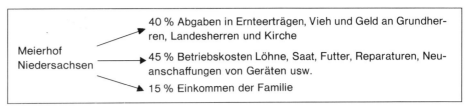

Meierhof Niedersachsen
- 40 % Abgaben in Ernteerträgen, Vieh und Geld an Grundherren, Landesherren und Kirche
- 45 % Betriebskosten Löhne, Saat, Futter, Reparaturen, Neuanschaffungen von Geräten usw.
- 15 % Einkommen der Familie

Abb. 4: Bauernhof in Deutschland 1774

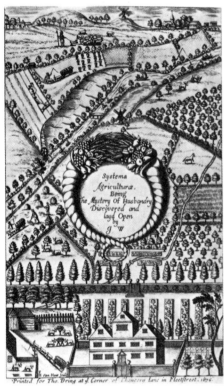

Abb. 2: Das erste Lehrbuch für Landwirtschaft von John Worlidge (2. Auflage 1675)

Hütten, ihre Möbel und ihre Lastkarren herstellen."

Ein Engländer vergleicht zwei Länder

Dänemark ist ein Land, in dem „die Sklaverei der Bauern ein Bestandteil des hier noch herrschenden Feudalsystems ist. Es gibt Knechtschaft und Unfreiheit, die für die Regierung ebenso schandbar ist, wie sie für die Gemeinde sich als nachteilig erweist."

In Schweden „befindet man sich unter freien Menschen, in einem Königreich, in dem eine gleichmäßige Verteilung des Grund und Bodens vorherrscht, wo es keine Lehnspflicht gibt, und wo auch die unterste gesellschaftliche Klasse sich der persönlichen Sicherheit und des persönlichen Besitzes erfreut".

(William Coxe: Travels in Poland, Russia, Sweden and Denmark, London 1802, Bd. IV, S. 27, und V, S. 104–105.)

Die Gemeindewiese

Voller Spott schrieb der Pfarrer Block in seinem „Lehrbuch der Landwirtschaft" (1774):

„Dorfanger sind im allgemeinen halbe Feldmarken, die meist guten, ja den besten Boden eines Dorfes haben. Aber weil sie seit Erschaffung der Welt nie urbar gewesen sind, sind sie fast wie Erz und Eisen geworden. An vielen Orten sehen sie wegen der unzähligen großen Maulwurfshaufen wie ein Schlachtfeld aus. Auf ihnen wächst nichts als Wegerich (ein Unkraut) oder kurzes, nicht abzubeißendes Gras. In trockenen Jahren sind sie völlig versenkt. Sie dienen nur den Pferden, Ochsen, Kühen, Kälbern, Schafen und Gänsen zur Promenade, den Schweinen zum Wühlen und den Herren Pferde-, Kuh- und Schafhirten und der Frau Gänsehirtin zum

Zeitvertreib und Gespräch."
(Handbuch der dt. Wirtschafts- u. Sozialgeschichte, S. 516.)

Wie sah ein Bauernhof im 18. Jh. aus?

Als sich Bauern über zu hohe Abgaben beschwerten, untersuchte ein Gericht die Höfe im Jahre 1774:

Ein solcher Hof in der Landdrostei Hildesheim (Petze bei Alfeld) hatte 1774 im Durchschnitt 80 Morgen Ackerland (= 20 ha). Er besaß 6 Pferde, 4 Milchkühe und 2 Rinder, 2 Sauen und 6 Läufer (Schweine), 6 Schafe. Die Felder wurden abwechselnd mit Sommergetreide und Wintergetreide bestellt, alle drei Jahre lagen sie brach, gelegentlich wurden aber auf der Brache schon Flachs oder Bohnen angebaut. – Die Felder brachten folgende Erträge je Hektar (in Klammern die Durchschnittserträge heute):

Roggen 7,7 dz (35 dz)
Gerste 7,8 dz (40 dz)
Hafer 6,9 dz (36 dz)

Die Kühe lieferten höchstens 1000 l Milch im Jahr (heute 4000 l).

Nur 20 % der Erträge des Hofes wurden auf dem Markt verkauft, die übrigen Güter abgeliefert, vertauscht oder selbst verbraucht.

(Handbuch der dt. Wirtschafts- u. Sozialgeschichte, S. 499.)

1. Welche Arbeiten kannst Du auf dem Bild des französischen Bauernhofes erkennen? Welche auf dem englischen Lehrbuch?
1. War es richtig, die Gemeindewiesen aufzulösen?
3. Wie beurteilst Du die Verkopplung?
4. Warum waren die Bauern in den Ländern, in denen es keine Leibeigenschaft gab, auch nicht frei? Was schränkte ihre Freiheit ein? (Beachte Abb. 3 und Abb. 4).

Abb. 3: Taufmahlzeit bei Bauern, Frankreich (Gemälde von Louis de Nain 1593–1648)

Abb. 5: Das Bauernmahl, Rußland (Gemälde von Schibanow 1774)

Der moderne Verwaltungsstaat entsteht
Worum soll sich der Staat kümmern?

Beamte verwalten des Staat

Im Zeitalter des Absolutismus wuchsen die Staatsaufgaben beträchtlich. Überall sollte der Wille des Herrschers einheitlich im ganzen Land durchgesetzt werden, überall von Staats wegen Dinge geordnet und vorgeschrieben werden. Beamte des Herrschers übernahmen diese Aufgabe. Je mehr sich ihre Zahl erhöhte und sich feste Regeln für ihre Arbeit herausbildeteten, desto stärker mußte sich auch der Herrscher den Gesetzen des einmal geschaffenen Beamtenapparates unterwerfen. Neben ihm entstand die Herrschaft der Beamtenbüros, die Bürokratie.

Am Beispiel Preußens ist Entstehung, Entwicklung, Leistung und Gefahr eines solchen absolutistischen Beamtenstaates besonders gut zu studieren.

Was macht einen Staat zur Einheit?

Der Kurfürst von Brandenburg, dem Kernland des späteren Königreiches Preußens, herrschte in der Mitte des 17. Jahrhunderts über verstreute Besitztümer, die sich von Maas und Rhein bis an die Memel, der späteren russischen Grenze, über eine Entfernung von mehr als 1000 km erstreckten. Außer ihrem Herrscher war den Bewohnern dieses Streubesitzes eigentlich nichts gemeinsam. Es gab weder ein einheitliches Staatsvolk, noch ein zusammenhängendes Staatsgebiet. Deshalb galt es zunächst, sich gegen die Stände in der, einzelnen Landesteilen, z. T. mit Waffengewalt, durchzusetzen. Zugleich wurde ein zuverlässiger Beamtenapparat aufgebaut. Er sollte nur dem Herrscher und dem Staat als Ganzem verpflichtet sein. Deshalb wurden die Beamten in der Regel auch nicht in den Landesteilen eingesetzt, aus denen sie selbst entstammten. Ihre Hauptaufgabe war es zunächst, die Einkünfte des Staates durch bessere Verwaltung und genauere Kontrolle zu vermehren. Die Könige von Preußen gingen daran, Schritt für Schritt einheitliche Steuern für alle Länder des Königreiches durchzusetzen. Ihre Einbringung und Überwachung war wiederum Sache der Beamtenschaft. Als man erkannte, daß nur aus einer blühenden Wirtschaft mehr Abgaben für den Staat herausgezogen werden konnten, fiel den Beamten auch die Aufgabe zu, das Wirtschaftswachstum zu fördern. Zu den gezielten Maßnahmen der Förderung einzelner Wirtschaftszweige und Unternehmen traten Aufgaben, die wir heute eine Verbesserung der Infrastruktur nennen würden: Flüsse wurden eingedeicht, um jährlich Überschwemmungen zu verhindern, Sümpfe trockengelegt, Straßen gebaut, Kanäle gegraben, durch Krieg und Seuchen entvölkerte Landstriche neu besiedelt. Persönliche Anordnungen des Königs regelten oft bis ins kleinste die Durchführung einzelner Maßnahmen. Je perfekter freilich die „Obrigkeit" organisierte und sich um alles und jedes kümmerte, um so stärker zog sich der „Untertan" von den öffentlichen Angelegenheiten zurück. Sein Mitdenken, seine Vorschläge oder gar seine Kritik waren nicht gefragt, er sollte nur gehorchen.

„Allein die Gesetze sollen herrschen"
(Friedrich II. von Preußen, 1768)

Ein einheitlicher Staat braucht auch eine einheitliche Rechtsordnung. Nach umfangreichen Vorarbeiten unter Friedrich II. (1740–1786) trat 1794 das „Allgemeine Landrecht für die preußischen Staaten" in kraft. Es legte einen Grundsatz fest, den anderswo Parlamente erstreiten mußten: die Unabhängigkeit der Rechtsprechung vom persönlichen Willen des Herrschers.

„Preußische Pflichterfüllung"

Besondere Schwierigkeiten machte es den preußischen Königen anfangs, weitverbreitete Übelstände der Zeit bei ihren Beamten zu bekämpfen. So mußten sie gegen Bestechlichkeit vorgehen, aber auch gegen Verschwendung und Schlendrian. Harte Strafen drohten denen, die sich im Amt persönlich bereicherten. 1713 wurde eine „Rechenkammer" eingerichtet, die darüber zu wachen hatte, daß Staatsgelder nicht verschwendet wurden. Von König Friedrich Wilhelm I. von Preußen wird berichtet, daß er Beamte eigenhändig mit dem Stock an ihre Arbeit trieb, wenn sie ihren Dienstbeginn verschlafen hatten. Gegenüber der Vorstellung, daß das Amt nur Rechte bietet und eine bequeme Erwerbsquelle, setzten die preußischen Könige mühevoll eine andere Auffassung durch: Der Beamte arbeitet nicht für seinen Vorteil, sondern für den Herrscher und das Wohl des Staates.

Die modernen Ministerien entstehen

Das Anwachsen der Aufgaben und der Beamtenschaft führte dazu, daß zentrale Verwaltungsbehörden eingerichtet wurden, die jeweils für bestimmte Aufgaben zuständig waren: für Steuern und Zölle, für Handel und Gewerbe, für Bergwerke und Hüttenwesen, für Justiz und Kultus, für die Militärverwaltung, für auswärtige Angelegenheiten. Aus ihnen sind die Ministerien des modernen Staates hervorgegangen.

Was Preußens Könige von ihren Beamten erwarteten
(Aus der Anweisung König Friedrich Wilhelms I. an das Generaldirektorium, die Zentralbehörde des Königreiches, 1722)

„Des Sommers soll sich das Generaldirektorium versammeln des Morgens um 7 Uhr, und des Winters um 8 Uhr. Sie sollen nicht eher auseinandergehen, bis alle und jede Sachen erledigt sind, damit nicht ein Zettel davon übrig bleibe. Können sie in einer Stunde mit den Angelegenheiten fertig werden, so steht

Abb. 1: Brandenburg-Preußen 1688

Innerhalb der Karte:

0 100 200 km

Hamburg
Königsberg
Hzm. Preußen
Hinter-Pommern
Stettin
Minden
Hannover
Kfsm.
Berlin
Brandenburg
Polen
Hzm. Kleve
Magdeburg
Magdeburg
Köln
Gftm. Mark
Leipzig
Sachsen

brandenbg.-preuß. Erwerbungen von 1618–1688

ihnen frei, auseinanderzugehen. Können sie aber am Vormittag nicht fertig werden, so müssen sie ohne Unterbrechung bis auf den Abend um 6 Uhr oder bis alle Angelegenheiten erledigt sind, beisammenbleiben ...
Wenn einer von den leitenden Ministern oder einer von den Räten eine Stunde

lassen, ob auch Fleiß in der Anpflanzung gebraucht werde."
(Friedrich II. an die Landräte des Breslauer Departements, 5. 4. 1757. Nach: Rudolph Stadelmann: Preußens Könige in ihrer Tätigkeit für die Landescultur. 2. Teil, Leipzig 1882, S. 333)

geringe Leute. Ich verbiete daher allen Ernstes, mit denen armen Leuten nicht so hart und gewaltsam zu verfahren, vielmehr statt dessen sie glimpflich anzuhören und die Beendigung ihrer Prozesse desto mehr zu beschleunigen.
(Kabinettsordre Friedrichs II., 7. 11. 1777, nach Baumgart: Erscheinungsformen des preußischen Absolutismus, Germering 1966, S. 73)

Aus dem Bundesbeamtengesetz von 1961

§ 52 Der Beamte dient dem ganzen Volk, nicht einer Partei. Er hat seine Aufgaben unparteiisch und gerecht zu erfüllen und bei seiner Amtsführung auf das Wohl der Allgemeinheit Bedacht zu nehmen.
Der Beamte muß sich durch sein gesamtes Verhalten zur freiheitlichen demokratischen Grundordnung im Sinne des Grundgesetzes bekennen und für deren Erhaltung eintreten.
§ 54 Der Beamte hat sich mit voller Hingabe seinem Beruf zu widmen. Er hat sein Amt uneigennützig nach bestem Gewissen zu verwalten ...
§ 70 Der Beamte darf ... Belohnungen oder Geschenke ... nur mit Zustimmung der obersten ... Dienstbehörde annehmen.
§ 72 Der Beamte ist verpflichtet, ohne Entschädigung über die regelmäßige Arbeitszeit hinaus Dienst zu tun, wenn zwingende dienstliche Verhältnisse es erfordern. Wird er dadurch erheblich mehr beansprucht, so ist ihm Dienstbefreiung in angemessener Zeit zu gewähren.
§ 79 Der Dienstherr hat im Rahmen des Dienst- und Treueverhältnisses für das Wohl des Beamten und seiner Familie, auch nach der Beendigung des Beamtenverhältnisses, zu sorgen. Er schützt ihn bei seiner amtlichen Tätigkeit und seiner Stellung als Beamter.

Abb. 2: Friedrich II. überwacht die Kartoffelernte

später auf das Generaldirektorium kommt, sollen ihm von seinem Gehalt 100 Dukaten abgezogen werden ...
Wer gar nicht in das Generaldirektorium kommt, ohne daß er durch Krankheit daran behindert wird, der soll sechs Monate sein Gehalt verlieren. Wer zum zweiten Mal ohne Erlaubnis oder ohne krank zu sein ausbleibt, der soll in Schande entlassen werden. Denn Wir bezahlen sie dafür, daß sie arbeiten sollen. Was im Generaldirektorium an jedem Tag behandelt und erledigt wurde, muß noch am selben Tag aus dem Protokoll kurz zusammengefaßt und Uns gegen Abend eingesandt werden, damit Wir es am folgenden Morgen sehen und lesen."
(Nach: Acta Borussica. Behördenorg. Bd. 3, Berlin 1901, S. 583 f.; S. 645)

Worum sich ein preußischer König kümmert

„Es ist Euch bereits am 26. März vorigen und unter dem 3. März dieses Jahres aufgegeben worden, den so nützlichen Anbau der Kartoffeln Euch bestens angelegen sein zu lassen, den Kreisbewohnern den großen Nutzen davon begreiflich zu machen und sie zu fleißiger Anbauung dieser nahrhaften Frucht anzuhalten. Da wir nun aus den Berichten wahrgenommen, daß es den meisten an Kenntnis fehle, wie diese Kartoffeln anzupflanzen, so haben wir eine Anleitung, wie die Kartoffeln anzupflanzen und wirtschaftlich zu nutzen, entwerfen und zum Druck befördern lassen. Ihr empfanget davon Exemplare. Ihr müßt es beim bloßen Bekanntmachen der Instruktion nicht bewenden lassen, sondern durch die Landdragoner und andere Kreisbediente Anfang Mai prüfen

Die Polizei hat viele Aufgaben

„Die Polizeiverwaltung umfaßt die öffentliche Sicherheit, die Erhaltung der Verkehrsstraßen und Brücken, gute Postverbindungen, gute Bestimmungen für den Preis der Waren, für die Handwerker, die Mieten, ja selbst für die Kaufleute, damit niemand übervorteilt wird und niemand zu grobe Betrügereien macht. Die Verwaltung hat dafür zu sorgen, daß keine Spielhöllen entstehen, daß keine verbotenen Spiele gespielt werden, daß die Juden nicht zu dreist wuchern, schließlich auch dafür, daß in den Wirtshäusern kein Streit entsteht und daß die Gastwirte die Fremden nicht übers Ohr hauen. Die Polizei muß Verdächtige beobachten und sie festnehmen, sobald der Verdacht sich bestätigt."
(Friedrich II., 1768, nach: Gustav Volz [Hrg.]: Friedrich der Große. Die Politischen Testamente. München 1941, S. 192)

Grundsätze der Rechtspflege

„Der Herrscher darf in das Rechtsverfahren nicht eingreifen. Allein die Gesetze sollen herrschen. Die Pflicht des Herrschers beschränkt sich darauf, sie zu schützen."
(Friedrich II., 1768, Volz a. a. O., S. 119)

Es mißfällt Mir sehr, da Ich vernehme, daß mit denen armen Leuten, die in Prozeßsachen in Berlin zu tun haben, so hart umgegangen wird und daß man sie mit Arrest bedrohet und verfolget, wie solches mit dem Jacob Dreher aus dem Amte Liebemühl in Ost-Preußen geschehen, den die Polizei hat arretieren wollen. In Meinen Augen gilt ein armer Bauer ebensoviel wie der vornehmste Graf und der reichste Edelmann, und ist das Recht sowohl für vornehme als

1. Stelle die Maßnahmen zusammen, mit denen Kurfürsten und Könige in Brandenburg-Preußen die Vereinheitlichung ihres Staatsgebietes anstrebten.
2. Stelle aus Text und Quellen zusammen:
a) Welche Anforderungen stellten die preußischen Könige an ihre Beamten?
b) Wie setzten sie ihre Ansprüche durch?
c) Vergleiche diese Anforderungen mit den Bestimmungen des Bundesbeamtengesetzes.
3. Wie erklärst Du Dir die Anweisung Friedrichs II. zum Kartoffelanbau? Was sagt sie über den Regierungsstil im Absolutismus aus?
4. Stelle aus Text und Quellen zusammen, welche Lebensbereiche des „Untertanen" von Beamten der „Obrigkeit" reglementiert wurden.
5. Welche Ansichten vertritt Friedrich II. in bezug auf die Rechspflege? Steht seine Anweisung aus dem Jahre 1777 dazu im Widerspruch?

Der brauchbare Untertan
Seit wann müssen alle Kinder zur Schule gehen?

Stadtschulen

Im Mittelalter gab es fast nur Klosterschulen. Erst später entwickelten sich in den Städten private Schulen für die Bürgerkinder. Um 1550 gibt es in Straßburg sechs ‚Lehrhäuser' für Knaben. Hier wird auch als neuer Unterrichtsstoff neben Schreiben und Lesen das Rechnen gelehrt. Adam Riese (1492–1559) hatte dafür eine neue Methode entwickelt.

Evangelische Schulen

In der Reformation gewannen die Schulen größere Bedeutung: Die Bürger der Städte sollten die von Luther übersetzte Bibel und die durch den Buchdruck verbreiteten Schriften lesen und verstehen können. So war es verständlich, wenn Luther 1524 eine Schrift verfaßte mit dem Titel *„An die Ratsherren aller Städte deutschen Landes, daß sie christliche Schulen aufrichten und halten sollen."* Er forderte diese Schulen, damit Prediger, Juristen, Schreiber, Ärzte und Schulmeister ausgebildet wurden, *„denn man kann ihrer nicht entbehren."*

Jesuitenschulen

Auch die Katholiken erkannten die Bedeutung der Schulausbildung für die Verbreitung ihres Glaubens. Vor allem der 1534 gegründete Jesuiten-Orden kümmerte sich um die Erziehung der Fürsten und Adligen und der führenden Bürger in den Städten. Fast alle Gymnasien in den katholischen Gebieten Deutschlands wurden zwischen 1550 und 1770 von Jesuiten geleitet.

Fürstenschulen

Je straffer die Fürsten ihre Länder regieren wollten, desto mehr Beamte, Schreiber und Verwalter benötigen sie. Dazu reichte ihnen die Ausbildung auf Kloster- oder Stadtschulen nicht, sie gründeten einige Schulen: Der Kurfürst von Sachsen errichtete aus katholischen Klöstern, die er nach der Reformation übernommen hatte, die Fürstenschulen von Grimma, Schulpforta und Meißen.

Schule für wenige

Dennoch blieb es in Europa zunächst nur wenigen Menschen vorbehalten, eine besondere Bildung zu genießen. Adlige hatten vielfach Privatlehrer; Sprachen und Umgangsformen lernten sie auf einer Reise, der ‚Kavalierstour' durch Europa. – Die führenden Bürger und die Beamten wurden weiter an Kloster-, Stadt- oder Fürstenschulen ausgebildet. – Kaufleute ließen ihre Kinder bei privaten Winkelschulmeistern rechnen und schreiben lernen. – Die Handwerker lernten bei ihren Eltern und Meistern. Die Mehrzahl der Menschen in Europa aber, die als Bauern auf dem Lande wohnte, besuchte weiter nie eine Schule und konnte weder lesen noch schreiben.

Akademien der Gelehrten

Die Zahl der Wissenschaftler aber stieg an. Die Entdeckungen in den Naturwissenschaften und die Erfindungen in der Technik mehrten sich. Die Gelehrten schlossen sich in Vereinigungen, den Akademien, zusammen, um gemeinsam zu forschen. In vielen Hauptstädten Europas entstanden solche Akademien, so 1666 in Paris, 1700 in Berlin (die Preußische Akademie der Wissenschaften) und 1724 in Petersburg.

Neue Kenntnisse

Die Verbreitung der Wissenschaften bewirkte, daß an den Schulen statt Latein nun auch die Landessprache benutzt wurde. Für die Gebildeten spielte das Französische eine große Rolle, insbesondere weil an den Höfen Europas der Stil Ludwigs XIV. nachgeahmt wurde.

Grundschulen

Es genügte aber nicht, daß nur einige Gebildete und Bürger in den Städten Schulen besuchten. Schon gleich nach dem Dreißigjährigen Krieg hatte Comenius (1592–1670) gefordert, für *„alle alles zu lehren":* Alle Kinder sollten ohne Standesunterschied vom 7. bis 12. Lebensjahr in die ‚Muttersprachschule' gehen.

Diesen Gedanken nahmen die Könige und Fürsten Europas gern auf, sie waren der Meinung, so noch brauchbarere Untertanen zu erhalten. Zwischen 1670 und 1680 führten zuerst England und Frankreich die Schulpflicht auf dem Lande ein.

Wie bescheiden man anfangs war, zeigt ein Erlaß des preußischen Königs von 1717: *„Wir haben beschlossen, daß künftig in den Orten, in denen es Schulen gibt, die Kinder im Winter täglich, im Sommer wenigstens ein- oder zweimal in der Woche in die Schule geschickt werden sollen."* In den folgenden Jahren wurden in Preußen rund 2000 Volksschulen auf dem Land eingerichtet. Die Schulmeister unterrichteten Schreiben und Lesen, die Küster gaben Religion.

Fast gleichzeitig führte auch Österreich den Grundschulunterricht ein, um das Los der Bauern durch bessere Ausbildung zu heben. – In Rußland

Abb. 1: Privater französischer Schulmeister im 17. Jahrhundert

Abb. 2: Österreichische Knabengrundschule (Mitte 18. Jh.)

bemühte man sich, wenigstens in allen Städten Schulen zu errichten. – Trotz allem besuchten noch längst nicht alle Kinder die Schule.

Erste Schulpflicht in Deutschland
Herzog Ernst der Fromme befiehlt 1642 für sein kleines Land Gotha:
„Die Kinder sollen jeden Orts alle, keines ausgenommen, Knaben und Mägdelein, das ganze Jahr stets nacheinander in die Schule gehen..."

General-Landschul-Reglement für Preußen 1763
Zweck der Schule
Das General-Landschul-Reglement wird aufgestellt, um dem *„Wohlsein unserer Länder den Grund durch eine vernünftige sowohl als christliche Unterweisung der Jugend zur wahren Gottesfurcht und anderen nötigen Dingen in den Schulen weisen zu lassen."*

Schulgeld:
„§ 7 Die Eltern zahlen im Winter für jedes Kind, bis es lesen lernt, wöchentlich 6 Pfennige, für das lesende Kind 9 Pfennige, für das schreibende und lesende 12 Pfennige (= 1 Groschen)" Im Sommer zahlen sie aber nur 4, 6 oder 9 Pfennige.

Schulpflicht:
Eltern, die ihre Kinder nicht ordentlich zur Schule schicken, werden zuerst vermahnt. Bei häufigen Versäumnissen werden sie zu 16 Groschen Strafgeld verurteilt." Schließlich werden die Kinder zwangsweise zur Schule gebracht.

Lehrerausbildung:
„Es sollen nur solche Schulmeister und Küster angestellt werden, welche in dem Kurmärkischen Küster- und Schulseminar zu Berlin eine Zeitlang gewesen und darinnen den Seidenbau sowohl als die vorteilhafte und bei den deutschen Schulen ... eingeführte Methode des Schulhaltens gefasst haben."

Nicht zuviel Bildung!
Friedrich der Große schreibt an seinen Staatsminister am 5. IX. 1779:
„Sonsten ist es auf den platten Land genug, wenn sie ein bißchen lesen und schreiben lernen. Wissen sie aber zu viel, so laufen sie in die Städte, und wollen Sekretärs und so was werden!"
(Spranger: Zur Geschichte der deutschen Volksschule 1949 S. 30.)

1. Wer unterrichtet in der Knabengrundschule?
2. Mit welchen Forschungen beschäftigt sich die Akademie der Wissenschaften in Paris? Welchen Nutzen haben der König und Frankreich davon?
3. Was lesen die Forscher in der Universitätsbibliothek von Leiden?
4. Welche Schwierigkeiten gab es bei der Einführung der allgemeinen Schulpflicht?

Abb. 3: Universitätsbibliothek in Leiden (Niederlande) (17. Jh.)

Abb. 4: Ludwig XIV. besucht die Akademie der Wissenschaften in Paris

In England siegt das Parlament
Wie kommt ein König zu Fall?

Englands König beansprucht die alleinige Macht

Auch in England versuchten die Könige im 17. Jahrhundert, alle Macht des Staates in ihrer Hand zu vereinigen. Sie beriefen das Parlament nur noch selten ein und achteten seine überlieferten Rechte nicht. Dabei hatte gerade in England das Parlament eine lange ununterbrochene Tradition. Schon 1215 hatten die englischen Barone gemeinsam mit der Kirche und der Stadt London ihrem König eine *„Magna Charta Libertatum"* abgerungen, eine Bestätigung ihrer Rechte und Freiheiten. Darin wurde ihnen bestätigt, daß der König Hilfsgelder nur mit Zustimmung seiner Lehnsleute erheben durfte. Verhaftungen und Verurteilungen ohne rechtliche Grundlage sollten nicht mehr erfolgen. Gegen Ende des 13. Jahrhunderts tagte zum ersten Mal eine Vertretung aller Stände des Landes. Im 14. Jahrhundert bahnte sich eine Trennung bei den Beratungen im Parlament an, die bis heute Bestand hat: im House of Lords, dem Oberhaus, berieten die Erzbischöfe, Bischöfe, Grafen und Barone, im House of Commons, dem Unterhaus, die Vertreter der Städte und des Landadels.

Kraftproben

Im Jahre 1640 war das Verhältnis zwischen Krone und Parlament gespannt. Elf Jahre lang hatte König Karl I. das Parlament nicht mehr einberufen. Er hatte in diesen Jahren eigenmächtig Abgaben erheben lassen, er hatte Verurteilungen ohne rechtliche Grundlage vornehmen und sogar Parlamentsmitglieder ins Gefängnis werfen lassen. Jetzt aber brauchte er die Unterstützung des englischen Parlaments, um einem Aufstand in Schottland entgegentreten zu können. Ehe das Parlament zu einer Zusammenarbeit bereit war, stellte es Forderungen auf. Der engste Berater und erste Minister des Königs, Graf Strafford, sollte für die Übergriffe der vorangegangenen Jahre verantwortlich gemacht werden. Karl befand sich in einer Zwangslage. Schließlich gab er nach und opferte seinen Vertrauten. Strafford wurde zum Tode verurteilt und hingerichtet. Eine knappe Mehrheit im Parlament forderte nun, der König dürfe nur noch solche Minister berufen, die das Vertrauen des Parlaments besitzen. Karl ließ es auf eine Kraftprobe ankommen. Mit Bewaffneten drang er selbst in das Unterhaus ein, um aus einer Sitzung heraus fünf seiner schärfsten Widersacher zu verhaften. Doch diese waren verschwunden. Das einzige Ergebnis war, daß nun das gesamte Parlament gegen den König stand. Ein Bürgerkrieg brach aus. Das Parlament stellte ein eigenes Heer auf. Unter der Führung des Landedelmannes Oliver Cromwell besiegte es den König. Cromwell ließ ein Sondergericht zusammentreten, das Karl I. zum Tode verurteilte. Am 30. Januar 1649 wurde er öffentlich hingerichtet. England wurde Republik.

Neue Konflikte

Doch auch Cromwell war nicht gewillt, seine Macht mit anderen zu teilen. Er ließ sich zum Lordprotektor (Reichsverweser) ausrufen und regierte mit einem Parlament, das aus ausgesuchten Anhängern bestand und lediglich eine Schattenrolle spielte. Nach seinem Tod (1658) und einem einjährigen Zwischenspiel seines unfähigen Sohnes erhob sich der Ruf nach Rückkehr zur Monarchie. Karl II., der Sohn des hingerichteten Königs, bestieg 1660 den Thron. Er konnte geschickt die Gegensätze ausnutzen, die im Parlament bestanden: die „Tories" (die Bezeichnung Tory bezog sich ursprünglich auf katholische geächtete irische Rebellen – irisch toridhe = Rebellen) unterstützten den König und die englische Staatskirche, deren Oberhaupt er war; ihnen standen die „Whigs" (ursprünglich eine Bezeichnung für schottisch-presbyterianische Aufrührer) gegenüber. Sie fanden vor allem bei den reichen Bürgern Unterstützung und bei jenen, die – wie einst auch Cromwell – freie Religionsausübung für Protestanten auch außerhalb der Staatskirche forderten.

Jakob II., Bruder und Nachfolger Karls II., verspielte den Vorteil der Krone wieder. Er brachte beide Parteien im Parlament gegen sich auf, als er versuchte, den Katholizismus wieder im Land einzuführen. Er selbst trat zum katholischen Glauben über, er umging Gesetze, um Katholiken als Offiziere und Beamte in den Staatsdienst zu holen und ließ Bischöfe verhaften, die dagegen protestierten.

Das Parlament sucht einen neuen König

Als mit der Geburt eines Thronfolgers jede Hoffnung schwand, daß sich nach dem Tode Jakobs II. eine Veränderung in der Politik des Köngishauses ergeben könnte, schritt das Parlament zur Selbsthilfe. Es bot dem protestantischen Statthalter der Niederlande, Wilhelm III. von Oranien, in Geheimgesprächen die Krone an. 1688 landete Wilhelm mit einer Armee in England. Jakob II. flüchtete ins Exil nach Frankreich.

Diesmal wollte das Parlament kein neues Risiko eingehen. Vier Monate verhandelte es mit Wilhelm über seine Rechte. Erst als Wilhelm III. sie 1689 in der **„Bill of Rights"** anerkannt hatte, wurde er zum König ausgerufen und gekrönt.

Parlamentsabsolutismus – die Herrschaft der Wenigen

Das englische Parlament hatte durchgesetzt, daß alle Handlungen des Königs von seiner Zustimmung abhängig waren. Aber eine Kontrolle der Kontrolleure gab es nicht. Keine geschriebene Verfassung schränkte die Rechte des Parlaments ein, kein Bürger konnte Gesetze des Parlaments auf ihre Rechtmäßigkeit überprüfen lassen. Das Parlament hatte praktisch selbst eine absolute Macht errungen. Daran hat sich bis heute in England rechtlich nichts geändert. Aber anders als heute war das damalige Parlament keineswegs vom gesamten Volk als seine Vertretung gewählt. Das Wahlrecht stammte noch aus dem 15. Jahrhundert. Wählen und einen Sitz im Parlament einnehmen konnte danach nur der, der eine festgesetzte Einkommenshöhe besaß. Hinzu kamen längst überholte Wahlkreiseinteilungen. Es gab Wahlkreise, in denen 10 Wähler zwei Abgeordnete ins Parlament sandten, andere, in denen Adelsfamilien die Abgeordneten praktisch ernannten. Während ältere Städte eine beträchtliche Anzahl von Abgeordneten stellten, wurden inzwischen neu entstandene gar nicht berücksichtigt. Auch die Frauen waren nicht wahlberechtigt. So kam es, daß die 558 englischen Abgeordneten des Unterhauses von kaum mehr als 100 000 Wahlberechtigten gewählt wurden, das waren etwa 2 % der Bevölkerung.

Wie ein Parlament einen König ernennt. Bill of Rights (1689):

„Die in Westminster versammelten geistlichen und weltlichen Lords und Gemeinen, die gesetzmäßige, vollständige und

freie Vertretung aller Stände des Volkes in diesem Königreich, legten am 13. Februar 1689 Ihren Majestäten Wilhelm und Maria, Prinz und Prinzessin von Oranien eine Erklärung vor:

Die angemaßte Befugnis, Gesetze oder die Ausführung von Gesetzen durch königlichen Befehl ohne Zustimmung des Parlaments aufzuheben, ist gesetzwidrig. Die angemaßte Befugnis, von Gesetzen oder der Ausführung von Gesetzen durch königlichen Befehl zu befreien, ist gesetzwidrig.

Die Errichtung von Sondergerichtshöfen ist gesetzwidrig und gefährlich. Steuern für die Krone ohne Erlaubnis des Parlaments zu erheben ist gesetzwidrig.

Es ist das Recht des Untertans, dem König Bittschriften einzureichen. Jede Verfolgung wegen solch einer Bittschrift ist gesetzwidrig.

Es ist gegen das Gesetz, ohne Zustimmung des Parlaments in Friedenszeiten eine stehende Armee im Königreich aufzustellen oder zu halten.

Den protestantischen Untertanen ist es erlaubt, Waffen zu ihrer Verteidigung zu führen.

Die Wahl von Parlamentsmitgliedern soll frei sein.

Die Freiheit der Rede im Parlament darf von keinem Gerichtshof angefochten werden.

Parlamentssitzungen sollen häufig gehalten werden.

Im vollen Vertrauen, daß Seine Hoheit der Prinz von Oranien seine Erklärung erfüllen und sie gegen Verletzung ihrer hiermit zugesicherten Rechte schützen wird, beschließen die zu Westminster versammelten geistlichen und weltlichen Lords und Gemeinen, daß Wilhelm und Maria, Prinz und Prinzessin von Oranien,

König und Königin von England sein sollen."
(Nach: Lautemann / Schlenke [Hrsg.]: Geschichte in Quellen, Bd. III, München o. J. [1966]; S. 493 f.)

Neue Gedanken über den Staat tauchen auf

John Locke, ein Zeitgenosse der Ereignisse von 1688/89, trug Gedanken vor, die später noch weitreichende Folgen haben sollten:

„Wenn Gesetzgeber bestrebt sind, das Volk in Sklaverei unter ihre willkürliche Gewalt zu bringen, versetzen sie sich in einen Kriegszustand mit dem Volk.

Das Volk wird dadurch von jedem weiteren Gehorsam befreit. Die Macht fällt an das Volk zurück.

Das Volk hat nun das Recht, durch die Errichtung einer neuen, ihm geeignet erscheinenden Legislative (gesetzgebende Gewalt) selbst für seine Wohlfahrt und Sicherheit zu sorgen.

Was ich hier ganz allgemein über die gesetzgebende Gewalt gesagt habe, gilt auch für den höchsten Inhaber der Exekutive (= ausführende Gewalt). Auch er handelt im Gegensatz zu dem ihm erwiesenen Vertrauen, wenn er versucht, seinen eigenen willkürlichen Willen zum Gesetz der Gesamtheit zu erheben."
(John Locke: Two Treatises of Government Krit. Ausg. v. P. Laslet, Cambridge 1960, II, § 222 [gekürzt])

Der Premierminister bestimmt die Politik

„In Sir Robert Walpole hatten die Whigs einen Führer, der zum ersten Mal die Rolle eines Premierministers spielte, obwohl es dieses Amt noch nicht gab. Während seiner langen Regierungszeit

von 1721 bis 1742 schwang er sich zum Herrn des Kabinetts auf. Er bestand darauf, daß alle Minister sich zur Loyalität (Treue zu ihrem Vorgesetzten) gegenüber seiner Politik verpflichteten und entließ politische Gegner aus dem Kabinett. Weil er sich nicht mehr nur als Diener des Königs fühlte, erkannte er als erster die Notwendigkeit einer Mehrheit im Unterhaus für die Maßnahmen der Regierung. Als erster residierte er in Downing Street Nr. 10, dem Haus, das britischen Premierministern bis heute als Amtssitz dient. Damals war das Haus allerdings Walpoles Privatbesitz. Er vermachte es nach seinem Tode der Nation."
(Dieter Schröder: Demokratien H. 2, Großbritannien. Hannover 1969)

1. Bearbeite die „Bill of Rights" unter folgenden Gesichtspunkten:
a) Wer vergibt die Königskrone? Welche Bedingungen sind daran geknüpft?
b) Welche Befugnisse sollen in Zukunft allein dem Parlament zustehen? Welche verbleiben dem König?
c) Welche Rechte des einzelnen Bürgers werden festgelegt?
2. Betrachte das Bild der Kabinettssitzung Walpoles
a) Was hat der Maler betonen wollen?
b) Vergleiche das Bild mit der Darstellung Ludwigs XIV. und seiner Minister. Kannst Du die Unterschiede erklären?
3. Untersuche den Text John Lockes:
a) Welche zwei Gewalten im Staat unterscheidet er? Von wem leiten beide ihre Befugnisse ab?
b) Welche Rechte billigt Locke dem Volk zu? An welche Ereignisse in der englischen Geschichte könnte er dabei gedacht haben?

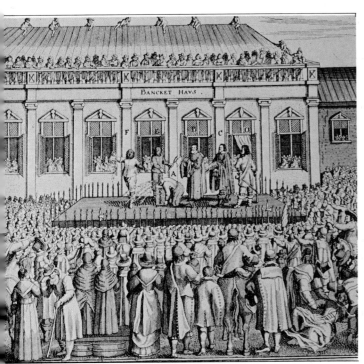

Abb. 1: Hinrichtung Karls I., zeitgenössischer Stich

Abb. 2: Robert Walpole bei einer Kabinettserklärung (I. Goupy, um 1740)

Spanische Erbschaft

Erringt ein Herrscherhaus die Vormacht?

Der spanische König – ein Behinderter

Seit 1665 „regierte" in Spanien Karl II., ein Urenkel Philipps II. In seiner Person zeigt sich besonders deutlich, wohin das strikte Einhalten der Thronfolge führen konnte. Karl war nämlich geistig gestört und überdies körperlich verkrüppelt. Er lernte bespielsweise erst mit zehn Jahren laufen und selbst für jede Form von Unterricht hielt man ihn für zu schwach. Trotz all dieser augenscheinlichen Behinderungen setzte man ihn bereits mit vier Jahren auf den Königsthron. Da er auch nicht in der Lage war Kinder zu zeugen, stellte sich mit seinem Ableben im Jahre 1700 das Problem der Thronfolge für das spanische Reich erneut, da nun gar kein direkter Thronfolger mehr vorhanden war.

Das spanische Reich bestand nicht nur aus Spanien selbst, sondern noch aus halb Italien mit (Mailand, Neapel, Sizilien und Sardinien, dem heutigen Belgien (den spanischen Niederlanden) und überdies den Kolonien in Mittel- und Südamerika, Afrika und Asien.

Die Erben

Erbberechtigt waren der österreichische Habsburger Kaiser Leopold I. und König Ludwig XIV. von Frankreich. Beide Erbberechtigten brachten ihre Ansprüche nicht für sich selbst vor: Ludwig XIV. forderte das Erbe für seinen Enkel Philipp von Anjou, Leopold I. für Erzherzog Karl, einen seiner beiden Söhne.

In Europa befürchteten aber viele, daß eine französische oder österreichische Vormacht entstände. England und Holland wünschten vor allem, daß weder Frankreich noch Österreich die ganze Erbschaft ungeteilt zufiele.

Glücklicherweise gab es noch einen Dritten, der Ansprüche erheben konnte, den siebenjährigen Prinz Joseph Ferdinand von Bayern. Dieser war der Enkel einer Schwester Karls II. Karl machte ihn in seinem Testament zum Erben, Frankreich sollte Neapel und Sizilien, Österreich Mailand als Entschädigung erhalten. Nur vier Monate später starb der Bayernprinz jedoch. England, Holland und Frankreich einigten sich jetzt auf Erzherzog Karl als Erben, Frankreich sollte dafür alle Besitzungen in Italien erhalten.

Karl II. selbst hatte aber in einem zweiten Testament Philipp von Anjou als Gesamterben eingesetzt.

„Es gibt keine Pyrenäen mehr"

Ludwig XIV. zögerte nur wenige Tage, ob er die Einigung einhalten oder seinem Enkel das ganze spanische Erbe sichern sollte. Noch im November 1700 wurde Philipp V. von Spanien ausgerufen.

Damit allein gab sich Ludwig XIV. nicht zufrieden. Er wollte die Macht Frankreichs weiter stärken: Seine Truppen besetzten Festungen in den spanischen Niederlanden, seine Flotte benutzte die spanischen Häfen und erhielt Handelsvorrechte für die Kolonien, darunter auch den einträglichen Sklavenhandel. Er ließ es auch offen, ob nicht doch Spanien und Frankreich vereint werden sollten. Die Staatsmänner Europas befürchteten: „Es gibt keine Pyrenäen mehr."

Die große Allianz

England sah seinen Überseehandel bedroht und fürchtete Frankreichs Vormacht, also bemühte sich der englische König Wilhelm III. um ein großes Bündnis. Die Holländer, deren Seefahrt bedroht war, Österreich, das die spanische Erbschaft nicht kampflos aufgeben wollte, aber auch Preußen, Portugal, Hannover und Savoyen schlossen sich gegen Frankreich zusammen. Nur Bayern und Köln blieben auf französischer Seite als der spanische Erbfolgekrieg (1701–1714) begann.

Der Krieg

England hatte für den Krieg eine Flotte mit 30 000 Mann aufgestellt und unterstützte seine Verbündeten mit 2,7 Millionen Pfund. Außerdem unterhielt es ein eigenes Heer unter John Churchill, dem Herzog von Marlborough.

Als Ludwig XIV. seine Truppen durch den Schwarzwald nach Bayern schickte, um auf Wien zuzumarschieren, vereinigte sich das englische Heer mit den in Italien kämpfenden österreichischen Truppen unter dem Befehl des Prinzen Eugen. Bei Höchstädt an der Donau erlitten die Franzosen eine schwere Niederlage. Gekämpft wurde jetzt in Spanien, Italien, Süddeutschland, den Niederlanden und auf den Meeren.

Dieser Krieg überforderte jedoch die Kräfte Frankreichs, die fremden Truppen überschritten mehrfach seine Grenzen.

Kein neuer Verbündeter

In der gleichen Zeit hatte der schwedische König Karl XII. im Nordischen Krieg gegen Peter I. den Großen von Rußland, August den Starken von Sachsen und Polen und Friedrich IV. von Dänemark das schwedische Reich, das sich damals rund um die Ostsee erstreckte, verteidigt. Er war nun in Sachsen eingedrungen, und die Diplomaten Ludwigs XIV. versuchten ihn als Verbündeten zu gewinnen. Marlborough überzeugte aber den Schwedenkönig, nicht den katholischen Ludwig XIV. zu unterstützen, sondern den Krieg gegen den Zaren Peter fortzusetzen. Diesen Kampf verlor Karl XII. allerdings nach einer Niederlage in der Ukraine (Schlacht bei Poltawa 1709).

Die überraschende Wende

Ludwig XIV. wollte nun Frieden schließen. Die Verhandlungen scheiterten, da die Allianz verlangte, er solle seinen Enkel selbst aus Spanien vertreiben. – Da starb 1711 der deutsche Kaiser Joseph I., Erzherzog Karl wurde als Karl VI. sein Nachfolger. Es bot sich nun wieder die Möglichkeit – oder die Gefahr, Österreich und Spanien zu vereinigen.

Friedenschlüsse

Darauf waren England und Holland nicht mehr an der Fortführung des Krieges interessiert. Sie schlossen Frieden und erkannten Philipp V. als spanischen König an. Ohne Bundesgenossen mußte auch der deutsche Kaiser den Krieg beenden.

Ergebnisse

Ludwig XIV. behauptete die Macht Frankreichs, obgleich er den Krieg verloren hatte. Österreich errang weitere Gebiete, konnte aber Spanien und Österreich nicht vereinigen, wie es 200 Jahre vorher unter Kaiser Karl V. (1519–1556) der Fall gewesen war. England gewann zwar nur einige Flottenstützpunkte und Inseln (Gibraltar, Menorca, Neufundland, Neuschottland und die Hudsonbay), es kontrollierte aber von nun an den Handel zwischen Europa und Amerika.

Folgen des Krieges

Durch Verwüstungen, Mißernten, Hungersnöte und Seuchen sank die Bevölkerung Frankreichs um ein Viertel. Forscher schätzen einen Verlust von rund 5 Millionen Menschen.

Thronfolge in Frankreich

Im Dezember 1700 verkündet Ludwig XIV. folgendes Thronfolgegesetz:

„Inmitten der allgemeinen Freude in Unserem Königreich, da der Herzog von Anjou, Unser lieber Enkel, sich anschickt als Philipp V. sein Königreich Spanien zu betreten, hindert Uns dieses bedeutende Ereignis doch nicht, Unseren Willen für die Zukunft zu erklären: Der gesetzmäßige Erbe Unserer Krone und Länder ist Unser geliebter einziger Sohn, der Dauphin, und nach ihm Unser geliebter Enkel, der Herzog von Burgund. Sollte es – was Gott verhüte – dahin kommen, daß Unser genannter Enkel, der Herzog von Burgund, ohne männlichen Erben stürbe so soll in diesem Fall Unser Enkel, der König von Spanien, kraft seines Geburtsrechts der gesetzliche Nachfolger Unserer Krone und Staaten sein, auch wenn er zu diesem Zeitpunkt seinen Wohnsitz außerhalb Unseres Königreiches haben sollte. – Es ist Unser Wille, daß aus den genannten Gründen Unser Enkel, der König von Spanien, und seine männlichen Nachkommen für nicht weniger geeignet zur Thronfolge angesehen werden als andere."

(gekürzt nach Dickmann: Geschichte in Quellen Band III S. 540/41)

Friedensvertrag von Utrecht 1713

„VI. Der Krieg, den dieser Frieden beenden soll, ist hauptsächlich deswegen entstanden, weil die Sicherheit und Freiheit Europas es nicht zuließ, die Kronen von Frankreich und Spanien auf einem Haupte zu vereinigen. Deswegen ist man auf Vorschlag Ihrer Britischen Majestät mit Zustimmung der Allerchristlichsten Majestät (von Frankreich) und Seiner Katholischen Majestät (von Spanien) dank der göttlichen Vorsehung dahin gelangt, diesem Übel durch feierliche Verzichtserklärungen vorzubeugen. Es ist nun dafür gesorgt, daß die Kronen von Frankreich und Spanien getrennt bleiben. Der Allerchristlichste König und die Königin von Großbritannien versprechen feierlich, daß weder sie noch ihre Erben jemals etwas tun werden, was die Verzichtserklärungen ändert. – Außerdem ist der Allerchristlichste König damit einverstanden, daß er in Spanien oder Spanisch-Amerika keinerlei Sonderrechte für den Handel oder die Schiffahrt verlangen wird."

Friede von Rastatt 1714

„XIX. Seine Allerchristlichste Majestät stimmt zu, daß der Kaiser in den Besitz der spanischen Niederlande kommt. XXX. Seine Allerchristlichste Majestät verpflichtet sich, seine Kaiserliche Majestät im ungestörten Besitz der Länder und Orte in Italien zu belassen, nämlich des Königreichs Neapel, des Herzogtums Mailand, der Insel Sardinien sowie der Küste von Toskana."

(nach Vast: Les grands Traités 1893 Bd. 3 S. 181 ff.)

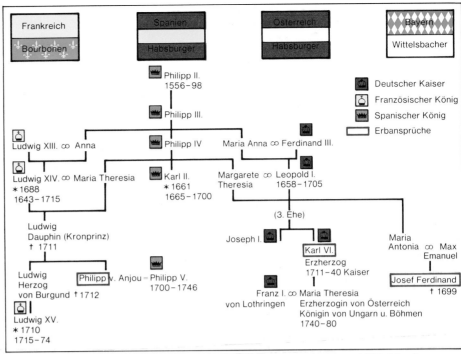

Abb. 1: Stammtafel: Familienbeziehungen der Bourbonen, Habsburger und Wittelsbacher

Abb. 2: Rückzug französischer Truppen nach der Schlacht bei Malplaquet. Gemälde von Watteau 1710

Abb. 3: Schlacht bei Malplaquet in Nordfrankreich 1709. Englische, holländische und deutsche Truppen unter dem Herzog von Marlborough und dem Prinzen Eugen schlagen die Franzosen. 40 000 Mann sterben in der Schlacht. (Englischer Wandteppich Anfang 18. Jahrhundert?)

1. Wer schloß den Friedensvertrag von Utrecht? Wer den von Rastatt?
2. Kannst Du erklären, warum zwei Friedensschlüsse erfolgten?
3. Prüfe, was für England und was für Österreich besonders wichtig war.
4. Vergleiche die Stammtafel mit dem Thronfolgegesetz Ludwigs XIV. War das Gesetz notwendig?
5. Was entschied den Kampf um die Erbschaft – Erbrecht oder Sieg in der Schlacht?

Tanz auf dem Vulkan

Warum wird die Krise in Frankreich nicht bewältigt?

Frankreich ist um 1785 das volkreichste Land Europas. Zwischen 1715 und 1785 wuchs seine Bevölkerung von 18 auf ca. 25 Millionen Menschen. 1785 war jeder fünfte Europäer Franzose. Die Ausweitung landwirtschaftlicher Nutzflächen und die Verbesserung des Anbaus ermöglichten eine bessere Ernährung. Das Absinken der Sterblichkeitsziffern – vor allem der Rückgang der Kindersterblichkeit – war schon für Jean Baptist Moheau (1745–1794), den ersten Bevölkerungsforscher, ein untrügliches Zeichen der gesteigerten Widerstandskraft der Menschen. Zudem verjüngte sich die französische Bevölkerung in ungeahntem Maße: um 1775 sind 40 % aller Franzosen jünger als 20 und nur 29 % älter als 40 Jahre.

Parallel zum Bevölkerungsanstieg verlief ein bis 1770 andauernder Wirtschaftsaufschwung, der Frankreich noch im 18. Jahrhundert zum zweitwichtigsten Industriestaat Europas werden ließ. Obwohl diese erste Phase der Industrialisierung die Gewichte in der Gesellschaft deutlich verschob, blieb der rechtliche Rahmen einer ständischen, noch dem Mittelalter entstammenden Gesellschaftsordnung unverändert bewahrt.

Die Ständische Gesellschaftsordnung

Seit einem Jahrtausend wies diese Ordnung jedem mit der Geburt seinen Platz in der Gesellschaft zu. Durch Geburt war man Adliger, Bürger, Bauer oder Standesloser. Berufliche Chancen, Bewegungsfreiheit, Rechte und Pflichten waren von Stand zu Stand verschieden.

Die Privilegierten

Klerus und Adel galten als Spitzen der ständischen Gesellschaft. Adlige Abkunft garantierte neben dem Privileg der weitgehenden Steuerfreiheit auch bevorzugten Zugang zu Spitzenstellungen am Hof, in der Verwaltung, Armee und Kirche. Die Mehrheit dieser Führungsschicht verschmähte jede unternehmerische Tätigkeit im Handels-, Bank-, Reederei- oder Manufakturgeschäft als unstandesgemäß. Sie blieb damit ganz ihrer adeligen Tradition verhaftet, die allein Einkünfte aus dem Grundbesitz und dem Dienst in Staat und Kirche für standesgemäß erachtete und anderweitige berufliche Betätigung mit dem Verlust des Adelsbriefes bedrohte.

Sogenannte Ehrenvorrechte, wie z. B. das Recht zum Degentragen und Ehrenplätze in Kirche und Theater, rundeten das Bild des Adels in der Öffentlichkeit ab. Allerdings konnten sich nur die wenigsten Adeligen ,adelige Lebensart' leisten. Selbst führende Familien des Hofadels, die über jähr-

liche Einkünfte von einer halben Million bis zu 7 Millionen Livres verfügten waren tief verschuldet. Opfer des aufwendigen, in Versailles aber üblichen Lebenswandels war auch der ehemalige Minister Duc de Choiseul, der trotz eines Jahresgehaltes von 800 000 livres 6 Millionen Schulden hinterließ. Diese ruinöse Lebensart blieb für die wenig begüterten, mitunter sogar armen Landadeligen nur ein Traum. Während der Landadelige seinen Mist selber fahren mußte, hatte mancher Höfling seine Besitzungen manchmal jahrelang nicht gesehen. Die durch Privilegien garantierte wirtschaftliche und soziale Sonderstellung kittete die zweifellos vorhandenen Gegensätze innerhalb dieses Standes.

Untertanen dritter Klasse?
Die Bauern

Die überwältigende Mehrheit des 3. Standes waren Bauern, die zwar persönlich frei, jedoch zu Natural- und Geldabgaben an ihre Grundherren verpflichtet waren. Zusätzlich waren die Bauern noch durch Abgaben an die Kirche (etwa ein Zwanstigstel aller Erträge), durch indirekte Steuern, z. B. auf Salz, durch die Wegefron und durch Einquartierung von Militär belastet. Landarbeiter, die nur von ihrer Hände Arbeit lebten, und Kleinbauern, deren Parzellen kaum das Lebensnotwendige abwarfen, fristeten nur ein karges Dasein. Gut dagegen standen sich die Großbauern, deren Besitz dank guter Böden und rentabler Größe eine über den Eigenbedarf hinausgehende Produktion zuließ. Sie waren durch Vorratshaltung von saisonalen Ernteschwankungen unabhängig und konnten sogar durch den Verkauf der Überschüsse an Getreide und Vieh Gewinne machen.

Die Bürger

Der Anteil der Stadtbevölkerung betrug 1789 nach Schätzungen etwa 16 % der Gesamtbevölkerung. Etwa 60 Städte hatten schon mehr als 10 000 Einwohner. Ähnlich wie auf dem Land waren die wirtschaftlich Abhängigen, wie z. B. Gehilfen, Manufakturarbeiter, Hafenarbeiter oder Gesellen, in der Überzahl. In großen Städten wie Paris, Lyon oder Bordeaux gab es gewiß schon ,Arbeiterviertel'. In solchen Stadtbezirken hatten auch die kleinen Selbständigen ihren Handwerksbetrieb oder ihren Laden. Die Bourgeoisie, also

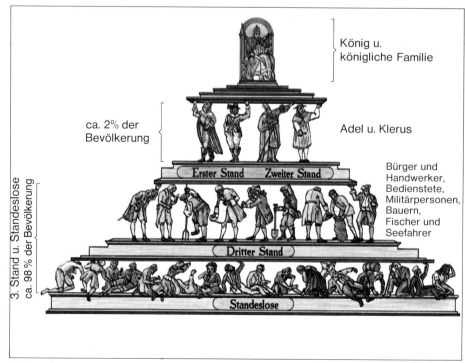

König u. königliche Familie

ca. 2% der Bevölkerung

Adel u. Klerus

Bürger und Handwerker, Bedienstete, Militärpersonen, Bauern, Fischer und Seefahrer

Erster Stand   Zweiter Stand

Dritter Stand

Standeslose

3. Stand u. Standeslose ca. 98 % der Bevölkerung

Abb. 1: Ständepyramide

Abb. 2: Getreidehafen von Paris gegen Ende des 18. Jahrhunderts (Gemälde von Lespinasse)

das Besitz- und Bildungsbürgertum lebte in den vornehmeren Stadtbezirken und war deutlich in der Minderzahl. Großbürger, in deren Besitz Manufakturbetriebe, Reedereien, Handelsgesellschaften und in zunehmenden Maße auch ländliche Güter waren, hatten durch Verschwägerung eine engere Verbindung zu den Privilegierten als zu ihren Standesgenossen. Mitunter waren führende bürgerliche Familien selbst in den Adel aufgestiegen. War der Großvater noch Überseekaufmann, so konnte der Sohn schon Jurist in der königlichen Verwaltung sein, dem Enkel endlich brachte der Kauf eines Parlamentssitzes das

Adelsprädikat. Diese für das 18. Jahrhundert recht typische Karriere wies den Berufen mit akademischer Ausbildung eine Schlüsselstellung zu. So wurden auch Ärzte, Advokaten, Notare und Journalisten zu den Spitzen des 3. Standes gezählt. Sie alle verfügten nicht nur über fachliches Können und beruflichen Ehrgeiz, sondern lebten auch im Bewußtsein, dank ihrer Steuerleistung und ihres Berufes den Staat zu tragen.

Krise

Schon 1762 hielt der französische Philosoph Rousseau seinen Landsleuten vor: *„Ihr vertraut der gegenwärtigen*

Gesellschaftsordnung, ohne daran zu denken, daß diese Ordnung unvermeidlichen Revolutionen unterworfen ist und daß Ihr die Revolution, die Eure Kinder betreffen kann, weder voraussehen noch verhindern könnt . . . Wir nähern uns dem Zustand der Krise und dem Zeitalter der Revolutionen.“
(J. J. Rousseau, Emile, Paris [Garnier] 1964, S. 224)

Ungefähr 15 Jahre später folgte dem wirtschaftlich ‚goldenen‘ Zeitalter Ludwigs XV. eine anhaltende Wirtschaftskrise, die den Staat an den Rand des Bankrotts führte. Eine Überwindung der staatlichen Finanzkrise sahen alle

Abb. 3: Bauern beim Straßenbau im 18. Jahrhundert (Gemälde von Joseph Vernet, Paris Louvre)

königlichen Finanzminister nur auf dem Weg, den 1787 Charles de Calonne wies:

Ein gangbarer Weg?
„Was bleibt, um einen entsetzlichen Fehlbetrag zu decken und das ersehnte Gleichgewicht im Staatshaushalt herzustellen? ...
Die Mißbräuche.
Ja, meine Herren in den Mißbräuchen selber findet sich ein Schatz von Reichtümern, die der Staat zurückfordern darf und zurückfordern muß, um die Ordnung wiederherzustellen. Die Mißbräuche werden verteidigt durch persönliche Interessen, Einfluß, Vermögen und alte Vorurteile ... Die Mißbräuche, die heute zum Wohl des Staates vernichtet werden sollen, sind die, ... die auf der arbeitenden und erwerbenden Klasse lasten: Die Mißbräuche der Geldprivilegien, die Befreiungen vom allgemeinen Recht und all die ungerechten Bevorzugungen, die einen Teil der Steuerpflichtigen nur entlasten können, um das Los der anderen zu erschweren; die allgemeine Ungleichheit in der Erhebung der Abgaben, die den Gewerbefleiß entmutigen ...
(zitiert nach: P. Hartig, Die Französische Revolution, S. 9)

Reformen – ja oder nein?
Diesem vorletzten Versuch, die Krise zu meistern, standen immer noch dieselben Interessen entgegen, die schon 1776 Turgot, den ersten Finanzminister Ludwigs XVI., zu Fall gebracht hatten. Damals hatte das Pariser Parlament, das als oberster Gerichtshof die Aufgabe hatte, königlichen Erlassen durch Registrierung Rechtskraft zu verleihen, dem königlichen Reformvor-

haben getrotzt, die Wegefron der Bauern durch eine Abgabe aller Grundbesitzer zu ersetzen.

Starrsinn der Parlamente?
Als Wortführer der Privilegierten legte das Pariser Parlament seine Auffassung dar: *„Jede Regierung, die in einer wohlgeordneten Monarchie unter Vorspielung von Menschlichkeit und Allgemeinwohl dazu neigte, zwischen den Menschen eine Gleichheit der Pflichten herzustellen und die notwendigen Unterschiede zu beseitigen, würde bald als unvermeidliche Folge der absoluten Gleichheit Unordnung herbeiführen und den Umsturz der Gesellschaft bewirken. – Der Adlige opfert sein Blut bei der Verteidigung des Staates und steht dem König mit Rat zur Seite. Der letzte Stand der Nation, der dem Staat nicht so bedeutende Dienste erweisen kann, erfüllt seine Pflicht dem Staat gegenüber durch Abgaben, Gewerbefleiß und körperliche Arbeiten."*

Das Ende der absoluten Monarchie?
Nach den Berechnungen des königlichen Haushaltsplans von 1788 blieben die Einnahmen um 20 % hinter den Ausgaben zurück. Damit hatten sich die Staatsschulden seit dem Regierungsantritt Ludwigs XVI. verdreifacht. Die Lücke im Haushalt war nur durch Steuererhöhungen oder durch Kreditaufnahmen zu schließen. Doch wer wollte in ein Faß ohne Boden Kredite fließen lassen? Jede Steuerreform aber mußte die Hürde der vom Adel beherrschten Parlamente nehmen. Die Kraftprobe um die Steuerdekrete zwang den König in die Knie ... Der Aufruf der Ständeversammlung der Provinz Dauphiné zum Steuerboykott

verlieh der Forderung des Pariser Parlaments Nachdruck, die seit 1614 nicht mehr einberufenen Generalstände als Vertretung der Nation in der Steuerfrage zu hören. Für den Ausgleich des königlichen Finanzhaushalts verlangten die Stände einen hohen Preis: Kontrolle der königlichen Finan-

Abb. 5: Zeitgenössische Karikatur zur Situation der drei Stände vor der Revolution

zen durch ein Steuerbewilligungsrecht der Stände. Angesichts der leeren Kassen trat der König den Rückzug an und berief für den 1. Mai 1789 die Generalstände nach Versailles.

1. Stellt die unterschiedlichen Merkmale der Stände zusammen! Vgl. auch Abb. 1
2. Beschreibt die Interessenlage von König, Adel und 3. Stand!

Abb. 4: Palais-Royal, Treffpunkt der vornehmen Bürger von Paris (zeitgenössischer Stich)

Schach dem König

Was will der Dritte Stand?

4

Abb. 1: Karikatur 1789: Das Erwachen des dritten Standes

Am Anfang stand die Unzufriedenheit

Im Januar 1789 wurde von allen Kanzeln die königliche Wahlordnung für die Generalstände verlesen. Danach wählten die ersten Stände ganz traditionsgemäß für jeden Wahlkreis je einen, der dritte Stand jetzt aber je zwei Abgeordnete. Mit dieser Neuregelung sollte der gestiegenen wirtschaftlichem Bedeutung dieses Standes Rechnung getragen werden. Die Erhöhung der Abgeordnetenzahl war allerdings ohne Bedeutung, solange nach Ständen und nicht nach Köpfen abgestimmt wurde.

Die Frage des Abstimmungsverfahrens jedoch blieb offen. Alter Tradition entsprechend konnten die Stände ihre Wünsche und Beschwerden dem König in Form von Beschwerdebriefen übermitteln, von denen fast 60 000 erhalten sind.

Forderungen der Bürger von Besançon

„Art. 2: Zahlung, Festsetzung und Eintreibung jeder Steuer erfolgt nur mit Zustimmung der Nation, die in den Generalständen versammelt ist. Gleiches gilt von Anleihen.

Art. 3: Für das gesamte Königreich geltende Gesetze können nur mit Zustimmung der Generalstände erlassen werden.

Art. 4: Die Generalstände werden sich wenigstens alle drei Jahre versammeln.

Art. 5: Steuern werden nicht für einen unbegrenzten Zeitraum bewilligt. Das Recht der Steuererhebung endet zu einem festgelegten Termin.

Art. 6: Abgeschafft werden alle Vorrechte und Befreiungen von Steuern und öffentlichen Lasten . . .

Art. 10: Allen Untertanen des Königs wird Pressefreiheit gewährt.

Art. 12: Jeder Franzose . . ., der auf Befehl seiner Majestät festgenommen wurde, ist binnen 24 Stunden einem ordentlichen Richter vorzuführen, um von diesem über die Gründe seiner Festnahme informiert zu werden. Seine Majestät wird gebeten auf die Verwendung der lettres de cachet zu verzichten.

Art. 14: Der für den dritten Stand bisher beschränkte Zugang zu kirchlichen, zivilen und militärischen Ämtern wird abgeschafft.

Art. 15: Die Käuflichkeit der Ämter in Justiz und Finanzverwaltung wird abgeschafft."

(Bearbeitet nach: Cahier du Tiers Etat de Besançon)

Beschwerden der Bauern

Die Bauern des Dorfes Guyancourt fordern: „1. daß alle Steuern von den drei Ständen ohne irgendwelche Ausnahme gezahlt werden, von jedem Stand nach seinen Kräften;

2. das gleiche Gesetz und Recht im ganzen Königreich;

5. die völlige Beseitigung jeglicher Art von Zehnten;

8. daß die Eigentumsrechte heilig und unverletzlich sind;

10. daß alle Frondienste beseitigt werden."

(Zitiert nach: P. Hartig, Die Franz. Revolution, S. 13)

Signale

Durch die Wahlversammlungen wurde eine breite öffentliche Diskussion in Gang gesetzt, die sich auch in einer Flut von Broschüren, Entwürfen und Flugschriften niederschlug. Das Ausbleiben der sonst üblichen Zensur signalisierte Ohnmacht und Hilflosigkeit der königlichen Regierung. Spitze Federn brachten den Säulen des Absolutismus zusätzliche Risse bei. Broschüren wie die des Abbé Sieyès (1748–1836) der sich besonders intensiv mit Fragen der Gesellschafts- und Verfassungsreform befaßte, fanden reißenden Absatz. In nur wenigen Januartagen wurden 30 000 Exemplare seiner Schrift ‚Was ist der dritte Stand?' verkauft.

Erwacht der dritte Stand?

„Was ist der dritte Stand? Alles. Was ist er bis jetzt in der staatlichen Ordnung gewesen? Nichts. Was verlangt er? Etwas darin zu werden.

. . . Was ist nötig, damit eine Nation bestehen kann und gedeiht? Arbeiten im Privatinteresse und öffentlichen Dienste.

. . . Wer verrichtet sie? Der dritte Stand.

. . . Wer könnte also die Behauptung wagen, der dritte Stand umfasse nicht alles, was zur Bildung einer vollständigen Nation nötig ist? Er ist der starke und kraftvolle Mann, dessen einer Arm noch angekettet ist. Wenn man den privilegierten Stand entfernte, wäre die Nation nicht etwas weniger, sondern etwas mehr. Was ist also der dritte Stand? Alles, aber ein gefesseltes und unterdrücktes Alles. Was wäre er ohne den privilegierten Stand? Alles, aber ein freies und blühendes Alles. Nichts geht ohne ihn, alles würde unendlich viel besser gehen ohne die anderen. Es genügt nicht, gezeigt zu haben, daß die Privilegierten weit davon entfernt sind, der Nation zu nützen, sondern sie nur schwächen und schädigen. Es muß noch bewiesen werden, daß der Adelsstand sich nicht in den gesellschaftlichen Organismus einfügt, daß er zwar eine Last für die Nation, aber kein Teil von ihr sein kann."

(Zitiert nach: Walter Grab, Die Französische Revolution, München 1973, S. 27.)

Gibt der König nach?

Am 5. Mai 1789 eröffnete Ludwig XVI. in feierlicher Sitzung die Generalstände. Nach wie vor war das Abstimmungsverfahren für die Generalstände ungeklärt. Das traditionelle Eröffnungszeremoniell sowie das Ausklammern dieser zentralen Frage in der Eröffnungsansprache des Königs, machen dessen Absicht zunächst Zeit zu gewinnen deutlich. Dennoch lehnte der dritte Stand bereits am folgenden Tag eine Abstimmung nach Ständen ab. Die privilegierten Stände stimmten für die Beibehaltung des bisherigen Verfahrens, allerdings wenig einmütig. Die geringere Geschlossenheit der beiden ersten Stände, die sich schon bei den Wahlen durch die Kandidaturen des Grafen Mirabeau (aus Aix bei Marseille [1749–1791]) und des Abbé Sieyès für den dritten Stand andeutete, trat immer offener zutage.

Als über einen Monat nach Eröffnung der Generalstände weder eine königliche Entscheidung noch eine Einigung

Schwur im Ballhaus

Der König hob unter starkem Druck des Adels die Entschließung des dritten Standes am 19. Juni auf und ließ den Sitzungssaal sperren. Daraufhin zogen die Abgeordneten am 20. Juni ins sogenannte Ballhaus um. In großer Erregung über den königlichen Widerstand schworen die Abgeordneten, sich niemals von der Nationalversammlung zu trennen und eine Verfassung für das Königreich zu schaffen. Am 23. Juni forderte der König die Beibehaltung der ständischen Gliederung, die Wahrung der Privilegien und die Unterwerfung des dritten Standes unter seinen königlichen Willen. Der dritte Stand weigerte sich jedoch auseinanderzugehen. Bei dieser Gelegenheit soll Mirabeau dem Zeremonienmeister gesagt haben: *„Sagen Sie denen, die Sie schicken, daß wir hier durch den Willen des Volkes sind und daß wir unsere Plätze nur unter der Gewalt der Bajonette verlassen werden!"*
(Zitiert nach: K. Griewank, Die Franz. Revolution, S. 35.)

desto größer wurde die Unruhe in der Hauptstadt. Meldungen über Truppenkonzentrationen um Paris nährten den Verdacht einer Verschwörung des Adels und brachten am Sonntag (12. Juli) die Bevölkerung auf die Straße. Am Palais Royal, dem Vergnügungszentrum der Stadt, kam es bei einer Volksversammlung zum ersten Zusammenstoß zwischen Demonstranten und königlichen Söldnern. Die erregte Volksmenge verbrachte die folgende Nacht mit Plünderung der Waffengeschäfte und dem Bau von Barrikaden. Die Zahl der Aufständischen schwoll im Verlauf des 13. Juli an und gipfelte in der Zerstörung der Pariser Zollstationen und der Plünderung des Klosters Saint-Lazare. Am Morgen des 14. Juli drang die Menge ins Zeughaus von Paris, um sich zu bewaffnen. Von dort ging es zur Bastille, dem Staatsgefängnis. Mit seinen 30 Meter hohen Mauern erschien es den meisten als Wahrzeichen der Unterdrückung. Als nach kurzem Feuergefecht die Bastillebesat-

Abb. 2: Eröffnung der Generalstände zu Versailles

Abb. 3: Camille Desmoulins während seiner Rede am Palais-Royal.

unter den Ständen vorlag, erklärte sich der dritte Stand zur Nationalversammlung und damit zur einzigen rechtmäßigen Vertretung der Nation.

Im Namen von 25 Millionen?

Damit war am 17. Juni Wirklichkeit geworden, was Sieyès als kühne Prophezeiung im Januar niedergeschrieben hatte: *„Ich bitte, daß man auf den erstaunenden Unterschied merke, der zwischen der Versammlung des dritten Standes und denen der beiden anderen Stände ist. Die erste vertritt die Stelle von 25 Millionen Menschen und beratschlagt über das Interesse der Nation. Die beiden andern ... haben nur ungefähr von zweihunderttausend Individuen Vollmacht und denken nur an ihre Vorrechte. Der dritte Stand allein, wird man sagen, kann die Generalstände nicht bilden. Nun. Desto besser! Er wird eine Nationalversammlung bilden."*
(Zitiert nach: Eberhard Schmitt, Sieyès, in: Klassiker des Politischen Denkens II, München 1968, S. 142.)

Einlenken des Königs

Am 27. Juni schien der König nachzugeben, zumal sich immer mehr Abgeordnete der ersten beiden Stände dem dritten anschlossen. Er verordnete den Anschluß der privilegierten Stände an die Nationalversammlung.

Revolte oder Revolution?

Die Ereignisse in Versailles wurden von Paris aus aufmerksam verfolgt. Vor allem ‚kleine Leute' wie Ladenbesitzer, Handwerker, Bedienstete und Arbeiter erwarteten handgreifliche Ergebnisse. Denn Lebensmittelknappheit, Preissteigerungen, Arbeitslosigkeit und das durch ständige Zuzüge vermehrte Wachstum der Pariser Bevölkerung malten für die Mehrheit der 700 000 Einwohner das Schreckgespenst der Hungersnot an die Wand. Immer wieder zogen Scharen von Paris zum Tagungsort der Generalstände nach Versailles, um ihre Abgeordneten anzufeuern. Je länger sich die Versammlung jedoch mit Verfahrensfragen befaßte,

zung kapitulierte, kannte der Siegesrausch keine Grenzen. Auf dem Zug durch die Stadt wurden Bürgermeister und Bastillekommandant niedergemacht und ihre Köpfe auf Piken gepflanzt. Paris war in der Hand der Aufständischen. Als der Herzog von Liancourt dem König die Lage schilderte, sagte dieser: *„Das ist eine Revolte!"* – *„Nein, Sire",* antwortete der Herzog, *„es ist eine Revolution."*
Der Pariser Aufstand spielte der Nationalversammlung die Macht endgültig zu. Paris wurde nun von führenden Vertretern des dritten Standes verwaltet. Die aufständischen Unterschichten hielten die königliche Söldnertruppen in Schach. Dennoch mochten sich die auf Schutz des Eigentums bedachten Bürger und Abgeordneten nicht gänzlich von diesen abhängig machen. Auch sie fürchteten die außer Kontrolle geratene Volkswut. Um sich vor Übergriffen zu schützen, rief die Nationalversammlung eine Bürgermiliz, die Nationalgarde, ins Leben, Bürger von

gutem Ruf fanden sich hier unter der Führung des reformwilligen Adligen Lafayette (1757–1834) zusammen. Noch überdeckten die blauweißroten Bänder, mit denen sich Bürger aller Schichten zum Zeichen des Sieges schmückten, die Gegensätze.

Der Funkenflug der Revolution
In den Städten der Provinzen brachen nach Pariser Vorbild Aufstände aus. An die Stelle der königlichen Beamten traten Vertreter des Besitz- und Bildungsbürgertums, die die Volksbewegung in ihrem Sinne zu lenken suchten. Die Revolution der Städte zerstörte die Zentralverwaltung des Absolutismus. Gerichtshöfe in den Provinzen (= Parlamente mit vom Adel und wohlhabenden Bürgern gekauften Sitzen) traten nicht mehr zusammen, Polizei und Steuereintreiber gehörten der Vergangenheit an.

ben und Zinsen teilweise abgeschafft. Jean Paul Marat (1744–1793), Herausgeber einer vielgelesenen Pariser Zeitschrift kommentierte diese Zugeständnisse: *„Im Flammenschein ihrer brennenden Schlösser verzichten sie großmütig auf das Recht, Menschen in Ketten zu halten, die ihre Freiheit bereits durch Gewalt erlangt haben."*
(Zitiert nach: B. Moore, Soziale Ursprünge von Diktatur und Demokratie, S. 105.)

Der letzte Akt
Obwohl die Nationalversammlung mit der Abschaffung der Privilegien einen Schlußstrich unter die absolutistische Ständegesellschaft gezogen hatte, kam Frankreich und vor allem Paris nicht zur Ruhe. Der trotz guter Ernte noch andauernde Lebensmittelmangel und die Weigerung des Königs, die Augustdekrete zu unterzeichnen, stachelten erneut gerade bei der Pariser

streifen kam ich gegen acht Uhr abends in die Nationalversammlung. Das Pariser Volk war dort eingedrungen. Die Sitzung war unterbrochen worden ... Ich stand auf der Galerie, wo ein Fischweib ... ungefähr hundert Weiber, vor allem junge Personen, dirigierte, die ihre Befehle erwarteten, um zu schreien oder zu schweigen. Sie rief ungeniert die Deputierten an und fragte: ,Wer redet denn dahinten? Laßt den Schwätzer den Mund halten! darum handelt es sich gar nicht, es handelt sich darum, Brot zu bekommen. Man soll unser Mütterchen Mirabeau sprechen lassen, wir wollen ihn hören ...' Aber Mirabeau war nicht der Mann, der bei solchen Gelegenheiten seine Kräfte verschwendete, und seine Beliebtheit beim Volke war, wie er sagte, nicht Beliebtheit beim Pöbel."*
(Zitiert nach: Die Franz. Revolution in Augenzeugenberichten, S. 65/66.)

Abb. 4: Erstürmung der Bastille

Abb. 5: Ankunft des Königs in Paris am 6. Okt. 1789

Die Nachricht vom Bastillesturm entzündete auch den angestauten Unmut der Landbevölkerung. Seit Monaten waren die Beschwerdehefte unbeantwortet geblieben. Der Druck der Steuern und Abgaben, Angst vor Hunger, Gerüchte über plündernde Banden, Furcht vor dem Gegenschlag des Adels, dazu die Anstrengungen der Erntearbeit brachten das Pulverfaß zur Explosion. Mit Sensen, Dreschflegeln und Mistgabeln ging es nach Art mittelalterlicher Bauernaufstände gegen die Grundherren. Schlösser mitsamt der verhaßten Urkunden und Schuldbücher gingen in Flammen auf.
In einer ersten Reaktion dachte die Nationalversammlung an den Einsatz königlicher Truppen zur Niederwerfung der Revolte. Das Ausmaß des Aufstandes und die Gefährdung des Eigentums selbst bürgerlicher Grundherren zwang die Versammlung zum Einlenken. In der Nacht vom 4. August wurden adlige Steuerprivilegien, Frondienste und persönliche Unfreiheit vollständig, Abga-

Bevölkerung die Angst vor einer adeligen Gegenrevolution an. Als bei einem Festessen königliche Offiziere die Farben der Revolution mit Füßen traten, war das Maß voll. Am 5. Oktober zogen Tausende Pariser Frauen von den Markthallen nach Versailles.
Die tobende Menge vor den Schloßtoren forderte die Unterschrift des Königs unter die Augustdekrete, Brot für das Volk und den Umzug des Königs nach Paris. Die Zustimmung des Königs wurde mit Beifall quittiert: ,Es lebe der König!'
Am 6. Oktober geleiteten Marktweiber, Abgeordnete, Nationalgardisten und ein Mehltransport die königliche Familie nach Paris zum Tuilerienschloß. Eine Epoche war zu Ende.

Ein Führer des Volkes
Ein Freund Mirabeaus berichtet: *„Von den Fenstern sahen wir die Menge aus Paris ankommen, die Fischweiber, die Lastträger der Markthalle; und alle verlangten Brot ... Müde vom Umher-*

1. Vergleicht die Schrift des Abbé Sieyès mit der Abb. 1! An wen wendet sich die Bilddarstellung in erster Linie?
2. Stellt die Forderungen des dritten Standes zusammen! Beachtet unterschiedliche Interessen!
3. Fertigt ein Beschwerdeheft des Adels an!
4. Beschreibt Abb. 2! Welche Absicht verfolgte der König mit der Eröffnungssitzung der Generalstände?
5. Berichtet über 1789 anhand der Abb. 2 bis 5! Was verschweigen die Bilder?
6. Worin besteht der revolutionäre Akt des 17. Juni 1789?
7. Vergleicht die Forderungen der Bauern in den Beschwerdeheften mit den Erlassen vom 4. August!
8. Beschreibt am Beispiel Mirabeaus das Verhältnis der Abgeordneten zur Pariser Bevölkerung! Zieht Abb. 3 hinzu!
9. Welche Farben hat die franz. Flagge?

Die Nation, der König, das Gesetz

Eine Ordnung für alle?

Seit dem 7. Juli 1789 arbeitete ein dreißigköpfiger Ausschuß der Nationalversammlung an einer ‚Konstitution‘, wie man damals eine geschriebene Verfassung nannte. Ihr wurde die am 26. August 1789 von der Nationalversammlung angenommene ‚Erklärung der Menschen- und Bürgerrechte‘ vorangestellt.‘‘

Mit ihren insgesamt 17 Artikeln fußt die Erklärung auf den Gedanken der englischen und französischen Philosophen des 17. und 18. Jahrhunderts (Hobbes, Locke, Montesquieu, Voltaire und Rousseau) und auf der amerikanischen Unabhängigkeitserklärung. Nachhaltige Wirkung hatte die Kritik des englischen Dichters und Schriftstellers John Milton (1608 bis 1676) am königlichen Absolutismus: *„Unsere Freiheit kommt auch nicht von den Königen her und trägt nicht ihr Gepräge, ist nicht ihre Gabe, darum sind wir sie ihnen auch nicht schuldig. Die Freiheit ist ein Geschenk des Himmels, ein Angebinde unserer Geburt.“*

(J. Milton, Verteidigung des englischen Volkes, zitiert nach A. Fitzek, Staatsanschauungen im Wandel der Jahrhunderte II, S. 78)

Ist Wissen Macht?

Diese und ähnliche Ideen flossen auch in die Enzyklopädie ein. Dieses bedeutende Werk, dessen 35 Bände in der Zeit von 1751 bis 1772 erschienen, bemühte sich zunächst um eine vollständige Sammlung des der damaligen Gesellschaft zugänglichen Wissens. In ihren Artikeln waren zahlreiche neue Denkansätze enthalten, die alle bisherigen Herrschafts- und Gesellschaftsordnungen in Frage stellten.

Denis Diderot (1713–1784) und Jean d' Alembert (1717–1783), die Herausgeber der Enzyklopädie, erreichten mit ihren Artikeln natürlich nur den ziemlich kleinen, dafür aber um so einflußreicheren Leserkreis des Besitz- und Bildungsbürgertums und des reformwilligen Adels.

Der Grundgedanke des Verfassungswerks ging jedoch auf den adligen Parlamentsrat Montesquieu zurück, der in seinem 1748 veröffentlichten Werk *‚Der Geist der Gesetze‘* die Lehre von der Gewaltenteilung entfaltet hatte.

Wer darf wählen

Die im Dezember erlassene Wahlordnung bevorzugte reiche Bürger mit entsprechendem Grundbesitz und hohem Steueraufkommen. Sie allein waren als Abgeordnete wählbar (passives Wahlrecht). Auch das Recht wählen zu dürfen (aktives Wahlrecht) war an ein Alter von 25 Jahren, an einen festen Wohnsitz und an einen Mindeststeuersatz gebunden. Frauen und Bedienstete waren überhaupt ausgeschlossen.

Abb. 1: Gliederung Frankreichs vor und nach 1789

Grundzüge der Verfassung

Obwohl die Verfassung erst im September 1791 in der endgültigen Form verabschiedet wurde, hatte die Nationalversammlung bereits im Laufe des Jahres 1789 wichtige Verfassungsartikel in Kraft gesetzt. Danach war die ausführende Gewalt (= Exekutive) dem König und den von ihm ernannten Ministern und Beamten übertragen. Die gesetzgebende Gewalt (= Legislative) lag in den Händen einer Nationalversammlung. Die Verfassung gestand zwar dem König ein aufschiebendes Einspruchsrecht (= suspensives Vetorecht) gegenüber den Gesetzesvorlagen der Nationalversammlung zu, unterstellte aber gleichzeitig auch den König den geltenden Gesetzen.

Staatseinheit durch Einheitsstaat

Nach dem Willen der Nationalversammlung sollten alle Bürger als Angehörige der einen französischen Nation von der Verwaltung und Rechtsprechung des Landes behandelt werden. Das Ende des Absolutismus sollte auch das Ende aller provinzialen Sonderrechte sein. Zu diesem Zweck wurde Frankreich durch Gesetz vom 22. Dezember 1789 in 83 gleich große Verwaltungsbezirke, die Departements, aufgeteilt. Mirabeau wies den Weg zur Neuordnung: *„Ich stelle mir eine angemessene und sachliche Unterteilung vor, die sich an den örtlichen Gegebenheiten und Umständen orientiert und nicht eine mathematische ... Aufgliederung ... Ich möchte eine Unterteilung, die nicht nur den Zweck hat, eine gleichmäßige Vertretung sicherzustellen, sondern auch das Ziel, eine größere Mitarbeit der Bürger zu*

ermöglichen. Endlich befürworte ich eine Unterteilung, die in gewisser Weise nicht als allzu große Neuerung erscheint ... und auf bekannten Zuständen aufbaut."
(zitiert nach A. Soboul, a. a. O., S. 167)

Bürger- und Menschenrechte

Art. 1 Die Menschen sind und bleiben von Geburt frei und gleich an Rechten. Soziale Unterschiede dürfen nur im gemeinen Nutzen begründet sein.

Art. 2 Das Ziel jeder politischen Vereinigung ist die Erhaltung der natürlichen und unveräußerlichen Menschenrechte. Diese Rechte sind Freiheit, Eigentum, Sicherheit und Widerstand gegen Unterdrückung.

Art. 11 Die freie Mitteilung der Gedanken und Meinungen ist eines der kostbarsten Menschenrechte. Jeder Bürger kann also frei schreiben, reden, drucken unter Vorbehalt der Verantwortlichkeit für den Mißbrauch dieser Freiheit in den durch Gesetz bestimmten Fällen.

Art. 16 Eine Gesellschaft, in der die Verbürgung der Rechte nicht gesichert und die Gewaltenteilung nicht festgelegt ist, hat keine Verfassung.

Art. 17 Da das Eigentum ein unverletzliches und heiliges Recht ist, kann es niemandem genommen werden, wenn es nicht die gesetzlich festgelegte, öffentliche Notwendigkeit augenscheinlich erfordert und unter Bedingung einer ge-

Freiheit, wenn die richterliche Gewalt nicht von der gesetzgebenden und von der ausführenden getrennt ist. Wenn sie mit der gesetzgebenden Gewalt vereinigt wäre, so würde die Gewalt über Leben und Freiheit der Bürger willkürlich sein; denn der Richter wäre Gesetzgeber. Wäre sie mit der ausführenden Gewalt verbunden, so könnte der Richter die Macht eines Unterdrückers besitzen. Alles wäre verloren, wenn ein und derselbe Mensch oder ein und dieselbe Körperschaft der Vornehmen, des Adels oder des Volkes diese drei Gewalten ausübte. ... Da in einem freien Staat jedermann, von dem man annimmt, daß er eine freie Seele besitzt, von sich selbst regiert werden soll, wäre es erforderlich, daß das Volk in seiner Gesamtheit die ausführende Gewalt besäße; da dies aber in den großen Staaten unmöglich ist, ... muß das Volk durch seine Vertreter alles das tun, was es nicht selbst tun kann ... Alle Bürger in den verschiedenen Bezirken sollen das Recht haben, ihre Stimme zur Wahl des Vertreters abzugeben, mit Ausnahme derjenigen, die in einem derartigen Zustande der Niedrigkeit leben, daß man nicht annehmen kann, sie hätten einen eigenen Willen."
(Montesquieu, Der Geist der Gesetze, zitiert nach: P. Hartig, Die Französische Revolution, S. 3–4)

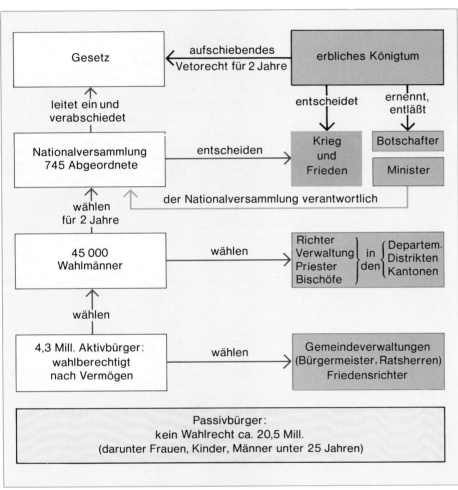

Abb. 2: Die Verfassung von 1791

Diagramm-Text:

Gesetz ← aufschiebendes Vetorecht für 2 Jahre — erbliches Königtum

leitet ein und verabschiedet

Nationalversammlung 745 Abgeordnete — entscheiden → Krieg und Frieden

erbliches Königtum: entscheidet / ernennt, entläßt → Botschafter, Minister

der Nationalversammlung verantwortlich

wählen für 2 Jahre

45 000 Wahlmänner — wählen → Richter, Verwaltung, Priester, Bischöfe } in den { Departem., Distrikten, Kantonen

wählen

4,3 Mill. Aktivbürger: wahlberechtigt nach Vermögen — wählen → Gemeindeverwaltungen (Bürgermeister, Ratsherren), Friedensrichter

Passivbürger: kein Wahlrecht ca. 20,5 Mill. (darunter Frauen, Kinder, Männer unter 25 Jahren)

Wettbewerb unter Gleichen?

Das Werk der Nationalversammlung beschränkte sich nicht auf die politische Neuordnung Frankreichs. Das Wirtschaftssystem des Absolutismus mit staatlicher Lenkung, Zollschranken und Staatsbetrieben erschien vielen als unzeitgemäße Fessel. Unternehmerische Freiheit und Freihandel waren die Parolen einer ‚vernünftigen' Ordnung. Die Zunftordnung mußte der Gewerbefreiheit weichen. Angebot und Nachfrage sollten Produktion, Preise und Löhne bestimmen. Im Vorgriff auf die Bestimmung der Verfassung verbot am 14. Juni 1791 ein Gesetz angesichts der ersten Lohnkämpfe in Paris und anderen Städten den Zusammenschluß von Bürgern gleichen Berufes oder Standes zur Wahrnehmung ihrer gemeinsamen Interessen.

Art. 3 Der Ursprung jeder Souveränität ruht letztlich in der Nation. Keine Körperschaften, kein Individuum können eine Gewalt ausüben, die nicht ausdrücklich von ihr ausgeht.

Art. 4 Die Freiheit besteht darin, alles tun zu können, was einem anderen nicht schadet ...

Art. 6 Das Gesetz ist der Ausdruck des allgemeinen Willens. Alle Bürger haben das Recht, persönlich oder durch ihre Vertreter an seiner Formung mitzuwirken. Da alle Bürger in seinen Augen gleich sind, sind sie gleicherweise zu allen Würden, Stellungen und Beamtungen zugelassen ohne einen anderen Unterschied als den ihrer Tugenden und Talente.

rechten und vorherigen Entschädigung."
(zitiert nach: W. Grab, Die Franz. Revolution. Eine Dokumentation, S. 37–39)

Das Prinzip der Gewaltenteilung

„In jedem Staat gibt es drei Arten von Gewalten: die gesetzgebende Gewalt, die ausführende ... und die richterliche Gewalt ... Wenn die gesetzgebende Gewalt mit der ausführenden in einer Person oder in einer amtlichen Körperschaft vereinigt ist, dann gibt es keine Freiheit, weil man fürchten kann, derselbe Herrscher oder derselbe Senat werde tyrannische Gesetze geben, um sie tyrannisch auszuführen. Es gibt keine

1. Vergleicht Abb. 2 mit den Aussagen Montesquieus!
2. Bestimmt die verfassungsmäßige Stellung des Königs! Stellt die Unterschiede zur absoluten Monarchie heraus!
3. Diskutiert Vor- und Nachteile der Wirtschafts- und Gewerbefreiheit!
4. Nennt Gründe für die Neugliederung Frankreichs! (Abb. 1 und Mirabeau-Text)

Auf der Flucht vor der Revolution

Kann man einen König entlassen?

Abb. 1: Rückkehr der königlichen Familie nach dem Fluchtversuch (Vgl. Abb. 5, S. 63)

Weltliche Ordnung für Geistliche?

Die Beschlüsse vom 4. August 1789 hatten zuvor die Sonderstellung der Geistlichen aufgehoben, den kirchlichen Grundbesitz jedoch nicht angetastet. Erst am 2. November entschloß sich die Nationalversammlung angesichts unbewältigter Finanzprobleme zur Enteignung und Versteigerung der kirchlichen Besitzungen. Als Entschädigung für diesen Eingriff in bestehende Eigentumsverhältnisse übernahm der Staat den Unterhalt der Geistlichkeit. Als die Nationalversammlung darüber hinaus Priester und Bischöfe wie Zivilbeamte wählen und auf die Verfassung vereidigen lassen wollte, brach ein Konflikt von größter Tragweite aus. Gegner und Anhänger der Revolution vereinigten sich in einem Lager: Kirchentreue Bauern, die noch im August die Dekrete der Nationalversammlung bejubelt hatten, machten nun mit revolutionsfeindlichen Adeligen und eidverweigernden Priestern gemeinsam Front gegen die Nationalversammlung. Als sich auch der König nach anfänglicher Zustimmung zum Vorhaben der Abgeordneten abwandte, zeichnete sich eine erste Krise der neuen Ordnung ab.

Auf der Flucht vor der Revolution

Etwa 40 000 Adlige hatten das revolutionäre Frankreich bis zum Herbst 1791 verlassen. Besonders in den kleineren fürstlichen Residenzstädten Deutschlands sammelten sich Gegner der Revolution und Anhänger der alten Ordnung. Sie rechneten mit der Unterstützung auswärtiger Mächte bei der Wiederherstellung der alten Zustände in Frankreich. Je unverhüllter sich im Ausland die Gegenrevolution regte, desto mehr wuchs der Druck der Pariser Öffentlichkeit auf den König. Am 21. Juni 1791 unternahm der König, der sich ohnehin nur halbherzig auf die Seite der Revolution geschlagen hatte, einen kopflosen Fluchtversuch. Bei Varennes wurde die königliche Familie aufgegriffen und nach Paris zurückgebracht. Die Nationalversammlung enthob daraufhin den König vorläufig seines Amtes.

Der Gefangene der Nation?

„Der Andrang des Volkes war ungeheuer, auf den Champs-Elysées schien ganz Paris und seine Umgebung versammelt zu sein. Noch niemals hat sich den Blicken der Menschen ein imposanteres Schauspiel geboten. Die Dächer der Häuser waren von Männern, Frauen und Kindern besetzt, die Barrikaden mit Menschen gespickt, die Bäume voll davon. Alle behielten den Hut auf dem Kopf; es herrschte eindrucksvolles Schweigen; die Nationalgarde trug das Gewehr mit dem Kolben nach oben. Die spannungsreiche Stille wurde manchmal von den Rufen: ‚Es lebe die Nation!‘ unterbrochen ... Bemerkenswert aber war, daß ich nirgends ein unfreundliches Wort gegen den König hörte; man begnügte sich damit, ‚Es lebe die Nation‘ zu rufen. (Bericht des Abgeordneten Pétion über die Rückkehr des Königs nach Paris, zitiert nach: Die Französische Revolution in Augenzeugenberichten, S. 118)

Wer rettet die Monarchie?

„Der Kaiser und der König von Preußen ... erklären gemeinschaftlich die Situation, in der sich der König von Frankreich befindet, als ein gemeinsames Interesse für alle Könige Europas. Sie hoffen, daß dieses Interesse nicht verfehlen wird, von den Mächten anerkannt zu werden, deren Hilfe angerufen worden ist, und daß sie sich in der Folge nicht weigern werden, gemeinschaftlich mit den unterzeichneten Majestäten, ..., die wirksamsten Mittel anzuwenden, um den König in Stand zu setzen, in größter Freiheit die Grundlagen eines monarchischen Regiments zu festigen, die gleichermaßen den Rechten der Souveräne und dem Wohl der französischen Nation entsprechen ... In der Voraussetzung werden sie ihren Truppen die geeigneten Befehle erteilen, um sie in den Stand zu setzen, einzuschreiten."
(Die Deklaration von Pillnitz. 27. Aug. 1791, nach: W. Grab, Die Franz. Revolution, S. 59/60)

Das Vaterland ist in Gefahr

Wo steht der Feind?

Die Nationalversammlung nach den Wahlen im Sommer 1791 (ca. 750 Mitglieder)

Jakobiner (131)		„Unabhängige" (345) ohne feste Gruppierung und Meinung	Anhänger der konstitutionellen Monarchie (264) (für die Verfassung von 1791)
Radikale	Girondisten		

Die verfassungsgebende Nationalversammlung 1789

Republikaner vertreten die Interessen der Mittel- und Unterschichten	Anhänger der konstitutionellen Monarchie vertreten die Interessen der Besitzenden (für die Verfassung von 1791) (z. B. Mirabeau, Lafayette, Abbé Siéyés	Monarchisten für eine starke Stellung des Königs	Aristokraten für die Wiederherstellung d. alten Privilegien

Spaltung der Verfassungsfreunde

Der Fluchtversuch des Königs zog die Fronten in Frankreich neu. An der Frage nach Erhaltung oder Beseitigung der Monarchie entzündete sich der Streit über die in der Verfassung von 1791 festgelegte Ordnung. Ein Vergleich mit den revolutionären Zielen des Sommers 1789 verlieh der Forderung nach Gleichheit aller Bürger Auftrieb.

Zum Anwalt der Gleichheit machte sich eine kleine Gruppe von Abgeordneten unter der Führung des aus Arras stammenden Rechtsanwalts Robespierre (1758–1794). Sie gehörten der einflußreichen ‚Gesellschaft der Verfassungsfreunde' an, der der Tagungsort im ehemaligen Jakobinerkloster bald den Namen Jakobinerklub gab. Zu solchen parteiähnlichen Vereinen hatten sich im Frühjahr 1789 meist gleichgesinnte bürgerliche Abgeordnete zusammengefunden. Der Gedanke an die Beseitigung der alten Ordnung und die Gefahr einer Gegenrevolution hatte zunächst auch im Jakobinerklub alle Gegensätze überdeckt.

Der Streit entzündete sich erst an den in den in der Verfassung verankerten Wahlrechtsbeschränkungen, die nach Meinung einiger jakobinischer Abgeordneter den Menschen- und Bürgerrechten widersprachen. Die Mehrheit der Nationalversammlung hielt die Gleichheitsforderungen für unerfüllbar. Sie stellte sich trotz des königlichen Verrats auch der Forderung nach Abschaffung der Monarchie entgegen. Es war zu deutlich, daß es weniger um die Staatsform als um das vom Abgeordneten Barnave erkannte Problem ging: „Wollen wir die Revolution beenden oder wollen wir von neuem mit ihr beginnen? . . . ein Schritt weiter auf dem Wege der Freiheit wäre die Zerstörung des Königtums, ein Schritt weiter auf dem Wege der Gleichheit wäre die Zerstörung des Eigentums."
(zitiert nach: A. Soboul, a. a. O., S. 196)

Der am 16. Juli 1792 offen vollzogene Bruch zwischen ‚gemäßigten' und ‚radikalen' Anhängern der Revolution erhielt einen Tag später sein blutiges Siegel. Im Auftrag der Mehrheit der Nationalversammlung trieb die Nationalgarde auf dem Marsfeld eine Demonstration für die Bestrafung des Königs blutig auseinander. Die Kugeln der Nationalgarde verteidigten den König und zerstörten damit die Einheit der Revolutionäre.

Wo liegt die Macht?

Die neugewählte Nationalversammlung trat am 1. Oktober 1791 zusammen. Die Mitglieder der bisherigen verfassungsgebenden Versammlung durften nicht wiedergewählt werden, weil sie sich selbst eine erneute Kandidatur untersagt hatten. Sie wollten mit dieser Anordnung vermeiden, daß aus Volksvertretern Berufspolitiker wurden. Obwohl damit neue Gesichter in die Hauptstadt kamen, blieben die bekannten politischen Richtungen unverändert bestehen. Dieser Generationswechsel in der Politik – die Mehrheit der Abgeordneten war unter 30 Jahren – stärkte den Einfluß der politischen Klubs. Die Mehrzahl der Abgeordneten stand auf dem Boden der Verfassung von 1791. Nur eine Minderheit, deren geistiges Zentrum der Jakobinerklub war, wollte die Revolution im Interesse der bisher benachteiligten ‚kleinen Leute' weitertreiben. Die politische Gleichgültigkeit des Besitzbürgertums, das seine Ziele erreicht hatte und nur mehr Ruhe für ungestörte Abwicklung seiner Geschäfte wollte, gab den rednerisch sehr gewandten Anwälten des Volkes die Straße frei. Inflation, Versorgungsengpässe und die gerade in Paris unübersehbare Schärfe der sozialen Gegensätze stellten Nationalversammlung und Regierung vor kaum zu bewältigende Probleme.

Krieg und Revolution

Zu den innenpolitischen Schwierigkeiten trat auch noch die Bedrohung von außen. In einer Erklärung traten die Monarchen Österreichs und Preußens für den Bestand der französischen Monarchie ein. (27. Aug. 1791) Diese Einmischung in innere Angelegenheiten rief in Frankreich ein ungeahntes nationales Zusammengehörigkeitsgefühl wach. Die Diskussionen der Nationalversammlung über Krieg und Frieden wurden durch feindliche Truppen-

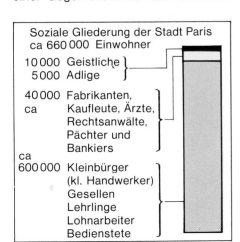

Abb. 1: Einwohner und Berufe in Paris

Soziale Gliederung der Stadt Paris
ca 660 000 Einwohner

- 10 000 Geistliche
- 5 000 Adlige
- ca 40 000 Fabrikanten, Kaufleute, Ärzte, Rechtsanwälte, Pächter und Bankiers
- ca 600 000 Kleinbürger (kl. Handwerker) Gesellen Lehrlinge Lohnarbeiter Bedienstete

konzentrationen entlang der französischen Ostgrenze und durch die Hetze der Emigranten angeheizt. Mit der Kriegserklärung vom 20. April 1792 folgte die Versammlung den Argumenten des Abgeordneten Isnard, die der allgemeinen Stimmung entsprachen:

Gründe für den Krieg
„Die Sprache der Waffen ist die einzige, die uns bleibt ... Unsere Gegner sind die Feinde der Verfassung; sie wollen mit dem Schwert und durch Aushungerung die Parlamente und den Adel in ihre alten Rechte wiedereinsetzen, die Vorrangstellung des Königs verstärken ... Sagen wir schließlich Europa, daß 10 Millionen Franzosen, vom Feuer der Freiheit entflammt und bewaffnet mit dem Schwert, der Feder, mit Vernunft und Beredtsamkeit, wenn man sie herausfordert, ganz alleine imstande sind, das Antlitz der Erde zu verwandeln und alle Tyrannen auf ihren tönernen Thronen erzittern zu lassen."
(zitiert nach: W. Grab, Die franz. Revolution, S. 94–96)

Gründe gegen den Krieg
Allein eine kleine Gruppe radikaler Jakobiner stimmte gegen den Krieg. Robespierre legte im Jakobinerklub ihre Gründe dar: *„Die ausgefallenste Idee, die im Kopf eines Politikers entstehen kann, ist die Vorstellung, es würde für ein Volk genügen, mit Waffengewalt bei einem anderen Volk einzudringen, um es zur Annahme seiner Gesetze und seiner Verfassung zu bewegen. Niemand mag bewaffnete Missionare; ... Bevor sich die Wirkung unserer Revolution bei fremden Völkern bemerkbar macht, muß der Erfolg der Revolution erst gefestigt sein ... Wird die Gleichheit der Rechte schon irgendwo anders sichtbar als in den Grundsätzen unserer Verfassungsurkunde? Erheben nicht der Despotismus und die Aristokratie, die unter neuen Formen wiederaufleben, noch immer ihr abscheuliches Haupt? ... Bevor Sie sich in die Politik ... der europäischen Fürsten verirren, beginnen Sie gefälligst damit, Ihre Blicke auf Ihre eigene Lage im Innern zu richten; stellen Sie zunächst in Ihren eigenen Angelegenheiten die Ordnung wieder her, bevor Sie sich vornehmen anderen die Freiheit zu bringen ..."*
(zitiert nach: W. Grab, Die Franz. Revolution, S. 98–99)

Angst vor dem starken Mann
Am 1. Mai 1792, nachdem die Entscheidung für den Krieg ja bereits gefallen war, befürchtete Robespierre überdies eine Übernahme der Staatsgewalt durch das Militär: *Nein, den Generalen traue ich nicht über den Weg, und ich behaupte, daß sie fast alle, abgesehen von einigen ehrenvollen Ausnahmen, der alten Ordnung und den Vergün-*stigungen von seiten des Hofes nachtrauern. Ich verlasse mich nur auf das Volk, auf das Volk allein."
(Nach A. Soboul, a. a. O., S. 213)

Notstand
Der Krieg begann mit Rückschlägen: mangelnde Disziplin, ein durch die Emigrationswelle geschwächtes Offizierskorps und unzureichende Ausrüstung drängten die französischen Armeen in die Defensive. Die Nationalversammlung verhängte am 11. Juli 1792 den Notstand: *„Zahlreiche Truppen rücken gegen unsere Grenzen vor; alle, denen die Freiheit Schrecken einjagt, greifen gegen unsere Verfassung zu den Waffen. Bürger! Das Vaterland ist in Gefahr. Ludwig hat seine Interessen von denen der Nation getrennt, wir trennen die unseren von den seinen."* Die Forderung des 3. August 1792, die 47 der 48 Pariser Wahlbezirke an die Nationalversammlung gerichtet hatten, war in die Tat umgesetzt.
(zitiert nach: A. Soboul, a. a. O., S. 217)

Das Lied der Revolution
„Auf, Frankreichs Söhne, auf die Warten!
Jetzt naht der Tag des ew'gen Ruhms.
Frech drohen uns die Blutstandarten
mordgieriger Tyrannentums.
Brüllt nicht in Frankreichs schönen Gauen
der feindlichen Soldaten Wut?
Ein jeder Herd ist rot vom Blut
erwürgter Freunde, Kinder, Frauen!
Franzosen! Auf zum Kampf!
Schart euch alle zum Krieg!
Vorwärts! Durch Feindesblut
bahnt euch den Weg zum Sieg!
Soll eine Horde fremder Sklaven
uns frevelnd dem Verderben weihn?
Und sollen fortan unsre Braven
durch Niedertracht gefesselt sein?
Ha! Welch ein Schimpf dem Vaterlande!
Wie bebt nicht ein Franzosenherz
und zuckt in Wut und wildem Schmerz
ob dieser ungewohnten Schande!
Franzosen! Auf zum Kampf!
Schart alle euch zum Krieg!
Vorwärts! Durch Feindesblut
bahnt euch den Weg zum Sieg!
O stärke uns, du heil'ge Liebe
zum Vaterland, im Rachestreit!
O Freiheit, herrlichster der Triebe,
gib deinen Scharen das Geleit!
Der Sieg marschiert mit unsern Fahnen,
wenn du uns mannhaft rufst zur Schlacht,
und röchelnd sollen deine Macht
die hingestreckten Feinde ahnen!
Franzosen! ..."
Das von Rouget de Lisle für die Rheinarmee gedichtete Kriegslied (veröffentlicht am 26. April 1792) ist heute die französische Nationalhymne.

Die Revolution der Revolution
Die unerwartet lange Kriegsdauer gefährdete die anfängliche nationale Begeisterung gegen den gemeinsamen Feind. Kriegsbedingte Lebensmittelknappheit und Teuerungen trafen besonders die unteren Schichten der städtischen Bevölkerung. Vor allem in Paris, wohin aus allen Landesteilen Freiwilligenverbände gezogen waren, sah man im König den heimlichen Verbündeten des äußeren Feindes. Eine Erklärung des Oberbefehlshabers der feindlichen Armeen mußte diese Annahme bestärken. Die Aufforderung des Herzogs von Braunschweig, sich dem König zu unterwerfen, und die Drohung, andernfalls Paris dem Erdboden gleichzumachen, entfachte einen wahren Volksaufstand.
Der 10. August 1792 war der Tag der Sansculotten, wie man damals die ‚kleinen Leute' nach der für sie typischen Kleidung (sans culotte = ohne Kniehose) nannte. Sie drangen mit Unterstützung von Freiwilligenverbänden in die Tuilerien ein, metzelten die königliche Garde nieder und setzten den König gefangen. Die Sansculotten rechneten auf ihre Weise mit der Ordnung von 1791 ab.

Frankreich wird Republik
Die Situation in Paris war völlig verworren. Die Anhänger der konstitutionellen Monarchie blieben nach dem Sturm auf die Tuilerien wohl aus Angst der Nationalversammlung fern. Dem bürgerlichen Stadtrat von Paris standen revoltierende Versammlungen der 48 Pariser Sektionen gegenüber, die unter dem Einfluß der Jakobiner die Trennung zwischen Aktiv- und Passivbürgern stillschweigend aufgehoben hatten. Die Minderheit der jakobinischen Abgeordneten, deren Rückhalt bei den Pariser Sektionen lag, setzte den König einstweilen ab, übertrug einem Ministerrat die Exekutivgewalt und legte die Ausarbeitung einer republikanischen Verfassung in die Hände eines Nationalkonvents, der nach allgemeinem Wahlrecht gewählt werden sollte. Einen Tag nach seinem Zusammentritt am 20. September 1791 erklärte der Konvent Frankreich zur Republik.

Der Prozeß des Königs
Der Kampf gegen die Feinde der Republik konnte am König nicht vorübergehen. Ludwig XVI. wurde des Hochverrats angeklagt, vom Konvent für schuldig befunden und am 21. Januar 1793 hingerichtet. *„Das Messer, das des Königs Hals durchschneidet, trennt uns endgültig von der unseligen Vergangenheit und wird für ewige Zeiten ein Blutsband zwischen den Patrioten Frankreichs schaffen!"* schrieb Marat in der Zeitung ‚Der Volksfreund'!

1. Welche Erwartungen knüpfen Jakobiner, Konstitutionelle und der König an den Krieg?
2. Sucht in Abb. 2 Schauplätze der Revolution auf!
3. Beschreibt Abb. 3!

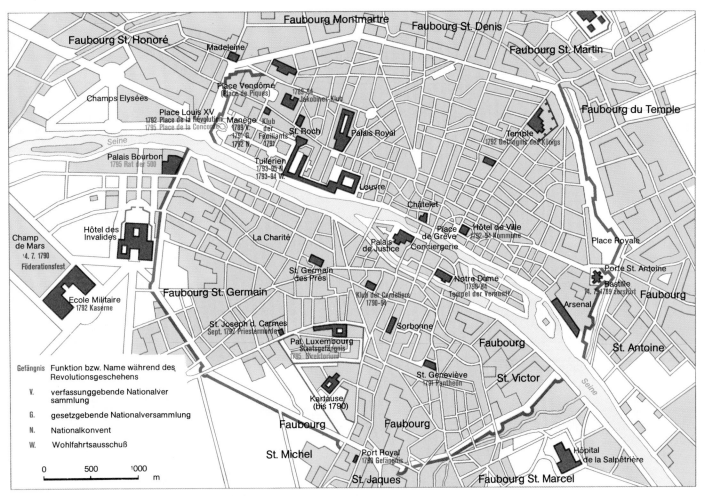

Abb. 2: Paris zur Zeit der Französischen Revolution

Abb. 3: Hinrichtung Ludwigs XVI. durch die Guillotine

Die Revolution frißt ihre Kinder

Warum zeigt eine gute Idee schlimme Auswirkungen?

Beginn einer neuen Zeit?

Auf Konventsbeschluß begann am 22. September 1792 in Frankreich eine neue Zeitrechnung. Die Jahreszählung ‚nach Christi Geburt' wurde aufgegeben. Mit dem Herbstanfang des Jahres 1792 hatte in Frankreich das Jahr 1 der Republik begonnen. Die Wochen wurden auf zehn Tage verlängert, die Monate auf drei Wochen gekürzt und am Jahresende wurden 5 sogenannte Sansculotten-Tage eingeschoben, um auf die 365 Jahrestage zu gelangen. Die Monate wurden umbenannt:

Vendémiaire	= Weinmonat (22. Sept. bis 21. Okt.)
Brumaire	= Nebelmonat (Okt.–Nov.)
Frimaire	= Reifmonat (Nov.–Dez.)
Nivôse	= Schneemonat (Dez.–Jan.)
Pluviôse	= Regenmonat (Jan.–Febr.)
Ventôse	= Windmonat (Febr.–März)
Germinal	= Keimmonat (März–April)
Floréal	= Blütenmonat (April–Mai)
Prairal	= Wiesenmonat (Mai–Juni)
Messidor	= Erntemonat (Juni–Juli)
Thermidor	= Hitzemonat (Juli–Aug.)
Fructidor	= Obstmonat (Aug.–Sept.)

Die Lage an der Front

Das neue republikanische Jahr begann verheißungsvoll. Die preußischen und österreichischen Armeen wurden bei Valmy zurückgeschlagen. Unter der Losung: ‚Krieg den Palästen, Friede den Hütten' drangen noch im November 1792 französische Freiwilligenverbände ins heutige Belgien und über den Rhein vor. Die Erfolge waren allerdings nur von kurzer Dauer. Unter dem Eindruck der Hinrichtung Ludwigs XVI. verbündeten sich die europäischen Monarchien, Österreich, Preußen, Spanien und Großbritannien. Im März 1793 schienen die Franzosen die feindliche Truppenübermacht nicht mehr aufhalten zu können.

Die Krise des Jahres 1793

Die Lasten des Krieges wurden für weite Teile der Bevölkerung immer drückender. Weitere unvermeidliche Aushebungen von Freiwilligenverbänden trafen die Bauern besonders in ärmeren Landesteilen hart. Gerade hier hatten sich die Verhältnisse im Vergleich zur vorrevolutionären Zeit kaum verändert. Die Hoffnung der Bauern auf ein eigenes Stück Land war enttäuscht worden. Die Aufhebung der Leibeigenschaft und Feudallasten hatte sie zwar rechtlich, nicht aber wirtschaftlich unabhängig gemacht.

Als erste weigerten sich die Bauern der Vendée (s. Abb. 1), ihre Heimat zu verlassen und an fernen Grenzen die Früchte der Revolution, die sie nie genossen hatten, zu verteidigen. Bald geriet der Aufstand der Vendéebauern, in den sich auch Adelige und eidver-

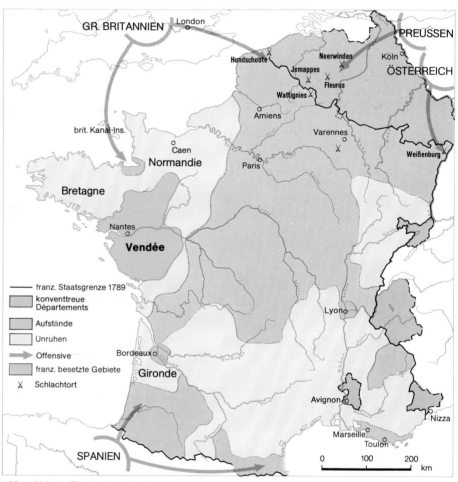

160 *Abb. 1: Frankreich 1793*

weigernde Priester einreihten, zu einer Demonstration gegen die ‚Königsmörder' von Paris.

Im Süden und Westen Frankreichs machte sich in zunehmendem Maße Unmut über die Herrschaft des Konvents breit. Im Juni 1793 befanden sich etwa 60 der 83 Departements im Aufstand. In den Städten Lyon und Toulon wehte sogar wieder das königliche Banner.

Die bürgerkriegsartigen Zustände wurden begleitet von einer Wirtschaftskrise, die durch rapiden Anstieg der Lebenshaltungskosten und durch einen ebenso rapiden Geldverfall gekennzeichnet war. In vielen Städten –

vor allem aber in Paris – fehlte es an Brot, obwohl die Ernte 1792 gut war. Viele Bauern horteten nämlich ihr Getreide, Großhändler nutzten die steigende Nachfrage zu Spekulationen, manche Departements verhinderten sogar die Getreideausfuhr.

Wer sollte diese Krise meistern? Wer konnte die Feinde von den Grenzen fernhalten, die Einheit des Landes wahren, die Not der Bauern lindern und den städtischen Massen Brot geben?

Der Konvent der Gegensätze

Alle Macht lag seit der Beseitigung des Königtums in den Händen des Konvents. Über seine Zusammensetzung hatte nur ein Zehntel der Wahlberechtigten im Herbst 1792 entschieden.

Die Mehrheit der Abgeordneten stand ohne klare politische Ziele zwischen zwei Minderheitsgruppen: den Girondisten, deren führende Köpfe aus dem Departement Gironde kamen, und der Bergpartei, die wegen ihrer Plätze in den oberen Reihen des Konvents diesen Namen erhalten hatte. Girondisten und Bergpartei waren eigentlich Flügel des Jakobinerklubs. Seit der Debatte um den Revolutionskrieg hatten sie sich jedoch immer weiter voneinander entfernt.

Die anfänglich starke Stellung der Girondisten – sie stellten die Minister der ersten provisorischen Regierung der Republik – wurde durch die Krise des Frühjahrs 1793 nachhaltig geschwächt. Militärische Niederlagen, Bauernaufstände und Wirtschaftskrise lastete man den Girondisten an. Besonders die Wirtschaftspolitik der Girondisten, die eher den Interessen des Handelsbürgertums entgegenkam, erregte die Kleinbürger und Arbeiter von Paris. Sie forderten vom Konvent die Einführung von Höchstpreisen, das Verbot, Waren zu horten, und eine staatlich gelenkte Getreideverteilung. Die Bergpartei setzte sich auch im Interesse der Freiwilligenverbände an den Fronten für diese Forderungen ein. Die Bergpartei unter der Führung

ist eingesetzt, um dem Menschen den Genuß seiner natürlichen und unveräußerlichen Rechte zu verbürgen.
Art. 2 Diese Rechte sind Gleichheit, Freiheit, Sicherheit, Eigentum.
Art. 16 Das Recht auf Eigentum ist das, das jedem Bürger erlaubt, seine Güter, seine Einkünfte, den Ertrag seiner Arbeit und seines Fleißes zu genießen und über sie nach seinem Gutdünken zu verfügen.
Art. 18 Jeder Mensch kann über seine Dienste und seine Zeit verfügen; aber er kann sich nicht verkaufen noch verkauft werden; seine Person ist kein veräußerliches Eigentum. Das Gesetz erkennt keine Dienstbarkeit an; nur über Dienstleistungen und die Entschädigung dafür kann zwischen dem Menschen, der arbeitet, und dem, der ihn anstellt, eine Vereinbarung stattfinden.
Art. 19 Ohne seine Einwilligung darf niemand des geringsten Teiles seines Eigentums beraubt werden, wenn es nicht die gesetzlich festgestellte öffentliche Notwendigkeit erfordert, und unter

Die Kritik an der Verfassung

„Hundertmal hat dieser heilige Saal von den Verbrechen der Egoisten und Schurken widergehallt; immer wieder habt ihr uns versprochen, die Blutsauger des Volkes zu vernichten. Jetzt soll die Konstitutionsakte dem Volkssouverän zur Billigung vorgelegt werden; habt ihr darin die Börsenspekulation geächtet? Nein! Habt ihr die Todesstrafe gegen die Hamsterer ausgesprochen? Nein! Habt ihr festgelegt, worin die Handelsfreiheit besteht? Nein! Habt ihr den Verkauf von Münzgeld verboten? Nein! Nun denn, so erklären wir euch, daß ihr nicht alles für das Glück des Volkes getan habt. Die Freiheit ist nur ein leerer Wahn, solange eine Klasse die andere ungestraft verhungern lassen kann. Die Gleichheit ist nur ein leerer Wahn, solange der Reiche kraft seines Monopols über Leben und Tod seiner Mitmenschen entscheidet. Die Republik ist nur ein leerer Wahn, solange die Gegenrevolution tagtäglich am Werk ist, indem sie alle Lebensmittelpreise hinaufschraubt, die von drei Vier-

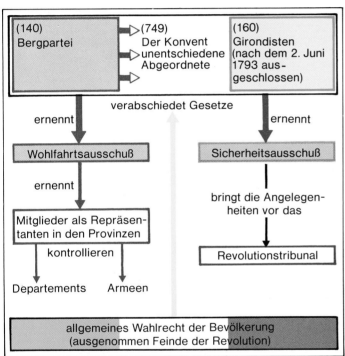

Abb. 2: Revolutionsregierung 1793–94

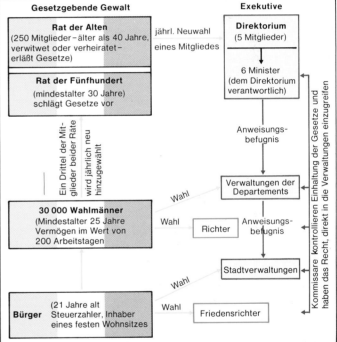

Abb. 3: Verfassung von 1795 (Direktorialverfassung)

Robespierres drohte im Konvent die Überhand zu gewinnen. Als die Girondisten daraufhin versuchten, zur Sicherung ihrer Politik in den Provinzen auch militärische Unterstützung zu finden, schlug die Bergpartei mit Unterstützung der Pariser Sektionen zu. Am 2. Juni 1793 wurden die führenden Girondisten verhaftet und hingerichtet. Trotz der turbulenten Ereignisse legte der Konvent seinem Auftrag gemäß eine Verfassung für die Republik vor.

Die Verfassung vom 24. Juni 1793
„Erklärung der Menschen- und Bürgerrechte Art. 1 Das Ziel der Gesellschaft ist das allgemeine Glück. Die Regierung

der Bedingung einer gerechten und vorher festgesetzten Entschädigung.
Art. 21 Die öffentliche Unterstützung ist eine heilige Schuld. Die Gesellschaft schuldet ihren unglücklichen Mitbürgern den Unterhalt, indem sie ihnen entweder eine Arbeit verschafft oder denen, die außerstande sind zu arbeiten, die Mittel für ihr Dasein sichert.
Art. 29 Jeder Bürger hat das gleiche Recht an der Gesetzgebung und der Ernennung seiner Beauftragten oder seiner Vertreter mitzuwirken.“
(zitiert nach: W. Grab, Die Franz. Revolution, S. 150–153)

teln der Bürger nur unter Tränen aufgebracht werden können.
Seit vier Jahren haben die Reichen von den Vorteilen der Revolution profitiert. Die Händleraristokratie, schrecklicher als die Adels- und Priesteraristokratie, hat sich ein grausames Spiel daraus gemacht, die Privatvermögen und die Finanzen der Republik an sich zu reißen; noch wissen wir nicht, bis zu welchem Punkt ihre Erpressung gehen wird, denn die Warenpreise steigen täglich ... Bürger Repräsentanten, es ist Zeit, daß der Kampf auf Leben und Tod, den die Egoisten gegen die am meisten arbeitende Klasse führen, ein Ende hat.“
(Jacques Roux, Das Manifest der Enragés

vom 25. Juni 1793, in: W. Grab, a. a. O., S. 163/64)

Die Diktatur der Bergpartei

Die Verfassung von 1793 hat niemals Geltung erlangt. Angesichts der bürgerkriegsartigen Zustände im Land setzte der Konvent die Verfassung für unbestimmte Zeit außer Kraft. Die Regierungsarbeit vollzog sich weiterhin in den Konventsausschüssen. Die beiden wichtigsten waren der Sicherheitsausschuß, der die Polizeigewalt ausübte, und der Wohlfahrtsausschuß, dessen 12 Mitglieder bis zum September 1793 alle Macht an sich zogen. Führender Kopf des Wohlfahrtsausschusses wurde Robespierre, der als Verbindungsmann zwischen Konvent, Jakobinerklub und den Pariser Sektionen bald alle Macht in den Händen hielt.

Das wichtigste Machtinstrument des Wohlfahrtsausschusses war das Revolutionstribunal, das binnen eines Jahres in immer fragwürdigeren Gerichtsverhandlungen Todesurteile verhängte. Es machte vor den Führern der ersten Revolutionsjahre ebensowenig Halt wie vor Angehörigen des Jakobinerklubs. Ununterbrochene Kontrollen, auf ganz Frankreich ausgedehnte Säuberungsaktionen sollten nach dem Willen Robespierres Angst erzeugen.

Die Eingriffe des Staates in das Leben des einzelnen wurden immer zahlreicher und rigoroser. Das Gesetz über das Volksaufgebot (23. August 1793) verpflichtete fast alle erwachsenen Franzosen zum Kriegsdienst. Preise und Löhne wurden vom Staat festgesetzt, Lebensmittelvorräte beschlagnahmt und reiche Bürger wurden gezwungen, dem Staat Geld zu leihen (= Zwangsanleihe). Jedes Wirtschaftsvergehen wurde mit dem Tode bestraft. Den Höhepunkt der Diktatur der Bergpartei bildete das ,Gesetz gegen die Feinde des Volkes' vom 10. Juni 1794.

Wer ist ein Volksfeind?

„Art. 6: Als Feind des Volkes gilt, wer die Wiederaufrichtung des Königtums betreibt oder die Verächtlichmachung oder Auflösung des Nationalkonvents und der republikanischen Revolutionsregierung – anstrebt –

wer die Lebensmittelversorgung von Paris zu behindern oder die Teuerung der Republik auszulösen bestrebt ist;

wer die Pläne der Feinde Frankreichs begünstigt dadurch, daß er Verschwörern und Aristokraten behilflich ist, heimlich zu fliehen und sich der Strafe zu entziehen, oder dadurch, daß er Patrioten verfolgt und verleumdet, Volksvertreter besticht oder die Prinzipien der Revolution und die Gesetze und Maßnahmen der Regierung durch eine falsche und böswillige Ausführung mißbraucht; ... wer Mutlosigkeit zu verbreiten sucht, mit der Absicht, die Unternehmungen der gegen die Republik verbündeten Tyrannen zu fördern;

wer falsche Nachrichten ausstreut, um das Volk zu spalten oder zu verwirren; ... schließlich alle, die in den vorangegangenen Gesetzen über die Bestrafung der Verschwörer und Gegenrevolutionäre genannt sind und die – mit welchen Mitteln und unter welcher Maske auch immer – die Freiheit, Einheit und Sicherheit der Republik angreifen oder an ihrer Unterhöhlung arbeiten.

Art. 7: Die Strafe für alle Delikte, deren Aburteilung dem Revolutionstribunal vorbehalten ist, ist der Tod.

Art. 16: Das Gesetz gibt den verleumdeten Patrioten patriotisch gesinnte Geschworene als Verteidiger bei; die Verschwörer erhalten keine Verteidiger."
(zitiert nach W. Grab, a. a. O., S. 225/227)

Der Sturz des Tyrannen

Die Wirkungen dieses Gesetzes waren furchtbar. Von den 16 600 Todesurteilen des Revolutionstribunals in der Zeit vom März 1793 bis zum August 1794 wurden allein 2554 im Juni und Juli 1794 verhängt und vollstreckt.

Die Verschärfung des Terrors wurde sogar den Anhängern Robespierres immer unverständlicher. Die außenpolitischen Gefahren waren seit dem Frühjahr 1794 durch französische Siege zunächst einmal abgewendet. Die Willkür der Konventskommissare hinterließ in den Provinzen Spuren des Widerwillens gegen die allmächtige Regierung in Paris. Die Rechtsunsicherheit gefährdete jeden – auch engste Mitarbeiter Robespierres. Die Richtungskämpfe des Frühjahrs bei den Jakobinern hatten bewiesen, daß Robespierre auch vor seinen ehemaligen Mitkämpfern nicht Halt machte.

Am 27. Juli 1794 machte der Konvent dem Schrecken ein Ende. Er ließ Robespierre verhaften und einen Tag später ohne Prozeß und Urteil mit 19 Anhängern hinrichten.

Was soll werden?

Die Mehrheit des Konvents sah in einer neuen ,sicheren' Verfassung die innere Ruhe am ehesten gewährleistet. Der Abgeordnete Boissy d'Anglas nannte ihre Grundsätze: *„Die Gleichheit vor dem Gesetz, das ist alles, was ein vernünftiger Mensch verlangen kann ... Die absolute Gleichheit ist ein Hirngespinst; damit es sie geben kann, müßte es eine totale Gleichheit des Geistes, der Tugend, der körperlichen Kraft, der Erziehung, ja des Vermögens aller Menschen geben ... Wenn ihr Leuten ohne Eigentum uneingeschränkt die politischen Rechte zugesteht, und wenn diese irgendwann auf den Bänken der Gesetzgeber sitzen, dann werden sie Unruhe stiften und uns mitten in jene gewaltigen Erschütterungen hineinstürzen, denen wir kaum entronnen sind."*
(zitiert nach: A. Soboul, a. a. O., S. 419 bis 420)

1. Berichtet über das Jahr 1793 (Abb. 1)!
2. Vergleicht die Erklärungen der Menschenrechte von 1791 und 1793 miteinander!
3. Stellt die Maßnahmen der Revolutionsregierung zwischen 1793 und 1794 zusammen!
4. Warum ist das Gesetz vom 10. Juni 1794 Höhepunkt der Jakobinerdiktatur?
5. Vergleicht die Verfassungen von 1791/1793/1795 miteinander!

Abb. 4: Verhaftung Robespierres im Konvent

Die Armee der Revolution
Sprungbrett für Aufsteiger?

Abb. 1: Napoleon in Italien (engl. Karikatur)

Im Dienst der Republik

Die Niederlagen des Jahres 1792 hatten auch die letzte Säule des Absolutismus ins Wanken gebracht: die Armee. Mit ihren adeligen Generälen und ihren Berufskriegern, den Söldnern, war sie ein Überbleibsel vergangener Zeiten.

Lazare Carnot (1753–1823), Pionieroffizier und Mitglied des Wohlfahrtsausschusses, entließ die erfolglosen Generäle und formte aus den Resten des alten Söldnerheeres, aus Freiwilligenverbänden und den Wehrpflichtigen des Jahres 1793 ein Volksheer. Berufssoldat und Wehrpflichtiger sollten fortan im gleichen Bataillon für die Revolution Dienst tun. Die Mannschaften konnten ihre Korporale selbst wählen. An die Spitze der Armeen stellte der Konvent ‚Söhne der Republik‘. Viele von ihnen stammten aus einfachen Verhältnissen wie General Kléber, dessen Vater Maurer war. Dem Versagen der königlichen Heerführer verdankten sie, kaum dreißigjährig, den unvergleichlichen Aufstieg. Nur der Erfolg konnte sie oben halten. Die strengen Kontrollen des Konvents durch Abgesandte erhöhten bei den Mannschaften die Disziplin und zwangen die Generäle zum Erfolg.

Ein unaufhaltsamer Aufstieg?

Als Napoleon Bonaparte am 2. März 1796 vom Direktorium zum Oberbefehlshaber der französischen Italienarmee ernannt wurde, hatte er eine ungewöhnliche Karriere hinter sich. Von einem unbedeutenden Artillerieleutnant war Bonaparte im Alter von 24 Jahren zum General aufgestiegen. Trotz seiner unbestrittenen Erfolge bei der Belagerung der Stadt Toulon im Jahre 1793 kritisierte ein Konventskommissar in seinem Bericht die frühzeitige Beförderung. Der hemmungslose Ehrgeiz des aus einer unbedeutenden Adelsfamilie stammenden Korsen Bonaparte stimmte ihn verdächtig.

Vertrauliche Erklärung Napoleons an einen französischen Gesandten

„Glauben Sie, daß ich in Italien Siege erfechte, um damit das Ansehen der Männer des Direktoriums zu erhöhen . . .? Glauben Sie vielleicht, daß ich eine Republik gründen will: Welcher Gedanke! . . . Das ist eine Wahnvorstellung, in die die Franzosen vernarrt sind, die aber auch wie so manche andere vergehen wird. Was sie brauchen, das ist Ruhm, die Befriedigung ihrer Eitelkeit, aber von der Freiheit verstehen sie nichts. Blicken Sie auf die Armee! Die Erfolge und die Triumphe . . . haben dem französischen Soldaten seinen wahren Charakter wiederverschafft. Für ihn bin ich alles. Das Direktorium soll es sich nur einfallen lassen, mir das Kommando über die Armee wegzunehmen! Dann wird man schon sehen, wer der Herr ist. Die Nation braucht einen Führer, einen durch Ruhm hervorragenden Führer, aber keine Theorien über Regierung . . ., von denen die Franzosen nichts verstehen. Sie sehen, was ich bin, was ich jetzt in Italien vermag. Wenn ich nicht an der Spitze dieses mir ergebenen Heeres stehe, muß ich auf diese Macht, auf diese hohe Stellung, die ich mir verschafft habe, verzichten . . . Ich möchte Italien nur verlassen, um in Frankreich eine Rolle zu spielen, die ungefähr der ähnlich ist, die ich hier spiele, aber der Augenblick ist noch nicht gekommen.“
(zitiert nach: P. Hartig, Die franz. Revolution, S. 61/62)

Der Putsch

Napoleons Stunde kam am 18. Brumaire 1799 (9. November 1799), als unter der Führung des Abbé Sieyès eine Verschwörergruppe den militärischen Rückhalt suchte. Monarchistische und jakobinische Aufstände hatten die Hilflosigkeit des Direktoriums zu erkennen gegeben. Die alljährlichen Ergänzungswahlen zu den beiden gesetzgebenden Kammern sorgten für stete Unruhe. In die Diskussionen über die Verfassung von 1795 mischten sich soziale Ängste der Besitzenden. Die Garantie des Eigentums schien nur eine feste und starke Regierung gewährleisten zu können. Der Ruf nach dem starken Mann war 1799 unüberhörbar. Der Abbé Sieyès präsentierte ihn, ohne es zu ahnen: Napoleon Bonaparte.

Das Ende der Revolution?

Die provisorische Regierung gab am 15. Dezember 1799 eine Erklärung ab:
„Eine neue Verfassung wird euch vorgelegt . . . Die Verfassung gründet sich auf die wahren Prinzipien der Repräsentativregierung, auf die geheiligten Rechte des Eigentums, der Gleichheit und Freiheit. Die von ihr eingesetzten Gewalten werden stark und zuverlässig sein, wie sie es sein müssen, wenn sie die Rechte der Bürger und die Interessen des Staates schützen sollen.
Bürger, die Revolution hält an den Grundsätzen, die an ihrem Beginn standen fest. Sie ist beendet.
Unterschrieben von Bonaparte. Roger Ducos. Sieyès.
(zitiert nach W. Grab, Die franz. Revolution, S. 300–301)

1. Beschreibt Abb. 1! Zieht Schlußfolgerungen!
2. Warum erklären Napoleon, Ducos und Sieyès die Revolution für beendet?

Ein Idol für 15 Jahre

Was bleibt von der Revolution?

Napoleon – Kaiser der Franzosen

Am 18. Mai 1804 wird durch einen verfassungsändernden Beschluß des Senats die gesamte Regierungsgewalt in die Hände eines Kaisers gelegt: Napoleon.

Die Umwandlung Frankreichs in ein Kaiserreich wird in einer nachträglichen Volksabstimmung mit 3 572 329 gegen 2579 Stimmen gebilligt. Wo waren die Grundsätze der Revolution geblieben? Hatte die Parole der Revolution: ‚Freiheit, Gleichheit, Brüderlichkeit‘ an Anziehungskraft verloren? Wie sollte man sich den Sinneswandel der Franzosen erklären?

Teure Freiheit

Das Direktorium hatte 1797 den Staatsbankrott erklärt. Die Staatsschuld von 300 Millionen Livres war doppelt so hoch wie die des Jahres 1789. Napoleon verstand es, Fachleute für seine Ziele zu engagieren und einem umfassenden Programm zur Wirtschaftsförderung seinen Stempel aufzudrücken. Eine Währungsreform und die Gründung der Bank von Frankreich bereiteten den Boden für die industrielle Entwicklung. Schutzzölle, Erweiterung des Verkehrsnetzes, Staatsaufträge vor allem an die Rüstungsindustrie, Industrieausstellungen und die Vergabe von Krediten förderten das Wachstum der französischen Industrie. Der Außenhandel stieg von 553 Millionen im Jahre 1799 auf 790 Millionen im Jahre 1802.

Die napoleonische Wirtschaftspolitik begünstigte die bürgerlichen Unternehmer und hielt die Arbeiterschaft in jeder Hinsicht an der kurzen Leine. So verbot er zum Beispiel Zusammenschlüsse der Arbeiter. Nicht nur in den Städten hielt die Wirtschaftsfreiheit zum Nachteil der sozial Schwächeren Einzug. Auch auf dem Land hatten bürgerliche Grundbesitzer vom Verkauf der Kirchen- und Emigrantengüter profitiert. Angesichts der jahrelangen Inflation hatten viele Industrielle und Kaufleute ihr Geld in Grundbesitz angelegt, den sie nun für harte Francs verpachten konnten. Kleineren Bauern fehlte nach wie vor zum Ankauf einer Parzelle in der Regel das Geld. Sie blieben darauf angewiesen, ein Stück Land dazu zu pachten oder als Tagelöhner dazu zu verdienen. An ihrer wirtschaftlichen Abhängigkeit hatte die Revolution nichts geändert.

Abb. 1: Krönungsfeier in der Kirche Notre-Dame in Paris (2. Dez. 1804, Gemälde von Hofmaler J. L. David)

Wie gleich sind die Bürger?

Das napoleonische Kaiserreich garantierte die durch die Revolution geschaffenen Besitzverhältnisse. Die Kirche mußte auf ihren Besitz endgültig verzichten. Adlige Emigranten konnten nach Frankreich zwar zurückkehren, jedoch keine Ansprüche auf ihren früheren Besitz mehr geltend machen. Den Adligen, die im Lande geblieben waren, blieben Ländereien ungeschmälert erhalten. Sie hatten lediglich ihre feudalen Rechte verloren. Die Zeit der Sonderrechte (Privilegien) war vorüber. Für alle Bürger galt seit 1804 ein einheitliches Gesetzbuch, das Code Civil oder Code Napoleon genannt wurde.

Das bürgerliche Gesetzbuch der Franzosen

„Art. 8: Jeder Franzose soll die bürgerlichen Rechte genießen.

Art. 18: Ein Franzose, der die Eigenschaft eines Franzosen verloren hat, kann sie jederzeit zurückerlangen, wenn er mit Erlaubnis des Kaisers nach Frankreich zurückkehrt, und erklärt, daß er sich daselbst niederlassen wolle und daß er auf jede mit den französischen Gesetzen in Widerspruch stehende Auszeichnung Verzicht tue.

Art. 544: Eigentum ist das Recht, eine Sache auf unbeschränkteste Weise zu benutzen und darüber zu verfügen, vorausgesetzt, daß man davon keinen durch die Gesetze oder Verordnungen untersagten Gebrauch mache.

Art. 545: Niemand kann gezwungen werden sein Eigentum abzutreten, ausgenommen zum öffentlichen Besten, und gegen eine verhältnismäßige und vorgängige Entschädigung.

Art. 546: Das Eigentum an einer beweglichen oder unbeweglichen Sache gibt zugleich ein Recht auf alles, was sie hervorbringt.“

(Code Napoleon, Würzburg 1813)

Der Preis der Sicherheit?

„Die Konsuln der Republik sind der Meinung, daß ein Teil der Zeitungen . . . Instrumente in den Händen der Feinde der Republik sind. Deshalb verordnen die Konsuln, die sich im Auftrag des französischen Volkes für die Überwachung der öffentlichen Sicherheit verantwortlich fühlen:

Art. 1: Der Polizeiminister läßt während der gesamten Kriegsdauer nur folgende Zeitungen drucken, veröffentlichen und verteilen: . . . (es folgt eine Liste mit 13 Zeitungsnamen) . . . und zusätzlich die Zeitungen, die sich ausschließlich mit Wissenschaft, Kunst, Literatur, Handel und der Veröffentlichung von Anzeigen beschäftigen.

Art. 5: Auf der Stelle werden alle Zeitungen verboten, die Artikel gegen die soziale Ordnung, gegen die Volkssouveränität und gegen den Ruhm der Armeen oder die Angriffe gegen die Regierung und gegen die mit der Republik befreundeten und verbündeten Nationen veröffentlichen, auch wenn diese Artikel Auszüge aus ausländischen Zeitungen sind.“

(17. Jan. 1800 Bulletin des lois)

Ein Mann, der alles kann?

„Was wollten wir im Jahre 1789? Die Mitarbeit unserer Abgeordneten bei der Schaffung neuer Steuern; die Beseitigung des Feudalsystems; den Wegfall jeder für die Tugenden und Talente der Bürger beleidigenden Herabsetzung; die

Vermeidung aller Mißbräuche; die Pflege aller liberalen Ideen; die Garantie für die Wohlfahrt im Innern und für unser Ansehen im Ausland ... Napoleon Bonaparte hat durch seine Erfolge ein Italien in Erstaunen versetzt, das seit Jahrhunderten nur von den Herren Roms zu sprechen gewohnt war ... sein Name ...

Abb. 2: Verwaltung Frankreichs

erfüllt die Welt! Ah! Und wie könnte man all die Wunder aufzählen, die er seit der Übernahme des Konsulats vollbracht hat! Die Grundlagen der Verwaltung festlegen, die Finanzen in Ordnung bringen; die Armee organisieren und die Schlacht von Marengo gewinnen, die über das Schicksal des Kontinents entschied; ganz Europa den Frieden bringen; dem Handel aufhelfen und Fabriken, Künste, Wissenschaften ermutigen; die Altäre neu errichten und den Gewissen Ruhe schenken; ... gewaltige öffentliche Arbeiten anregen und vollenden; Frankreich ein einheitliches Zivilgesetzbuch geben ...; allen Parteigeist zum Erlöschen bringen, alle Vorbehalte ausräumen, alle Interessen versöhnen, alle Opfer der unglücklichen Zeitumstände wieder in das Land rufen ... – das hat er in vier Jahren vollbracht.*"
(Aus der Rede des Abgeordneten Jaubert vom 2. 5. 1804 zitiert nach U. F. Müller, Die Franz. Revolution, S. 101 f.)

Eine Revolution, die keine war?

"Wir haben seit 1789 in Frankreich mehrere Revolutionen gesehen, die den ganzen Bau der Regierung von Grund aus umgestalteten ... Gleichwohl ist die Unordnung, die sie verursachten, niemals von langer Dauer oder allgemein gewesen; sie sind vom größten Teil der Nation kaum ... wahrgenommen worden.
Das hat seinen Grund darin, daß seit 1789 der Aufbau der Verwaltung mitten unter den Trümmern der politischen Verfassungen stets bestehengeblieben ist. Man wechselte die Person des Fürsten oder die Formen der Zentralgewalt, aber der tägliche Gang der Geschäfte wurde weder unterbrochen noch gestört ... Dieselben Ämter wurden von denselben Beamten versehen, die ihren Geist und ihre Praxis im Wechsel der politischen Gesetze zu wahren wußten. Sie sprachen Recht und verwalteten im Namen des Königs, dann im Namen der Republik und endlich im Namen des Kaisers ..., wobei sie und ihr Verfahren sich immer gleich bleiben; denn was kümmerte sie der Name des Gebieters?"
(So urteilt der französische Jurist und Politiker Alexis de Tocqueville [1805–1859] in: Der alte Staat und die Revolution [1856], Hamburg 1969, S. 173)

1. Beschreibt Abb. 1! Beachtet die Kleidung! Zieht Vergleiche!
2. Zieht aus Abb. 1 Rückschlüsse auf das Verhältnis Staat – Kirche!
3. Napoleon nannte sich ‚Testamentsvollstrecker der Revolution'. Was kann das bedeuten?
4. Welche Errungenschaften der Revolution sind unter der Napoleonischen Herrschaft erhalten geblieben?
5. Vergleicht die Beurteilung Tocquevilles mit dem Ereignisablauf der Revolution!
6. Stellt zusammen, wann welche Gegenden Frankreichs von revolutionären Ereignissen betroffen waren!
7. Stellt zusammen, mit welchen Mitteln Napoleon seine Herrschaft ausübte!

Abb. 3: Napoleon (1812)
(Gemälde von Hofmaler J. L. David)

Ereignisse		Phasen	Zeit
5. Mai	Eröffnung der Generalstände	Verfassungsgebende Nationalversammlung	1789
14. Juli	Sturm auf die Bastille		
4. Aug.	Aufhebung der Privilegien		
6. Okt.	Der König in Paris!		1790
21. Juni	Flucht des Königs		1791
30. Sept.	Die Verfassung tritt in Kraft		
20. April	Kriegserklärung Frankreichs an Preußen und Österreich	Gesetzgebende Nationalversammlung	1792
10. Aug.	Sturm auf die Tuilerien		
2.–6. Sept.	Septembermorde		
20. Sept.	Frankreich wird Republik		
21. Jan.	Hinrichtung des Königs	Konvent	1793
März	Aufstand in der Vendée		
April	Einrichtung des Wohlfahrtsausschusses		
2. Juni	Ausschaltung der Girondisten		
23. Aug.	Allgemeine Wehrpflicht		1794
10. Juni	Gesetz gegen die Feinde des Volkes		
27. Juli	Sturz Robepierres		
22. Aug.	Direktoralverfassung (Zensurwahlrecht)	Direktorium	1795
5. Okt.	Monarchistenaufstand in Paris		
			1796
			1797
			1798
9. Nov.	Staatsstreich Napoleons		1799
13. Dez.	Konsulatsverfassung mit allgemeinem Wahlrecht für Männer	Napoleon Bonaparte	1800
14. Juni	Sieg Napoleons bei Marengo (im heutigen Italien) über Österreich		
	Napoleon Konsul auf Lebenszeit		1801 1802
2. Mai	Napoleon Kaiser der Franzosen (bis 1815)		1803
	Code Civil		1804
	1815		

Abb. 4: Zeitleiste

Abb. 1: Bauern wenden sich an den König

Der preußisch-deutsche Weg

1789 haben sich viele Zeitgenossen gefragt, warum es nicht auch in Deutschland zu einer vergleichbaren Revolution gekommen sei, warum nicht in seinem größten Staat Preußen.

Einige suchten die Antwort in der geistigen Verfassung (Mentalität) der Deutschen, die eben nicht zur Revolution neigen. Andere sahen einen Grund darin, daß Preußen im Vergleich zu Frankreich wirtschaftlich und geistig zurückgeblieben war. Vor allem gab es in Preußen keinen einflußreichen Dritten Stand, der eine grundlegende Veränderung in Staat und Gesellschaft hätte tragen können. Schon Mirabeau aber sah den eigentlichen Grund darin, daß Friedrich II. Preußen eine Art Verfassung hinterlassen hatte, durch die die Forderungen vieler fortschrittlicher Bürger erfüllt worden seien.

Der Anlaß für Friedrichs Justizreform

1779 hatte der König in einen Prozeß eingegriffen und ein Urteil aufgehoben, weil er zu Unrecht glaubte, daß adlige Richter ihre Standesgenossen zu Lasten eines Müllers bevorzugt hätten. Friedrich II. begründete seine harten Maßnahmen gegen die Richter und die zuständigen Justizkollegien folgendermaßen: Justizbehörden, die Ungerechtigkeiten duldeten und ihre Standesvorrechte mißbrauchten, seien schlimmer als eine Diebesbande. Vor Gericht müsse ohne Ansehen der Person allein auf der Grundlage der Gesetze geurteilt werden.

Die Ideen der Justizreform

Friedrich hatte mit seinem Eingriff in die Rechtsprechung etwas getan, was er immer abgelehnt hatte, nämlich ein Eingreifen des Monarchen in die Rechtsprechung. Doch er sah endlich eine Gelegenheit zu einer durchgreifende Justizreform. 1780 forderte er in einer Kabinettsordre ein Gesetzbuch, das ein einheitliches Recht in deutscher Sprache für alle preußischen Provinzen schaffen sollte. Mit dieser Aufgabe betraute er den schlesischen Justizminister von Cramer. Der Willkür der Richter und der Advokaten sollte vorgebeugt werden. Cramer umgab sich mit bürgerlichen Beamten, die mit ihm ein Allgemeines Gesetzbuch schaffen sollten, das den fortschrittlichsten Ideen der damaligen Zeit genügen sollte.

Dir Reformer dachten nicht daran, dem König das Recht auf Gesetzgebung und zur Ausführung der Gesetze zu nehmen. Aber der König und die Verwaltung sollten ebenso an die schriftlich festgelegten Gesetze gebunden sein wie die Untertanen.

Grundgedanken der Reformer waren Rechtssicherheit für alle, Gleichheit aller vor dem Gesetz, Unabhängigkeit der Justiz und Schutz des Eigentums. Doch schon während der Arbeit an dem Gesetzeswerk mußten die Reformer Stück für Stück von ihren Zielen abweichen. Sicherlich lag ein Grund darin, daß mit dem Tode Friedrichs II. die Adelsopposition gegen die Rechtsreform erstarkte. So ist das schließlich 1794 in Kraft getretene Allgemeine Preußische Landrecht (ALR) ein seltsames Mischwerk. Forderungen der Französischen Revolution wurden erfüllt, wie aber auch die alten Ungleichheiten rechtlich festgeschrieben.

Allein der durchgehaltene Grundsatz von der Herrschaft der Gesetze macht es zu einer frühen Verfassungsurkunde.

Allgemeines Preußisches Landrecht

Innerhalb von zehn Jahren verfaßten die Justizreformer ein Riesenwerk. Es umfaßt in zwei Teilen fast 20 000 Paragraphen. Die Verfasser stellten eine Art Grundrechtskatalog an die Spitze ihres Gesetzeswerks. Darin waren der Schutz der Person und des Eigentums, die Freiheit der Religion, das Recht auf Bildung und die Unabhängigkeit der Gerichte enthalten. Im zweiten Teil wurden dann die bestehenden Rechtsverhältnisse gesetzlich festgehalten: Die Trennung von Stadt und Land, die Zunftbeschränkungen, das Züchtigungsrecht der Meister und Gutsherrn wie die Abhängigkeit der Bauern wurden fixiert. Aus Gründen der Rechtssicherheit versuchten die Verfasser das Leben der Einwohner bin in die kleinsten Kleinigkeiten gesetzlich festzuhalten, sogar die Verpflichtung einer gesunden Mutter, ihr Kind selbst zu stillen, wurde aufgenommen.

Abb. 2: Der letzte Scheiterhaufen (1786)

Abb. 3: Die Stadt ist vom Land getrennt. Zollwache am Brandenburger Tor in Berlin

Friedrichs II. Stellung zu den Gesetzen

1752 Ich habe mich entschlossen, niemals in den Lauf des gerichtlichen Verfahrens einzugreifen; denn in den Gerichtshöfen sollen die Gesetze sprechen und muß der Herrscher schweigen.

1767 Der Herrscher darf in das Rechtsverfahren nicht eingreifen. Allein die Gesetze sollen Herrscher sein. Die Pflicht des Herrschers beschränkt sich darauf, sie zu schützen.

1779 Allen Bürgern ihr Eigentum sichern und sie so glücklcih machen, als es die Natur des Menschen gestattet, diese Pflicht hat ein jeder, der das Oberhaupt einer Gesellschaft ist.

1779 (An die Justizminister und Justizkollegien in Preußen gerichtet)
Sie müssen nur wissen, daß der geringste Bauer, ja was noch mehr ist, der Bettler ebensowohl ein Mensch wie Seine Majestät sind, und dem alle Justiz Rechnung tragen muß: Indem vor der Justiz alle Leute gleich sind, es mag sein ein Prinz, der gegen einen Bauern klagt oder umgekehrt, so ist der Prinz vor der Justiz dem Bauern gleich, und bei solchen Gelegenheiten muß nach der Gerechtigkeit widerfahren werden ohne Ansehn der Person.
(Venohr/Kabermann: Brennpunkte deutscher Geschichte 1450–1850, Kronberg 1978, 135 ff.)

Die Meinung der Justizreformer

In despotischen Staaten darf der Fürst richten, nicht so in monarchischen, sonst würde die Verfassung zerstört, eine notwendige Mittelmacht vernichtet, die Form der gerichtlichen Entscheidung aufgehoben, die Gemüter aber mit Furcht erfüllt werden.
Vertrauen, Ehre, Liebe und Sicherheit würden mit der Monarchie selbst verschwinden.
(Kugler, F.: Geschichte Friedrichs des Großen, Reprint der Auflage Leipzig 1856, 1977, S. 476)

Die Forderung eines Reformers an das ALR

Er fordere eine Gesetzgebung, die „besonders in einem Staat, der keine eigentliche Verfassung hat, die Stelle dieser Verfassung ersetzen muß. Die Gesetze müssen auch Regeln für den Gesetzgeber (den König) enthalten."
(Heuer, U.-J.: Allgemeines Landrecht und Klassenkampf, Berlin 1960, S. 95 u. S. 3a ff.)

Aus dem Allgemeinen Landrecht für die Preußischen Staaten

Von den Gesetzen überhaupt
§ 1 Das allgemeine Landrecht enthält die Vorschriften, nach welchen die Rechte und Verbindlichkeiten der Einwohner des Staates zu beurteilen sind.
§ 2 Besondere Provinzialverordnungen

Abb. 4: Gerichtswesen im 18. Jh.

und Satzungen einzelner Gesellschaften erhalten nur durch die Landesherrliche Bestätigung die Kraft der Gesetze.
§ 22 Die Gesetze des Staates verbinden alle Mitglieder desselben, ohne Unterschied des Standes, Ranges und Geschlechts.
§ 73 Ein jedes Mitglied des Staats ist das Wohl und die Sicherheit des Gemeinwesens nach dem Verhältnis seines Standes und Vermögens zu unterstützen verpflichtet.
§ 75 Dagegen ist der Staat denjenigen, welcher seine besonderen Rechte und Vorteile dem Gemeinwohl aufzuopfern genötigt wird, zu entschädigen verpflichtet.
§ 76 Jeder Einwohner des Staats ist den Schutz desselben für seine Person und sein Vermögen zu fordern berechtigt.
§ 82 Die Rechte des Menschen entstehen durch seine Geburt, durch seinen Stand und durch Handlungen und Begebenheiten, mit welchen die Gesetze eine bestimmte Wirkung verbunden haben.
§ 83 Die allgemeinen Rechte des Menschen gründen sich auf die natürliche Freiheit, sein eigenes Wohl ohne Kränkung der Rechte eines andern suchen und befördern zu können.

Von den Rechten und Pflichten des Staates überhaupt (2. Teil, 13. Titel)

§ 1 Alle Rechte und Pflichten des Staats gegen seine Bürger vereinigen sich in dem Oberhaupt (dem König).
§ 2 die vorzüglichste Pflicht des Oberhaupts im Staat ist, sowohl die äußere als auch innere Ruhe und Sicherheit zu erhalten und einen jeden gegen Gewalt und Störungen zu schützen.
§ 3 Ihm kommt es zu, für Anstalten zu sorgen, wodurch den Einwohnern Mittel und Gelegenheit verschafft werden, ihre

Fähigkeiten und Kräfte auszubilden.
§ 4 Dem Oberhaupte im Staat gebühren alle Vorzüge und Rechte, welche zur Erreichung dieser Zwecke erforderlich sind.

Über das Züchtigungsrecht (2. Teil, 20. Titel)

§ 557 Vorhaltungen und Verweise der Eltern gegen ihre Kinder, der Lehrer gegen ihre Schüler und Lehrlinge, der Dienstherrschaften gegen ihr Gesinde und der Vorgesetzten gegen ihre Untergebenen sind als Vergehen oder Beleidigungen nicht anzusehen.
§ 558 Eben das gilt von mäßigen Züchtigungen, die jemand einem anderen, über welchem ihm das Züchtigungsrecht zusteht, zufügt.
§ 610 Leichte Beleidigungen von Personen höheren Standes gegen geringere müssen mit Geldstrafen von 10 bis 30 Talern oder verhältnismäßigem Arrest gebüßt werden.
§ 661 Personen niederen Standes haben im umgekehrten Fall 14 Tage bis 4 Wochen Strafarbeit oder Gefängnis verwirkt.
(Pappermann, E. [Hrsg.]: Preußisches Allgemeines Landrecht, Paderborn, 1972, S. 41 ff.)
(Die §§ 557 ff. nach Heuer, a. a. O., S. 135)

1. In welchen Paragraphen des ALR erkennst Du Grundrechte? Vergleiche damit den Wortlaut entsprechender Artikel des Grundgesetzes!
2. Welche Grundrechte fehlen? Warum sind sie wohl nicht aufgeführt?
3. Stimmt folgende Behauptung eines modernen Historikers: Der König wird durch das Allgemeine Landrecht von einem unumschränkten Herrscher zu einem Staatsoberhaupt.

Die Revolution von oben
Warum und wie werden die Bauern in Preußen frei?

Preußen braucht Reformen

Preußen hatte 1806 mit Rußland einen Krieg gegen Napoleon geführt. Die preußischen Truppen waren vernichtend geschlagen worden.

Im Frieden von Tilsit mußte Preußen auf alle Gebiete links der Elbe und auf fast alle Gebietserwerbungen aus den Polnischen Teilungen verzichten. Französische Besatzungstruppen lagen in preußischen Städten. Napoleon verlangte eine riesige Kriegsentschädigung von 120 Millionen.

Es bestand die Gefahr, daß die Ideen der Französischen Revolution und die Machtgier des französischen Kaisers Preußen als selbständigen Staat vernichten würde.

„Wir müssen reformieren, um nicht zu revolutionieren, zu jenem helfe, vor diesem schütze Gott", beschrieb ein preußischer Beamter treffend die Situation.

König Friedrich Wilhelm III., der mit dem Hof vor den Besatzungstruppen nach Ostpreußen geflohen war, entsann sich in dieser Notlage des Nichtpreußen und Reichsfreiherrn Karl vom Stein, den er kurz vorher als einen *„widerspenstigen, trotzigen, hartnäckigen und ungehorsamen Staatsdiener"* entlassen hatte. Denn Stein hatte es gewagt, nachdrücklich eine größere Verantwortlichkeit der Minister und den Ausschluß der Kabinettspolitik zu fordern. Stein wurde jetzt leitender Minister, heute würden wir sagen, verantwortlicher Ministerpräsident oder Kanzler.

Die Ziele des Freiherrn vom Stein

Stein hatte in einer Denkschrift, die er während seiner Entlassungszeit auf seinem Stammsitz in Nassau angefertigt hatte, niedergelegt, wie er sich die Reform des Staates vorstellte.

Sein Ziel war, *„die Regierungen durch die Kenntnisse aller gebildeten Klassen zu verstärken, sie alle durch Überzeugung, Teilnahme und Mitwirkung bei den Nationalangelegenheiten an den Staat zu knüpfen, den Kräften der Nation eine freie Tätigkeit und eine Richtung auf das Gemeinnützige zu geben,"* um damit *„die Belebung des Gemeinsinns und Bürgertums, die Benutzung der schlafenden Kräfte, den Einklang zwischen der Nation, ihren Ansichten und Bedürfnissen und den Staatsbehörden"* zu erreichen. Dazu bedurfte es nach Ansicht des Ministers einer *„Revolution von oben",* man müsse *„die Menschen nach und nach an selbständiges Han-*

Abb. 1: Karl Freiherr vom Stein

deln gewöhnen, ehe man sie zu großen Versammlungen beruft und ihnen große Interessen zur Diskussion anvertraut."

Erste Reformen: Die Bauernbefreiung

In Ostpreußen traf Stein auf eine Reihe hoher Beamter, die bereit waren, mit ihm das schwere Geschäft der Reformen auf sich zu nehmen.

Sie standen in der Tradition der Beamten, die das Allgemeine Landrecht geschaffen hatten. Gemeinsam war ihnen der Wunsch, die Fesseln einer feudal gebundenen Gesellschaft zu sprengen. Sie wollten wie Stein den freien, verantwortlichen Staatsbürger. Dazu traten bei einigen noch wirt-

schaftliche Erwägungen, die sich auf die Theorien einer freien Wirtschaftstätigkeit und eines freien Handels, des Wirtschaftsliberalismus stützten.

Diese Beamten hatten schon einen Gesetzesentwurf zur Bauernbefreiung fertiggestellt.

Stein verschaffte diesem Entwurf acht Tage nach Amtsantritt durch das Edikt vom 9. 10. 1807 Gültigkeit.

Der noch immer größte Bevölkerungsteil Preußens wurde von der Bevormundung durch den landbesitzenden Adel befreit. Die Bauern sollten heiraten dürfen, wen und wann sie wollten. Sie sollten frei ihren Wohnort wählen dürfen. Ihre Kinder waren fortan nicht mehr von Geburt an zum Gesindezwangsdienst verdammt.

Mit diesem Edikt wurden auch die Standesschranken des Landrechts, soweit sie eine Verbreiterung des Eigentums und der gewerblichen Tätigkeit behinderten, aufgehoben.

Die Grenzen der bäuerlichen Freiheit

Allerdings wurden die Bauern zunächst nur persönlich frei. Die Leistungen, die auf ihren Hofstellen lagen, die sogenannten dinglichen Abgaben, mußten weiter erbracht werden. Das bedeutete, daß die Bauern weiterhin den Gutsherrn Grundzinsen zahlen mußten, unter Umständen weiter Hand- und Spanndienste leisten oder einige Zeit

Abb. 2: Stein im Kreis der Reformer

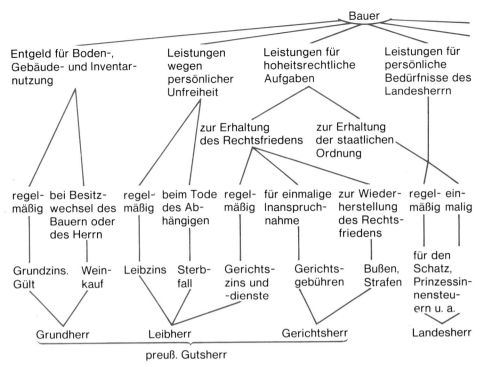

Abb. 3: Leistungen der Bauern vor 1811

im Jahr auf den Feldern und Höfen der Gutsherrn arbeiten mußten.

Erst Steins Nachfolger, der Fürst Hardenberg vollendete die Bauernbefreiung. Durch das Abtreten eines Teils ihres Besitzes wurden die Bauern volle Eigentümer und von den dinglichen Abgaben befreit.

Was bezwecken die Reformen? Eine Definition des Fürsten Hardenberg

Demokratische Grundsätze in einer monarchischen Regierung; dieses scheint mir die angemessene Form für den gegenwärtigen Zeitgeist.

Die reine Demokratie müssen wir noch dem Jahr 2440 überlassen; wenn sie anders je für den Menschen gemacht ist.

(Venohr/Kabermann: Brennpunkte deutscher Geschichte, Kronberg 1978, S 177)

Die Stellung des Bauern nach dem Allgemeinen Landrecht

Zweiter Teil, 7. Titel: Vom Bauernstande

§ 147 Untertanen werden außer der Beziehung auf das Gut, zu welchem sie gehören, in ihren Geschäften und Verhandlungen als freie Bürger des Staats angesehen.

§ 150 Sie dürfen das Gut, zu dem sie gehören, ohne Bewilligung ihrer Grundherrschaft nicht verlassen.

§ 161 Untertanen müssen, wenn sie heiraten wollen, die herrschaftliche Genehmigung einholen.

§ 164 Weigerungsursachen sind, wenn die Person, die den Untertan heiraten will, wegen Liederlichkeit, Faulheit oder Widerspenstigkeit bekannt ist.

§ 167 Der Untertan männlichen Geschlechts, der die Erlaubnis zur Heirat

nachsucht, muß in der Regel an dem Ort, wo er untertänig ist, sich häuslich niederlassen.

§ 185 Die Kinder aller Untertanen, welche in fremde Dienste gehen wollen, müssen sich zuvor der Herrschaft zum Dienen anbieten.

(Conze, Werner: Die Preussische Reform unter Stein und Hardenberg, Stuttgart o. J. (1958), S. 4 ff.)

Ein zeitgenössischer Wirtschaftswissenschaftler zur Erbuntertänigkeit

Woher kommt auf vielen Gütern der große Menschenmangel und warum dauert er immr fort? Aus der natürlichen Ursache, weil die Untertänigkeit fortdauert. Entweder verwehrt der adlige Grundbesitzer den jungen unfreien Leuten das Heiraten, oder er läßt die Verheirateten in einer Dürftigkeit schmachten, bei der sie, wenn sie auch noch so viele Kinder in die Welt setzen, doch aus Unvermögen, ihnen die gehörige Pflege zu geben, nur eine äußerst kleine Zahl davon groß ziehen können. So muß der Zuwachs von innen stocken. Und wenn er freien Leuten weniger bietet, als ihnen andere gern bewilligen, muß auch der Zulauf von außen für ihn wegfallen. Es mangelt also auf diesen Gütern nur an solchen Menschen, die um Spottlohn dienen und für ein Hungerleben arbeiten sollen. Es ist ja wirklich schon hie und da das Experiment gemacht: einzelne Gutsbesitzer haben alle ihre Untertanen freigeben und finden keinen Mangel an Arbeitskräften. Für die Gutsbesitzer wird um so weniger ein Mangel an Arbeitern bestehen, wenn alle Landarbeiter frei ihre Herrschaften und alle Herrschaften frei ihre Landarbeiter wählen können.

(Nach: Chr. J. Kraus: Gutachten über die Aufhebung der Privatuntertänigkeit in Ost-

und Westpreußen [1802])
(Conze, a. a. O., S. 8 f.)

Bauernbefreiung
Edikt vom 9. 10. 1807

Wir Friedrich Wilhelm, König von Preußen etc. etc. tun kund und fügen hiermit zu wissen:

§ 1 Jeder Einwohner unserer Staaten ist ohne alle Einschränkungen zum eigentümlichen und Pfandbesitz unbeweglicher Grundstücke aller Art berechtigt.

§ 2 Jeder Edelmann ist ohne allen Nachteil seines Standes befugt, bürgerliche Gewerbe zu betreiben, und jeder Bauer ist berechtigt, aus dem Bauer- in den Bürger-, und jeder Bürger aus dem Bürger- in den Bauernstand zu treten.

§ 10 Nach dem Datum dieser Verordnung entsteht fernerhin kein Untertänigkeitsverhältnis, weder durch Geburt, noch durch Heirat, noch durch Übernehmung einer untertänigen Stelle, noch durch Vertrag.

§ 11 Mit der Publikation der gegenwärtigen Verordnung hört das bisherige Untertänigkeitsverhältnis derjenigen Untertanen und ihrer Weiber und Kinder, welche ihre Bauerngüter erblich besitzen, wechselseitig gänzlich auf.

(Conze, S. 20 f.)

Edikt vom 14. 9. 1811

Edikt zur Regulierung der gutsherrlichen und bäuerlichen Verhältnisse

§ 10 Es soll daher Regel sein, daß die Gutsherrn folgendermaßen abgefunden werden.

Erbliche Besitzer von Bauerngütern überlassen dem Gutsherrn für das volle Eigentum des Hofes den dritten Teil ihrer Ländereien. Dies dient auch als Entschädigung für die Dienstleistungen und Abgaben, die auf den Höfen liegen. Die erblichen Besitzer haben dafür keinen Anspruch auf alle außerordentlichen Unterstützungen durch den Gutsherrn, wie z. B. Bauhilfen oder Steuervertretungen.

§ 37 Bei den nichterblichen Besitzern von Bauerngütern gilt die gleiche Regelung wie bei den erblichen mit dem einen Unterschied:

Die Gutsherrn sind berechtigt, die Hälfte der Länderein einzuziehen. Sie können aber auch anders nach ihrem Gutdünken darüber verfügen.

(Conze, S. 33 f.)

1. Gebt mit eigenen Worten die Ziele des Freiherrn vom Stein wieder.

2. Warum verlangt der Wirtschaftswissenschaftler die Aufhebung der Erbuntertänigkeit?

3. Was regelt das Edikt von 1807? Zähle auf!

4. Welche Folgen hatte das Regulierungsedikt von 1811 für die Bauern, welche für die Gutsherrn?
Stelle Vermutungen darüber an, wie es den Bauern nach 1811 erging.

Mit der Bauernbefreiung ist es nicht getan

Welche weiteren Reformen wurden in Preußen eingeleitet?

Abb. 1: Ehrenmal Steins in Berlin

Abb. 2: Staatskanzler Hardenberg

Die Städteordnung

Das zweite große Reformwerk, das mit Steins Namen verbunden ist, war die Neuordnung der städtischen (kommunalen) Verwaltung. Mit dem Edikt vom 19. 11. 1808 wurde den Städten in Preußen die Selbstverwaltung gegeben.

Dieses Gesetz blieb bis in unsere Zeit in den Kommunalverfassungen der Länder der Bundesrepublik Deutschland wirksam. Eines seiner Grundprinzipien im § 110 wurde sogar richtungsweisend für die Stellung der Abgeordneten in den Parlamenten.

Die Gewerbefreiheit

Stein war es nicht vergönnt, weitere Reformen in Gang zu setzen. Meinungsverschiedenheiten mit dem König, aber besonders der Widerstand des konservativen Adels gegen diesen „Revolutionär" führten schon am 24. 11. 1808 zur Entlassung Steins. Den letzten Anstoß gab eine entsprechende Forderung Napoleons. Dieser sah in Stein einen gefährlichen Gegner, der Preußen und Deutschland zum Wiederstand gegen seine Herrschaft führen könnte.

Dennoch gingen die Reformen in Preußen weiter. Steins Nachfolger Fürst Hardenberg zeigte sich zwar an die Politik des Hofes und des Königs, aber auch den Forderungen Frankreichs gegenüber anpassungsfähiger, war aber von ähnlichen Ideen wie Stein durchdrungen. Weil er sich größere Staatseinnahmen versprach, gab er dem Drängen der liberalen Wirtschaftsreformer nach. 1811 hob er den immer noch bestehenden Zunftzwang auf. Jeder Bürger, der sich gegen eine Gebühr einen Gewerbeschein besorgte, konnte sich in Zukunft uneingeschränkt selbständig machen. Der freien Konkurrenz der Unternehmer wurde der Weg gebahnt.

Die Judenemanzipation von 1812

Das Bestreben der Reformer ging dahin, Rechtsgleichheit für alle Untertanen des preußischen Staates zu schaffen. Daher wurden 1812 endlich auch die Juden in Preußen den andern Staatsbürgern gleichgestellt. Entehrende Berufsbeschränkungen, besondere Steuern und Aufenthaltserlaubnisse, Bezahlungen für eine Genehmigung, um zu heiraten, und weitere Schikanen der Behörden hörten mit dem Edikt zumindest offiziell auf. Jüdische Bürger gehörten von nun an mit zu den mutigsten Vorkämpfern für ein Mehr an bürgerlichen Freiheiten.

Die Heeresreform

Alle Reformen mußten aber Stückwerk bleiben, wenn man nicht auch daranging, die adligen Vorrechte im Militärwesen zu ändern. Tätige Teilhabe am Staat schien den in Ostpreußen versammelten Reformern, allen voran den Offizieren Scharnhorst und Gneisenau, nicht denkbar, ohne daß der Bevölkerung auch die Verantwortung für die Verteidigung des Staates zugetraut würde.

Diese Vorstellungen hatten weitreichende Konsequenzen für das preußische Heer. Zunächst wurden alle die Offiziere entlassen, die 1806 vor dem Feind versagt hatten.

Bürgerliche konnten nun gleichberechtigt mit dem Adel in allen Waffengattungen Offiziere werden.

1813 wurde auch die Allgemeine Wehrpflicht eingeführt. Die Armee wurde damit auf eine ausschließlich nationale Grundlage gestellt. Werbungen von Ausländern und Pressungen zum Wehrdienst hörten auf. Dadurch wurde auch die Behandlung der einfachen Soldaten besser. Gneisenau forderte mit Erfolg die „Freiheit des Rückens". Die Prügelstrafe und andere entehrende Strafen wurden in der preußischen Armee 110 Jahre eher als in der englischen Armee abgeschafft.

Aus der Städteordnung vom 19. 11. 1808

§ 14 Ein Bürger oder Mitglied einer Stadtgemeinde ist der, welcher in einer Stadt das Bürgerrecht besitzt.

§ 15 Das Bürgerrecht besteht in der Befugnis, städtisches Gewerbe zu treiben und Grundstücke in der Stadt zu besitzen.

§ 18 Auch unverheiratete Personen weiblichen Geschlechts können zum Bürgerrecht gelangen.

§ 26 Einem jeden Bürger liegt die Verpflichtung ob, zu den städtischen Bedürfnissen aus seinem Vermögen und mit seinen Kräften die nötigen Beiträge zu leisten.

§ 108 Die Stadtverordneten erhalten durch ihre Wahl die unbeschränkte Vollmacht, in allen Angelegenheiten der Stadt die Bürgergemeinde zu vertreten, sämtliche Gemeindeangelegenheiten für sie zu besorgen und verbindliche Erklärungen abzugeben.

§ 110 Die Stadtverordneten sind berechtigt, alle Angelegenheiten ohne Rücksprache mit der Gemeinde abzumachen. Sie bedürfen dazu weder einer besonderen Vollmacht der Bürgerschaft noch sind sie verpflichtet, derselben Rechenschaft zu geben. Das Gesetz und ihre Wahl sind ihre Vollmacht, ihre Überzeugung und ihre Ansicht vom gemeinen Besten der Stadt ihre Weisung, ihr Gewissen aber die Behörde, der sie Rechenschaft zu geben haben.

(Conze, a. a. O., S. 55 ff.)

Stein erklärt dem König die Städteordnung

„Die Bürgerschaft bekommt die ungeteilte Verwaltung ihres Gemeinwesens. Die ganze Einwirkung des Staats beschränkt sich auf die bloße Aufsicht, daß nichts gegen den Zweck des Staates vorgenommen werde und die bestehenden Gesetze befolgt werden. Er setzt die Ordnung fest, nimmt im allgemeinen Kenntnis vom Zustande des Gemeinwesens, bestätigt die Magistratsmitglieder und entscheidet die Streitigkeiten der Bürgerschaft. Zu Stadtverordneten werden von der gesamten Bürgergemeinde Männer, die ihr Vertrauen besitzen, aus ihrer Mitte auf drei Jahre gewählt. Diese setzen in ihren Versammlungen die Regeln der Verwaltung des Gemeinwesens fest und kontrollieren die Arbeit der von ihnen gewählten Behörden.

Der Magistrat ist die erste Behörde der Stadtgemeinde, ihm liegt die Verwaltung des Ganzen nach den festgestellten Regeln ob. Unter ihnen besorgen die kleineren Gegenstände des Gemeinwesens in den einzelnen Bezirken der Stadt die Bezirksvorsteher. Die Verwaltung besonderer Gegenstände wird einzelnen städtischen Deputationen, aus Magistratsmitgliedern und Bürgern bestehend, übertragen.‟

(Nach Conze, W.: a. a. O., S. 53)

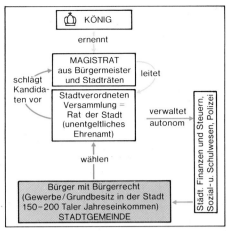

Abb. 3: Die Städteordnung

Aus dem Edikt über die Judenemanzipation vom 11. 3. 1812

§ 1 Die in Unsern Staaten jetzt wohnhaften Juden und deren Familien sind für preußische Staatsbürger zu achten.

§ 7 Die Juden sollen gleiche bürgerliche Rechte und Freiheiten mit den Christen genießen.

§ 8 Sie können daher akademische Lehr- und Schul- auch Gemeinde-Ämter verwalten.

§ 9 Inwiefern die Juden zu anderen öffentlichen Ämtern zugelassen werden können, behalten Wir Uns vor.

§ 15 Sie sind gehalten, alle den Christen gegen den Staat und die Gemeinde obliegende bürgerliche Pflichten zu erfüllen und gleiche Lasten wie andere Staatsbürger zu tragen.

(einschließlich der Verpflichtung zum Militärdienst § 16)

Aus einer Denkschrift Gneisenaus von 1811

Wenn Preußen mit Vernichtung durch Frankreich bedroht wird, so sucht der König Hilfe und Beistand in einem Volksaufstand.

Jeder Landbezirk formiert seine eigene Miliz. Diese Miliz verteidigt ihre Provinz. Sie verhindert, daß der Feind Lebensmittel, Geld usw. aus dem Lande zieht. Keiner feindlichen Ausschreibung von Lieferungen darf Folge geleistet werden. Wer von den Staatsbeamten sich hierzu gebrauchen läßt, hat den Tod verschuldet. Jedem Untertan ist hierüber von einem Geistlichen der Eid abzunehmen. Nach errungener Unabhängigkeit ist kein anderer Adel in unserm Staat gültig, als derjenige, der in diesem Kriege erneuert worden ist.

Endweder:

a) durch Handlungen großer Tapferkeit – oder

b) durch ersprießliche Ratschläge – oder

c) durch harte Verwundungen – oder

d) durch große, dem Vaterlande dargebrachte Opfer.

Ist beim Adel diese Maßregel durchgegangen, so mag sie beim Bürgerstand gleichfalls ihre Anwendung finden.

(Venohr/Kabermann, a. a. O., S. 179)

1. Zähle die wichtigsten Reformen in Preußen auf. Begründe, welche Reform Du für die wichtigste hältst!

2. Welcher Artikel des Grundgesetzes entspricht dem § 110 der Städteordnung?

3. Gegen die Reformen gab es viele Widerstände. Welche Gründe vermutest Du?

Abb. 4: Militärstrafen vor 1813

Beamte statt Volksvertretung
Welche Rolle spielten die preußischen Beamten nach 1815?

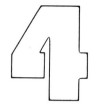

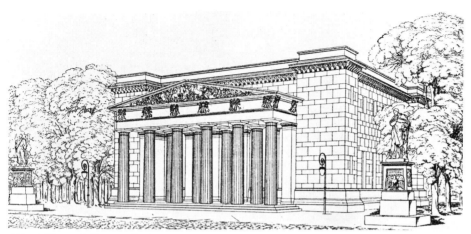

Abb. 1: Neues Selbstverständnis des Staates (Neue Münze von Schinkel)

Das Verfassungsversprechen

Das Reformwerk Steins und Hardenbergs sollte durch die Umwandlung Preußens in eine konstitutionelle Monarchie gekrönt werden. Der König hatte 1815 ein Verfassungsversprechen veröffentlichen lassen, in dem er die baldige Einberufung eines Parlaments für ganz Preußen ankündigte.

Allerdings löste Friedrich Wilhelm III. sein Versprechen nicht ein, und sein Nachfolger erklärte sogar: „Zwischen mir und mein Volk soll sich kein Blatt Papier drängen."

1823 wurden lediglich in den acht preußischen Provinzen Provinziallandtage eingerichtet. Hier vertraten aber nur die Großgrundbesitzer und vereinzelt auch wohlhabende Bürger wie Kaufleute und Fabrikanten ihre Interessen. Über die Grenzen ihrer Provinz reichte der Horizont dieser „Volksvertreter" selten. Außerdem hatte der König jeglichen Kontakt der Landtage untereinander verboten.

Die Stellung der Beamten

Die Einheit des preußischen Staates wurde so nur durch die Krone, das Heer und die Beamtenschaft repräsentiert. In dem Beamtentum lebte zunächst der Geist der Reformzeit weiter. In ihm sammelte sich das akademisch gebildete Bürgertum. Um 1820 waren drei Viertel aller höheren Beamten Bürgerliche.

Wer konnte Beamter werden?

Beamter bei den Spitzen der 25 Regierungsbezirke, den sogenannten Regierungen, konnte allerdings nur werden, wer die höhere Schule besucht hatte und Kenntnisse in Latein, Griechisch, Mathematik und Geschichte nachwies. Dazu mußte er Staatswissenschaften mit Volkswirtschaft und Technologie studiert und zugleich gründliche Rechtskenntnisse erworben haben.

Beamtentum und öffentliche Meinung

Ein solches Beamtentum fühlte sich von der bürgerlichen Öffentlichkeit getragen und vertrat deren Interessen gegenüber den Ministerien.

Ein Oberpräsident, der Leiter einer Provinz, drückte das einmal so aus: *„Der Oberpräsident steht vor seinem Volksteil als Bevollmächtigter des Königs, der zur Masse sprechen und ihre Sprache zu vernehmen hat."*

Diese selbstbewußten Beamten regten Gesetze zum Wohle der Bevölkerung an, machten auch dementsprechende schriftliche Eingaben an die Ministerien, kritisierten aber auch lebhaft Anweisungen und Gesetze der Staatsspitze. Eine breite Diskussion fast aller Gesetze und Verordnungen unter den Beamten ließ eine Zeitlang sogar ein Parlament überflüssig erscheinen. Das Bürgertum fühlte seine Interessen durch die Verwaltung vertreten.

Verwaltung statt Reform

Mit zunehmender Dauer gerieten die Reformziele aber in den Hintergrund. Seit 1825 gelang es außerdem dem Adel, in der Verwaltung wieder die Spitzenpositionen zurückzugewinnen. Die Verwaltung engte den eigenverantwortlichen Spielraum der Bürger immer mehr ein. Starre Verordnungen traten an die Stelle der Diskussionen, selbst Streitigkeiten zwischen Meistern und Lehrlingen wurden von Beamten entschieden. Die Zensur wurde wie überall in Deutschland scharf gehandhabt; politisch sich regende Bürger und Arbeiter mußten mit Verfolgung und Zuchthaus rechnen.

Lediglich auf wirtschaftlichem Gebiet enthielt sich die Verwaltung fast jeglicher Bevormundung. Hier gelang es ihr durch konsequente Durchsetzung der Reformgesetze, die alte Herrschafts- und Wirtschaftsordnung zu überwinden. Mit zum Teil diktatorischen Vollmachten, z. B. bei der Regulierung der bäuerlichen Verhältnisse, ausgerüstet, schaffte sie die Voraussetzungen für die freie Konkurrenz der Produzenten. Damit setzte sie aber auch die Kräfte frei, die nicht mehr nur verwaltet werden wollten. Das Bürgertum verlangte immer lauter auch die politische Mitbestimmung bei der Gestaltung des öffentlichen Lebens.

Die Aufgaben der Regierungen

Aus einer Anweisung des Staatskanzlers von 1817

Sie sollen *„einem jeden innerhalb der gesetzlichen Schranken die möglichst*

Abb. 2: Das Palais des Oberpräsidenten Hatzfeld in Breslau

freie Entwicklung und Anwendung seiner Anlagen, Fähigkeiten und Kräfte in moralischer und auch physischer Hinsicht gestatten und alle dagegen noch bestehenden Hindernisse baldmöglichst auf eine gesetzmäßige Weise hinwegräumen".
(Nach Koselleck, R.: Staat und Gesellschaft in Preußen 1815–1848, in: Staat und Gesellschaft im deutschen Vormärz, hrsg. v. W. Conze, Stuttgart 1962, S. 86)

Der Industrielle Hansemann in einer Denkschrift über Preußens Lage und Politik (1840)

„Das viele Regieren oder das Einmischen der Staatsverwaltung in zu viele Gegenstände ist Regel geworden.
Unbewußt neigen die Beamten dazu, die mannigfachsten Gegenstände nach ihren eigenen Ansichten zu entscheiden. Die meisten könnten genausogut von Privatpersonen entschieden werden.
In den Zeitungen wird eine unabhängige Besprechung höherer politischer Angelegenheiten unterdrückt. Selbst jede Diskussion über kommunalpolitische Angelegenheiten ist in ihnen verboten.
Mit wenigen Ausnahmen haben die Provinziallandtage nur Gegenstände von untergeordneter Bedeutung beraten. Aber eine breitere Öffentlichkeit kann sich dafür schon deshalb nicht interessieren, weil die Sitzungen nicht öffentlich sind. Erst wenn Beschlüsse des Landtags mit Genehmigung des Oberpräsidenten veröffentlicht werden, erfährt ein größeres Publikum auch einiges über die Diskussionen im Landtag. Da auch alle Verhandlungen über Gesetze geheim gehalten werden und nur Beamte an diesen Verhandlungen teilnehmen, wird das Interesse der Bürger von den öffentlichen Angelegenheiten abgewendet.
In einem Staat, wo gesetzgebende und vollziehende Gewalt unbeschränkt vom Monarchen ausgeübt wird, herrscht grundsätzlich kein gesicherter Rechtszustand.
So ist denn jedermann grundsätzlich unfrei und politisch unmündig. Die große Mehrzahl trägt aber auch keineswegs ein reges Verlangen nach einem formell gesicherten Rechtszustande und nach Mündigkeit.
Diese Art von Zufriedenheit des Volkes gefällt manchem Beamten vortrefflich. Sie dient als Beweis, wie doch die preußischen Zustände die sichersten und zufriedenstellendsten in Europa wären."
(Nach: H. Pross: Dokumente zur deutschen Politik 1806–1870, 1963)

Sieben Oberpräsidenten schreiben 1817 in einem Memorandum an den Staatskanzler:

„Überall beweist das Volk die regste Teilnahme an öffentlichen Dingen, und der Gemeinde und für die Provinz und den ganzen Staat; und hat auch seine Würdigkeit durch unzählige Opfer und

Tab. 1: Anteil von Adligen und Bürgerlichen im Staatsdienst 1842

	Adlig	Bürgerlich	Gesamt
Alle Offiziere:	5264	4170	9434
Infanterie	3521	2870	6391
Kavallerie	1492	490	1982
Artillerie	251	810	1061
Garde	660	22	682
Majore	371	169	540
Oberstleutnant	62	20	82
Oberst	109	7	116
Generalmajor	93	1	94
Generalleutnant	34	1	35
General d. Inf. u. Kav.	4	–	4
General d. Artillerie	–	–	–
Minister	9	3	12
Ministerialdirigent	6	3	9
Oberpräsident	7	1	8
Wirkl. Geheime Räte	20	4	24
Staatsrat außer den Ständigen Mitgliedern	27	22	49
Gesandte usw.	29	1	30
Regierungspräsidenten und -vizepräsident	20	8	28
Präsidenten der obersten Gerichte	19	29	48
Landräte	234	72	306

Abb. 3: Preußische Verwaltung (oben) und Eröffnung eines Provinziallandtages (unten)

Anstrengungen in der letzten Zeit dargetan. Wo wären alle die großen Erfolge ohne die Macht des öffentlichen Geistes? Und diesen Geist sucht man über einzelne Voreiligkeiten, ohne deren Geleite auch keine andere lebendige Kraft in der physischen und geistigen Natur sich aufzeigen läßt, verdächtig zu machen; statt ihn zu leiten, wird er bekämpft und unterdrückt; statt mit seiner Kraft die Kraft der Regierung zu vermehren für die gemeinsame Wohlfahrt, zerarbeiten sich die Staatsbehörden gegen ihn in nutzlosem Kampfe, der nur Mißtrauen und Feindschaft zwischen Regierung und Volk stiftet, die durch innigste Liebe und

Vertrauen verbunden sein sollen."
(Nach: Koselleck, R.: Preußen zwischen Reform und Revolution, Stuttgart 1967, S. 226 f.)

1. Warum bleiben die preußischen Reformen unvollendet?
2. Welche Aufgaben hatten die preußischen Beamten? Wie ist ihr Selbstverständnis? Vergl. die Regierungsanweisung von 1817 mit Hansemanns Denkschrift von 1840.
3. In welchen Bereichen des Staatsdienstes ist der Anteil der Bürgerlichen auch 1842 noch hoch? Wie ist das zu begründen?

Ein König zieht den Hut
Wie rettet Friedrich Wilhelm IV. 1848 die Monarchie?

1840 wurde Friedrich Wilhelm IV. neuer König von Preußen. Viele Bewohner grüßten in ihm den König, der das Verfassungsversprechen seines Vaters in die Tat umsetzen würde. Deshalb kam es zu überschwenglichen Huldigungsfeiern.

Doch schon bald mußte man erkennen, daß dieser König sich nur äußerlich fortschrittlich gab. Er war zutiefst durchdrungen von seinem Gottesgnadentum und sah keine Veranlassung, seine Macht mit irgendjemandem zu teilen.

Der 1. Vereinigte Landtag

Dennoch zwangen ihn die wirtschaftlichen Verhältnisse 1847, einen Vereinigten Landtag einzuberufen. Als zum erstenmal in der Geschichte Preußens Vertreter aller Provinzen zusammenkamen, dachten sie gar nicht daran, dem König nur Gelder zu bewilligen. Sie verlangten als Gegenleistung das Recht, regelmäßig (periodisch) zusammentreten zu können, und forderten die Einführung der Pressefreiheit.

Als die Abgeordneten auf ihrer Forderung beharrten, löste der König die Versammlung wieder auf.

Die Märzereignisse in Berlin 1848

Schlagartig veränderte sich jedoch die Situation, als in Paris und in Wien Revolutionen erfolgreich waren und die alten Mächte vertrieben wurden. Als die Nachrichten davon in Berlin eintrafen, wuchs die öffentliche Erregung, und der Ruf nach einer Verfassung wurde immer lauter.

In den Straßen Berlins kam es zu ersten Auseinandersetzungen zwischen Bürgern und Militär.

Die Wende kam am 18. März

An diesem Tag drohten Abgesandte aus den Rheinlanden mit dem Abfall der Provinz, wenn der König nicht eine gewählte Volksvertretung und die Pressefreiheit zugestehen würde.

Der König war durch die Unruhen in Berlin und durch diese Drohung so verschreckt, daß er entsprechende Gesetze ankündigte.

Auf das Gerücht dieser Zusage versammelten sich spontan ungefähr 10 000 Einwohner Berlins auf dem Schloßplatz, um dem König zu huldigen. Aus bisher ungeklärten Gründen feuerten einige Posten der Schloßwache in die Menge, die glaubte, dies sei auf Anordnung des König gesche-

Abb. 1: Berliner huldigen 1840 dem neuen König

hen. Sie fühlte sich verraten und reagierte heftig. Es kam zu Straßenschlachten mit dem Militär; Arbeiter und Bürger errichteten gemeinsam Barrikaden. Obwohl das Militär auch Artillerie einsetzte, gelang es ihm trotz unbestreitbarer Erfolge bis zum Morgen des 19. März nicht vollständig, den Aufstand niederzuschlagen. Der König kapitulierte dann aber überraschend und ließ die Truppen aus Berlin abziehen.

Zum Entsetzen aller königstreuen Kräfte verneigte er sich vor den auf dem Schloßplatz aufgebahrten gefallenen Barrikadenkämpfern, nachdem der Ruf „Hut ab" erschollen war. Erschrocken

soll die Königin ausgerufen haben. „Nun fehlt bloß noch die Guillotine." Doch die Menge sang den Choral „Jesus, meine Zuversicht" und marschierte danach geordnet wieder ab. Ein Demokrat schrieb zwei Jahre später zu diesem Ereignis:

„Daß er barhaupt stand genügte – Frankreich nahm in gleicher Lage Seinem Könige den Kopf ab, Deutschland nimmt ihm nur – die Mütze."

Die bürgerliche Regierung in Preußen

Doch die Angst des Königs vor dem Verlust seiner Krone war so groß, daß er dem Bürgertum entgegenkam.

Der Kölner Bankier Camphausen wur-

Abb. 2: Berliner im Kampf gegen königliche Truppen, März 1848

Abb. 3: Der König vor den gefallenen Barrikadenkämpfern in Berlin

Abb. 4: Der König läßt die preußische Nationalversammlung sprengen, 1848

Abb. 5: Friedrich Wilhelm IV. leistet den Eid auf die Verfassung

de Ministerpräsident und der Aachener Unternehmer Hansemann Finanzminister. Schon am 2. April trat der 2. Vereinigte Landtag zusammen, der ein Wahlgesetz zur Wahl einer preußischen Nationalversammlung verabschiedete. Diese Nationalversammlung sollte dann mit der Krone eine Verfassung vereinbaren.

Es gab aber kaum nennenswerte Veränderungen in der Verwaltung und im Militär. Der alte Machtapparat des preußischen Staates blieb unangetastet. Weil die preußische Nationalversammlung und die bürgerlichen Minister sich nicht auf das Volk stützten, mußten sie letztlich scheitern.

Die Reaktion rückt vor

Je länger die Diskussion über Verfassungsfragen andauerte, um so stärker gelang es den alten Mächten in Preußen, ihre Macht wiederherzustellen.

Schon am 9. November 1848 wurde ein Verwandter des Königs neuer Ministerpräsident. Er verfügte sofort die Auflösung der Nationalversammlung und erklärte alle weiteren Beschlüsse für ungesetzlich.

Als sich ihre Mitglieder dieser Anordnung nicht beugen wollten, ja überdies die Bevölkerung zum Steuerstreik aufriefen, wurde die Nationalversammlung mit militärischer Gewalt aufgelöst. Inzwischen hatte der General Wrangel Truppen nach Berlin geführt. Am 12. November wurde über Berlin der Belagerungszustand verhängt.

Die oktroyierte Verfassung

Der König verkündete jetzt seine eigene Verfassung, die „oktroyierte" (aufgezwungene) Verfassung Preußens.

Diese Verfassung kam dennoch den bürgerlichen Vorstellungen sehr nahe. Sie enthielt die wichtigsten Grundrechte wie Presse-, Versammlungs- und Vereinsfreiheit, die Freiheit des religiösen Bekenntnisses und Ministerverantwortlichkeit.

Die Verfassung sah ein Parlament von zwei Kammern vor.

In der 1. Kammer saß der preußische Adel, in der 2. die gewählten Vertreter des Volkes.

Ein neu zu wählendes Parlament sollte die Verfassung bestätigen und, wenn es dies für notwendig hielt, abändern können.

Von diesem Abänderungsrecht machte der Anhang der Krone dann auch sofort Gebrauch. So wurde z. B. das allgemeine, gleiche Wahlrecht in ein Dreiklassenwahlrecht abgeändert, das die begüterten Schichten stark bevorzugte.

1850 schwor Friedrich Wilhelm IV. vor beiden Kammern den Eid auf die Verfassung.

Berlin am 15. März. „Ein Aufruhr ist ausgebrochen. In In 24 Stunden wird der Pöbel zur Ruhe gebracht sein"

Berlin am 16. März. der Pöbel will sich noch immer nicht in die Ordnung fügen."

Berlin am 17. März. „Eine Deputation des Cölnischen Stadtrathes ist eingetroffen, welche Forderungen überbringt, und im Weigerungsfall mit dem Abfall der Rhein - Provinz droht."

Berlin am 18. März. „Große Aufregung. Der König hat die Forderungen der Cölner bewilligt. Es entspinnt sich aufs Neue ein heftiger Kampf mit dem Volke. Man schießt mit Kartätschen."

Berlin am 19. März. „Der Kampf hat geendet. Er dauerte 15 Stunden und beruhte auf einem Mißverständnisse. Dieses ist beseitigt, die Truppen sind abgezogen. Der Prinz von Preußen dito Der König befindet sich unter dem Schutze seiner lieben Berliner."

Berlin am 22. März. „Der König stellt sich an die Spitze der deudeutschen Bewegung ohne Usurpation, und befiehlt, daß sämmtliche Truppen die schwarz - roth - goldene Kokarde tragen sollen."

Der Telegraph hört auf zu arbeiten, Jedermann bewaffnet sich.

Abb. 6: Der Telegraph

Eine preußische Zeitung schreibt:
Berlin, den 8. März
Durch die Ereignisse der letzten Tage angeregt, fand auch hier gestern Abend eine Volksversammlung statt, in der eine Adresse an Se. Majestät den König vorgelegt, beraten und genehmigt wurde. Die Versammlung wurde in den Zelten vor dem Brandenburger Tore abgehalten; sie bestand aus ca. 500 Personen aller Stände. Die bereits vorher von einer kleineren Versammlung entworfene Adresse wurde verlesen und in einer lebhaften Diskussion mehrere Stunden lang debattiert. Gegen 2 Uhr nachts kam man damit zu Stande.

An meine lieben Berliner!

Durch mein Einberufungs-Patent vom heutigen Tage habt Ihr das Pfand der treuen Gesinnung Eures Königs zu Euch und zum gesammten teutschen Vaterlande empfangen. Noch war der Jubel mit dem unzählige treue Herzen mich begrüßt hatten nicht verhallt, so mischte ein Haufe Ruhestörer aufrührische und freche Forderungen ein und vergrößerte sich in dem Maaße als die Wohlgesinnten sich entfernten. Da ihr ungestümes Vordringen bis in's Portal des Schlosses mit Recht arge Absichten befürchten ließ und Beleidigungen wider meine tapfern und treuen Soldaten ausgestoßen wurden, mußte der Platz durch Cavallerie **im Schritt** und mit **eingestecter Waffe** gesäubert werden und 2 Gewehre der Infanterie entluden sich von selbst, Gottlob ohne irgend Jemand zu treffen. Eine Rotte von Bösewichtern, meist aus Fremden bestehend, die sich seit einer Woche, obgleich aufgingen, doch zu verbergen gewußt hatten, haben diesen Umstand im Sinne ihrer argen Pläne, durch augenscheinliche Lüge verdreht und die erhitzten Gemüther von Vielen meiner treuen und lieben Berliner mit Rache-Gedanken um vermeintlich vergossenes Blut! erfüllt und sind so die gräulichen Urheber von Blutvergießen geworden. Meine Truppen, Eure Brüder und Landsleute haben erst dann von der Waffe Gebrauch gemacht als sie durch viele Schüsse aus der Königsstraße dazu gezwungen wurden. Das siegreiche Vordringen der Truppen war die nothwendige Folge davon.

An Euch, Einwohner meiner geliebten Vaterstadt ist es jetzt, größerem Unheil vorzubeugen. Erkennt, Euer König und treuster Freund beschwört Euch darum, bei Allem was Euch heilig ist, den unseligen Irrthum! kehrt zum Frieden zurück, räumt die Barricaden die noch stehen hinweg, und sendet an mich Männer, voll des ächten alten Berliner Geistes mit Worten wie sie sich Eurem Könige gegenüber ziemen, und ich gebe Euch mein Königliches Wort, daß alle Straßen und Plätze sogleich von den Truppen geräumt werden sollen und die militairische Besetzung nur auf die nothwendigsten Gebäude, das Schloß, das Zeughaus und weniger anderer, und auch da nur auf kurze Zeit beschränkt werden wird. Hört die väterliche Stimme Eures Königs, Bewohner meines treuen und schönen Berlins und vergeßt das Geschehene, wie ich es vergessen will und werde in meinem Herzen, um der großen Zukunft Willen, die unter dem Friedens-Seegen Gottes, für Preußen und durch Preußen für Teutschland anbrechen wird.

Eure liebreiche Königinn und wahrhaft treue Mutter und Freundinn, die sehr leidend darnieder liegt, vereint ihre innigen, thränenreichen Bitten mit den Meinigen. — Geschrieben in der Nacht vom 18—19. März 1848.

Friedrich Wilhelm.

Abb. 7: Plakat in Berlin am 19. 3. 1848

Die Adresse enthält folgende Anträge an Seine Majestät:
1. *Pressefreiheit,*
2. *Redefreiheit,*
3. *Recht, Vereinigungen zu bilden (Associationsrecht),*
4. *Amnestie für all diejenigen, welche politischer oder Pressevergehen halber verurteilt sind oder noch verfolgt werden,*
5. *Deutsche Volksvertretung beim Bundestag,*
6. *Verminderung des stehenden Heeres und Nationalbewaffnung,*
7. *Schwurgerichte,*
8. *sofortige Einberufung des Landtags.*
(Aus der Magdeburgischen Zeitung, Nr. 59, 1848, Freitag, den 10. März)

Der Dichter Fontane über seine Erlebnisse als „Barrikadenheld"
„Auf der Neuen Königsstraße rückte eben ein Arbeiterhaufen heran, lauter ordentliche Leute. Es war halb wie eine militärische Kolonne, und ohne zu wissen, was sie vorhatte, rangierte ich mich

ein und ließ mich mit fortreißen. Es ging auf das Königstädter Theater zu, das alsbald wie im Sturm genommen wurde. Man brach aber nicht von der Front, sondern von der Seite her ein und besetzte hier, während einige, die Bescheid wußten, bis in die Garderobe und Requisitenkammer vordrangen, einen Vorraum drin ein Bett stand. Über dem Bett hing eine altmodische silberne Uhr. Einer griff danach. „Nicht anrühren", donnerte von hinten her eine Stimme rüber, und ich konnte leicht wahrnehmen, daß es ein Führer war, der da nach dem Rechten sah. Mittlerweile hatten die weiter in den Innenraum Eingedrungenen all das gefunden, wonach sie suchten. Degen, Speere, Partisanen (spießartige Stoßwaffen) und vor allem kleine Gewehre, wohl mehrere Dutzend. Wahrscheinlich waren es Karabiner, die man fünfzehn Jahre früher in dem beliebten Lustspiel „Sieben Mädchen in Uniform" verwandt hatte, hübsche kleine Gewehre mit Bajonett und Lederriemen, die jetzt statt bei Lampenlicht bei Tageslicht wieder in der Welt erschienen."

Das Programm des Königs im Oktober 1848
„Mein Zweck bei der Einsetzung des Ministeriums ist:
1. die Souveränität Meiner Krone gegen die Souveränitätsgelüste der preußischen sogenannten Nationalversammlung entschieden und siegreich aufrechtzuerhalten;
2. das völlig gesunkene Ansehen Meiner Regierung siegreich wiederherzustellen, damit die Märzrevolution entschieden und siegreich gestürzt und an ihre Stelle das Gegenteil der Revolution aufkom-

men kann, nämlich das gesetzmäßige Zustandekommen eines in Wahrheit freien Verfassungswerkes auf der Grundlage der angestammten Obrigkeit von Gottes Gnaden."

Aus der „oktroyierten „Verfassung Preußen (gültig bis 1918)

Art. 4: Alle Preußen sind vor dem Gesetz gleich. Standesvorrechte finden nicht statt.

Art. 5: Die persönliche Freiheit ist gewährleistet. Die Bedingungen und Formen, unter welchen eine Beschränkung derselben, insbesondere eine Verhaftung zulässig ist, werden durch das Gesetz bestimmt.

Art. 27: Jeder Preuße hat das Recht, durch Wort, Schrift, Druck und bildliche Darstellung seine Meinung frei zu äußern. Die Zensur darf nicht eingeführt werden.

Art. 60: Die gesetzgebende Gewalt wird gemeinschaftlich durch den König und durch zwei Kammern ausgeübt. Die Übereinstimmung des Königs und beider Kammern ist zu jedem Gesetz erforderlich.

Ein Dichter über das Vorgehen des Preußischen Königs:

Noch ist kein Fürst so hoch gefürstet,
So auserwählt kein irdischer Mann,
Daß wenn die Welt nach Freiheit dürstet,
Er sie mit Freiheit tränken kann.
Frankfurt, 15. Dezember 1848
(In den Tagen der oktroyierten preußischen Verfassung verfaßt von L. Uhland)

1. Welche Forderungen werden vor der Revolution erhoben? Welche erfüllt die Verfassung?
2. Welche Züge der Revolution will Fontane herausstellen?
3. Was will der König durch das Einsetzen einer neuen Regierung im Herbst 1848 erreichen?
4. Schildere die verschiedenen Phasen der Revolution in Berlin. Die Abbildungen helfen Dir dabei!
5. Prüfe, welche Berufe die Gefallenen hatten. Versuche eine Übersicht zu zeichnen (Lehrlinge, Arbeiter, Gesellen, Meister usw.)
6. Was verändert die Haltung der Berliner zu Ihrem König?
7. Welche Wünsche hatte das Volk?
8. Erzählt anhand der Bilder die Ereignisse des Jahres 1848.
9. Warum gab es eine aufgezwungene Verfassung?

Verzeichniß
der
an den Märztagen Gefallenen.

Gebhardt, Friedr., Müllergeselle, Wallstr. 11.
Borcharding, Carl, Tischlergef., Schillingsg. 32a.
Behm, Adelaide geb. Neumann, Arbeitsr., Gr. Frankfurterstr. 11.
Trost, Joh. Andr., Schuhmachermstr., Waßmannsstr. 18.
Müller, Carl Fr., Bäckergeselle.
Hinzpeter, Jul., Buchbindergef., Kurfr. 48.
Hagenhaufen, Fr. Chr., Maschinenbauer, Alexandrinenstr. 55.
Wenzel, Auguste, unverehl, Klosterstr. 81.
Anders, Gottl., Arbeitsm., N. Königsstr. 33.
Bartenfeld, Arbeitsm., Prenzlauerstr. 19.
Mengel, Buchbindergef. Gr. Hamburgerstr. 8.
Hoffmann, Chr., Weber, Weberstr. 5.
Herrmann, Zimmerges.
Hahn, Tischlerges. aus Dresden.
Graf, Carl Heinr. Gust., Seidenwirkerges., Kl. Frankfurterstr. 8.
Maton, Tischler, Niederwallstr.
Dill, Friedr., Arbeitsm., Kl. Frankfurterstr. 11.
Girn, Fr., Hausknecht, Friedrichsstr. 115.
Schulz, Raschmacher, vor dem N. Königsthore.
Hartmann, Carl, Arbeitsm., Rosenquergasse 11.
Dambach, Frl. Charl., Ober-Steuerinsp.-Tochter, Jerusalemerstr. 20.
Kohn, Mor., Handlungsd., Spandauerstr. bei Beck.
Bernstein, Magnus, Buchdrucker aus Ellrich.
Weiß, Levin, Student, aus Danzig.
von Holzendorff, Herrm., Stud. jur., aus Jagow bei Prenzlau.
Franke, Ludwig Wilhelm, Buchhalter im Schicklerschen Handlungshause, Kochstraße 58.
Sabatier, Louis, Buchhalter.
Clauß, Carl, Schlossergeselle, Jüdenstraße.
Schotensack, Carl, Arbeitsmann, Weberstr. 35.
Moll, Malergehülfe, Kurstraße 43.
Heuscher, Maschinenmeister, Neue Friedrichstr. 21.
Leitzke, Albert, Knabe, taubstumm, Krausenstr. 3.
Bumcke, Wilh., Schiffer, Wassergasse 22.
Unterloff, Arbeitsmann, im Frankfurterthor-Bezirk.
Rudolph, Fr., Schlossergeselle, v. d. Oranienburgerthor.
Kumhold, Arbeitsmann.
Schlansky, Carl Dav., Seidenwirkerges., Büschingsstr. 13.
Faß, Maschinenbauer, Linienstr. 116.
Mühlhoff, Carl, Schlossergeselle, Mauerstr. 12.
Fehrmann, Aug., Malerlehrling beim Maler Talmaten, Kochstraße.
Hohendorff, Hausdiener, Golnowstr. 21.

Altekopf, Arbeitsmann aus Charlottenburg.
Braun, Wilhelm, Eisenbahninspector, Wilhelmstr.
Brüggemann, Tapezier.
Erdmann, Fried. Ed., Tischlergeselle, Schützenstraße 3.
Freund, Tischlergeselle, aus Berlin.
Hoffmann, Schuhmacher, aus Leipzig.
Hinz, Benno, Schneider, aus Königsberg i. Pr.
Heissler, M., Sattlergeselle, aus Berlin.
Koch, Schlosser.
Kleinfeld, Caroline, Oberwallstr. 12. u. 13. b. Friedheim.
Körting, Schuhmachergeselle, aus Halberstadt.
Kalinsky, Tischlergeselle, Köpnickerstraße 51.
Knickeberg, Tischlergeselle, Stallschreiberstraße 9.
Klett, Speisewirth, Fischerstraße 23.
Kossez, Schneidergeselle, Mehnerstr.
Mailand, Carl Gottl. Heinr., Schlosser, Schützenstr. 3.
Nizelsky, Schneider, Neue Königsstraße 13.
Priebe, Schneidergeselle, aus Neu-Stettin.
Pahmann, Carl, Schmiedelehrling, Augustraße 37.
Riemer, Wilh., aus Dammsgarten bei Wollin.
Richter, F. W. A., Lederwaarenfabrikant, Ritterstraße.
Rupprecht, Conditor, Werderstr. 3.
Schröder, Carl, Schuhmacher, Wollankstr. 23.
Steinau, Tischlergeselle, aus Leipzig.
Specht, Tapezier, Linkstr. 18.
Schulz, Louis, Riemerlehrl., Spandauerstr. Ecke b. Königsstr.
Voigt, unbekannt.
Würdig, Daniel Fr., Kattundrucker.
Werlein, Tischlergeselle, aus Berlin.
Wegemann, Christine, aus Christianstadt.
Wegener, Tischlergeselle, Stralauerstraße 5.
Deichmann, Zimmergeselle, Werderstr. 23.
Hachar, Tischlergeselle, Blumenstr. 35.
Bebnert, a. Berlin, Schneidergeselle, Jerusalemerstr. 53.
Werner, Carl, Kleidermacher, Charlottenstr. 32.
Lamprecht, Ferd. Maschinenbauer, Gr. Frankfurterstr. 71.
Matthes, Gust. Ad., Dresdnerstr. 87.
Wehrlein, Tischlergef.
Hesse, Heinr., Hausknecht, Jerusalemer- u. Schützenstr. Ecke, b. Kaufmann Eckert.
Lankford, Ad. Wilh. Kunstgießer, alte Jacobstr. 30.
Klein, Arbeitsmann, Friedrichsfelde.
Engel, Büchsenmachergef. Elisabethstr. 17.
Müller, Rud., Tischlergeselle.
Pagel, Casimir, Arbeiter bei Woblert, Brunnenstr. 19.
Freund, Tischlergef., Mauerstr. 2.
Giefeler, Franz, Mauerges., Elisabethstr. 11.

Abb. 8: Verzeichnis der Gefallenen

Abb. 9: Die Zeiten ändern sich

Die Nationen Europas im Kampf gegen Napoleon

Wofür kämpften die Deutschen?

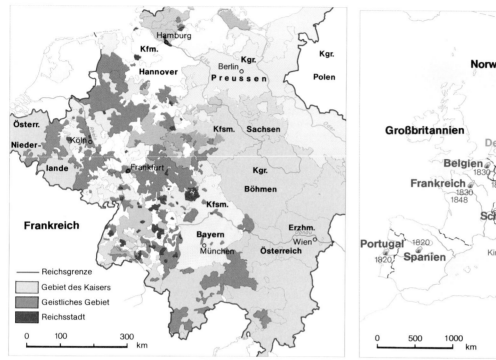

Abb. 1: Deutschland um 1800

Reichsgrenze
Gebiet des Kaisers
Geistliches Gebiet
Reichsstadt

0   100   300
km

Abb. 2: Nationale Erhebungen in Europa 1815–1849

Die nationale Bewegung

Die Parole der Französischen Revolution „Freiheit, Gleichheit, Brüderlichkeit" war in den letzten Winkel Europas vorgedrungen. Noch immer unterdrückten fremde oder eigene Herrscher die Menschen; sie aber wollten endlich frei sein: Sie wollten die *Freiheit* für sich selbst und für ihr Land, aber auch das *Recht,* in ihrem Land mitbestimmen zu können. Die Deutschen forderten darüberhinaus die *Einheit* ihres Landes, das zu dieser Zeit in viele Herrschaftsgebiete zerrissen war. Dieses Streben nach Einheit nennt man „Nationalismus", einen Staat, in dem das ganze Volk geeint ist, „Nationalstaat". Einige Völker wie z. B. die Franzosen und Engländer besaßen bereits seit langem einen solchen Staat; andere wie die Griechen, Italiener, Polen und Deutschen mußten um ihre Einheit und Freiheit kämpfen. So kam es in diesen Ländern im Laufe des 19. Jahrhunderts zu zahlreichen Aufständen.

Der Kampf um nationale Einheit und Freiheit wiederholt sich im 20. Jahrhundert in den Gebieten der Erde, die einmal Kolonien waren. Diese Länder erhielten zwar ihre Unabhängigkeit, doch ringen heute noch viele darum, zu einer einheitlichen Nation zu werden.

Napoleon und die Deutschen

1797 erobert Napoleon die zum Deutschen Reich gehörenden linksrheinischen Gebiete. Als die letzte Festung Mainz fällt, spottet der deutsche Dichter Görres: „*Im blühenden Alter von 955 Jahren, 5 Monaten und 28 Tagen starb sanft und selig an einer gänzlichen Entkräftung, bei völligem Bewußtsein das Heilige Römische Reich schwerfälligen Angedenkens.*" 1806 treten die süddeutschen Fürsten aus dem Reich aus und gründen den Rheinbund, der unter französischer Kontrolle steht. Kaiser Franz II. legt jetzt die Krone des Heiligen Römischen Reiches Deutscher Nation nieder. Damit ist das Band zerrissen, das die deutschen Staaten noch zusammenhielt; die Worte Görres' sind bittere Wahrheit geworden.

Warum war es Napoleon so leicht gefallen, Deutschland zu erobern? Warum war seinem Vormarsch nicht geschlossen Widerstand geleistet worden? Das Heilige Römische Reich Deutscher Nation bestand zu dieser Zeit aus Hunderten von Herrschaftsgebieten: Wenige große Staaten, zahlreiche mittlere Fürsten- und Herzogtümer, einige dutzend freie Reichsstädte und zahllose kleine und kleinste Herrschaften. So regierten allein im Rheinland 3 Erzbischöfe, 12 Bischöfe und Äbte, 75 weltliche Fürsten und Grafen, 2 Reichsstädte und zahlreiche Reichsritter.

Niemand, auch nicht der Deutsche Kaiser, konnte diese vielen Herrscher auf eine gemeinsame Politik einigen. Napoleon nutzte diese Zersplitterung aus. Er wollte ein Europa unter französischer Führung. Es sollte aus einer überschaubaren Zahl von Staaten bestehen. Ihre Herrscher sollten entweder treue Anhänger oder sogar Verwandte Napoleons sein. So verschwanden zwischen 1803 und 1806 ca. 160 Kleinstaaten in Deutschland von der Landkarte: Alle geistlichen Herrschaften wurden aufgelöst (Säkularisierung); viele weltliche Herrscher verloren ihren Besitz (Mediatisierung); schließlich wurden auch 45 der 51 bislang freien Reichsstädte in die neu entstehenden Mittelstaaten eingegliedert. Deutsche Staaten wie z. B. Preußen, die Widerstand leisteten, wurden erobert und besetzt. 1807 ernannte Napoleon z. B. seinen Bruder Jerome zum König im neu gegründeten Königreich Westfalen; seinen General Murat machte er 1808 zum König von Neapel.

Das Ende der napoleonischen Herrschaft

In einem triumphalen Siegeszug erobert Napoleon fast ganz Europa. Seinen Hauptfeind England kann er militärisch jedoch nicht besiegen. Deshalb ruft er einen Handelskrieg gegen dieses Land aus. Mit der Kontinentalsperre (einer Handelssperre zwischen England und dem Kontinent) versuchte er jegliche Aus- und Einfuhr von Waren aus und nach England zu verhindern, um diesen Widersacher wirtschaftlich in die Knie zu zwingen. Der russische Zar, ein Verbündeter Napoleons, will sich Ende 1810 an der Wirtschaftsblockade Englands nicht mehr beteiligen. Daraufhin marschiert Napoleon im Juni 1813 mit 450 000 Soldaten (der „Großen Armee") in Rußland ein. Er erreicht nach monatelangen Gewaltmärschen – die russische Armee zieht sich immer weiter zurück – mit seinen erschöpften Truppen Moskau. Die

Der nationalen Begeisterung können sich nun auch die deutschen Fürsten nicht mehr entziehen. Sie erklären zusammen mit dem österreichischen Kaiser Frankreich den Krieg und besiegen in der Völkerschlacht von Leipzig am 16.–19. Oktober 1813 die feindliche Armee. Wenige Monate später wird Paris erobert, und die Herrschaft Napoleons ist zu Ende.
In dem Befreiungskrieg gegen Napoleon hatten sich alle deutschen Patrioten zusammengefunden. Sie hatten aber nicht nur für die Freiheit, sondern auch für die Einheit Deutschlands gekämpft. So blickten alle erwartungsvoll auf den Wiener Kongreß (Oktober

c) „Obwohl gemeinsame Abstammung, Sprache, Gebiet, Tradition usw. eine sehr wichtige Rolle bei der Entstehung von Nationen spielen, ist das entscheidende Element ein lebendiger und aktiver Wille zur Einheit. Diesen Willen haben wir Nationalismus zu nennen."
(H. Kohn, Von Macchiavelli zu Nero. Zur Problemgeschichte des Nationalismus, Freiburg 1964, S. 16)

Aus der Gedenkrede des französischen Staatspräsidenten Pompidou zum 200. Geburtstag Napoleons I. (1969):
Napoleon war der Erbe der großen Revolution und der Verteidiger des Prinzips

Abb. 3: Einzug Napoleons in Berlin 1806

Abb. 4: Die napoleonischen Truppen auf dem Rückzug

Stadt ist fast menschenleer, ohne Vorräte und wird in wenigen Wochen durch zahllose Brände völlig zerstört. So ist Napoleon gezwungen, den Rückzug anzutreten. Doch der einbrechende russische Winter und die jetzt pausenlos angreifenden Kosaken (Reitertruppen im russischen Heer) fügen dem Heer schwerste Verluste zu. Nur 40 000 Mann erreichen schließlich im Dezember die preußische Grenze.
Jetzt regt sich auch in Deutschland der Widerstand gegen die französische Fremdherrschaft. Der Dichter Theodor Körner schreibt damals:
„Das Volk steht auf, der Sturm bricht los. Wer legt noch die Händ feig in den Schoß?"

Männer aus allen Schichten der Bevölkerung und aus allen Gegenden Deutschlands eilen zu den Waffen. Sogar Frauen sind unter den Freiwilligen: Eleonore Prohaska, von Beruf Köchin, tritt unter dem Namen August Renz in das berühmte Lützower Freikorps ein, dessen Farben Schwarz-Rot-Gold sind. In einem Brief an ihren Bruder schreibt sie: *„Ich bin seit 4 Wochen schon Soldat. Ich kaufte mir anständige Männerkleidung, eine Büchse, Hirschfänger und Tschako. Dann ging ich unter die schwarzen Jäger. Ehrenvoll oder nie siehst Du mich wieder! Eleonore"*

1814–Juni 1815). Hier wollten die Staatsmänner Europa neu ordnen. Was würde aus Deutschland werden?

Was ist eine Nation?
a) „Nation ist eine Großgruppe, die durch die Gemeinsamkeit von Abstammung, Wohngebiet, Sprache, Religion, Welt- und Gesellschaftsvorstellungen, Rechts- und Staatsordnung, Kultur und Geschichte begründet wird. Entscheidend ist, daß die Angehörigen einer Nation von deren Anderssein im Vergleich zu allen anderen Nationen überzeugt sind. Nationen sind keine vorgegebenen, unwandelbaren Größen, sondern das Ergebnis geschichtlicher Prozesse."
(Meyers Enzyklopädisches Lexikon, Band 16, Mannheim 1976, S. 772)

b) „Die Nation ist ein Geschöpf Gottes, von ihm durch ein besonderes Klima, eine besondere Umwelt, ein eigenes Schicksal und einen bestimmten Auftrag von den übrigen Völkern hervorgehoben. Sie stellt eine von Gott geschaffene Einheit im Rahmen seines Schöpfungsplanes dar und hat darin eine bestimmte Funktion."
(Herder, zitiert in: E. Lemberg, Geschichte des Nationalismus in Europa, Stuttgart 1950, S. 198)

der Nationalität. Trotz mancher Usurpation (gewaltsame Machtübernahme) hat er beiden zum Durchbruch verholfen. Verfolgt man die großen Abschnitte der Geschichte Napoleons, seines Aufstiegs und seines Niederganges, so entbehren diese nicht einer gewissen Tragik. War sein Ehrgeiz zu groß? Sieht man von dem rein kriegerischen Aspekt der napoleonischen Ära ab, so bleibt das Verdienst Napoleons auf zahlreichen Gebieten immens (sehr groß); selten vermochte ein Herrscher in der kurzen Zeit von etwa 15 Jahren und unter erschwerten Bedingungen gegen eine Koalition (Bündnis) ganz Europas so hohe Verdienste zu erwerben und dabei in diesem Europa tiefgreifende Wandlungen auch zugunsten der europäischen Völker herbeizuführen oder zu beschleunigen.

Aus dem „Katechismus für den deutschen Kriegs- und Wehrmann" 1813:
„Und der Abgrund hat sich aufgetan, spricht der Herr, und die Hölle hat ihr Gift ausgespien und die Schlangen ausgelassen, die da giftig sind. Und es ist ein Ungeheuer geboren und ein blutgefleckter Greuel aufgestanden. Und heißt sein Name Napoleon Bonaparte, ein Name des Jammers, ein Name des Wehs, ein Name des Fluchs der Witwen und Waisen. Doch haben viele ihn angebetet und zum Götzen ihrer Herzen und ihrer

Gedanken gemacht. Und ich rufe aus mit starker Stimme: Auf, ihr Völker! diesen erschlaget, denn er ist verfluchet von mir; diesen vertilget, denn er ist ein Vertilger der Freiheit und des Rechts ... Höre du, der am Strande der Ostsee wohnt und auf den höchsten Alpen seine Herde weidet, der von der Elbe die Schiffe zu den Inseln schickt und auf der Donau zu fernen Völkern fährt, höre du Volk, dessen Väter ich geliebt habe, dessen Land ich geheiligt habe zum Sitze der Freiheit: Was willst Du länger trägen Sinnes sein? Auf denn, deutscher Mann! Auf mit der Freiheit und Treue gegen die Knechtschaft! Fürchte diese Franzosen nicht!"
(Ernst Moritz Arndt, Katechismus, Hrsg. von K. Prahl, Halle 1913, S. 7 ff.)

Abb. 5: Rückkehr aus den Befreiungskriegen

Aus einem Brief des Reichsfreiherrn vom Stein am 1. 12. 1812:
Ich habe nur ein Vaterland, das heißt Deutschland. Mir sind die Dynastien in diesem Augenblick großer Entwicklung vollkommen gleichgültig, es sind bloße Werkzeuge. Mein Wunsch ist, daß Deutschland groß und stark werde, um seine Selbständigkeit, Unabhängigkeit und Nationalität wieder zu erlangen und beides in seiner Lage zwischen Frankreich und Rußland zu behaupten, das ist das Interesse der Nation und ganz Europas; es kann auf dem Wege alter zerfallener und verfaulter Formen nicht erhalten werden."
(In: Gerhard Ritter: Stein. Eine politische Biographie, Stuttgart 1958, S. 408)

Aus einem Brief Theodor Körners vom 10. März 1813
„Ja, liebster Vater, ich will Soldat

„Was ist des Deutschen Vaterland?"
Was ist des Deutschen Vaterland?
Ist's Preußenland? Ist's Schwabenland?
Ist's wo am Rhein die Rebe blüht?
Ist's wo am Belt die Möwe zieht?
O nein, nein, nein,
sein Vaterland muß größer sein!

Was ist des Deutschen Vaterland?
So nenne endlich mir das Land!
So weit die deutsche Zunge klingt
und Gott im Himmel Lieder singt:
Das soll es sein,
das wackrer Deutscher nenne dein!

Das ist des Deutschen Vaterland,
wo Eide schwört der Druck der Hand,
wo Treue hell vom Auge blitzt,
wo Liebe warm im Herzen sitzt.
Das soll es sein,
das wackrer Deutscher nenne dein!
(E. M. Arndt)

---

werden, will das hier gewonnene glückliche und sorgenfreie Leben mit Freuden hinwerfen, um, sei es auch mit meinem Blute, mir mein Vaterland zu erkämpfen. Nenn's nicht Übermut, Leichtsinn, Wildheit! Es ist, bei Gott, ein würdiges Gefühl, das mich treibt, es ist die mächtige Überzeugung, daß kein Opfer zu groß sei für das höchste menschliche Gut, für seines Volkes Freiheit."
(In: Augusta Weldler-Sternberg (Hrsg.): Körners Werke, o. J.)

1. Beschreibe das „Heilige Römische Reich Deutscher Nation" um 1800 (Vgl. auch Abb. 1). Welche Vorteile hatte die Neuordnung Deutschlands durch Napoleon?
2. Welche Länder beherrschte Napoleon auf dem Höhepunkt seiner Macht?
3. Warum erhoben sich die Völker gegen Napoleon?
4. Welche Ziele verfolgten die deutschen Patrioten?
5. Beschreibe die wichtigsten Stationen des Auf- und Abstieg Napoleons (vgl. auch Abb. 6)
6. Abb. 3: Kennst Du das Bauwerk? Kann man es heute noch betreten?
7. Abb. 4: Beschreibe die Szene!
8. Warum zieht Theodor Körner in den Krieg?
9. Fasse die in dem Aufruf von E. M. Arndt genannten Ziele zusammen. Wie werden Napoleon und die Franzosen dargestellt?
10. Wie sieht der frühere preußische Minister Freiherr vom Stein die Zukunft Deutschlands?
11. Fasse das Gedicht von Arndt mit Deinen Worten zusammen!
12. Wie bewertet der französische Staatspräsident Pompidou 1969 Napoleon I.?

Abb. 6: Der Auf- und Abstieg Napoleons (Deutsche Karikatur 1814)

Was wird aus Deutschland?

Abb. 1: Europa nach dem Wiener Kongreß 1815

Abb. 2: Der Deutsche Bund 1815–1866

Der Wiener Kongreß

Nach dem Sieg über Napoleon trafen sich die Fürsten und Staatsmänner Europas in Wien. Unter der Führung des österreichischen Staatskanzlers Metternich bestimmten die siegreichen Großmächte Rußland, England, Preußen und Österreich den Verlauf der Verhandlungen. Der Außenminister des geschlagenen Frankreichs Talleyrand spielte aber auch bald eine führende Rolle auf dem Friedenskongreß. Er setzte sich wie auch die anderen Staatsmänner für den Grundsatz der *Legitimität* ein: Nur diejenigen Regierungen sollten als *legitim* – rechtmäßig – gelten, die schon *vor* der französischen Revolution bestanden hatten. Waren legitime Regierungen aus ihrem Besitz oder ihren Rechten verdrängt worden, sollten sie diese wieder zurückerhalten *(Restauration)*.

In langen Verhandlungen (Herbst 1814 – Sommer 1815) legten die Großmächte nach diesen Grundsätzen die Grenzen im neuen Europa fest. Die zukünftige Rolle Frankreichs brachte dabei besondere Schwierigkeiten mit sich. Seine Grenzen sollten von starken Staaten kontrolliert werden. Deshalb erhielten Bayern und Preußen an der Ostgrenze Frankreichs, am Rhein, große Gebiete. Belgien, das früher zu Österreich gehörte, wurde mit den Niederlanden zu einem Staat an

Frankreichs Nordgrenze vereinigt. So haben die Siegermächte ihr Ziel, *„das Gleichgewicht der Mächte in Europa wiederherzustellen"*, gegenüber Frankreich durchgesetzt und dem Land die Vormachtstellung in Europa genommen. Sie haben aber auch dafür gesorgt, daß erneut ein König aus dem Hause der Bourbonen den französischen Thron bestieg. Frankreich war wieder in den Kreis der Großmächte aufgenommen. Talleyrand, der eigentlich nur nach Wien reisen sollte, um die Beschlüsse der Sieger entgegenzunehmen, hatte für sein Land einen großen Erfolg errungen.

Doch wandten die Großmächte den Grundsatz der Legitimität nur in ihrem Sinne an: Viele ebenso legitime Herrschaften – z. B. die Republiken von Genua und Venedig, zahlreiche geistliche und weltliche Fürstentümer – wurden nicht restauriert.

Die Heilige Allianz

Die Monarchen Rußlands, Österreichs und Preußens schlossen auf Anregung des Zaren ein Bündnis, das die in Wien begründete Neuordnung Europas zusätzlich sichern sollte. Sie nannten ihren Bund „heilig", weil er auf den „Grundsätzen des Christentums" aufbauen sollte: So konnte das „Gottesgnadentum" der Monarchen wie bisher gerechtfertigt und gegen alle politi-

schen Angriffe besser verteidigt werden.

Deutschland zur Zeit der Restauration

Auf dem Wiener Kongreß berieten die Staatsmänner lange Zeit über die „Deutsche Frage":

Konnte das Heilige Römische Reich Deutscher Nation wiedererrichtet werden? Das war wohl kaum möglich, denn zu deutlich waren die Vorteile, die Napoleons Neuordnung gegenüber den Hunderten von Zwergstaaten hatte. Einen völligen Zusammenschluß aller deutschen Staaten zu einem Reich lehnten die Staatsmänner aber ebenfalls ab: Die deutschen Fürsten bangten um ihre Macht, die europäischen Großmächte fürchteten das Entstehen eines mächtigen deutschen Zentralstaates im Herzen Europas. So einigten sie sich schließlich in den letzten Tagen des Wiener Kongresses auf ein lockeres Bündnis, den Deutschen Bund. Er bestand aus 35 souveränen (unabhängigen) Staaten und den verbliebenen vier freien Reichsstädten (Frankfurt, Hamburg, Bremen, Lübeck). Zweck des Bundes war die „Erhaltung der äußeren und inneren Sicherheit Deutschlands und der Unabhängigkeit und Unverletzbarkeit der einzelnen deutschen Staaten." Die einzige gemeinsame Einrichtung war der Bun-

Abb. 3: *Studenten auf der Wartburg. Sie verbrennen als Zeichen der Fürstenherrschaft Polizeierlasse gegen die Freiheitsbewegung, einen Unteroffiziersstock und ein die Freiheit des Körpers einengendes Korsett.*

destag in Frankfurt. Hier trafen sich unter dem Vorsitz Österreichs die Gesandten der Mitgliedstaaten zu gemeinsamen Beratungen. Eine „deutsche Staatsangehörigkeit" gab es nicht; und so war beispielsweise ein Hannoveraner in Preußen immer noch Ausländer. Die Länder waren weiterhin durch scharfe Grenz- und Zollschranken voneinander getrennt. Wollte, um nur ein Beispiel zu nennen, ein Kaufmann von Hamburg nach Österreich reisen, so mußte er für seine Ware zehnmal Durchgangszoll bezahlen.

In der deutschen Bevölkerung, besonders unter der deutschen Jugend, die gegen Napoleon gekämpft hatte, war die Enttäuschung über die Wiener Beschlüsse grenzenlos. Viele von ihnen trugen noch immer die Uniformen der Lützower Jäger aus dem Befreiungskrieg: Den schwarzen Rock mit roten Aufschlägen und goldenen Eichenblättern. In diesen Farben hatten sie für die Freiheit und für die Einheit Deutschlands gekämpft. Doch was hatten sie erreicht? Napoleon war zwar vertrieben. Doch herrschten die Fürsten wie früher und weigerten sich, die versprochenen Verfassungen zu geben, die dem Volk Einheit, Freiheit und Mitspracherecht bringen sollten.

Der Kampf gegen die Restauration
Das Wartburgfest

Am 18. Oktober 1817 – dem 4. Jahrestag der Völkerschlacht bei Leipzig – versammelten sich einige Hundert Studenten aus verschiedenen Gegenden Deutschlands auf der Wartburg. Sie hatten sich zu einer „Deutschen Burschenschaft" unter der Parole

„Ehre, Freiheit, Vaterland" zusammengeschlossen und trugen die Farben Schwarz-Rot-Gold. 300 Jahre zuvor hatte Luther von hier aus Mißstände in der katholischen Kirche bekämpft, jetzt demonstrierten die Studenten an diesem Ort gegen die Verfolgung und Unterdrückung durch die Fürsten. Diese beobachteten mit tiefem Mißtrauen das Treiben der Burschenschaften. Als 1819 ein radikaler Student den Dichter August von Kotzebue ermordet, nutzten sie die Gelegenheit: der österreichische Staatskanzler Metternich entwarf zusammen mit Abgesandten der Deutschen Staaten in Karlsbad ein Programm zur Bekämpfung der freiheitlichen Bestrebungen. Diese „Karlsbader Beschlüsse" wurden vom Bundestag zum Gesetz erhoben. Jetzt wurde die Presse zensiert, eine zentrale Überwachungs- und Verfolgungskommission eingerichtet, alle studentischen Verbindungen aufgelöst und die Universitäten kontrolliert. In den Vorlesungen saßen „Bevollmächtigte", um *„den Geist, in welchem die akademischen Lehrer bei ihren öffentlichen und Privatvorträgen verfahren, sorgfältig zu beobachten"*. Sie hatten auch das Recht, *„Studierende, welche sich durch unanständige Tracht und ein unanständiges oder anstößiges Betragen nachteilig auszeichnen, nötigenfalls von der Universität zu entfernen"*. Durch diese Maßnahmen kehrte zunächst scheinbare Ruhe ein.

Das Hambacher Fest

Wenige Jahre später ruft jedoch erneut ein Student alle deutschen Patrioten zum *„Kampf für die Abschüttlung innerer*

und äußerer Gewalt, für Erstrebung gesetzlicher Freiheit und deutscher Nationalwürde" auf. Sein Appell findet großen Widerhall; am 27. Mai 1832 strömen etwa 30 000 Menschen zur Schloßruine bei Hambach in der Pfalz: neben Studenten und Professoren jetzt auch Bauern, Handwerker, Bürger – Menschen aus allen Gesellschaftsschichten und Gegenden Deutschlands. Selbst polnische Emigranten und französische Demokraten nehmen an dem Festzug teil, dem die schwarzrotgoldene Fahne voranweht.

Einer der Festredner ruft aus:
„Es lebe das freie, das einige Deutschland! Hoch leben die Polen, der Deutschen Verbündete! Hoch leben die Franzosen, der Deutschen Brüder, die unsere Nationalität und Selbständigkeit achten! Hoch lebe jedes Volk, das seine Ketten bricht und mit uns den Bund der Freiheit schwört! Vaterland – Volkshoheit – Völkerbund hoch!"

Die Reaktion der Fürsten läßt nicht lange auf sich warten. Schon wenige Wochen nach der Kundgebung beschließt der Bundestag in Frankfurt scharfe Gegenmaßnahmen: Alle politischen Vereine werden verboten, Organisatoren und Redner des Hambacher Festes verhaftet und die Pressezensur verschärft. Viele Schriften werden mit der Begründung verboten, sie seien *„antichristlich, gotteslästerlich und alle Sitte, Scham und Ehrbarkeit mit Füßen tretend"*. Durch diese Maßnahmen können die Fürsten noch einmal ihre Herrschaft sichern; nationale Einheit und Freiheit scheinen unerreichbar.

Abb. 4: Wie unterstützte man die Patrioten?

Aus der Urkunde der „Heiligen Allianz" 1815

„Entsprechend den Worten der Heiligen Schrift, welche alle Menschen heißt, sich als Brüder zu betrachten, werden die drei Monarchen vereinigt bleiben durch die Bande einer wahren und unauflöslichen Brüderlichkeit, indem sie sich als Landsleute ansehen, um sich bei jeder Gelegenheit und an jedem Orte Hilfe und Beistand leisten; indem sie sich ihren Untertanen und Heeren gegenüber als Familienväter betrachten, werden sie sie in dem gleichen Geiste der Brüderlichkeit lenken, von dem sie erfüllt sind, um Religion, Frieden und Gerechtigkeit zu schützen."
(W. Näf (Hrsg.): Europapolitik zu Beginn d. 19. Jahrhunderts, Bern 1953, S. 5 ff.)

Metternich über Deutschland im Mai 1820:

„Auf keine Weise von der bestehenden Ordnung, welchen Ursprung sie auch sei, abzuweichen, Veränderungen, wenn sie durchaus nötig scheinen, nur nach reif-lich überlegtem Entschluß vorzunehmen; dies ist die erste Pflicht einer Regierung, die dem Unglück des Jahrhunderts widerstehen will."
(Fürst Felix Metternich, Diplomat. Schriften und Briefe [Werke], Wien 1911, Bd. I, S. 84 f.)

Aus den Karlsbader Beschlüssen 1819:

„Es soll bei jeder Universität ein mit ausgedehnten Befugnissen versehener Bevollmächtigter angestellt werden. Sein Amt soll sein, über die strengste Vollziehung der bestehenden Gesetze und Vorschriften zu wachen, den Geist, in welchem die akademischen Lehrer in ihren öffentlichen und Privatvorträgen verfahren, sorgfältig zu beobachten und endlich allem, was zur Beförderung der Sittlichkeit, der guten Ordnung und des äußeren Anstandes unter den Studierenden dienen kann, seine unausgesetzte Aufmerksamkeit zu widmen.
Solange der gegenwärtige Beschluß in Kraft ist, dürfen Schriften, die in der Form täglicher Blätter oder heftweise erscheinen und solche, die nicht über 20 Bogen stark sind, in keinem deutschen Bundesstaate ohne Vorwissen und Zustimmung der Landesbehörden gedruckt werden."

Börne über die Pressezensur 1826:

„Wer von uns den jüngsten Tag erlebt, wird viel zu lachen bekommen. Was Gott unter 20 Bogen spricht, wird zensiert werden, und wenn die Welt brennt und das Fett schmilzt von den Ständern herab, wird die Polizei bekanntmachen: ‚Unruhestifter haben das Gerücht verbreitet, es sei heiß in der Welt; aber das ist eine hämische Lüge, das Wetter war nie kühler und schöner gewesen. Man warnt vor unvorsichtigen Reden und müßigem Umherschweifen auf der Straße. Eltern sollen ihre Kinder, Lehrer ihre Schüler, Meister ihre Gesellen im Hause behalten. Man bleibe ruhig. Ruhe ist die erste Bürgerpflicht.' Und dann wird die Welt untergehen und ruhig werden, und dann wird die Welt deutsch sein."
(Aus: Teubners Quellensammlung, Heft „Vorwärts", Leipzig 1927, S. 56)

1. Vergleiche das Wartburgfest mit dem Hambacher Fest; welches war bedeutender?
2. Warum trugen die Teilnehmer des Hambacher Festes die Farben Schwarz-Rot-Gold?
3. Schildere die Maßnahmen der Fürsten auf das Hambacher Fest
4. Was beschließen der russische Zar, der österreichische Kaiser und der preußische König in der „Heiligen Allianz"?
5. Was ist nach Metternich das „Unglück des Jahrhunderts"?
6. Nenne die wichtigsten Bestimmungen der Karlsbader Beschlüsse.
7. Wie beurteilen die emigrierten deutschen Schriftsteller Börne und Heine die Pressezensur?
8. Welche Gedanken im „Lied der Deutschen", unserer Nationalhymne, hältst Du für besonders wichtig?
9. Abb. 5: Welche Kritik übt der Maler an diesen Bürgern?

Abb. 5: Das Lesekabinett

Reisebilder / zweiter Teil
Kapitel XI.I
Die deutschen Zensoren _ _ _ _ _ _ _ _ _ _ _ _ _ _
_ _
_ _
_ _
_ _ _ _ _ Dummköpfe _ _ _ _ _ _ _ _ _ _ _ _ _
_ _
_ _
_ _
_ _
_ _
_ _ _ _ _ _ _ _ _ _ _ _ _ _ _ _ _ _ _ _

Abb. 6: Der Deutsche Schriftsteller Heine zum Pressegesetz

Der Mond ist aufgegangen,
Die goldnen Sternlein prangen
Am Himel hell u. klar

Der Wald steht schwarz und schweiget,
Und aus den Wiesen steiget
    Der weiße Nebel wunderbar.

Wie ist die Welt so stille
Und in der Dämmrung Hülle
    So traulich und so hold!
Als eine stille Kammer,
Wo ihr des Tages Jammer
    Verschlafen und vergessen sollt.

Seht ihr den Mond dort stehen? —
Er ist nur halb zu sehen
    Und ist doch rund und schön!
So sind wohl manche Sachen,
Die wir getrost belachen,
    Weil unsre Augen sie nicht sehn.
                                Claudius.

Abb. 1: Holzschnitt von Ludwig Richter (zu einem Gedicht von Matthias Claudius)

In einem Gedicht schreibt Joseph Freiherr von Eichendorff:

„O könnt ich mich niederlegen
weit in den tiefsten Wald,
zu Häupten den guten Degen,
der noch von den Vätern alt!"

Diese Worte drücken die tiefe Enttäuschung vieler Deutscher nach 1815 aus: Die Ziele, für die sie gekämpft hatten – Freiheit und Einheit Deutschlands – hatten sie nicht erreicht; und kaum jemand vermochte sich vorzustellen, daß sie doch noch eines Tages verwirklicht werden könnten.

Die Biedermeierzeit
So kehrten viele Menschen nach den langen Kriegsjahren ihren politischen Zielen entmutigt den Rücken und zogen sich ins Privatleben zurück. Sie waren bereit, die vielen Beschränkungen ihrer Freiheit hinzunehmen, solange der Staat sie in ihrem privaten Bereich in Ruhe ließ. Sie wollten ungestört und behaglich im Kreise ihrer Familie leben. Zahlreiche Vereine wurden gegründet, in denen die Menschen gesellig zusammenkamen. Hier unterhielt man sich gerne über die kleinen und großen Ereignisse im Dorf oder der Stadt, sprach über Beruf und Familie, Mode und Heim. Gebildete Bürger luden Freunde ein, lasen mit ihnen zusammen die Werke der großen deutschen Dichter und musizierten gemeinsam. Über Politik sprach man kaum, denn das war ohnehin zu gefährlich. Dieses beschauliche und geordnete Leben der Jahre zwischen 1815–1848 hat man später „Biedermeierzeit" genannt. Mit diesem Ausdruck bezeichnen wir heute außerdem auch die Mode und die Möbel dieser Zeit: Rüschen, Schutenhut und Schillerlöckchen waren sehr beliebt, die Möbel waren schlank, schmucklos und zweckmäßig gebaut. Die geruhsame und zurückgezogene Lebensweise der Menschen zeigen auch die Bilder der Epoche: Fensterausblicke auf Gassen und Winkel, Szenen des bürgerlichen Familienlebens, Stilleben.

Die Romantik
Aus den Anfangsworten des Dichters spricht aber nicht nur der Wunsch, sich von Kampf und Politik zurückzuziehen, sondern auch die Sehnsucht, in der

Abb. 2: Karl Spitzweg: Der Bücherwurm

Abb. 3: Caspar David Friedrich: Hünengrab im Schnee

Abb. 4: Eine Bürgerliche Familie um 1800

Natur Frieden zu finden. Noch vor dem Biedermeier haben Maler, Dichter und Musiker das Geheimnisvolle und Wundersame in der Natur und in der Geschichte ihres Volkes gesucht. Gerade in der Zeit, als ihr Heimatland zerrissen und besetzt war, verherrlichten deutsche Künstler der Romantik in ihren Liedern, Gedichten und Bildern Deutschland und seine Vergangenheit. So wurden z. B. viele Gedichte Joseph Freiherr von Eichendorffs beliebte Volkslieder, wie: „O Täler weit, o Höhen, du schöner grüner Wald!" Die Gebrüder Grimm reisten durch die Lande und sammelten Hunderte von Volksmärchen. Ludwig Uhland erforschte die Dichtungen und Sagen des Mittelalters. So entstand seine Sammlung „Alte hoch- und niederdeutsche Volkslieder". In der Begeisterung für die deutsche Geschichte wurden zahlreiche zerstörte Burgen wiederaufgebaut und jahrhundertelang unvollendete Kirchen wie der Kölner Dom und das Ulmer Münster fertiggestellt. Der Maler Caspar David Friedrich richtete auf seinen geheimnisumwobenen Landschaftsbildern den Blick noch weiter zurück in die Vorzeit.

Wie die Bürger des Biedermeier haben auch die meisten Künstler der Romantik selbst nie dafür gekämpft, die bedrückenden Zeitverhältnisse zu ändern. Aber sie haben mit ihrer Besinnung auf die Geschichte, Kunst und die Eigenart des eigenen Volkes bewirkt, daß in Zeiten der Fremdherrschaft und Zersplitterung im deutschen Volk ein Nationalgefühl nicht verloren ging, ja sich sogar verstärkte.

Die „Kehrseite der Medaille"

Die Not vieler Menschen in dieser „guten, alten Zeit" sahen die meisten Romantiker und die behaglich dahinlebenden Biedermeier nicht: Das Elend der Tagelöhner und verarmten Bauern auf dem Lande, die Armut der Arbeiter in den Städten. Diese Zustände prangerte eine Gruppe von Schriftstellern, Journalisten und Dichtern an, denen als einzige Waffe nur das Wort geblieben war. Georg Büchner schrieb 1834 in einem Flugblatt:

Friede den Hütten! Krieg den Palästen!

„Das Leben der Vornehmen ist ein langer Sonntag, sie wohnen in schönen Häusern, haben feiste Gesichter und reden eine eigene Sprache; das Leben des Bauern ist ein langer Werktag; sein Leib ist eine Schwiele, sein Schweiß ist das Salz auf dem Tische der Vornehmen! In Ordnung leben heißt hungern und geschunden werden."

Diese Schriftsteller des *„Jungen Deutschland"* wurden aufgrund der Karlsbader Beschlüsse verfolgt. Sie mußten im Untergrund oder vom Ausland her wirken. Ihr Mühen um Einigkeit und Recht und Freiheit blieb aber nicht ohne Erfolg.

Abb. 5: Peter Schwingern, Die Pfändung, 1846

Die Revolution von 1848
Schaffen Waffen oder Wirtschaft die Einheit Deutschlands?

Die wirtschaftliche Einigung Deutschlands

Der Versuch der politischen Einigung Deutschlands war verhindert worden. Auf wirtschaftlichem Gebiet jedoch tat man bereits seit einigen Jahren die ersten Schritte zur Einigung: Die entstehende Industrie, vor allem in Preußen, suchte nach größeren Absatzmärkten. Doch Zölle, Wege- und Brückengelder erschwerten und verteuerten den Handel. Politiker und Kaufleute bemühten sich, einen einheitlichen Wirtschaftsraum zu schaffen; am 1. 1. 1834 wurde schließlich der Deutsche Zollverein gegründet, dem außer Österreich fast alle deutschen Staaten angehörten.

Die Revolution bricht aus

Die von den Schriftstellern des „Jungen Deutschland" angeprangerten Mißstände verschärften sich nach 1840 immer mehr: Mißernten führten zu Teuerungen und Hungersnöten, Maschinen machten die Menschen arbeitslos; Aufstände brachen aus und wurden von Polizei und Militär niedergeschlagen.

Im Februar 1848 kommt es in Paris zu blutigen Unruhen. Kleinbürger und Arbeiter fordern das allgemeine Wahlrecht. Sie stürmen das Parlament und das Königsschloß. Der König muß flüchten. Die Republik wird ausgerufen. Diese Nachricht verbreitet sich in Deutschland wie im Fluge. Auch hier flammen jetzt überall Aufstände auf. Die Menschen fordern Freiheit, politische Rechte, die längst versprochenen Verfassungen.

Die Revolution in Wien

In den deutschen Klein- und Mittelstaaten finden Volksversammlungen und Straßendemonstrationen statt, Bittschriften und Forderungen werden an Fürsten und Regierungen gerichtet. Die überraschten und hilflosen Regierungen leisten nirgends ernsthaften Widerstand. Überall siegt die Revolution fast ohne Gewalt und Blutvergießen.

Der endgültige Sieg der Revolution und die Aussicht auf ein geeintes Deutschland hängen aber ganz davon ab, welchen Gang die Ereignisse in den beiden Großmächten Preußen und Österreich nehmen würden.

Am 13. März umlagert eine riesige Menschenmenge den Landtag und die Hofburg in Wien. Aus der Menge ertönen immer häufiger die Rufe: „Fort mit Metternich!" In der Stadt kommt es zu ersten Zusammenstößen zwischen dem Militär und den demonstrierenden Bürgern. Barrikaden werden errichtet, Kanonen aufgefahren. Soldaten feuern in die Menge, Tote und Verwundete liegen auf den Straßen. Mit Einbruch der Nacht werden Brände gelegt, Häuser und Geschäfte geplündert, Maschinen von Arbeitern zerstört. Metternich will immer noch Widerstand leisten, denn man „werde doch wohl eines Straßenkrawalls noch Herr werden!" In der Nacht muß Metternich aber seinen Rücktritt erklären, und die Truppen werden zurückgezogen. Am 15. März verkündet ein Abgesandter des Kaisers vor der Hofburg, daß die Forderungen der Revolutionäre erfüllt werden: Abschaffung der Zensur, Versprechen einer Verfassung, Einrichtung einer Nationalgarde und Einberufung einer Ständeversammlung aus allen Teilen des Reiches.

Die Revolution in Berlin

Am 16. März erreicht die Nachricht von der Revolution in Wien und vom Sturz Metternichs Berlin. Auch dort brechen jetzt Straßen- und Barrikadenkämpfe aus. Doch schon bald sind Regierung und König zum Einlenken bereit. König Friedrich Wilhelm IV. verspricht, alle Märzforderungen zu erfüllen, Preußen in Deutschland aufgehen zu lassen, und die Leitung Deutschlands zu übernehmen.

Ein Augenzeuge berichtet über die Revolution in Berlin:

„Zwölf Barrikaden erheben sich im Nu in der Königsstraße, tüchtige, musterhaft gebaute Barrikaden. Haus an Haus werden die Dächer abgedeckt. Oben am schwindelnden Rande stehen die Menschen, mit Ziegeln, in der Hand die Soldaten erwartend. Alles ist bewaffnet, mit Mistgabeln, mit Schwertern, mit Lanzen, mit Pistolen mit Planken; die Knaben dringen in die Häuser, um große Körbe mit Steinen auf die Dächer zu tragen."

(K. Obermann: Einheit und Freiheit, Berlin 1950, S. 270 ff.)

Goethe über die Einheit Deutschlands

Mir ist nicht bange, daß Deutschland nicht eins werde; unsere guten Chausseen und künftigen Eisenbahnen werden schon das ihrige tun. Vor allem aber sei es eins in Liebe untereinander, und

Abb. 1: Der strickende Wachposten (Gemälde von Carl Spitzweg, Ausschnitt)

immer sei es eins gegen den auswärtigen Feind. Es sei eins, daß der deutsche Taler und Groschen im ganzen Reich gleichen Wert habe; eins, daß mein Reisekoffer durch alle sechsunddreißig Staaten ungeöffnet passieren könne. Es sei eins, daß der städtische Reisepaß eines weimarischen Bürgers von den Grenzbeamten eines großen Nachbarstaates nicht für unzulänglich gehalten werde, als der Paß eines Ausländers. Es sei von Inland und Ausland unter deutschen Staaten überall keine Rede mehr. Wenn man aber denkt, die Einheit Deutschlands bestehe darin, daß das sehr große Reich eine einzige große Residenz habe und daß diese große Residenz zum Wohle der großen Masse des Volkes gereiche, so ist man im Irrtum.

(Goethe an Eckermann am 25. 10. 1828)

1. Welche Bedeutung hatten Industrie und Handel für die Einigung Deutschlands?
2. Nenne Ursachen und Anlaß für den Ausbruch der Revolution in Deutschland.
3. Warum mußte Staatskanzler Metternich zurücktreten?
4. Wie denkt Goethe über die Einheit Deutschlands? – In welchen Punkten unterscheidet er sich von den Revolutionären?

Kann man trotz eines Sieges verlieren?

Die Deutsche Nationalversammlung

Die Fürsten hatten nachgegeben, die revolutionäre Volksbewegung überall gesiegt. Von der Nordsee bis zu den Alpen wehte die schwarz-rot-goldene Fahne. Doch hatte die Revolution „vor den Thronen Halt gemacht", nirgends war ein Fürst vertrieben worden. Ein einheitliches Deutschland war somit noch nicht geschaffen. Um dieses Ziel zu verwirklichen, trafen sich Ende März 1848 in Frankfurt die Abgeordneten aus den einzelnen Landtagen und andere bekannte Politiker. Dieses „Vorparlament" beschloß, daß im Mai 1848 ein Deutsches Nationalparlament in Frankfurt zusammentreten solle. Seine Abgeordneten sollten nach allgemeinen, gleichen und freien Wahlrecht gewählt werden.

So kamen am 18. Mai 1848 mehr als 600 Vertreter des deutschen Volkes in der Frankfurter Paulskirche zusammen. Die großen Erwartungen der Parlamentarier und des ganzen Volkes waren in den Worten zusammengefaßt, die in einer Inschrift über dem Stuhl des Präsidenten standen:

„Des Vaterlands Größe, des Vaterlands Glück, o, schafft sie, o, bringt sie dem Volke zurück!"

Die Verfassung der Paulskirche

Die Abgeordneten wollten eine Verfassung für ein neues Deutsches Reich schaffen, in der die Forderungen der Revolution verwirklicht wären. Über die politische Gestalt und den Aufbau dieses Deutschen Reiches gab es unter ihnen unterschiedliche Vorstellungen:

– Sollte z. B. das neue Deutschland ein Kaiserreich oder eine Republik sein?
– Welche Rechte sollte die Zentralregierung bekommen, welche Rechte die bisher unabhängigen Einzelstaaten behalten?
– Sollte Österreich mit eingegliedert werden?
– Wer sollte Staatsoberhaupt werden?

Nach langwierigen Beratungen und z. T. heftigen Auseinandersetzungen siegte in der Schlußabstimmung im März 1849 die Gruppe von Abgeordneten, die für ein „Kleindeutsches" Kaiserreich – ohne Österreich – war. Kaiser sollte der mächtigste deutsche Fürst, der preußische König, werden.

Die Ablehnung der Kaiserkrone

Daraufhin reiste eine Abordnung von Parlamentariern nach Berlin, um König Friedrich Wilhelm IV. die Krone anzubieten. Sie vertrauten auf seine Zusicherung vom März des Vorjahres, die Führung in Deutschland zu übernehmen. Doch zu ihrer Bestürzung lehnte der König ab. Jetzt, da der Schwung der Revolution erlahmt war, war sein Selbstvertrauen und das der anderen Fürsten wieder gestärkt. Diese Krone, die ihm aus der Hand des Volkes angeboten wurde, bezeichnete er nun als „Hundehalsband". Schon Monate zuvor hatte er in einem vertraulichen Brief geschrieben: *„Einen solchen Reif, aus Dreck und Lehm gebacken, soll ein legitimer König von Gottes Gnaden und nun gar der König von Preußen sich geben lassen? Soll die tausendjährige Krone Deutscher Nation, die zweiundvierzig Jahre geruht hat, wieder vergeben werden, so bin ich es und meinesgleichen, die sie vergeben werden. Und wehe dem, der sich anmaßt, was ihm nicht zukommt!"*

Durch diese Ablehnung war ein einheitlicher deutscher Nationalstaat erneut in weite Ferne gerückt. Die meisten Parlamentarier reisten entmutigt aus Frankfurt ab. Das Restparlament ließen die Fürsten durch ihre Soldaten auflösen. Letzte aufflackernde Aufstände in Sachsen und Süddeutschland schlugen sie mit Hilfe preußischer Truppen nieder. In Deutschland kehrten wieder Ruhe und Ordnung im Sinne der Fürsten ein.

Ergebnisse der Revolution

Waren somit alle Kämpfe und Anstrengungen umsonst gewesen?

Das Hauptziel der Revolution – ein einheitliches deutsches Reich – war nicht erreicht worden. Doch hatten jetzt alle deutsche Staaten eine Verfassung, in der wichtige Forderungen der Revolution erfüllt waren. So enthielt z. B. die vom preußischen König erlassene Verfassung Grundrechte wie Gleichheit vor dem Gesetz, das Recht der freien Meinungsäußerung, Glaubensfreiheit, Versammlungsfreiheit. Doch konnten diese „Grundrechte" durch Gesetz eingeschränkt werden. Wie bisher ernannte der König die Minister, bestimmte die Außenpolitik und über das Militär. Der Landtag hatte dagegen das Recht der Steuerbewilligung und der Gesetzgebung.

Die Abgeordneten der Paulskirche

Wer waren nun die Männer dieses ersten deutschen Parlaments? Man hatte nicht nach Parteien gewählt; diese waren erst in der Bildung begriffen. Es gab wohl eine „Rechte" und eine „Linke"; gewählt aber wurde nach Ansehen und öffentlichem Vertrauen, nach Autorität, Ruf und Namen, nach Persönlichkeiten. Auffallend war das einseitige Übergewicht des

Abb. 1: Beratungen in der Frankfurter Paulskirche

Abb. 2: „Das Volk ist mir zum Kotzen" (Karikatur zu diesem Ausspruch Friedrich Wilhelms IV. am 11. 4. 1848)

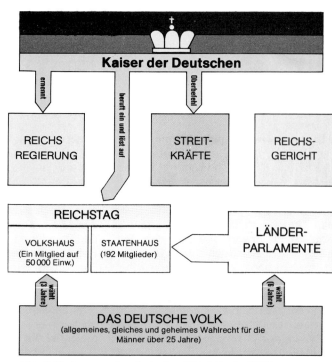

Abb. 3: Verfassung des deutschen Reiches von 1849

oberen Bürgertums und die völlig unzureichende Vertretung der unteren Wählerschichten im Frankfurter Parlament. Während kein einziger Arbeiter ihm angehörte, nur ein wirklicher Bauer, und nur ein gutes Dutzend Handwerksmeister und mittlerer Beamter, schätzt man die Zahl der Akademiker auf über 600: Davon 49 Universitätsprofessoren, 57 Professoren höherer Lehranstalten, 157 Richter und Staatsanwälte,118 Angehörige der höheren Verwaltung ... So spricht man nicht zu Unrecht von einem „Professorenparlament". „Die Leistungen dieses stark akademischen Parlaments waren auf dem Gebiet des politischen Denkens größer als auf dem der politischen Tat."
(Otto Vossler: Die Revolution von 1848 in Deutschland, Suhrkamp Frankfurt .³1967, S. 88 f.)

Meinungen in der Nationalversammlung
Der Abgeordnete Ludwig Uhland:

„Wir sind hierher gesandt, die deutsche Einheit zu gründen, wir sind nicht gesandt, um große Gebiete und zahlreiche Bevölkerungen von Deutschland abzulösen. Mag immerhin Österreich den Beruf haben, eine Laterne für den Osten zu sein, es hat einen näheren, höheren Beruf: Eine Pulsader zu sein im Herzen Deutschlands. (Lebhafter Beifall auf allen Seiten). Österreich muß mit uns sein und bleiben in der neuen politischen Paulskirche (wiederholtes Bravo!)"
Der Abgeordnete Waitz:
„Wir müssen wissen, was zu uns gehört, wir müssen scharfe Grenzen ziehen, wir müssen einschneiden in die alten bestehenden Verhältnisse, um reine Grundlagen zu gewinnen. Es ist nur die Alternative: die deutschen österreichischen Länder, sie bleiben bei uns – oder sie bleiben bei den erblich verbundenen ungarisch-slawisch-italienischen Ländern."
(Stenogr. Berichte S. 2779 ff.)

Der Verfassungsentwurf vom 19. Oktober 1848
§ 1 Das Deutsche Reich besteht aus dem Gebiete des bisherigen Deutschen Bundes.
§ 2 Kein Teil des Deutschen Reiches darf mit nichtdeutschen Ländern zu einem Staate vereinigt werden.

Der Chef des Generalstabes v. Moltke, 1849
„Das Wahre in der großen Bewegung Deutschlands ist der unleugbare Drang nach Vereinigung. Zunächst wird gewiß die Ordnung zurückkehren, und das ist nur zu wünschen, denn es ist aus der Ordnung zuweilen die Freiheit, aber noch nie aus der Freiheit die Ordnung hervorgegangen. Schläft man freilich bei der Ordnung wieder ein, dann wird sie nicht von langer Dauer sein. Die Rolle der Demokratie ist vorerst ausgespielt: Es wird eine Zeit der Helden sein nach der Zeit der Schläfer und Schreiber."
(Aus: Die Deutsche Revolution 1848/49 in Augenzeugenberichten, München 1976, S. 352)

1. Welches sind die wichtigsten Diskussionspunkte bei den Beratungen über die deutsche Verfassung?
2. Erkläre die Begriffe „kleindeutsch" und „großdeutsch".
3. Warum lehnt der preußische König Friedrich Wilhelm IV. die Kaiserkrone ab?
4. Warum wurde die Nationalversammlung „Professorenparlament" genannt?
5. Kannst Du Erfolge der Revolution nennen?

Abb. 4: „Drei deutsche Professoren entwerfen den Entwurf für die Verfassung des deutschen Reiches" (Zeitgenössische Karikatur)

Das zweite Deutsche Reich entsteht
Durch „Freiheit zur Einheit" oder durch „Einheit zur Freiheit"?

Abb. 1: Das Brandenburger Tor in Berlin im Festschmuck am Abend des 2. September 1870

Bismarck und die Einigung Deutschlands

1862 berief der preußische König den konservativen Politiker Otto von Bismarck zum preußischen Ministerpräsidenten. Bismarcks höchstes Ziel war es, „die Macht der Krone gegen das Parlament zu behaupten" und die Stellung Preußens in Deutschland auszubauen. Zeitgenossen warnten vor ihm: *„Bismarck bedeutet: Regieren ohne Etat, Säbelregiment im Innern, Krieg nach außen. Ich halte ihn für den gefährlichsten Minister für Preußens Freiheit und Glück."*

Bismarcks Machtpolitik mußte zum Konflikt mit den süddeutschen Staaten und besonders mit Österreich führen. Ein Anlaß bot sich bald in dem Streit um die Herzogtümer Schleswig und Holstein.

Der Krieg gegen Dänemark

Die beiden Herzogtümer waren in Personalunion mit Dänemark verbunden. Schon 1848 hatte der dänische König versucht, sie seinem Reich einzugliedern. Preußen hatte dies mit Waffengewalt verhindert. 1864 will der dänische König Christian IX. die Herzogtümer erneut annektieren. Das steht in Widerspruch zu den Vereinbarungen mit Preußen und Österreich von 1850/52. Auch die in den Herzogtümern wohnenden Deutschen wollen nicht dänische Untertanen werden. Es kommt zum Krieg. Nach schweren Niederlagen muß Dänemark 1865 Schleswig, Holstein und auch das Herzogtum Lauenburg an Österreich und Preußen abtreten. Österreich soll Holstein, Preußen Schleswig und Lauenburg verwalten.

Der Krieg gegen Österreich

Preußen spielt wegen seiner militärischen und wirtschaftlichen Erfolge eine immer größere Rolle in Deutschland. Bismarck will nun auch die eindeutige politische Vormachtstellung Preußens im Deutschen Bund. Österreich fürchtet um seinen Einfluß. Als im Frühjahr 1866 Bismarck dem preußischen Gouverneur von Schleswig befiehlt, in Holstein einzumarschieren, bricht der schon lange schwelende Konflikt zu einem offenen Krieg zwischen den beiden Staaten aus. Nahezu alle großen deutschen Staaten kämpfen in diesem Bruderkrieg auf der Seite Österreichs, doch Preußen siegt in der Entscheidungsschlacht von Königgrätz am 3. Juli 1866. In den folgenden Friedensverhandlungen verhält sich Bismarck sehr maßvoll: Österreich muß nur verschiedene kleinere Gebiete abtreten, eine verhältnismäßig geringe Kriegsentschädigung an Preußen zahlen und schließlich der Auflösung des Deutschen Bundes zustimmen. Mit den süddeutschen Staaten schließt Bismarck ein Verteidigungsbündnis gegen äußere Feinde. Preußen ist jetzt die bedeutendste Macht in Deutschland.

Der Krieg gegen Frankreich

Schon 1866 beginnt Bismarck mit der Neugestaltung Deutschlands. Im September annektiert Preußen Hannover, Kurhessen, Nassau und Frankfurt. Wenige Monate später wird der Norddeutsche Bund unter preußischer Führung gegründet. Ihm gehören alle Staaten nördlich des Mains an. Bismarck wird Bundeskanzler.

Der Machtzuwachs Preußens und die fortschreitende Einigung Deutschlands beunruhigen die französische Regierung. Außenpolitische Mißerfolge und eine starke innenpolitische Opposition erschüttern die Stellung des französischen Kaisers Napoleon III. Als schließlich ein Verwandter des preußischen Königs spanischer Thronfolger werden soll, fühlt sich das Land eingekreist und bedroht. Auf Drängen Frankreichs wird die Kandidatur (Bewerbung) des Hohenzollernprinzen zurückgezogen. Die französische Regierung will aber aus diesem Verzicht einen zusätzlichen außenpolitischen Erfolg erringen; sie fordert deshalb vom preußischen König eine offizielle Zusicherung, daß er niemals wieder eine solche Kandidatur unterstützen werde. König Wilhelm I. stimmt zwar zu, doch lehnt er es ab, der französischen Forderung in dieser offiziellen Form nachzukommen. Bismarck teilt diese Ablehnung des Königs der Presse in so verkürzter Form mit – „Emser Depesche" –, daß sich Frankreich nach damaligen Maßstäben gedemütigt fühlen muß. Es erklärt daraufhin Preußen den Krieg. Die süddeutschen Staaten stellen sich in nationaler Begeisterung an die Seite Preußens. In einem wenige Monate dauernden Feldzug besetzen die deutschen Armeen Frankreich. Schon in der Schlacht von Sedan wird Napoleon III. gefangengenommen. In Frankreich wird daraufhin die Republik ausgerufen. Das Land kapituliert im Januar 1871. In den Friedensverhandlungen muß Frankreich Elsaß und Lothringen an Deutschland abtreten und 5 Milliarden Francs Kriegsentschädigung zahlen. Jetzt kann Bismarck auch die süddeutschen Staaten bewegen, dem Norddeutschen Bund beizutreten: Das Deutsche Reich ist geschaffen! Am 18. Januar 1871 wird der preußische König Wilhelm I. im Königsschloß von Versailles bei Paris zum Deutschen Kaiser ausgerufen. Als der Großherzog von Baden sein „Hurra" auf „Kaiser Wilhelm" ausbringt, stimmen die versammelten Fürsten und Generale begeistert ein. So war schließlich die langersehnte Einigung Deutschlands erreicht, doch anders, als sie die Abgeordneten der Nationalversammlung 1848 erstrebt hatten: Nicht von „unten", durch den Willen der Bürger, sondern von „oben", durch die Waffen der Fürsten, war das Deutsche Reich geschaffen worden.

Abb. 2: Der preußische König Wilhelm wird im Spiegelsaal von Versailles zum Kaiser ausgerufen (Gemälde von Anton v. Werner)

Bismarck im preuß. Abgeordnetenhaus 1862

„Nicht auf Preußens Liberalismus sieht Deutschland, sondern auf seine Macht. Preußen muß seine Kraft zusammenfassen und zusammenhalten auf den günstigen Augenblick, der schon einige Male verpaßt ist; Preußens Grenzen nach den Wiener Verträgen sind zu einem gesunden Staatsleben nicht günstig; nicht durch Reden und Mehrheitsbeschlüsse werden die großen Fragen der Zeit entschieden – das ist der große Fehler von 1848/49 gewesen – sondern durch Eisen und Blut."
(Aus: E. R. Huber [Hrsg.]: Dokumente zur Deutschen Verfassungsgeschichte, Bd. 2, Stuttgart 1964, S. 44 f.)

Wie äußern sich deutsche Parlamentarier zu König und Krieg? (10. Dezember 1870)

„Aller durchlauchtigster, großmächtigster König, allergnädigster König und Herr! Auf den Rat Ew. Majestät hat das Volk um seine Führer sich geschart und auf fremden Boden verteidigt es mit Heldenkraft das frevelhaft herausgeforderte Vaterland. Ungemessene Opfer fordert der Krieg, aber der tiefe Schmerz über den Verlust der tapferen Söhne erschüttert nicht den entschlossenen Willen der Nation, welche nicht eher die Waffen ablegen wird, bis der Friede durch gesicherte Grenzen besser verbürgt ist gegen wiederkehrende Angriffe des eifersüchtigen Nachbarn."

Der linksliberale Politiker Jacoby zur Annexion (Eingliederung) von Elsaß und Lothringen:

„Selbst der eifrigste eingefleischte Annexionist räumt ein, daß die Elsässer und Lothringer mit Leib und Seele Franzosen sind und Franzosen bleiben wollen. Und hätten sie sich auch noch so schwer gegen uns vergangen – wider alles menschliche Recht wäre es, wollten wir sie zwangsweise zu Deutschen machen. Unsere Pflicht ist es, solchen Bestrebungen nationaler Selbstsucht entgegenzutreten."
(Aus: H. Pross [Hrsg.]: Dokumente zur Deutschen Politik 1806–1870. 1963, S. 285 f.)

Wilhelm I. zu Elsaß-Lothringen am 7. 9. 1870

„Die neutralen Mächte, welche schon zögernde Bereitschaft zur Friedensvermittlung verspüren ließen, werden durch die neuesten Ereignisse ihre Fühlhörner wohl wieder einziehen. Diese neutralen Mächte geben schon zu verstehen, daß sie auf Integrität Frankreichs gerichtet seien! Wie dies möglich ist, begreift man nicht! Selbst aus Petersburg (Sitz des russischen Zaren) kommen solche Andeutungen, weil Landabzweigung (Elsaß und Deutsch-Lothringen) ein neuer Zankapfel sein würde, als wenn das linke Rheinufer dies nicht auch schon seit 55 Jahren gewesen sei. Um Deutschland vor Frankreichs steten Gelüsten auf Einfälle in Deutschland endlich sicherzustellen, muß eine Landabtretung verlangt werden, und wollten sich die Fürsten dieser Meinung entgegenstemmen, so riskieren sie ihre Throne."
(Brief König Wilhelms I. an Königin Augusta vom 7. Sept. 1870)

Verfassung des Deutschen Reiches 1871

Seine Majestät der König von Preußen im Namen des Norddeutschen Bundes, Seine Majestät der König von Württemberg, Seine Königliche Hoheit der Großherzog von Baden und seine Königliche Hoheit der Großherzog von Hessen und bei Rhein für die südlich vom Main gelegenen Teile des Großherzogtums Hessen, schließen einen ewigen Bund zum Schutze des Bundesgebietes und des innerhalb desselben gültigen Rechtes sowie zur Pflege der Wohlfahrt des deutschen Volkes. Dieser Bund wird den Namen Deutsches Reich führen und wird nachstehende Verfassung haben.

Artikel 1
Das Bundesgebiet besteht aus den Staaten Preußen mit Lauenburg, Bayern,

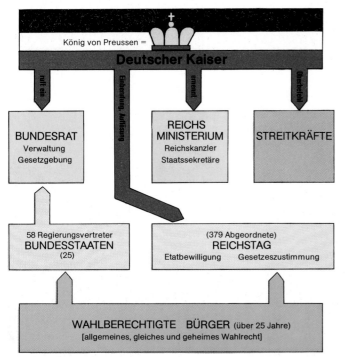

Abb. 3: Verfassung von 1871

Abb. 4: Bismarck – „Der Eiserne Kanzler"

Sachsen, Württemberg, Baden, Hessen, Mecklenburg-Schwerin, Sachsen-Weimar, Mecklenburg-Strelitz, Oldenburg, Braunschweig, Sachsen-Meiningen, Sachsen-Altenburg, Sachsen-Koburg-Gotha, Anhalt, Schwarzburg-Rudolstadt, Schwarzburg-Sondershausen, Waldeck, Reuß ältere Linie, Reuß jüngere Linie, Schaumburg-Lippe, Lippe, Lübeck, Bremen, Hamburg und aus dem Gebiete des Reichslandes Elsaß-Lothringen.

Artikel 2
Innerhalb dieses Bundesgebietes übt das Reich das Recht der Gesetzgebung ... mit der Wirkung aus, daß die Reichsgesetze den Landesgesetzen vorgehen.

Artikel 3
Für ganz Deutschland besteht ein gemeinsames Indigenat (Staatsangehörigkeit) ...

Artikel 5
Die Reichsgesetzgebung wird ausgeübt durch den Bundesrat und den Reichstag.

Artikel 11
Das Präsidium des Bundes steht dem Könige von Preußen zu, welcher den Namen Deutscher Kaiser führt. Der Kaiser hat das Reich völkerrechtlich zu vertreten, im Namen des Reiches Krieg zu erklären, Frieden zu schließen, Bündnisse und andere Verträge mit fremden

Staaten einzugehen, Gesandte zu beglaubigen und zu empfangen.

Artikel 20
Der Reichstag geht aus allgemeinen und direkten Wahlen mit geheimer Abstimmung hervor.
(F. Siebert: Von Frankfurt nach Bonn 1959, S. 37–43)

1. Schildere die wichtigsten Stufen der Entstehung des Zweiten Deutschen Reiches.
2. Beschreibe Abb. 1; erkläre und bewerte die Inschrift.
3. Erkläre die Reichsverfassung von 1871 und vergleiche sie mit dem Verfassungsentwurf von 1849.

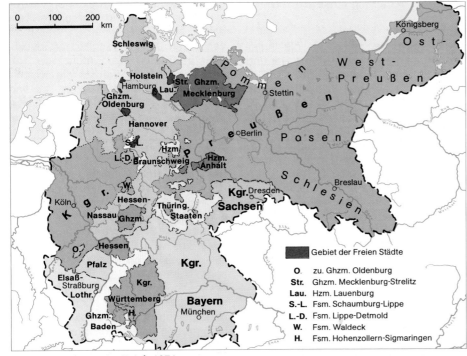

Abb. 5: Das Deutsche Reich 1871

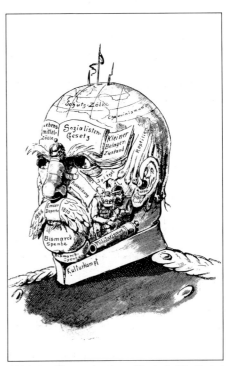

Abb. 6: „Bismarck ohne Maske" (Karikatur von E. Holoch)

Viele Völker bilden eine Nation

Können die USA ein Staat werden?

Abb. 1: Das Treffen von Lexington 1775, der erste Kampf im Unabhängigkeitskrieg. (Zeitgenössischer Kupferstich)

1775 lebten ungefähr 2¹/₂ Millionen Menschen in den damals 13 Kolonien der Ostküste. Davon waren 450 000 Neger, die als Arbeitssklaven aus Afrika vor allem in die südlichen Staaten gebracht worden waren. Die größte Kolonie bildete Virginia mit 500 000 Einwohnern, es folgten Massachusetts mit 340 000 und Pensylvania mit 270 000 Bewohnern, Philadelphia, New York und Boston bestanden bereits als ansehnliche Städte. Von hier aus wurden Weizen, Holz, Felle und Eisen nach Europa versandt, Rum, Zucker, Wein, Kutschen und zahllose andere Gebrauchs- und Luxusgüter eingeführt. Die Kolonien waren immer mehr eigenständige Länder geworden.

Steuern und Zölle für England

Da erhob die englische Regierung den Anspruch, mehr Steuern und Zölle in den Kolonien zu erheben, weil sie nach dem Siebenjährigen Krieg Geld brauchte. Alle Waren, die in den Kolonien geschickt wurden, sollten besteuert werden. Gleichzeitig versuchte man, den Aufbau eigener Produktionen in den 13 nordamerikanischen Kolonien zu verhindern. Amerika sollte die Rohstoffe nach Europa liefern und Fertigwaren von hier kaufen. Die Kolonisten waren besonders über die Steuer empört, weil sie im englischen Parlament (Unterhaus), das diese Abgaben beschloß, keine eigenen Vertreter besaßen. Zuerst versuchten sie daher, auf die eingeführten Waren zu verzichten. Als der englische Gouverneur in Boston die Einfuhr von Tee erzwingen wollte, warfen die Kolonisten voller Zorn 342 Kisten Tee von englischen Schiffen über Bord. Diese „Bostoner Teeparty" war das Signal für den Aufstand der Kolonien gegen England.

Der Unabhängigkeitskrieg

Nach vereinzelten Gefechten zwischen englischen Truppen und den bewaffneten Einheiten (Milizen) der Kolonisten brach 1775 der Unabhängigkeitskrieg aus. Die Engländer verstärkten ihre Armee durch 30 000 Mann deutsche Truppen, die sie in Hessen und Braunschweig gekauft hatten, Unterstützung erhielten sie auch von Indianerstämmen und vereinzelt von regierungstreuen (loyalen) Siedlern. Die Truppen der Kolonisten führte ein Gutsbesitzer aus Virginia, George Wa-

Auswanderung

Seit Beginn des 17. Jahrhunderts segelten Engländer über den Atlantik und ließen sich an der nordamerikanischen Ostküste nieder. Londoner Kaufleute bezahlten für Auswanderer die Überfahrt und die erste Einrichtung der Siedlung, dafür wollten sie Kolonialwaren einhandeln. Anfangs wurden sie zwar enttäuscht, weil das Land weder Gold noch Gewürze zu bieten hatte. Im Kampf gegen Indianer, durch ungenügende Ausrüstung, Kälte, Hunger und Krankheiten starben oft über die Hälfte der Auswanderer. Sie lernten aber bald, mit den neuen Lebensbedingungen fertig zu werden. Immer mehr Farmen und Plantagen wurden angelegt; immer weitere Siedler folgten. Sie kamen aus Abenteuerlust, aber auch weil sie hofften, hier Land zu erwerben und reich zu werden. Ein ebenso wichtiger Grund war für viele, daß sie zu Hause nicht ungestört ihre Religion ausüben konnten. Deswegen wanderten zunächst die englischen Calvinisten (Puritaner) aus, später folgten ihnen Quäker und katholische Iren, als diese in ihren Heimatländern verfolgt wurden.

Selbstverwaltung

Lange Zeit waren die Auswanderer in der neuen Welt auf sich allein gestellt und mußten ihre Angelegenheiten selbst ordnen. So ist uns eine Abmachung der „Pilgerväter" des Schiffes „Mayflower" von 1620 überliefert, die ihr Zusammenleben selbst durch *„gerechte und gleiche Gesetze"* regelten. Daran änderte sich auch später nur wenig, als der englische König Gouverneure zur Regierung einsetzte.

Indianer

Die Ureinwohner Amerikas, die Indianer, lebten meist noch als Sammler und Jäger und betrieben nur gelegentlich einfachen Ackerbau. Sie wurden von den Siedlern verdrängt und in über 30 Indianerkriegen oft systematisch ausgerottet. Man schloß zwar immer wieder Frieden mit ihnen (Forscher haben 371 Verträge gezählt), aber immer wieder brach man diese, wenn neue Siedler mehr Land haben wollten. Man schätzt, daß von der einen Million Indianer, die es vor der Einwanderung der Weißen in Nordamerika gab, um 1900 nur noch 200 000 in Reservaten überlebten. (Heute ist ihre Zahl wieder auf annähernd 900 000 angewachsen).

Aufstieg der 13 Kolonien

Da man schon für 100 Pfund eine Familienfarm mit Ausrüstung bekam, stieg die Einwanderung stetig an. Um

shington (1732–99). Seine Armee war den Engländern unterlegen, auch wenn ihn eine Reihe europäischer adliger Offiziere (z. B. der Deutsche von Steuben, der Franzose de la Fayette und der Pole Graf Pulaski) unterstützten. Sie wich daher den großen Schlachten aus und bekämpfte mit kleinen Einheiten die Engländer. Als die Franzosen jedoch mit einer Kriegsflotte und Truppen zur Unterstützung eingriffen, siegten die Amerikaner. Bei Yorktown wurden fast 8000 Engländer gefangengenommen. 1783 schlossen die Engländer Frieden. Die Unabhängigkeit der 13 Kolonien vom Mutterland wurde anerkannt.

Abb. 2: Jefferson überreicht den Text der Unabhängigkeitserklärung 1776, rechts neben ihm steht Benjamin Franklin. (Zeitgenössisches Gemälde)

Gründe zur Auswanderung

Der puritanische Pfarrer John White schrieb 1630:

„Einige werden vielleicht von der Not getrieben, andere von einer neuen, unbekannten Welt angezogen. Die Hoffnung auf Gewinn beherrscht vielleicht eine dritte Gruppe. Ich bin jedoch sicher, daß für den größten, den ehrlichsten und den gottergebensten Teil der Kolonisten die Verbreitung des Evangeliums das Hauptanliegen ist."
(Burchell: Die Einwanderung nach Amerika in Adams, Die Vereinigten Staaten. S. 188)

Ein Amerikaner erinnert sich: „Mein Vater war von Beruf Polsterer, und sein Geschäft ging sehr gut. Aber er hatte schon immer den starken Wunsch gehabt, ins Ausland zu gehen. Und als sein Haus abbrannte, hat er das wahrscheinlich als willkommenen Anlaß zur Auswanderung genommen."
(Ebbut: Emigrant Life in Kansas 1886, S. 1)

Eine neue Gattung Mensch

Ein französischer Einwanderer schreibt in seinen „Briefen eines amerikanischen Farmers" 1782:

„Worin besteht denn nun eigentlich diese neue Gattung Mensch, dieser Amerikaner?
Er ist weder Europäer noch bloß Nachkomme eines Europäers. Er ist eine einzigartige Mischung, die es in keinem
anderen Land gibt. Ich könnte euch eine Familie zeigen, in der der Großvater Engländer und die Großmutter Holländerin war, ihr Sohn heiratete eine Französin und deren vier Söhne haben jetzt Frauen von vier verschiedenen Nationalitäten.*
Amerikaner ist, wer alte Gewohnheiten und Vorurteile hinter sich gelassen hat und neue mit seiner neuen Lebensform annimmt, einer neuen Regierung gehorcht und eine neue Stellung in der Gesellschaft einnimmt."
(Crévecoeur in The Heritage of America 1951, S. 352 f.).

Selbstbewußtsein der Amerikaner

Ein englischer Beobachter notierte 1796:

„Da der Lebensunterhalt in diesem Land so leicht zu verdienen ist und die Einwohner daher in einem so geringen Maße voneinander abhängig sind, ist ihnen jede Unterwürfigkeit gegenüber Höherstehende, die in der europäischen Haltung vorherrscht, völlig unbekannt. Sie verbringen ihr ganzes Leben, ohne sich um das zustimmende Lächeln oder das ablehnende Stirnrunzeln der Machthaber zu kümmern."
(Morison-Commager: The Growth of the American Republic I, S. 338)

Unabhängigkeitserklärung vom 4. Juli 1776

„Wir halten folgende Wahrheiten für selbstverständlich:
– daß alle Menschen gleich geschaffen sind,
– daß sie von ihrem Schöpfer mit bestimmten unveräußerlichen Rechten ausgestattet sind, dazu gehören Leben, Freiheit und das Streben nach Glück,
– daß zur Sicherung dieser Rechte Regierungen unter den Menschen eingesetzt werden, die ihre rechtmäßige Macht aus der Zustimmung der Regierten herleiten,
– daß, immer wenn eine Regierungsform diese Grundrechte zunichte macht, das
Volk berechtigt ist, die Regierungsform zu ändern oder abzuschaffen und eine neue Regierung einzusetzen; diese dann auf solchen Grundsätzen aufzubauen und ihre Gewalten in der Form zu organisieren, wie es ihm zur Gewährleistung seiner Sicherheit und seines Glückes geboten zu sein scheint."*
Daraus ziehen die Gründungsväter dann folgende Schlüsse: *„Wir, die Vertreter der Vereinigten Staaten von Amerika, ... erklären im Namen und in Vollmacht des Volkes dieser Kolonien: Diese Vereinigten Kolonien sind und müssen mit Recht freie und unabhängige Staaten sein. Sie sind von jeder Untertanenpflicht gegen die britische Krone befreit und jeder Zusammenhang zwischen ihnen und dem Staat Großbritannien ist völlig gelöst. Als freie und unabhängige Staaten besitzen sie das uneingeschränkte Recht, Kriege zu führen, Frieden zu schließen, Bündnisse einzugehen, Handel zu treiben und alle Dinge vorzunehmen, die unabhängige Staaten rechtmäßig tun dürfen."*

Aufschwung der Amerikaner

1783 schrieb der amerikanische Arzt Ramsay:

„Als der Krieg anfing, waren die Amerikaner eine Masse von Landwirten, Kaufleuten, Handwerkern und Fischern; aber die Anforderungen des Landes verliehen den Fähigkeiten der Einwohner einen Auftrieb. Sie bewogen sie dazu, in eine Richtung zu denken, zu sprechen und zu handeln, die weit über das hinausging, was sie gewöhnt waren."
(„Morgan: Die amerikanische Revolution Propyläen Weltgeschichte VII, 2, S. 546)

Wirtschaft in der Neuen Welt

Ein Amerikaner beschreibt die Lage in den USA zur Zeit des Wiener Kongresses 1815 folgendermaßen: *„Die überwiegende Mehrheit war Landbevölkerung und benutzte einfache Werkzeuge und Arbeitsmittel; sie stellte einen Großteil ihrer Gebrauchsartikel selbst her. In Dörfern, Städten und kleinen Siedlungen in der Nähe von Wasserläufen, die Wasserräder antreiben konnten, fanden sich viele kleine Werkstätten und Betriebe, in denen die Besitzer allein oder mit wenigen Helfern für die umliegenden Farmen, für den Markt in der nächsten Stadt oder für die Ausfuhr nach Europa einige Spezialprodukte herstellten. – In den wichtigsten Industriezweigen waren größere Betriebe oder Fabriken entstanden. Sie wurden von Geschäftspartnern oder Gesellschaften betrieben, die zwischen 20 und 200 Arbeiter einstellten und Kapital bis zu 300 000 Dollar für die neuesten Maschinen in den Betrieb steckten. Jedes Stadium der Entwicklung einer Industriewirtschaft gab es damals vom Indianerdorf und der primitiven Farm bis zur Fabrik."*
(Nettels: The Emergence of a National Economy 1962, S. 285/286)

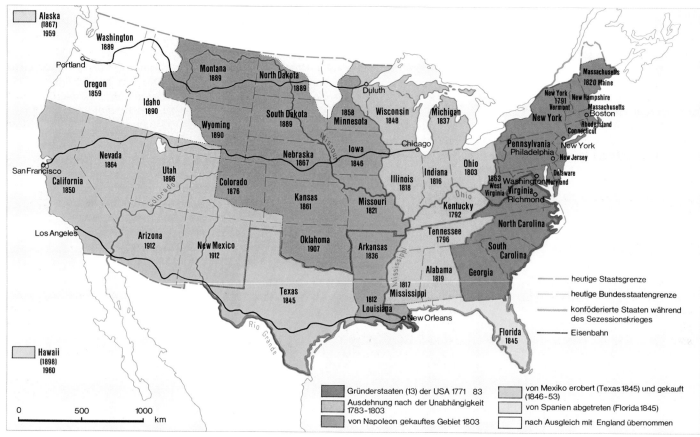

Abb. 3: Die Ausbreitung der USA über den Kontinent

Legend in map:
- – – – – heutige Staatsgrenze
- ––––– heutige Bundesstaatengrenze
- ––––– konföderierte Staaten während des Sezessionskrieges
- ––––– Eisenbahn

Gründerstaaten (13) der USA 1771 83
Ausdehnung nach der Unabhängigkeit 1783-1803
von Napoleon gekauftes Gebiet 1803
von Mexiko erobert (Texas 1845) und gekauft (1846-53)
von Spanien abgetreten (Florida 1845)
nach Ausgleich mit England übernommen

Ein einheitlicher Staat?

Nach langen Verhandlungen einigten sich die Vertreter der 13 Kolonien mit der Verfassung von 1787 darauf, eine Republik und einen Bundesstaat zu bilden. – Das Recht zur Gesetzgebung (Legislative) erhält der Kongreß: Er besteht einmal aus dem Abgeordnetenhaus (Repräsentantenhaus), das von allen Amerikanern gewählt wird, und dann aus dem Senat, in der jeder Einzelstaat zwei Senatoren schickt. Die letzte Entscheidung für die Rechtsprechung liegt beim Obersten Gerichtshof, dessen Richter auf Lebenszeit bestellt sind. Die Ausführung der Gesetze und die Regierung (Exekutive) hat der Präsident. Dazu wurde von den Amerikanern 1789 George Washington als erster gewählt. Nach seinem Namen wurde die neue Hauptstadt der USA benannt. 1791 wurde die Verfassung durch Bestimmungen über Grundrechte ergänzt. Abgesehen von weiteren Ergänzungen gilt sie bis heute.

Neue Gebiete

Nach der Trennung von England richteten die Amerikaner den Blick nach Westen, sie wollten jetzt den eigenen Kontinent erobern. Zuerst zogen neue Siedler, die ständig aus allen Staaten Europas hereinströmten, in den mittleren Westen bis zum Mississippi. Dann kaufte Jefferson, der von 1801 bis 1809 dritter Präsident der USA war, von Napoleon das Gebiet zwischen Mississippi und den Rocky Montains, – ein Drittel des heutigen Nordafrika für nur 15 Millionen Dollar.

Die Grenze wandert westwärts

Immer weiter verschob sich in Nordamerika die Grenze zwischen dem besiedelten Land und der Wildnis bzw. dem Indianerland nach Westen. Sobald ein Gebiet mindestens 60 000 weiße Einwohner zählte und eine eigene Volksvertretung wählte, wurde es als neuer Staat in die USA aufgenommen.

Europäer werden Amerikaner

Gleich nach der Unabhängigkeit der USA hatte der Lehrer, Schulbuchverfasser und Lexikonschreiber Webster 1789 vorgeschlagen, eine eigene Sprache für die Amerikaner zu entwickeln; dieser Plan fand aber keine Anhänger. Damit waren auch später alle Einwohner gezwungen, sich an die englische Sprache und Umwelt Amerikas anzupassen. – In einer großen amerikanischen Fabrik wurden beispielsweise die polnischen Arbeiter einfach Mike 1, Mike 2, Mike 3 usw. genannt, da man ihre Namen weder schreiben noch aussprechen konnte. Viele änderten darauf ihre Familiennamen.

Sklaven

Die Einzelstaaten hatten sich bei der Verabschiedung der Verfassung nicht über die Sklavenfrage einigen können. Fünf Sklaven sollten für den Süden bei der Verteilung der Sitze im Abgeordnetenhaus wie drei Weiße zählen. Der Norden dagegen hatte kaum Sklaven. Er setzte durch, daß nur noch bis 1808 weiter Sklaven eingeführt werden durften, der Bund konnte sogar einen Zoll erheben, um die Einfuhr zu erschweren. In den neu zu gründenden Staaten sollte es verboten sein, Sklaven zu halten.

Darf ein Staat aus den USA austreten?

In der Mitte des 19. Jahrhunderts gerieten die Südstaaten immer mehr in Konflikt mit den Nordstaaten. Dort wuchs die Industrie sehr stark, während die Menschen im Süden in erster Linie von Baumwollanbau lebten. Als Lincoln (1861–65), ein Gegner der Sklaverei, ohne die Stimmen der Südstaaten zum 16. Präsident der USA gewählt wurde, zogen 1861 die Südstaaten aus Washington aus und gründeten die „Konföderierten Staaten von Amerika" mit der Hauptstadt Richmond. Da der Norden die Abspaltung nicht dulden wollte, kam es zu einem vierjährigen blutigen Krieg, dem Sezessionskrieg (1861–65) (Session = Abspaltung). Die Nordstaaten gewannen schließlich durch ihre Überlegenheit an Menschen und bedingt durch ihre entwickelte Industrie, militärischen Material. Die Sklaverei wurde danach zwar abgeschafft, die Mehrzahl der befreiten Neger blieb aber weiter in großer Abhängigkeit von den Weißen, hatte kein Stimmrecht, kein Bürgerrecht und war immer noch wirtschaftlich in der Lage von Leibeigenen.

Siedlungswellen

Ein amerikanischer Reiseführer aus dem Jahr 1837 enthält folgende Beschreibung:

„Die meisten Siedlungen im Westen haben drei Gruppen von Siedlern erlebt, die wie die Wellen des Ozeans eine nach der anderen herangerollt sind. – Zuerst kommt der Pionier, der seine Familie von dem, was er in der Pflanzenwelt findet, und seiner Jagdbeute ernährt. Er benutzt primitive, meist selbst hergestellte Akkergeräte und Werkzeuge und legt nur ein Maisfeld und einen Küchengarten an. Er baut ein rohes Blockhaus und wohnt hier, bis er sein Land einigermaßen kultiviert hat und das Wild knapper wird. – Die nächste Gruppe der Neusiedler kauft das Land, fügt ein Feld nach dem anderen hinzu, legt Wege an und baut einfache Brücken, errichtet Häuser aus behauenen Baumstämmen mit verglasten Fenstern und Ziegelsteinschornsteinen, legt Obstgärten an, baut Mühlen, Schulen, Gerichtsgebäude usw. ... Es zeigt sich das Bild eines bescheidenen zivilisierten Lebens. – Danach kommt eine neue Welle: die Leute mit Kapital und Sinn für organisierte Unternehmen. Aus dem kleinen Dorf wird eine größere Gemeinde oder Stadt. Man errichtet große Häuser aus Steinen, bearbeitet größere Felder, Obstplantagen und Gärten, richtet Colleges ein und baut Kirchen. Feine Wollstoffe,

Abb. 5: Osteuropäische Einwanderer auf Ellis Island, 1905

Ein Südstaatler schreibt über den Norden

Zur gleichen Zeit berichtet ein Einwohner Süd-Carolinas über den Norden:

„Mir graut vor der gemeinen Verschlagenheit und den Grundsätzen, die alles gleich machen wollen, so wie die

gründen; wir mußten lernen, wie man durch das Fenster mit dem Obsthändler feilscht und daß man sich nicht vor dem Polizisten zu fürchten braucht. Und vor allem mußten wir die englische Sprache lernen. Mit unserer verachteten Einwandererkleidung legten wir auch unsere unmöglichen hebräischen Namen ab."
(M. Antin: The Promised Land, 1912 S. 187)

Weiße und Schwarze in den USA in Mill.

	Weiße	Schwarze	
		Sklaven	Freie
1790	3	0,7	0,06
1830	10,5	2,0	0,3
1860	27	4	0,5
1900	67	–	9
1970	178	–	22,5

1. Welche unterschiedliche Kampfweise der Truppen siehst Du auf Abb. 1? Welche Schlußfolgerungen gibt das für den Unabhängigkeitskrieg?
2. Was für Fahnen hängen im Hintergrund des Raumes auf Abb. 2?
3. Welche Regierungsform mußte sich aus der Unabhängigkeitserklärung ergeben? Welche war danach unmöglich?
4. Ein Historiker schrieb, daß in Amerika eine Revolution im Denken des Volks stattgefunden habe, bevor es sich von England unabhängig machte: Welche Ursachen und Gründe hatte der Aufstand der Kolonisten? Warum war das revolutionär?

Abb. 4: George Washington auf seinem Gut Vernon

Abb. 6: Freigelassene Sklaven dürfen zum erstenmal wählen

Seide, Strohhüte, Schleifen und andere Luxusartikel der Mode halten Einzug. – So rollt eine Welle nach der anderen westwärts, und das wahre Paradies liegt hinter dem Horizont."
(nach F. J. Turner: Frontier and Section. 1961, S. 49–50)

Ein Nordstaatler schreibt über den Süden

Als ein Einwohner von Boston den Südstaat South Caroline besucht, mißfällt ihm dort: „Man kann die Einwohner Süd-Carolinas gut einteilen in die wohlhabenden und herrschaftlichen Pflanzer, die armen, mutlosen Bauern und die erbärmlichen Sklaven."

Menschen ohne Vermögen es hier im Norden allgemein vertreten. Diese Grundsätze, für die die untere Klasse der Menschen sich so begeistert und die einen großen Wechsel des Eigentums bewirken werden, so daß Unruhe und Unordnung entstehen muß."
(nach Adams: Die Vereinigten Staaten von Amerika, 1977, S. 77)

Anpassung

Ein jüdischer Einwanderer aus Rußland erinnert sich: „Wir mußten in amerikanische Läden gehen und uns von Kopf bis Fuß einkleiden lassen. Wir mußten die Geheimnisse des eisernen Ofens, des Waschbretts und des Sprachrohre er-

5. In welche Abschnitte läßt sich die Besiedlung der USA einteilen? (vgl. Karte Abb. 3 und Abb. 6 und Text).
6. Wovon ist die Einwanderung in die USA abhängig?
7. Welche Gründe hatte der Sezessionskrieg? Wer hatte „Recht"?
8. Welche Folgen hatten die Anpassungen der Einwanderer?

Frankreich – La Grande Nation

Ist Frankreich ein geglückter Nationalstaat?

Abb. 1: Jeanne d'Arc – eine französische Widerstandskämpferin im Mittelalter

„UN roi" – „EIN König"

Im Gegensatz zu den deutschen Kaisern, die während ihrer Regierungszeit von Pfalz zu Pfalz zogen und niemals eine Hauptstadt einrichteten, wählten die französischen Könige schon im 10. Jh. Paris zu einem Hauptsitz ihrer Herrschaft. Sie drängten allmählich die Macht der Lehnsfürsten zurück und zählen bereits am Ende des 12. Jh. zu den bedeutendsten Herrschern Europas. Im 13. Jh. richtet König Ludwig IX. die ersten zentralen Behörden (Staatsrat, Hofgericht) in Paris ein; das hier gesprochene Französisch setzt sich gegen andere Dialekte und Sprachen (Bretonisch, Katalanisch, Deutsch, Provenzalisch) im Königreich durch. Pairs wird geistiger, politischer und wirtschaftlicher Mittelpunkt des Landes.

Das französische Königtum gerät jedoch in große Gefahr, als 1337 der König von England in Frankreich eindringt und große Teile des Landes erobert. Im Laufe dieses Krieges werden Dörfer und Städte geplündert und veröden; Bauern schließen sich raubenden Soldatenhaufen an; ganze Adelsfamilien laufen zu den Engländern über. Schließlich zieht der englische König sogar in Paris ein. Wenige Jahre später wird der fränzösische Thronfolger in Orleans, der letzten ihm gebliebenen Festung, belagert. Das Schicksal des französischen Königtums scheint besiegelt, Frankreichs Freiheit beendet, da gelingt es Jeanne d'Arc, einem Bauernmädchen aus Ostfrankreich, das sich von Gott zur Befreiung des Landes berufen fühlt, die letzten treuen Anhänger des Königs zu sammeln. An der Spitze eines kleinen

Heeres taucht sie vor Orleans auf und vertreibt die englischen Belagerer. Unter dem weißen Lilienbanner, dem Zeichen der Französischen Könige, führt sie den Thronfolger zur Krönung nach Reims. In ganz Frankreich verbreitet sich die Nachricht vom „Wunder von Orleans" rasch. Das französische Volk, das sich schon aufgegeben hatte, entwickelt neue Abwehrkräfte gegen die Engländer. Mehr als 100 Jahre nach ihrem Einfall werden die Engländer wieder aus Frankreich vertrieben. Jeanne d'Arc (die Jungfrau von Orleans) war zwar in den Wirren dieses langen Krieges an die Engländer ausgeliefert und als Hexe verbrannt worden; heute aber wird sie in Frankreich als Nationalheilige verehrt.

„UNE foi" – „EIN Glaube"

Eine erneute Gefährdung der nationalen Einheit droht im 16. Jh. aus religiösen Gründen: Der Streit zwischen Reformierten (Hugenotten) und Katholiken treibt das Land in einen blutigen Bürgerkrieg, der einen schrecklichen Höhepunkt in der Bartholomäusnacht (24. 8. 1572) hat: 3000 Protestanten werden allein in Paris ermordet, die Leichen aus den Fenstern auf die Straßen oder in die Seine geworfen. Als der Hugenottenführer Heinrich von Navarra nach der Ermordung Heinrichs III. 1589 auf den Thron kommt, sieht er nur eine Möglichkeit, im Land Einheit und Frieden wiederherzustellen und seine Herrschaft auf Dauer zu sichern: Er tritt zum katholischen Glauben über; denn „Paris ist eine Messe wert!" Gleichzeitig setzt er aber für die Hugenotten die volle Gleichberechtigung durch. Sie wird erst wieder von Ludwig XIV. aufgehoben (Revokationsedikt

Abb. 2: Concorde – Symbol nationaler Größe

Abb. 3: Charles de Gaulle

1685). Jetzt verlassen Hunderttausende von Protestanten unter Zwang und verbittert ihr Heimatland und ziehen u. a. nach Holland, Preußen, Polen, ja sogar bis nach Südafrika.

Ludwig XIV., der Sonnenkönig, wurde von den anderen Herrschern und Völkern Europas bewundert, doch lag in der Prunkentfaltung des Hofes, den hohen Militärkosten und der Unfähigkeit zu Reformen der Schlüssel zum eigenen Untergang. Die Französische Revolution fegte das absolute Königtum hinweg und vermochte sich auch gegen ausländische Angriffe durchzusetzen. Diese Erfolge stärkten den nationalen Stolz der Franzosen.

„UNE loi" – „EIN Gesetz"

Napoleon nutzt den Schwung und die nationale Begeisterung der Französischen Revolution aus und führt Frankreich, die „Grande Nation", durch seine siegreichen Feldzüge an die erste Stelle Europas. Im Widerstand gegen die französische Eroberungspolitik bildet sich jetzt aber in den anderen Völkern ein nationaler Behauptungswille heraus, an dem Napoleon schließlich scheitert. Seine umfassenden Reformen in Frankreich selbst haben dagegen bis heute Bestand: Er baut die Verwaltungszentrale Paris weiter aus, gliedert das Land in Verwaltungsbereiche (Departements) neu auf und vereinheitlicht das französische Recht. Auf die englische Atlantikinsel St. Helena verbannt sagt er dazu: „Mein Ruhm liegt nicht darin, 40 Schlachten gewonnen zu haben; das, was nichts auslöschen wird, das ist mein Code Civil!" Dieser von Napoleon vollendete französische Nationalstaat ist in seinen wesentlichen Merkmalen bis auf den

heutigen Tag erhalten geblieben.
Nie wieder erlangte Frankreich eine vergleichbare politische Vormachtstellung in Europa. In Übersee versuchte es – wie andere Nationen – seit 1830, seine nationale Bedeutung durch die Eroberung eines Kolonialreiches zu unterstreichen. Große Teile Afrikas und Ostasiens kamen in französischen Besitz und blieben es bis zur Auflösung des Kolonialreichs nach dem II. Weltkrieg.

Unberührt vom wechselvollen politischen Schicksal blieb Frankreichs Rolle als führende Kulturnation: Französische Sprache, Literatur, Malerei haben in den letzten Jahrhunderten ihre große Bedeutung in der Welt nahezu unverändert erhalten.

Brief Jeanne d'Arcs an die Engländer

„König von England, übergebt der Jungfrau, die von Gott, dem König des Himmels, hierher gesandt wurde, die Schlüssel aller guten Städte, die Ihr in Frankreich eingenommen und geschändet habt. Sie ist gern bereit, Frieden zu schließen, wenn Ihr ihrer Forderung nachkommt und Frankreich verlaßt. Und Ihr, Bogenschützen, Kriegsleute, Hofleute und andere, die Ihr vor der Stadt Orleans liegt, geht im Namen Gottes in Euer Land zurück. Ich bin Feldherr und von Gott hierher gesandt, um Euch, Mann für Mann, aus Frankreich hinauszuschlagen. König Karl, der wahre Erbe, wird das Königreich Frankreich erhalten und im Triumph in Paris einziehen."
(Februar/März 1431)
(Aus: Jacques Cordier: Jeanne d'Arc, Ihre Persönlichkeit und historische Bedeutung. Wiesbaden 1966, S. 114 f.)

König, Kirche und Nation:

„Um keinen Anlaß zu Unruhen und Streitigkeiten zwischen unseren Untertanen bestehen zu lassen, haben Wir erlaubt und erlauben Wir den Anhängern der angeblich reformierten Religion, in allen Städten und Ortschaften Unseres Königreichs und Ländern Unseres Machtbereichs zu leben und zu wohnen, ohne daß dort nach ihnen gesucht oder sie bedrückt und belästigt und gezwungen werden, etwas gegen ihr Gewissen zu tun."
(Heinrich IV., Edikt von Nantes, 1598)
(In: Janko Musulin [Hrsg.]: Proklamationen der Freiheit. Frankfurt/M. und Hamburg 1959)

Kaiser, Gesetz und Nation

„Der berühmte CODE NAPOLEON (Code Civil) erfüllte seinen Hauptzweck in Frankreich gut: Er befreite das Land von einer großen Menge unzusammenhängender örtlicher und gewohnheitsrechtlicher Vorschriften und festigte die politische Einheit des Landes; nachdem er während der vorübergehenden Vorherrschaft Frankreichs über große Teile

Europas verbreitet worden war, wurde er von den unterdrückten Nationen nach ihrer Befreiung entweder beibehalten oder nachgeahmt."
(Der englische Jurist Wilson 1875; Wilson: Modern English Laws, London 1875, S. 181)

Zum französischen Imperialismus:

Ein französischer Geschichtsforscher und Außenminister schreibt: Wenn Frankreich Kolonien gründet, handelt es sich nicht um Eroberungspolitik, sondern darum, „jenseits der Meere in Landstrichen, die gestern barbarisch waren, die Prinzipien einer Zivilisation zu verbreiten, deren sich zu rühmen eine der ältesten Nationen des Globus wohl

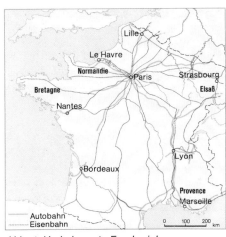
Abb. 4: Verkehrsnetz Frankreichs

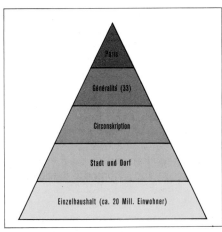
Abb. 5: Verwaltung im 17. Jahrhundert

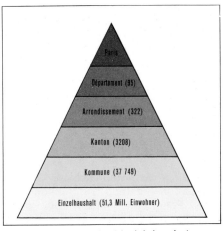
Abb. 6: Verwaltung im 20. Jahrhundert

das Recht besitzt. Es handelt sich darum, in der Nähe und in der Ferne ebenso viele neue Frankreiche zu schaffen."
(Hanatoux: L'Energie française 1902, S. 313)

De Gaulle zur Rolle Frankreichs in Europa

„Es geht darum, die am Rhein, in den Alpen, in den Pyrenäen an Frankreich angrenzenden Länder dazu zu veranlassen, sich ihm in politischer, wirtschaftlicher und strategischer Hinsicht anzuschließen und aus dieser Organisation eine der drei Weltmächte zu machen, die, falls es eines Tages notwendig sein sollte, als Schiedsrichter zwischen dem sowjetischen und angelsächsischen Lager auftreten könnte."(1944)
(Zitiert bei: Wolfgang Haseloff: Die Einigung Europas. Frankfurt/M. u. a. 1971, S. 73)

Präsident, Verfassung und Nation

„Wenn die Einrichtungen der Republik, die Unabhängigkeit der Nation, ihre territoriale Integrität oder die Erfüllung ihrer internationalen Verpflichtungen in ernster und unmittelbarer Weise bedroht sind und das reguläre Funktionieren der verfassungsmäßigen Regierungsorgane unterbrochen ist, ergreift der Präsident der Republik die durch die Umstände erforderlichen Maßnahmen. Er informiert darüber die Nation in einer Botschaft."
(Artikel 16 der französischen Verfassung von 1958)

Ein Franzose zum Nationalismus heute

„Daß der Nationalismus politisch überholt ist, stimmt, glaube ich, nicht. Wir leben im Jahrhundert der Nation. Ich glaube, daß der Europagedanke grundlegend ist. Ich glaube aber, daß es absolut naiv ist anzunehmen, daß ein Gesamteuropa zustande kommt, weil eine Handvoll Leute es einfach beschließen. Das Schicksal der Welt wird von harten Realitäten gemacht, nicht von guten Absichten."
(André Malraux, französischer Bildungsminister um 1960)

1. Warum ist Jeanne d'Arc die Nationalheilige Frankreichs?
2. Warum ist Frankreich ein nahezu rein katholisches Land?
3. Welche Bedeutung haben die Französische Revolution und Napoleon für Frankreich und Europa?
4. Erkläre den Begriff „Kulturnation".
5. Warum erwarb Frankreich ein Kolonialreich?
6. Welche Rolle sucht General de Gaulle seinem Land im 20. Jahrhundert zuzuweisen?
7. Welche Rolle spielt Paris für Verwaltung und Verkehr in Frankreich? Vergleicht das französische Verwaltungssystem im 17. und 20. Jahrhundert.
8. Hältst Du den politischen Zusammenschluß Europas für möglich? – Was meint der französische Politiker Malraux dazu?

Polen — Macht und Ohnmacht einer Nation

Wie entstand und zerfiel der polnische Staat?

„Noch ist Polen nicht verloren" – so begann ein Marschlied, das polnische Soldaten sangen, die im französischen Heer unter Napoleon dienten. Ihr Staat war am Ende des 18. Jahrhunderts zerstört und von der Landkarte verschwunden; sie hofften, ihn mit französischer Hilfe wieder zu alter Größe entstehen zu lassen.

Der Aufstieg Polens

Polen war zwischen dem 10. und dem 14. Jahrhundert aus den Auseinandersetzungen einzelner Fürsten und den Kämpfen mit seinen Nachbarn als Staat entstanden. Seine Bewohner waren hauptsächlich Slawen, doch gab es z. B. auch Deutsche, die als Siedler oder als Angehörige des Deutschen Ritterordens ins Land gekommen waren. Durch eine kluge Heirats- und Bündnispolitik erstarkte das Land und wurde schließlich als polnisch-litauisches Großreich im 15. und 16. Jahrhundert zur Führungsmacht in Osteuropa: Polen erstreckte sich von der Ostsee fast bis zum Schwarzen Meer; mit seinen 900 000 km² war es damals dreimal so groß wie heute und hatte etwa 20 Millionen Einwohner.

Der Niedergang Polens

Im Sejm, dem polnischen Reichstag, gab es nur Adlige. Wie auch in anderen europäischen Staaten brauchten sie keine Steuern zu zahlen, hatten aber das Recht, ihren König frei zu wählen. König konnte auch ein Nichtpole werden, und so herrschten z. B. zwischen 1570 und 1760 nur während etwa 25 Jahren polnische Adlige als Könige.

Ungewöhnlich war auch das „Liberum Veto": Der Einspruch schon eines Abgeordneten reichte aus, um den Reichstag beschlußunfähig zu machen, denn Einstimmigkeit war vorgeschrieben. Die Nachbarmächte Polens nutzten diese Möglichkeit und bestachen häufig Abgeordnete. So endeten von 55 Reichstagen (1625–1764) 48 ohne Ergebnis. Als schließlich am Ende des 18. Jahrhunderts der letzte polnische König das Land durch längst notwendige Reformen (u. a. Abschaffung des Liberum Veto, Erbkönigtum, Erweiterung der Rechte des einzelnen) wieder zu festigen suchte, verhinderten die Nachbarstaaten Rußland, Österreich und Preußen die Durchführung der Pläne. Sie griffen in die inneren Auseinandersetzungen ein, besetzten das Land und teilten es in mehreren

Abb. 1: Ankunft geschlagener polnischer Aufständischer an der preußischen Grenze 1831

Etappen unter sich. 1795 hörte Polen auf, als Staat zu existieren; doch der Wille, ihn wiedererstehen zu lassen, erlosch in den Herzen der Polen nie.

Die Teilungszeit

Die Niederlage Napoleons zerstörte die Hoffnung der Polen, ihren Staat wiederzuerrichten. Die Neuordnung Europas auf dem Wiener Kongreß führte lediglich zu einer Umverteilung des ehemaligen polnischen Staates: Nach 1815 hatte sich Rußland nahezu 80 % (570 000 km²) angeeignet, Preußen und Österreich die restlichen 20 % je zur Hälfte geteilt. So nahmen die Polen den Kampf um Freiheit und Unabhängigkeit in vielfältiger Weise auf: Polnische Emigranten warben im Ausland um Anerkennung und Unterstützung der polnischen Sache, in ihrer Heimat dagegen kämpften die Polen oft so, wie es in dem Lied weiter heißt:
„Was fremde Übermacht uns nahm,
Nehmen wir mit dem Säbel zurück!"
Doch alle Bemühungen um eine schnelle Wiederherstellung Polens scheiterten.

In Russisch-Polen wurden die Unterdrückungsmaßnahmen immer härter. Russische Soldaten schlugen 1831 den ersten Aufstand blutig nieder und viele Polen emigrierten. Bei einer erneuten Erhebung 1863 wurden Zehntausende von Polen getötet oder

nach Sibirien verschleppt. Der nationale Widerstandswille war damit zunächst gebrochen.

In den von Österreich besetzten Gebieten war die Lage der Polen nicht so bedrückend. Österreich gewährte seinen polnischen Untertanen einen eigenen Landtag, einsprachige polnische Universitäten wurden zugelassen, und in den Schulen durfte in polnischer Sprache unterrichtet werden. Polen wurden als einzige Nichtdeutsche in dem Vielvölkerstaat sogar zu Ministerpräsidenten ernannt.

Auch Preußen war in den ersten Jahrzehnten nach 1815 bereit, den in seinen Grenzen wohnenden Polen einige Rechte einzuräumen: Polen wurden z. B. zu Polizisten und Richtern ernannt, Polnisch war als Amtssprache erlaubt. Weite Kreise der deutschen Bevölkerung verfolgten mit Anteilnahme und Begeisterung den Freiheitskampf in Russisch-Polen. Auch nahmen an den revolutionären Erhebungen in Deutschland 1848 viele Polen mit dem Ruf „Für Eure Freiheit, für unsere Freiheit" teil. Doch je stärker die Deutschen nach einem eigenen Nationalstaat drängten, desto störender empfanden sie nationale Minderheiten auf deutschem Gebiet. So war die Polenpolitik Preußens und des Deutschen Reiches immer stärker darauf ausgerichtet, die Polen durch vielfältige Ver-

| Zeit | Polen | | Es fielen an: | | | | | |
| | | | Russland | | Preussen | | Österreich | |
	1000 qkm	Mio. Einw.	1000 qkm	Mio. Einw.	1000 qkm	Mio. Einw.	1000 qkm	Mio. Einw.
1770	735	11,8						
1772	525	7,3	95	2,6	35	0,6	80	1,3
1793	215	3,2	250	3,0	60	1,1	–	–
1795	0	0	115	1,2	55	1,0	45	1,0
Absolut	–	–	460	6,8	140	2,7	125	2,3

Abb. 2: Die Aufteilung Polens

ordnungen und Erlasse „einzudeutschen" (Germanisierungspolitik). Die polnische Sprache wurde jetzt im öffentlichen Leben zurückgedrängt und die Neuansiedlung von Polen eingeschränkt. Diese und weitere Maßnahmen führten zu ständig wachsenden Spannungen im Verhältnis zwischen Deutschen und Polen, zumal auch diese jetzt immer stärker nationalpolnisch dachten und handelten.

Die Ausübung des „Liberum Veto"

Der erste beste Abgeordnete verkündete, ohne erst nach einem Vorwand zu suchen, in der Kammer: *„Einem Reichstag wird nicht zugestimmt"*, und das genügte, allen Anwesenden die Beschlußfähigkeit zu nehmen. Und wenn ihn der Vorsitzende fragte: *„Aus welchem Grunde?"*, antwortete er kurz und bündig: *„Ich bin Abgeordneter und dulde es nicht."* Nachdem er dies gesagt hatte, setzte er sich wie ein stummer Teufel nieder und antwortete auf das Drängen der anderen Abgeordneten, die Ursache für die Lahmlegung des Reichstages bekanntzugeben, nur das eine: *„Ich bin Abgeordneter."*
(Kitowicz)
(Information zur politischen Bildung 142, „Deutsche und Polen" I. Bonn 1970, S. 5)

Maria Theresia zur ersten Teilung

Seit dem Beginn der Wirren in Polen habe ich die Absicht des Königs von Preußen, sich eines Teiles dieses Königreiches zu bemächtigen, als die von uns am meisten zu fürchtende Sache betrachtet. (Der Vergrößerung Preußens müssen) wir also um jeden Preis zuvorkommen oder sie verhindern.
(A. v. Arneth: Geschichte Maria Theresias, VIII., Wien 1877, S. 375)

Ein polnisches Urteil über 1847:

Diejenigen, die auf ihrem heimatlichen Boden das Mannesalter erreichen, sollten daheim bleiben, um bei günstiger Gelegenheit die Waffen zu ergreifen. Wehe dem Volk, das die Hoffnung seiner Unabhängigkeit auf den Schutz einer fremden Macht setzt; ein solches wird niemals frei, niemals unabhängig werden.
(Lelewel)

Die Polenfrage in der Frankfurter Nationalversammlung

„Den nicht deutsch redenden Volksstämmen Deutschlands ist ihre volkstümliche Entwicklung gewährleistet, namentlich die Gleichberechtigung ihrer Sprachen, soweit deren Gebiete reichen, in dem Kirchenwesen, dem Unterrichte, der inneren Verwaltung und der Rechtspflege."
(Paulskirchenverfassung, Paragraph 188)

„Die Politik, die uns zuruft: ‚Gebt Polen frei', ist eine kurzsichtige Politik. Unser Recht ist kein anderes als das Recht des Stärkeren, das Recht der Eroberung."
(der Abgeordnete Jordan 1848)

Eine Polin erinnert sich an ihre Schulzeit in Preußen:

Am 20. Mai 1901 kam der Schulinspektor Winter in die Schule und sagte zu uns: „Ihr seid Deutsche." Darauf riefen wir im Chor: „Wir sind Polen." Obwohl der Inspektor uns drängte, lehnten wir die Annahme der (deutschen) Katechismen (Religionslehrbuch) ab. Der Inspektor verließ die Klasse. Nach einiger Zeit rief man uns einzeln in eine andere Klasse, wo man uns mit Schlägen bestrafte. Als ich an die Reihe kam, fragte man mich: „Willst Du Religion in deutscher Sprache lernen?" Ich antwortete: „Nein." Da schlug mir Lehrer Schoelzchen mit dem Rohrstock aus voller Kraft auf die Handflächen . . . Fast zwei Wochen lang konnten die Kinder nicht schreiben, weil sie mit ihren geschwollenen Händen nicht einmal die Feder halten konnten. Doch wir hielten stand im Kampf um die polnische Sprache in der preußischen Schule.
(Leokadia Stankowska. In: K. Staemmler: Polen aus erster Hand, Würzburg 1975, S. 133 f.)

Wie wirken Polen in der Emigration

In Ländern, in denen sich eine größere polnische Emigration aufhält, werden Ausschüsse geschaffen, z. B. in Paris, London usw. . . . Die Aufgabe dieser Ausschüsse ist, . . . auf die Meinung der fremden Völker einzuwirken, ihre Sympathie für unsere Sache zu erwecken, allgemein Bundesgenossen zu gewinnen und den Teilungsmächten Schwierigkeiten zu bereiten.
(aus: Satzung der Liga Polska 1887)

1. Nenne Gründe für den Zerfall Polens.
2. Warum wurden die Reformen des letzten polnischen Königs von den Teilungsmächten verhindert?
3. Vergleiche die Polenpolitik der drei Teilungsmächte.
4. Abb. 1: Beschreibe die polnischen Emigranten bei ihrer Ankunft in Preußen und die Reaktion der Bevölkerung.

Abb. 3: Größte Ausdehnung Polens

Abb. 4: Polen nach der I. Teilung 1772

Abb. 5: Polen nach der II. Teilung 1793

Abb. 6: Polen nach der III. Teilung 1795

Polens Schicksal im 20. Jahrhundert
Wie entstand das heutige Polen?

Alte Nation – neuer Staat

Als mit Beginn des Ersten Weltkrieges Rußland gegen Österreich und das Deutsche Reich stand, flammte nach 120 Jahren Kampf und Enttäuschung die Hoffnung wieder auf, daß Polen als Staat wiedererstehen könne. Russen und Deutsche wollten Polen wiederherstellen, um einen zusätzlichen Verbündeten zu gewinnen. Als schließlich auch der amerikanische Präsident Wilson im Januar 1918 dieses forderte, war der Weg hierzu frei. Unter allen Beteiligten – auch unter den Polen selbst – war man sich jedoch nicht über Grenzen und Aufbau des neuen Staates einig: Nach den Beschlüssen der Versailler Friedenskonferenz 1919 wurden die Westgrenzen z. T. erst nach Volksabstimmungen festgesetzt, die Ostgrenze erst 1921 nach einem polnisch-russischen Krieg gezogen.

Dieses neue Polen war eine demokratisch-parlamentarische Republik, die vor zahlreichen Problemen stand: Das Land war durch den Krieg verwüstet, wirtschaftlich rückständig und politisch zersplittert (es gab 59 politische Parteien und Verbände, von denen 31 im Sejm vertreten waren); es mußte sich auch aus den drei Teilungsgebieten erst wieder zu einem einheitlichen Nationalstaat zusammenfinden.

Die innenpolitische Schwäche Polens führte schließlich 1926 zum Staatsstreich Marschall Pilsudskis, der im Ersten Weltkrieg ein bedeutender militärischer Führer gewesen war. In den folgenden Jahren schränkte er vor allem die Rechte des Parlaments immer stärker ein. Die nationalen Minderheiten – über 30 % der Bevölkerung waren keine Polen – verloren dadurch die Möglichkeit, ihre Ziele durchzuset-

zen. Dennoch gelang es nicht, das Land innenpolitisch und wirtschaftlich zu festigen. Außerdem begannen sich in diesen Jahren das nationalsozialistische Deutsche Reich und die kommunistische Sowjetunion anzunähern, was niemand für möglich gehalten hatte. Das neue Polen geriet damit in eine tödliche Gefahr.

„Der Mensch muß nicht unbedingt alles erleben, was er aushalten kann."

Polen hatte zwar Beistandsabkommen mit England und Frankreich abgeschlossen; dadurch konnte aber der deutsche Überfall auf Polen und die Niederlage zu Beginn des Zweiten Weltkrieges nicht verhindert werden. Erneut wurde der polnische Staat aufgeteilt: Die Sowjetunion besetzte den östlichen, Deutschland den westlichen Teil. Doch im Gegensatz zum bisherigen Schicksal sollten jetzt die Polen nach der Vorstellung nationalsozialistischer Führer auch als Nation vernichtet werden. Schon nach zehn Jahren NS-Herrschaft sollte *„dieses Untermenschenvolk des Ostens als führerloses Arbeitsvolk zur Verfügung stehen und bei eigener Kulturlosigkeit"* seinen Kindern in einer nur vierklassigen Volksschule die Lehre beibringen lassen, *„daß es ein göttliches Gebot ist, den Deutschen gehorsam zu sein und ehrlich, fleißig und brav zu sein."*
(Himmler an Hitler)

Durch unbeschreibliche Greueltaten in den deutschen Vernichtungslagern verloren trotz verzweifelter Gegenwehr – wie z. B. 1943 beim aussichtslosen Aufstand im Warschauer Getto und 1944 beim Kampf der polnischen Untergrundarmee in Warschau – bis

1945 sechs Millionen Polen, darunter drei Millionen Juden, ihr Leben. Diese brutalen Ausrottungsmaßnahmen und die Verschleppung von etwa einer Million Polen nach Sibirien durch die Russen waren die härtesten Schläge, die die polnische Nation in ihrer Geschichte ertragen mußte. Im Verlauf des Zweiten Weltkrieges kam jeder fünfte Pole ums Leben.

Die Gegner Deutschlands waren sich schon im Krieg einig, daß Polen als Staat wiedererstehen müsse. Bei der Diskussion um das künftige Staatsgebiet forderte die polnische Exilregierung in London die Wiederherstellung Polens in seinen Vorkriegsgrenzen. Stalin hingegen beanspruchte den Osten des Landes für die Sowjetunion. Polen sollte dafür im Westen durch deutsches Gebiet entschädigt werden. Die Westmächte billigten diesen Plan. 8,5 Millionen Deutsche flohen oder wurden nach Kriegsende oft unter grausamen Bedingungen aus ihrer Heimat vertrieben.

Diese Vorgänge belasten bis heute schwer das Verhältnis zwischen der deutschen und polnischen Nation.

Probleme des Wiederaufbaus

Zu den großen Aufgaben, die der neue Staat bewältigen mußte, zählte die Lösung der Bevölkerungsfrage: Mehr als 2 Millionen aus dem Ausland zurückkehrende Polen und 1,5 Millionen Polen aus dem an die Sowjetunion abgetretenen Gebiet mußten eingegliedert werden. Weitere wichtige Aufgaben waren der wirtschaftliche Wiederaufbau und die Umgestaltung des Staates in eine Volksdemokratie nach sowjetischem Vorbild.

Unverändert stark blieb aber der Ein-

Abb. 1: Warschaus Wiederaufbau nach dem 2. Weltkrieg

Abb. 2: Johannes Paul II bei seinem Polenbesuch (Juni 79)

fluß der katholischen Kirche, die schon in den Jahren der Teilung und Verfolgung von dem tiefreligiösen polnischen Volk als ein die Nation einigendes Band empfunden wurde. Auch heute sind 95 % der Polen getauft und 80 % praktizierende Katholiken.

Am wichtigsten erschien den Polen jedoch eine Garantie ihrer neuen Grenzen. Nach Grenzverträgen mit der Sowjetunion (1945) und der DDR (1950) erfolgte nach heftigen innenpolitischen Auseinandersetzungen eine entsprechende Regelung mit der Bundesrepublik Deutschland 1969. So können die Polen endlich als geeinte Nation im eigenen Staat leben.

Der amerikanische Präsident Wilson zum Polenproblem:

„Ein unabhängiger polnischer Staat soll geschaffen werden, der alle von unbestreitbar polnischer Bevölkerung bewohnten Gebiete umfaßt; ein freier und sicherer Zugang zum Meer soll ihm gewährleistet werden; seine politische und wirtschaftliche Unabhängigkeit soll durch internationalen Vertrag gewährleistet werden."
(Punkt 13 der 14 Punkte Wilsons)

Aus dem „Geheimen Zusatzprotokoll" zum Nichtangriffspakt zwischen Deutschland und Rußland (23. 8. 1939):

„Für den Fall einer territorialpolitischen Umgestaltung der zum polnischen Staat gehörenden Gebiete wären die Interessensphären Deutschlands und der UdSSR ungefähr durch die Linie der Flüsse Narew, Weichsel und San abgegrenzt. Ob die beiderseitigen Interessen die Erhaltung eines unabhängigen polnischen Staates erwünscht erscheinen lassen, kann erst im Laufe der weiteren politischen Entwicklung geklärt werden."
(In: G. Schönbrunn [Hrsg.]: Weltkriege und Revolutionen, München 1961, S. 438)

Der britische Premierminister Churchill und der sowjetische Ministerpräsident Stalin über polnische Grenzfragen (Konferenz von Teheran 28. 11.–1. 12. 1943):

„Eden (britischer Außenminister) bemerkte, die Auffassung, die Stalin am Nachmittag geäußert habe, Polen könne nach Westen bis an die Oder gehen, habe ihm starken Eindruck gemacht. Eden meinte, was Polen im Osten verliere, könnte es im Westen gewinnen. Stalin erwiderte, möglicherweise sei dem so, aber er wisse es nicht. Ich demonstrierte dann mit drei Streichhölzern, wie ich mir Polens Marsch nach Westen vorstellte. Das amüsierte Stalin, und in dieser Stimmung gingen wir auseinander."
(In: Habel-Kistler: Die Grenze zwischen Deutschen und Polen, Bonn o. J., S. 21 f.)

Das Vorwort des deutsch-polnischen Vertrages (18. 11. 1970):

„Die Bundesrepublik Deutschland und die Volksrepublik Polen,
in der Erwägung, daß mehr als 25 Jahre seit Ende des Zweiten Weltkrieges vergangen sind, dessen erstes Opfer Polen wurde und der über die Völker Europas schweres Leid gebracht hat, eingedenk dessen, daß in beiden Ländern inzwischen eine neue Generation herangewachsen ist, der eine friedliche Zukunft gesichert sein soll, in dem Wunsche, dauerhafte Grundlagen für ein friedliches Zusammenleben und die Entwicklung normaler und guter Beziehungen zwischen ihnen zu schaffen, in dem Bestreben, den Frieden und die Sicherheit in Europa zu festigen, in dem Bewußtsein, daß die Unverletzlichkeit der Grenzen und die Achtung der territorialen Integrität und der Souveränität aller Staaten in Europa in ihren gegenwärtigen Grenzen eine grundlegende Bedingung für den Frieden sind, sind wie folgt übereingekommen: . . ."
(Jacobsen u. Tomala [Hrsg.]: Wie Polen und Deutsche einander sehen, Düsseldorf 1973, S. 361)

Aus der Erklärung des Bundeskanzlers Brandt zum deutsch-polnischen Vertrag:

„Über dreißig Jahre sind vergangen, seit der Zweite Weltkrieg mit dem deutschen Angriff begann. Das polnische Volk hat Unsagbares erleiden müssen. Der Krieg und seine Folgen haben beiden Völkern, auch uns Deutschen, unendlich viele Opfer abverlangt. Jetzt geht es um die friedliche Zukunft zwischen den beiden Ländern und Völkern. Wer seine Angehörigen verloren hat, wem seine Heimat genommen wurde, der wird nur schwer vergessen können. Trotzdem muß ich gerade in dieser Stunde die heimatvertriebenen Landsleute bitten, nicht in Bitterkeit zu verharren, sondern den Blick in die Zukunft zu richten." (20. 11. 1971)

Der Sekretär der Kommunistischen Partei Polens, E. Gierek, über die Renovierung des Warschauer Königsschlosses:

„Wir werden es aus den Ruinen in gemeinsamer nationaler Anstrengung errichten. Bei dieser Tat darf niemand fehlen, der polnisch denkt und fühlt. Trage jeder einen Ziegel bei, und wir werden gemeinsam aus dem wiederaufgebauten Schloß ein neues großes Symbol nationaler Einheit schaffen. Allen geschichtlichen Stürmen zum Trotz wird über der Weichselböschung das Denkmal unserer unabhängigen Staatlichkeit stehen – das Königsschloß." (1971)
(Frankfurter Rundschau, 21. 11. 1977)

„Nichts geht mehr ohne die Kirche"

Von langer Erkrankung kaum genesen,

Abb. 3: Polen 1921

Abb. 4: Polen nach dem 2. Weltkrieg

hat Wyszyński (poln. Kardinalprimas) der Bitte Giereks (poln. Parteichef) nach einem Gespräch entsprochen, weil er vor der Audienz des Parteichefs beim Papst am 29. November gern die Gelegenheit nutzte, seine Wünsche vorzubringen. Mehr noch lag Gierek an der Begegnung, weil die polnischen Kommunisten gegenwärtig ohne die Kirche nichts mehr bewegen können.

Der neue Papst – ein Pole

„Am Nachmittag des 23. Oktober empfing Papst Wojtyla 4000 Polen aus allen Teilen der Welt. Der bewegendste Augenblick dabei war die Umarmung zwischen dem Papst und Kardinal Wyszyński. ‚Auch wenn du jetzt auf dem Stuhl Petri sitzt, bleibst du doch immer ein polnischer Bischof', sagte der polnische Primas. ‚Auf den Kuren versichern wir, daß wir dir immer nahe sein werden.'"
(Der SPIEGEL, 11. Dezember 1978, S. 181 f.)

1. Wie ändern sich die polnischen Grenzen im 20. Jahrhundert?
2. Vergleiche und beurteile die Äußerungen der ersten drei Quellen zu Polen.
3. Warum werden Kirchen und Schlösser im kommunistischen Polen wiederaufgebaut?
4. Welche Ziele werden durch den deutsch-polnischen Vertrag angestrebt?

England – Mutter aller Industrien

Warum entwickelt sich England zur ersten Industrienation?

Fabriken und Industrie

Im 18. Jahrhundert gestaltete eine Reihe von Erfindungen die bisherige Produktionsweise (Handwerk, Verlag, Manufaktur) um. Es entstand eine neue: das Fabrikwesen. Das Fabrikwesen läßt sich am besten dadurch beschreiben, daß an die Stelle menschlicher Geschicklichkeit und Kraft Maschinen traten, die schneller, regelmäßiger, billiger und fehlerlos arbeiteten. Diese Verbesserungen steigerten die menschliche Produktivität und die Einkommensmöglichkeiten in einem nie gekannten Ausmaß. Man bezeichnet diesen Vorgang auch als industrielle Revolution, weil sich nicht nur die Produktionsweise wandelte. Auch die Umwelt, die Lebensweise und die Formen des Zusammenlebens der Menschen änderten sich. Der Begriff Revolution ist dabei nicht im politischen Sinn zu verstehen, wo er zumeist eine plötzliche, gewaltsame Veränderung in sehr kurzer Zeit bezeichnet. Neue Erfindungen, Technologien und Erkenntnisse setzten sich nämlich teilweise erst recht zögernd durch. Immerhin dauerte es 95 Jahre von der Entdeckung des Prinzips der Dampfmaschine bis zu ihrem Einsatz als Antriebsmaschine und noch weitere 80 Jahre, bis um 1850 herum, die in England arbeitenden Dampfmaschinen mehr PS leisteten, als die traditionellen von Wasserkraft betriebenen Werke. Der amerikanische Kulturhistoriker Sorokin hat festgestellt, daß in den Jahren von 1700–1900 mehr Erfindungen gemacht und eingesetzt wurden als in der Geschichte des Abendlandes seit Christi Geburt insgesamt.

Lehren der Religion

Reformatorisches, besonders calvinistisches Gedankengut prägt den Puritanismus (Reine Lehre). Dabei sollte sich besonders die Prädestinationslehre auswirken, nach der das Schicksal des Menschen von Gott vorbestimmt ist. Weil die Gnade Gottes am selbst erarbeiteten Wohlstand, am Lebenserfolg ablesbar sei, entwickelten die Puritaner neben einer bewußt einfachen und moralisch einwandfreien Lebensweise auch großes Gewinnstreben und Verlangen nach wirtschaftlicher Freiheit. Zeitgenössische Urteile lauteten daher auch: *„Wie die Bienen arbeiten, um ihren Stock zu füllen, so soll auch der Mensch als soziales Wesen schaffen für das Wohl der Gesellschaft.“*

Theorie der Wirtschaft

Adam Smith (1723–1790) begründete die Lehre vom wirtschaftlichen Liberalismus. So wurden die puritanische Weltanschauung auch im Wirtschaftsverhalten theoretisch untermauert:

Die englische Gesellschaft

Mehrere Merkmale charakterisieren die vorindustrielle Gesellschaft in England. Sie war aristokratisch-hierarchisch und glich einer Pyramide, deren Spitze eine kleine Schicht bildete (1688: 186 Lords = 0,00013 % der Gesamtbevölkerung). Diese war jedoch ohne großen politischen Einfluß. Größeren politischen Einfluß in ihren Gemeinden hatte die Gruppe des niederen Adels und „Neuadels“ (Gentry). In England bestand jedoch keine streng feudalistische Kasten- oder Klassengesellschaft, wie sie auf dem Kontinent zu finden war. Das erlaubte im Verhältnis zu dieser eine recht große Durchlässigkeit nach oben und unten. Wer Besitz an Grund und Boden hatte, konnte aufsteigen. Andererseits mußten nicht erbberechtigte Söhne des Hochadels Berufe im ‚Mittelstand‘ ausüben.
Es bestand demnach kein scharfer Gegensatz zwischen Bürgern und Adel. Die Offenheit zeigte sich z. B. in der sozialen Zusammensetzung der Royal societey of arts (in freier Übersetzung etwa: Königliche Gesellschaft zur Förderung von Kunst und Technik): Ihre Mitglieder waren Herzöge, Uhrmacher, Admiräle, Schauspieler, Bischöfe, Geistliche verschiedener Sekten, Bankiers, Buchhändler usw.

Die Agrarrevolution

Zu den Grundbedürfnissen des Menschen gehören Nahrung und Kleidung. Wer hier günstig und qualitativ hochwertig anbot, konnte den Markt beherrschen. Wie überall war es die Aufgabe der Landwirtschaft, den durch den Bevölkerungsanstieg gewachsenen Lebensmittelbedarf zu decken. Die Ertragsfähigkeit des Bodens war jedoch begrenzt, und die Bearbeitungsmethoden waren teilweise noch unwirtschaftlich. In England wurde die nach kaufmännischen Gesichtspunkten ausgerichtete Landwirtschaft schon im 15. Jahrhundert von adligen Herren eingeleitet. Indem man kleinbäuerliches Pachtland zu großen Flächen zusammenlegte und durch Hecken schützte (Einhegung engl. enclosure), hatte man die Voraussetzung für eine wirtschaftli-

chere Bodennutzung geschaffen. Auch die traditionellen Anbaumethoden wurden verändert. Der Fruchtwechsel löste früher als in Deutschland die Dreifelderwirtschaft ab.
Diese Maßnahmen waren vorteilhaft für den Großgrundbesitz, schadeten aber den kleinen Bauern und Pächtern. Sie bildeten das Landproletariat und stellten die für die beginnende Industrialisierung notwendigen Arbeitskräfte.

Technischer Stand

England verfügte über gut ausgebildete Uhrmacher, Tischler und andere Handwerker, die teilweise im 16. und 17. Jahrhundert aus dem bis dahin führenden Kontinentaleuropa wegen wirtschaftlicher Krisen und Kriege nach England auswanderten. So gelangten beispielsweise Solinger Schmiede nach Sheffield, dem Stahlzentrum Englands im 18. Jahrhundert. Warum hatten dann aber die Briten die technischen Fähigkeiten früher und schneller ausgebildet als andere Nationen, die es kaum schafften, englische Erfindungen zu Beginn der Industrialisierung nachzubauen?
Die Erklärung dafür ist nicht einfach. Die meisten Erfinder entstammen der Mittelklasse, was beweist, daß es für Kinder aus guten Familien keine Herabsetzung, sondern auch Notwendigkeit war, bei Handwerkern in die Lehre zu gehen. Handarbeit war eben keine Schande. Die Ausbildung fachlich geschulter Arbeitskräfte wurde sorgfältig gepflegt. So konnten Handwerker später ohne große Schwierigkeiten in die neuen Berufe beispielsweise als Maschinenbauer umsteigen. Sie hatten zumeist gute Kenntnisse in Arithmetik, kannten Grundzüge der Geometrie und Meßkunde und verfügten so häufig über ein solides, leicht in die Praxis umsetzbares Wissen in Mathematik. Die Kenntnisse wurden in zahlreichen Ausbildungsstätten vermittelt. Daneben gab es Akademien, gelehrte Gesellschaften und Privatschulen mit Abendunterricht.

Erklärt die Geschichte den Vorsprung Englands?

Daten:
● In der Magna Charta von 1215 sichern sich die Barone gegenüber dem König ein Mitspracherecht bei politischen und wirtschaftlichen Entscheidungen.
● Der König wurde gegenüber den

freien Bürgern zur Wahrung des Rechts verpflichtet; „*Kein freier Mann soll gefangen, enteignet, geächtet oder verbannt, noch irgendwie geschädigt werden ... außer nach dem Gericht der Standesgenossen oder dem Landrecht.*"

- im 13. Jahrhundert werden bereits Bürger ins Parlament berufen, wo sie zusammen mit den Rittern und den beiden oderen Ständen – Klerus und Inhabern von Kronlehen vertreten sind.
- 1534 löst Heinrich VIII. mit Einverständnis des Parlaments die englische Kirche von Rom.
- Unter seinem Sohn Eduard VI. (1547–1553) gewinnt der Calvinismus Einfluß in England.
- 1571 Eröffnung der Englischen Börse.
- 1581 Walter Raleigh gründet die erste Kolonie in Nordamerika (Virginia).
- 1600 Die Ostindische Kompanie dringt nach Indien vor: England entwickelt sich zur See- und Kolonialmacht.
- Nach der Glorious Revolution (1688) wird der Zunftzwang aufgehoben.

Eine puritanische Familie

„*Der Vater übernahm 1709 ein kümmerliches Hüttenwerk und fand als erster, daß man den Hochofen statt mit Holzkohle besser mit Koks beschicken könne. Der Ort war sehr arm, unter den Einwohnern war wenig Geld im Umlauf. Nun blühte sein Werk auf, und Bargeld kam unter die Leute. Nach dem Tode des Fabrikanten sagte jeder: ‚Er war ein gottesfürchtiger Mann.' Sein Sohn stellte eine Dampfmaschine im Werk auf, die im Sommer Kühlwasser für die Öfen heranpumpte ... Auch erfand er eine neue Art der Stabeisenherstellung. Auf den Rat, sich das Verfahren patentieren zu lassen, antwortete er abweisend; er wolle die Erfindung anderen nicht vorenthalten. Dann setzte er durch, daß ‚Straßen gebaut und mit Schwellen und Schienen belegt wurden ...', um in Wagen die Güter an Flüsse und zu den Hochöfen zu schaffen.' – ‚Er lebte streng nach den göttlichen und moralischen Gesetzen' ...*"
(W. Trog, Die nationale und industrielle Revolution, S. 40.)

Der Weg zum Wohlstand

„*Der Jahresertrag einer Volkswirtschaft ist höher, wenn sie sich auf die Erzeugung derjenigen Waren beschränkt, in denen sie vor anderen Ländern Kostenvorteile voraushat und sie ihrerseits von anderen Ländern diejenigen Waren kauft, die dort billiger sind. Die Regelung der Austauschverhältnisse aber muß dem freien Spiel der wirtschaftlichen Kräfte überlassen bleiben (...). Die Industrie eines Landes kann sich nur in dem Maße vermehren, als das Kapital zunimmt, und das Kapital nimmt nur in dem Maße zu, als nach und nach aus dem Einkommen gespart wird (...). Das natürliche Bestreben jedes Menschen, seine Lage zu verbessern, ist, wenn es sich mit Freiheit und Sicherheit geltend machen darf, ein so mächtiges Prinzip, daß es ... allein und ohne Hilfe die Gesellschaft zum Wohlstand und Reichtum führt.*"
(A. Smith, Untersuchung über Natur und Ursache des Wohlstands der Nationen, 1776.)

Die wirtschaftliche Lage

Für das 18. Jahrhundert gibt es keine exakten Angaben über das Volkseinkommen in England. Aus Reiseberichten ist jedoch zu ersehen, daß nicht nur der Reichtum gleichmäßiger verteilt war, sondern daß die Kaufkraft größer und der allgemeine Lebensstandard höher als auf dem Kontinent gewesen sein müssen:

„*Der englische Arbeiter aß nicht nur besser, er gab auch einen geringeren Teil seines Einkommens als sein kontinentaleuropäischer Kollege für Nahrungsmittel aus. Die Folge war, daß der Engländer mehr für andere Dinge, einschließlich der Manufakturwaren, ausgeben konnte. Er trug bereits Lederschuhe, als sich der Flame und der Franzose noch mit Holzpantinen begnügen mußten. Er ging in Wolle gekleidet, während der französische und der deutsche Bauer Leinen trugen, das zwar den Tisch oder das Bett zierte, vor dem europäischen Winter aber einen schlechten Schutz bot.*"
(D. S. Landes, Der entfesselte Prometheus. Köln 1973, S. 58.)

1. Diese Seite zeigt Dir, warum die Industrialisierung in England begann. Außerdem findest Du hier Hinweise, die auch für die nachfolgenden Seiten wichtig sind. Untersuche dazu:
– Was ist mit „Gunst der Lage" gemeint?
– Beschreibe die Lage der Wirtschaftsräume! Was ist daran besonders wichtig?
– Finde heraus, welche Standortbedingungen für die Ansiedlung von Industrie entscheidend sind!
2. Welche Schichten konnten in England politisch aktiv werden?
3. Prüfe, welche Aufstiegsmöglichkeiten die englische Gesellschaft bot!
4. Welcher Zusammenhang bestand zwischen Gesellschaftsstruktur und Erwerbsleben?
5. Erläutere die entscheidenden Merkmale des Calvinismus, und beschreibe seinen Einfluß auf das Erwerbsleben!
6. Fasse Adam Smith's Wirtschaftsgrundsätze zusammen! Nenne die entscheidenden Unterschiede zum Merkantilismus!

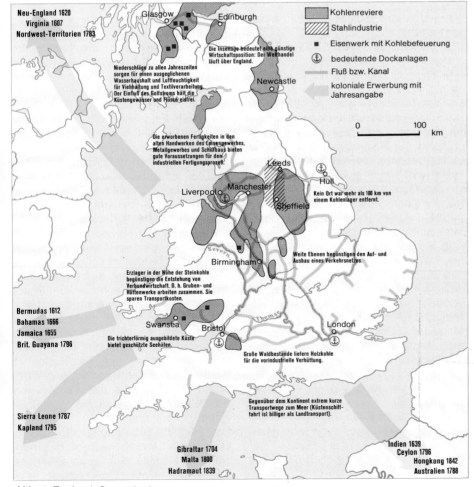

Abb. 1: England: Gunst der Lage

Erfindungen verändern das Textilgewerbe
Ersetzt die Maschine den Menschen?

Weben wie in der Steinzeit

Das Herstellen von Stoffen durch Weben ist eine sehr alte Technik. Sie wurde nachweislich schon von den Menschen der Jungsteinzeit beherrscht, wie originale Stoffreste aus Tschatalhüjük beweisen. Man benutzte einfache senkrechte Webstühle; die Kettfäden straffte man durch aufgehängte tönerne Gewichte. Im 13. Jahrhundert n. Chr. kam der Trittwebstuhl auf, der auch noch im 18. Jahrhundert in Gebrauch war. Dieser Webstuhl setzte den Webern, sowohl was die Arbeitsgeschwindigkeit anbelangt als auch was die geringen Abmessungen des Tuches betrifft, enge Grenzen. Wollte man ein breiteres Tuch weben, so waren zwei Weber notwendig. Sie mußten beide an einer Seite des Webstuhls das Schiffchen zwischen sich hin und her stoßen.

Kay verbessert den Webstuhl

Die umständliche Arbeitsweise wurde mit der Erfindung des Schnellschützen durch den Engländer John Kay (1733) wesentlich verbessert. Kay hatte sein Schiffchen auf kleine Rollen gesetzt, so daß es sich auf einer Holzführung hin und her bewegen konnte. Jetzt war auch bei sehr breiten Tuchen nur noch ein Weber notwendig. Durch das Ziehen einer Leine bewegte der Weber zwei Holzhämmer, die das Schiffchen hin- und zurückschlugen. Der Webvorgang war viel schneller geworden. Als Kay seine Erfindung einführen wollte, traf er auf den erbitterten Widerstand der englischen Weber, die um ihre Arbeit fürchteten. Die Fabrikanten nahmen die Erfindung sehr gern auf, zahlten Kay aber kein Geld dafür. Überall wurde er als Feind der Handweber angesehen. In Manchester mußte man ihn in einem Sack Wolle verstecken und nach Frankreich bringen. Dort starb er verarmt, obwohl sich sein Weberschiffchen in der 2. Hälfte des 18. Jahrhunderts überall in England durchgesetzt hatte.

Die schnelleren Weber brauchen mehr Garn

Kays Verbesserung als Folge einer erhöhten Nachfrage hatte natürlich einen höheren Bedarf an Garn zur Folge, so daß sich viele Menschen mit dem Problem beschäftigten, wie man den Spinnvorgang beschleunigen könne, um mit der Weberei Schritt zu halten. Für den Bedarf eines geübten

Abb. 1: Die Spinnerin am Herd. Beschreibe den Arbeitsplatz!

Webers mußten jetzt bereits fünf Spinner arbeiten.

1767 erfand der Weber James Hargreaves (1740–1779) die „JENNY", eine Spinnmaschine, an der eine Spinnerin gleichzeitig acht statt bisher eine Spindel bedienen konnte. Allerdings hatte diese verbesserte Handmaschine den Nachteil, daß man mit Hilfe der „JENNY" nur die gröberen Schußfäden spinnen konnte, die Kettfäden mußten weiter von Hand gesponnen werden. Als den Garnspinnern bekannt wurde, daß die neue Maschine viel schneller als die üblichen Handspinnräder spinnen konnte, brachen sie in Hargreaves' Haus ein und zerstörten seine Maschinen. Hargreaves mußte nach Nottingham flüchten und verbesserte dort die Maschine weiter. Er setzte immer mehr Spindeln ein, zuletzt über 50. Auch in Nottingham versuchten die Weber, Hargreaves Erfindung zu vernichten, doch war die Entwicklung nicht mehr zu stoppen.

Die Fabrik verdrängt die Hausindustrie

Die Erfindungen Kays und Hargreaves sind Verbesserungen von Handmaschinen, die zwar das Tempo der Produktion steigerten, jedoch nach wie vor die Produktion in Heimarbeit (Hausindustrie) beließen. Die Landbe-

völkerung webte Tuche für den eigenen Bedarf und für den Verkauf auf dem Markt. In Gegenden wie Lancashire hatte jedes kleine Häuschen etwas Landwirtschaft, ein Spinnrad und einen Webstuhl. In der Zeit der Feldbestellung und Ernte arbeitete die Familie auf dem Feld, im langen Winter aber war man mit Spinnen und Weben beschäftigt. Auf dieses Geld waren die Menschen angewiesen. Deshalb fürchteten sie bei jeder technischen Verbesserung um diese Einnahme. Daneben gab es Fabrikanten, die viele Spinner und mehrere Weber für sich zu Hause arbeiten ließen. Als jedoch durch die Verbesserungen mehr Tuch produziert wurde, als die kleinen örtlichen Märkte aufnehmen konnten, kamen Händler, die das Tuch billig aufkauften und auf entfernteren Märkten verkauften. Diese Händler lieferten die Rohbaumwolle und ließen sie durch Spinner und Weber weiter verarbeiten. Nun arbeiteten die Weber zum Teil schon in Gebäuden, die den Händlern gehörten. Billige Arbeitskräfte gab es in den Städten zur Genüge, da viele Landbewohner Arbeit suchten.

Die Händler arbeiteten mit großem Gewinn und hatten dadurch das notwendige Kapital, die neuen Erfindungen einzusetzen. 1769 erhielt Arkwright, ein ehemaliger Barbier, das

Patent für eine Wasserspinnmaschine, deren Fäden als Schuß- und Kettfäden verwendet werden konnten. Arkwrights Maschine steht am Anfang einer neuen Entwicklung. Sie konnte nicht mehr wie die einfachen JENNIES von Hand bedient werden, sondern wurde mit

Zuletzt wurde eine Spinnmaschine sein Lieblingsgedanke.

Arkwrights Maschine benötigte bei derselben Anzahl von Spindeln wie die „Jenny" eine ungleich größere Kraft. Arkwright gab ihr daher gleich zu Anfang die Einrichtung, daß sie durch Wasser

konnte nicht mehr nach Belieben und ohne Aufsicht sein Rad drehen und der Weber nicht mehr sein Schiffchen hin- und herbewegen. Sie mußten ihre Arbeit nunmehr in einer Fabrik mit der Geschwindigkeit verrichten, die ihnen eine rastlose, unbeseelte Maschine vorschrieb. So entwickelten sie sich zu Bestandteilen eines großen Teams, das gemeinsam seine Tätigkeit aufnahm, unterbrach und beendete. All dies vollzog sich unter den Blicken von Aufsehern, die durch Anwendung moralischen, pekuniären (geldlichen) und gelegentlich sogar physischen (körperlichen) Drucks Fleiß erzwangen. Die Fabrik bildete eine neue Art von Gefängnis; die Uhr eine neue Art von Kerkermeister.
(David S. Landes, a. a. O., S. 54)

Abb. 2: James Hargreaves' „Spinning-Jenny" (Mechanische Spinnmaschine 1767 (verbessertes Modell)

Wasserkraft betrieben. Diese Maschine konnten die Spinner nicht mehr wie die JENNY nach Hause nehmen, sondern sie mußten zu den Maschinen gehen, um zu arbeiten. Die Farbrik wird begründet. Arkwrights Fabrik in Nottingham ist der Beginn des modernen Fabriksystems.

Die Baumwollverarbeitung
Noch bedeutsamer war, daß sich die Baumwolle technologisch für die Mechanisierung viel besser eignete als die Wolle. Sie ist eine zähe und relativ gleichmäßige pflanzliche Faser. Dagegen ist Wolle organisch und zeigt ein unbeständiges Verhalten. Bei den ersten primitiven Maschinen, die noch recht unhandlich waren und ruckartig arbeiteten, erwies sich die Widerstandsfähigkeit der Baumwolle als ein entscheidender Vorteil. In der Wollerzeugung hat sich ein Element der Kunst erhalten, das auch die ausgeklügelten vollautomatischen Maschinen nicht völlig beseitigen konnten.
(David S. Landes, a. a. O., S. 86.)

Arkwrights Spinnmaschine (Water frame)
Richard Arkwright war 1732 zu Preston geboren und von 13 Kindern das jüngste. Lange lebte er vom Bartscheren, später trieb er einen kleinen Handel.

getrieben werden konnte. Aus derselben Ursache nun eignete sie sich vorzüglich zum fabrikmäßigen Betrieb der Spinnerei. Er tat jedoch noch mehr. Nicht nur errichtete er selbst schon, als er sein Patent nahm, die erste Spinnerei, sondern benutzte sein Eigentumsrecht dazu, daß er jedem Fabrikanten gegen eine gewisse Entschädigung ähnliche Einrichtungen gestattete. So förderte er zugleich den schnellen Aufschwung dieser Industrie. Er war es endlich, der zuerst jene treffliche Organisation und jene bewundernswürdige Anordnung aller sich wechselseitig unterstützenden Arbeiten einführte, die seitdem allen großen Fabrikanstalten zum Vorbild diente.
(Nach: Christian Bernoulli: Rationelle oder theoretisch-praktische Darstellung der gesamten mechanischen Baumwollspinnerei. Basel 1829, S. 7)

Die Fabrik verändert den Alltag
Für den Arbeiter reichten die Konsequenzen noch weiter, weil nicht nur seine berufliche Rolle, sondern seine gesamte Lebensweise auf dem Spiele stand. Für viele – wenn auch bei weitem nicht für alle – bedeutete die Einführung des Maschinenwesens erstmals eine völlige Trennung von den Produktionsmitteln. Allen zwang jedoch die Maschine eine neue Disziplin auf. Der Spinner

Bevölkerungsentwicklung in England im 18. Jahrhundert

Jahr	Geburtenquote pro Tsd.	Sterbequote
1700	31	26
1710	27,5	26,5
1720	30,5	30
1730	32	33
1740	33	31,5
1750	34	28,5
1760	33	26,5
1770	34	27,5
1780	35	28
1790	35,5	27
1800	34,5	23

(Nach: Das 19. Jahrhundert, H. 2, Informationen zur pol. Bildung, 164, S. 8)

1. Berechne den Geburtenüber- oder unterschuß. 2. Welche Bedeutung hat die Bevölkerungsentwicklung für das Textilgewerbe? 3. Welcher Zusammenhang besteht zwischen der Bevölkerungsentwicklung und Lohnentwicklung im Textilgewerbe bei gleichzeitiger Mechanisierung? 4. Informiere Dich über die Bevölkerungsentwicklung in Entwicklungsländern und die damit verbundenen Probleme!

1. Worin lag der Vorzug von Kays Erfindung? Welche weiteren Konsequenzen hatte diese Erfindung?
2. In welchem Bereich herrscht immer noch Handarbeit vor?
3. Warum eignet sich gerade die Baumwolle für die Mechanisierung?
4. Welche Textilien werden heute aus Baumwolle hergestellt?
5. Wie erklärst Du Dir den Widerstand der Menschen gegen die neuen Maschinen?
6. Warum beginnt mit Arkwrights Erfindung das Fabrikzeitalter?
7. Beschreibe die Veränderungen, die die Arbeit in Fabriken für die Menschen bedeutet!
8. Inwiefern besteht ein Zusammenhang zwischen den einzelnen Erfindungen?
9. Nenne die Vorteile und Nachteile der neuen Maschinen!

Die Textilindustrie begründet Englands Weltruhm

Bringt die Mechanisierung nur Elend?

Zwischen 1760 und 1780 hatte sich der Rohbaumwollverbrauch in England verzehnfacht. Vor der Baumwollindustrie rangierte, betrachtet man die Zahl der Beschäftigten und den Produktionswert, nur die Wollfabrikation. In der Baumwollindustrie wurden immer mehr Garne auf der „Spinning Jenny" oder auf Arkwrights Wasserspinnmaschine produziert. 1775 entwickelte der Engländer Samuel Crompton eine verbesserte Spinnmaschine, die Mule-Maschine (Mule = Maultier). Diese neue Maschine verband die Arbeitsvorgänge der Jenny und der Wasserspinnmaschine miteinander, wodurch sich sowohl die Qualität der erzeugten Garne als auch die Produktivität wieder wesentlich steigern ließen. Als dann 1785 die Dampfmaschinen auch in der Spinnerei Eingang fanden, war man vom Standort, Lage am Wasser, unabhängig. Der Spinnvorgang wurde damit stark beschleunigt.

Moderne Spinnerei, rückständige Weberei

Samuel Cromptons neue Mule-Maschinen lieferten mehr Garn, als die Weber mit ihren Handwebstühlen verarbeiten konnten. Daran änderte auch lange Zeit der 1786 von E. Cartwright (1743 bis 1823), einem ehemaligen Geistlichen, entwickelte erste mechanische Webstuhl nichts, denn dieser war technisch noch nicht ausgereift. In dieser Zeit nahm die Handweberei für eine kurze Zeitspanne einen großen Aufschwung. Die Weber wurden besser bezahlt, damit sie Anreiz hatten, noch mehr zu produzieren. Immer mehr Menschen strömten in dieses Gewerbe, da der gute Verdienst lockte. Die Nachfrage nach englischen Stoffen stieg weiter, denn neue Verfahren der Fertigbehandlung, Chlorbleiche, neue Farbstoffe, Zylinderdruck, hatten die Attraktivität der Tuche erhöht. Die Deckung des Bedarfs an Baumwolle wurde durch die Erfindung der Baumwoll-Entkörnungsmaschine durch den Amerikaner Whitney 1793 ermöglicht. Statt 1 Pfund Baumwolle konnte eine Arbeitskraft jetzt 100 Pfund von den Samen trennen, daher wurde der Anbau in den USA sehr gesteigert. Der Aufschwung der Handweberei kam dann Anfang des 19. Jahrhunderts zum Erliegen, da der Cartwright-Webstuhl nach vielen Verbesserungen 1804 mit dem Handwebstuhl konkurrenzfähig war.

Eine Maschine verdrängt die Handarbeit

1806 wurde in Manchester die erste mit einer Dampfmaschine betriebene mechanische Weberei eingerichtet. 1818 gab es 15 mechanische Baumwollwebereien. 1833 waren dann schon 85 000 mechanische Webstühle in England in Betrieb und bedrohten die Handweberei immer mehr in ihrer Existenz. Die Maschinen arbeiteten kostengünstiger, so daß die Handweber für immer geringeres Entgelt arbeiten mußten oder einfach brotlos wurden.

Menschen stürmen die Maschinen

Diese Entwicklung hatten viele Menschen vorausgesehen, und sie wollten sich nicht damit abfinden. Deshalb traf die Einführung des mechanischen Webstuhls auf noch größeren Widerstand als die Erfindung Kays und die mechanischen Spinnmaschinen, denn der mechanische Webstuhl bedrohte einen weitverbreiteten Männerberuf. Die Weber organisierten ihren Widerstand in einer Geheimgesellschaft: Sie nannten sich Ludditen nach einem Ned Ludd, der früher als Maschinenstürmer gegen Strumpfwirkmaschinen bekannt geworden war. Ihr Ziel war es, durch Kampf gegen die Maschinen das englische Parlament zu einem Gesetz zu zwingen, das den Gebrauch von Maschinen verbieten sollte, die den Menschen ihre Arbeitsplätze raubten. Die Geheimgesellschaft ging meist in folgender Weise vor: Ein anonymer Brief an den Unternehmer enthielt die Drohung, daß die Fabrik zerstört würde, wenn der Unternehmer weiter menschensparende Maschinen einsetzte, andernfalls sollte die Fabrik in Flammen aufgehen, oder zumindest sollten die Maschinen zerstört werden. Die Ludditen waren nur sehr schwer von der Regierung zu ergreifen, da die Leute auf dem Lande entweder Angst vor ihnen hatten oder heimlich mit

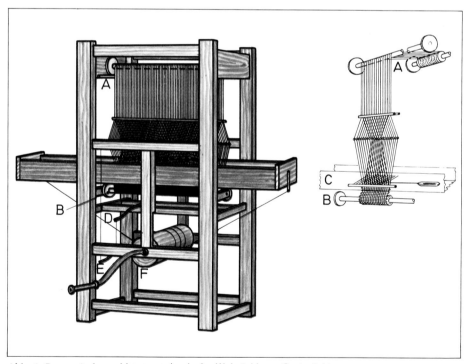

Abb. 1: Der erste brauchbare mechanische Webstuhl von Cartwright

Die vom Kettbaum (A) ablaufenden Kettfäden führen Doppelbewegungen aus, so daß das Webfach entsteht, eine Art Fadentunnel, durch den der Schußfaden mit dem Schiffchen im Schüttkasten (C) eingetragen wird. Die Kammlade bewegt sich schwingend hin und zurück, sie wird mit dem Hebel D bewegt und drückt den neueingetragenen Schußfaden an das fertige Gewebe an, das von dem Warenbaum (B) aufgenommen wird. Der Schafthebel (E) drückt die Schäfte nach oben oder unten, so daß die betreffenden Kettfäden gehoben oder gesenkt werden, d. h. daß sich das Webfach jeweils verändert. Der Antrieb für Schützen, Schäfte und Kammlade erfolgt durch eine Handkurbel (F).

ihnen sympathisierten. Und doch wurde die Bewegung von der Regierung schließlich zerschlagen. Der Kampf gegen die Arbeitslosigkeit und die niedrigen Löhne, gegen Elend, Hunger und Not war für die Handweber verloren.

Ein alter Berufsstand muß weichen
Zwischen 1822 und 1825 wurde der mechanische Webstuhl weiter verbessert, der Siegeszug war unaufhaltsam. Auch die Wollindustrie wurde jetzt mechanisiert. Zudem war man seit der Erfindung des Jacquard-Webstuhls, 1808, in der Lage, ohne Schwierigkeiten und mit größter Genauigkeit alle Arten von Mustern zu weben. Wozu man früher Tage gebraucht hatte, das schaffte ein Jacquard-Webstuhl in einer Stunde.
1855 gab es noch immer 50 000 Handweber in England, die aber bald aufgeben mußten, ähnlich wie ihre Kollegen auf dem Kontinent, wo die englischen Maschinen im 2. Drittel des 19. Jahrhunderts immer mehr Verwendung fanden. Die Textilindustrie hatte Englands Weltruhm begründet, und die Textilmaschinen machten den stärksten Eindruck auf die Zeitgenossen. „In den vierziger Jahren des 19. Jahrhunderts konnte eine Baumwollfabrik mit 750 Arbeitern und einer Dampfmaschine von 100 PS 50 000 Spindeln laufen lassen und soviel Garn wie 200 000 Arbeits-

tion schwerlich mehr als 40 000 Menschen; und jetzt, da die Maschinen erfunden sind, mittelst deren ein Arbeiter so viel Garn erzeugen vermag als damals 200 oder 300, finden ihrer 1 500 000 oder 37 mal soviel dabei ihr Brot. Und dennoch gibt es jetzt noch viele, die so verblendet sind, daß sie Klage über die Zunahme und Ausdehnung des Maschinenwesens erheben. Der Aufschwung unserer Baumwollindustrie fiel in einen kritischen Zeitpunkt, denn kurz zuvor hatte England seine amerikanischen Kolonien verloren; so war es wieder dieser jüngste Geschäftszweig, der unserm Handel bei weitem die meiste Tätigkeit verschaffte."
(Edward Baines, History of cotton manufactory in Great Britian, London 1835. Zit. nach: W. Treue u. a., a. a. O., S. 106 ff.)

Alle kaufen englische Baumwolle
Auf dem Binnenmarkt fanden Baumwollwaren als Ersatz für Woll- oder Leinenstoffe schnell Anklang bei allen Bevölkerungsschichten, jedoch hatten die Auslandsmärkte für die Fabrikanten weitaus größere Bedeutung. 1792 wurden die billigen englischen Maschinengarne zum erstenmale auf den Messen des europäischen Kontinents in großen Posten angeboten. Das Rückgrat des englischen Baumwollwarenexports bildeten jedoch die überseeischen Länder, deren Märkte England konkurrenzlos be-

men, das will ihre Gewerkschaft nicht akzeptieren. Wir sind keine Maschinenstürmer, aber wir haben das Recht auf einen angemessenen Arbeitsplatz erworben, sagen sie, und Betriebsrat Lothar H. fügt hinzu: Schließlich haben wir mit unserer Arbeit auch das Geld für den Kauf der neuen Technologien miterwirtschaftet."
(Margrit Gerste, in: Die Zeit, Nr. 10, 3. 3. 78, S. 71).

Import von Rohbaumwolle in Großbritannien (Tonnen)

1701–1715	585	(Jahresdurchschnitt)
1716–1720	1 086	(Jahresdurchschnitt)
1764	1 935	
1780	8 000	
1801	25 000	
1815	50 000	
1825/30	100 000	(Jahresdurchschnitt)
1849	346 000	

(Aus: Amtlicher Bericht über die Industrie-Ausstellung aller Völker in London im Jahre 1851, 2. Teil, Berlin 1852, S. 11)

1. Welcher Zusammenhang besteht zwischen den einzelnen Erfindungen?
2. Aus welchen Berufen kamen die Erfinder?
3. Wer ‚bezahlt' die Mechanisierung?
4. Wo schafft die Maschine Arbeit?
5. Welche Bedeutung hatte die Textilindu-

Abb. 2: Die Mule-Maschine. Frauen kontrollieren das Garn, während Männer die Maschinen überwachen.

Abb. 3: Automation. Maschinensaal mit Spulmaschinen für synthetische Garne.

kräfte an Spinnrädern produzieren" (Henderson).

Was bedeutet die Baumwollindustrie für England?
„Die mechanische Spinnerei wurde zu einer großen Fabrikanstalt, zu einem wahren organischen Ganzen..., so daß dem Menschen zuletzt nichts als die Leitung der Arbeit übrigblieb, und dieses eigentümlich organische System mußte so vielfache Vorzüge darbieten, daß es bald auch in anderen Zweigen der Fabrikation soviel wie möglich angenommen wurde... Beim Regierungsantritt Georg III. (1760) ernährte die Baumwollfabrika-

herrschte. Die Garnherstellung konzentrierte sich in schnell aufschießenden Fabrikorten. Diese Gebiete sind die ältesten Industriereviere der Welt.
(Aus: Rudolf Rübberdt: Geschichte der Industrialisierung, München, 1972, S. 19 ff.)

Schriftsetzer fürchten um ihre Zukunft. Neue Drucktechnik bedroht heute ganzen Berufsstand
Die Männer in der Mettage: ratlos. Wie sich der technische Fortschritt für die Betroffenen auswirkt (1978). „Zwei Drittel der Fachkräfte, sagt Lothar H., würden schließlich wegrationalisiert werden. Das will keiner der Setzer hinneh-

strie für England?
6. Welche Wirtschaftszweige haben Anteil an dem Aufschwung?
8. Welche Berufe sind durch die Industrialisierung verschwunden? Worin siehst Du eine Parallele zwischen den Webern und den Druckern? Wo liegen die Unterschiede?
9. Vergleiche die Entwicklung vom Spinnrad zur automatischen Spulmaschine. Welche Gefahren siehst Du?
10. Erkläre die Preisentwicklung für Baumwollgarne! Wie erklärst Du Dir die Statistik für den Import der Baumwolle?
11. Vgl. die Entwicklung vom Spinnrad bis zu Abb. 3. Welche Gefahren siehst Du?

Die Dampfmaschine
Nur eine neue Energiequelle?

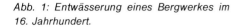

1. Erkläre den Entwässerungsvorgang!
2. Was ist die Energiequelle?
3. Welche Gefahren und Probleme siehst Du bei diesem Verfahren?

Abb. 1: Entwässerung eines Bergwerkes im 16. Jahrhundert.

Abb. 2: Verbreitung von Dampfmaschinen und Bergbaureviere

Maschinen arbeiten für den Menschen

In der vorindustriellen Zeit wurden neben mechanischer und tierischer Muskelkraft die natürlichen Kräfte Wind und Wasser durch Windmühlen und Wasserräder in verschiedenen Gewerben als Energiequellen genutzt. Dabei konnte sich der Mensch nicht immer auf diese Möglichkeiten verlassen, da sie nicht jederzeit und auch nicht gleichmäßig zur Verfügung standen. Und deshalb hatte sich seit der Antike kaum etwas verändert: In der Landwirtschaft wurde mit handgeschmiedeten Sicheln und Sensen gemäht, im Bergbau schlug man die Kohle mit dem Schlegel, und die Wolle wurde mit dem Handspinnrad verarbeitet.

Der Gedanke an eine vom Wetter unabhängige Energiequelle beschäftigte daher die Menschen schon seit langem. In Experimenten hatten Otto von Guericke (1602–1686) und Denis Papin (1647–1712) nachgewiesen, daß man ein Vakuum erzeugen und mit Hilfe atmosphärischen Druckes Arbeit leisten kann. Diese Vorarbeiten nahm der Engländer Thomas Newcomen auf und entwickelte 1712 eine „Feuermaschine" zum Heben von Wasser, die aber noch schwerfällig und leistungsschwach war. Immerhin arbeiteten um 1770 rund 300 Newcomen-Apparate mit einer Leistung von je 5 PS in England. Aber erst die Dampfmaschine von James Watt aus dem Jahr 1769 ersetzte in den 80er Jahren Newcomens Erfindung. Watt schrieb: *„Wir haben viele öffentliche Prüfungen unserer Maschinen und der herkömmlichen (= Newcomens) durchgeführt, und in einigen Versuchen arbeitete unsere viermal besser als diese und in keinem Versuch weniger als dreimal so gut"* (Newcomens 7 Maschinen hatten pro Jahr 19 000 t Kohle verbraucht, 5 Maschinen von Watt mit gleicher Leistung nur 6100 t).

Um 1800 waren schließlich rund 1000 Maschinen im Gebrauch, die größtenteils in Bergwerken, Brauereien und Wasserwerken pumpten. Trotzdem gingen die Verbesserungen im beginnenden 19. Jh. nur zögernd voran, weil alle Maschinen noch von Hand hergestellt werden mußten. Wenn Fehler auftraten, waren die Reparaturen sehr langwierig.

Masseneinsatz in Industrie und Handwerk

Das Zeitalter der massenproduzierten Dampfmaschinen konnte erst nach 1830 beginnen, als man in der Lage war, durch mechanisch betriebene Werkzeugmaschinen genormte Schrauben, Einzelteile usw. schnell herzustellen. So mußte man die Maschinen nicht mehr wie einen Maßanzug fertigen. Mit zunehmender Erfahrung der Maschinenbauer wurden die Maschinen immer leistungsstärker, und sie arbeiteten günstiger. Die Menschen waren von der neuen Arbeitskraft begeistert und versuchten, sie überall einzusetzen: Spinn- und Webmaschinen wurden angetrieben, Pflüge bewegt, nach wie vor arbeiteten sie als Antriebsmaschinen von Pumpen. Den größten Einfluß aber hatte der Einsatz der Dampfmaschine in der Eisenindustrie. Noch Ende des 17. Jh. war England gezwungen, zwei Drittel seines Eisenbedarfs zu importieren. Nachdem man mit Hilfe der Dampfmaschine immer größere Kräfte erzeugen und sie auch für den Antrieb der Gebläse in den neuen Hochöfen einsetzen konnte, war es möglich, die ergiebigen Kohle- und Erzvorkommen auszubeuten. Weil der Einsatz der Maschine die Menschen von Wasservorkommen, vom Wetter und vom Holz, das langsam knapp wurde, unabhängig machte, verlagerte sich die Industrie auf die Kohlenfelder. Bisher waren Schmieden, Walzwerke und Eisenhämmer an das Vorhandensein von Wasser und Wald gebunden gewesen, da sie Holzkohle zur Eisenschmelze brauchten. Englisches Roheisen ging in alle Welt.

Neue Probleme

Wichtig waren auch die Veränderungen, die die Dampfkraft im Textilgewerbe herbeiführte. Bereits seit 1800 wurden Webmaschinen mit Dampfkraft betrieben. Aber auf breiter Front verlief die Entwicklung ziemlich langsam, da es mit der Verbesserung des mechanischen Webstuhls anfänglich Schwierigkeiten gab. Obwohl das Textilgewerbe am Ende des 18. Jahrhunderts schon stark mechanisiert war und Dampfmaschine die Spinn- und Webmaschinen vom Standort am Wasser unabhängig machen konnte. Das allmähliche Durchsetzen der Dampfmaschine im Textilgewerbe verdrängte die Heimarbeit, da die Dampf-Webereien kostengünstiger, schneller und auch besser arbeiten konnten. In der Zeit von 1818 bis 1830 wuchs die Zahl der mit Dampfmaschinen betriebenen mechanischen Webstühle von 2000 auf rund 60 000 an. Der Aufschwung brachte aber auch neue Probleme. Für die wachsende Industrie wurde die Transportfrage immer dringlicher. Kohle und Eisen mußten zu Fabriken befördert und Fertigprodukte auf die Märkte in vielen Teilen der Welt gebracht werden.

Wie weit die Ausnutzung der Dampfkraft fortentwickelt wurde zeigt die zentrale Abbildung auf der Vorderseite des Umschlags dieses Buches. Sie zeigt James Nasmyth's Dampfhammer aus dem Jahre 1843. Das Gemälde stammt vom Erfinder. Die früheste Version eines solchen Hammers besaß einen Block von 30 Zentnern. Aber bald produzierte Nasmyth Hämmer mit einem Hammerklotz von 4 bis 5 Tonnen.

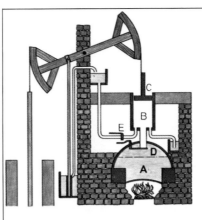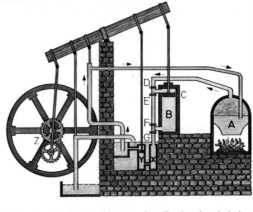

Newcomen: Dampf wird erzeugt im Kessel A. Wenn das Ventil D sich öffnet, füllt der Dampf den Zylinder B und treibt den Kolben C nach oben. Dabei schließt sich Ventil D, und Ventil E öffnet sich, um kaltes Wasser in den Zylinder zu spritzen, wo es den Dampf kondensiert und ein Vakuum erzeugt, so daß der atmosphärische Druck den Kolben nach unten drückt. Dadurch wird das Ventil D geöffnet, um den Zylinder wieder mit Dampf zu füllen und den Kolben wieder nach oben zu treiben. Durch die Auf- und Abbewegung wird die Pumpe F betrieben.

Watt: Der Dampf aus Kessel A füllt den Zylinder B, wenn das Ventil D geöffnet und Ventil E geschlossen ist. Dadurch wird der Kolben C nach unten getrieben, wonach die Ventile E und F geöffnet werden, um Dampf in den unteren Teil des Zylinders einzulassen und so den Kolben wieder nach oben zu treiben, Ventil G ist zur gleichen Zeit geöffnet wie Ventil D, so daß, wenn der Kolben fällt, der verwendete Dampf in den Kondensierer X entweichen kann, wo er sich wieder als Wasser niederschlägt und dann von der Pumpe Y wieder in den Kessel gepumpt wird. Wenn das Ventil G geöffnet ist, wird ein Vakuum erzeugt, um den Kolben herunterzudrücken. Die Zahnräder Z setzen die Auf- und Abbewegung in eine Kreisbewegung um.

Abb. 3: Das Wirkungsprinzip der Dampfmaschine nach Newcomen (links) und Watt (rechts)

1. Abb. 4 zeigt die wichtigsten Merkmale einer damaligen Industrielandschaft. Nenne diese Merkmale! (Was hat sich gegenüber der Darstellung in Abb. 1 geändert?)
2. Was leistet die Dampfmaschine im Bergbau? Warum führt sie zu einer Produktionssteigerung?
3. Beschreibe den Produktionsprozeß und die Verladung auf Abb. 4! Welche Probleme sind hier noch nicht gelöst? Wo siehst Du noch ungenutzte Möglichkeiten für den Einsatz von Dampfkraft?
4. Vergleiche die Energiequellen (Abb. 1 und Abb. 4), und erläutere die veränderten Einsatzmöglichkeiten!
5. Beurteile die geschichtliche Bedeutung der Dampfmaschine (Handelt es sich nur um eine neue Energiequelle?)! Verfolge auch in den nachfolgenden Kapiteln den Einfluß der Dampfmaschine, bzw. die Rolle der Energie für den Ablauf der Industriellen Revolution!

1. Beschreibe das Bild, und ordne die auffälligsten Eindrücke! 2. Skizziere Unterschiede gegenüber Abb. 1! 3. Welches Dampfprinzip wird eingesetzt?

Abb. 4: Dampfmaschine bei Kohleförderung (Steffordshire)

Die Dampfmaschine bekommt Räder

Die Eisenbahn — Motor der Industrialisierung?

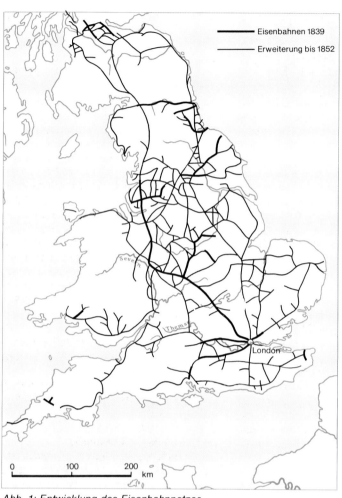

Eisenbahnen 1839
Erweiterung bis 1852

0   100   200 km

Abb. 1: Entwicklung des Eisenbahnnetzes.

Abb. 2: Kohlenverladung im frühen 19. Jahrhundert. „Die Schwerindustrie ist von den Transportmitteln abhängig. Vor der Einführung der Lokomotive waren Länder wie Großbritannien, die über einen regen Küstenhandel und gute Wasserwege verfügten, im Vorteil" (Henderson, a. a. O. S. 187).

Die Bedeutung der Wasserstraßen

Im 1. Jahrhundert n. Chr. brauchte ein römischer Offizier von Rom nach London 3 Wochen. 1840 war ein englischer Minister mit 11 Tagen immer noch sehr lange unterwegs. Heute fliegt man 2 1/2 Stunden. Warum war die Entwicklung bis 1840 so langsam verlaufen? Für den Last- und Personenverkehr auf dem Lande hatte man das Pferd. Waren Kanäle oder schiffbare Flüsse vorhanden, so verlud man die schweren Transporte auf Kähne, die von Pferden – oder Menschen – gezogen (getreidelt) oder gerudert wurden. Für die Küsten- und Seeschiffahrt standen seegängige Segelschiffe zur Verfügung. Aber da die Wasserwege nicht immer dort waren, wo sie gebraucht wurden oder für tiefergehende Lastkähne nicht schiffbar waren und der Zustand der Straßen zudem meist sehr schlecht war, brauchte man für Transport oder Reisen sehr viel Zeit. In England wurde schon früh ein relativ leistungsfähiges Binnen-schiffahrtsnetz entwickelt. 1750 gab es 1600 km schiffbare Flußläufe, im 18. Jahrhundert wurden nahezu 900 km Kanäle gebaut. Auch die Landstraßen wurden ausgebaut, weil die zahlreichen Häfen des Inselstaates auf ein zuverlässiges Verkehrsnetz angewiesen waren. Sie zogen schon sehr früh einen intensiven Schiffbau nach sich, da die Schiffe die notwendige Verbindung zum Festland und nach Übersee bildeten. Und doch genügte auch dieses Verkehrsnetz und -system bald nicht mehr den gestiegenen Anforderungen. Der entscheidende Anstoß für die neue Verkehrsentwicklung ging von der Dampfmaschine aus: Der Amerikaner Fulton hatte 1806/07 ein Dampfschiff entwickelt, bei dem zwei riesige Schaufelräder von einer Dampfmaschine angetrieben wurden. Denn bei allen Vorzügen, die die größeren und schnelleren, aber auch noch technisch anfälligen Schiffe boten, war doch der Wind noch lange die billigste Antriebskraft.

Ein Konkurrent kommt

Auf einem anderen Gebiet verlief die Entwicklung stürmischer. 1825 behauptete der ehemalige Heizer und spätere Ingenieur und Lokomotivbauer George Stephenson (1781–1848) vor einem Parlamentsausschuß, er sei davon überzeugt, in wenigen Jahrzehnten seien die Postkutschen von den Straßen verschwunden. Er erntete nur Spott und Hohn, und doch war bereits mit dem Bau der ersten Eisenbahn (von Stockton nach Darlington im selben Jahre) das Schicksal der Postkutsche besiegelt: 1802 hatte Richard Trevithick eine Straßenlokomotive konstruiert, die mit einer Dampfmaschine betrieben wurde, die kleiner und leistungsfähiger war als die großen Niederdruckmaschinen Watts. Allerdings wurden diese Maschinen sehr gefürchtet und „eiserne Teufel" genannt, weil sie mit Hochdruck arbeiteten. Die Gefahr eines platzenden Kessels und austretenden Dampfes an undichten Ventilen wurde für höher erachtet als

Abb. 3: „Puffing Billy". Erste brauchbare Lokomotive des Engländers Hedley, 1813. Sie blieb bis 1862 in Betrieb. Die Abbildung zeigt eine Nachbildung des „Deutschen Museums" in München.

bei den bisherigen Maschinen. Auch Erfolge mit dieser Maschine – 1804 wurde eine Wette gewonnen, als die Dampflok bewies, daß sie in 4 Stunden 10 Tonnen Eisen über 15,7 km ziehen konnte, ließen die Stimmen der Gegner nicht verstummen, zumal Ärzte befürchteten, die hohen Geschwindigkeiten könne kein Mensch aushalten. 1825 konnte man in einer Londoner Zeitung lesen: „Was kann so absurd sein, wie die Aussicht, Lokomotiven zu bauen, die doppelt so schnell fahren wie Postkutschen? Ebensogut könnte man sich mit einer Rakete abfeuern lassen, als sich der Gnade einer solchen Maschine anzuvertrauen." Viele Menschen befürchteten negative wirtschaftliche Folgen: Bauern hatten Angst um ihre Wiesen, fürchteten Brände von herausgeschleuderten Kohlen, Unfälle durch platzende Kessel und scheuende Pferde. Arbeiter, Bauunternehmer und Konstrukteure sahen sich arbeitslos. Dabei hatte man noch gar nicht erkannt, daß die Eisenbahn Aufträge in ungeahnter Höhe bringen werde. Die Strecke Liverpool–Manchester, die 1830 eingeweiht wurde, führte über mehr als 60 Brücken und durch 2 km Tunnel. Ein ungeahntes Baufieber setzte ein, das sehr schnell auf den Kontinent übergriff. Durch die Eisenbahn wurden alle Wirtschaftsbereiche „erobert" und zum beschleunigten Wachstum angeregt. Dabei bestand zwischen dem Produktionsanstieg, der Handelsausweitung und dem neuen Verkehrssystem eine Wechselwirkung: Denn einerseits verlangte der gewaltige Produktionsanstieg eine entsprechende Verkehrsbewältigung, andererseits ermöglichte die Eisenbahn, die zudem als Nachfrager die Eisenerzeugung förderte, eine Handels- und Produktionsausweitung. Der Roheisenverbrauch in Deutschland stieg von 26 774 t pro Jahr (1841) auf 49 375 t (1844) auf 116 877 t pro Jahr 1847, und das war im wesentlichen auf den Eisenbahnbau zurückzuführen. In

Deutschland begann das Eisenbahnzeitalter am 7. 12. 1835, als die Lokomotive ADLER über 6,1 km die Städte Nürnberg und Fürth miteinander verband. Wichtig war dabei auch, daß die Lokomotive zwar von Stephenson aus England geliefert wurde, daß aber die 4,7 m langen Schienen aus einem Eisenwerk bei Neuwied kamen und die Wagen von einheimischen Handwerkern gefertigt worden waren.
Als diese kurze Bahnstrecke auch noch ein wirtschaftlicher Erfolg wurde – im ersten Jahr wurden 20 % Gewinn ausgeschüttet – war die weitere Entwicklung nicht mehr aufzuhalten. Nachdem zunächst nur kürzere Bahnstrecken Städte verbanden, entwickelten sich etwa nach 1840 auch größere Durchgangsstrecken. Auf diesem Sektor schaffte Deutschland sehr schnell den Anschluß. 1841 wurden bei BORSIG in Berlin und MAFFEI in München deutsche Lokomotiven produziert, die den englischen bald ebenbürtig waren.

Abb. 4: Monster Eisenbahn.

Wege für Handel und Industrie?
... Die Regel also: Sand, Lehm, Rasennarbe, das heißt Staub im Sommer, Morrast im Winter; tiefe Löcher; Stubben und Steine an allen Orten. Daher Berichte über Berichte von steckengebliebenen Wagen, gelegentlich sogar von Postknechten, die im Sumpfe erstickt waren. Oft genug wollte man die Wege gar nicht bessern. Die Posten und Frachtzüge sollten langsam durch ein Gebiet ziehen, damit die Gastwirte und Handwerker recht viel an ihnen verdienten.
(W. Sombart, Die deutsche Volkswirtschaft im 19. und im Anfang des 20. Jahrhunderts, 4. durchg. Aufl. 1919, S. 1 f.)

Eisenbahn – Weg in die Zukunft?
Das Eisenbahnsystem und der Zollverein sind siamesische Zwillinge; zu gleicher Zeit geboren, körperlich aneinander gewachsen ... streben sie nach einem und demselben großen Ziel ... – als Nationalverteidigungsinstrument; denn es erleichtert die Zusammenziehung, Verteilung und Direktion der Nationalstreitkräfte; – als Kulturbeförderungsmittel; – als Assekuranzanstalt (Versicherung) gegen Teuerung und Hungersnot und gegen übermäßige Fluktuation (Veränderung) in den Preisen der ersten Lebensbedürfnisse; – als Gesundheitsanhalt; – als Stärkungsmittel des Nationalgeistes; denn es vernichtet die Übel der Kleinstädterei.
(Fr. List, Das deutsche Eisenbahnsystem III, 1841, in: Schriften, Rede, Briefe, Bd. III, 1, 1929, S. 347 f.)

Urteil eines Zeitgenossen
Die arbeitende Klasse vermag ihre Dienste in weit größeren Kreisen anzubieten; den Ärmeren werden die Leiden beschwerlicher und langsamer Reisen erspart. Die Zahl der Reisenden ... steigert sich in früher ungeahnten Verhältnissen. Die Versetzung großer Truppenmassen ... ist in wenigen Stunden möglich ... Es werden Culturen und Gewerbe ... auch an entfernten Plätzen bei wohlfeileren (günstigen) Arbeitslöhnen, Rohstoffen und bewegenden Kräften ausführbar.
(R. von Mohl, Die Polizeiwissenschaft nach den Grundsätzen des Rechtsstaates, 1848. Zit. nach W. Treue u. a., a. a. O., S. 86 f.)

1. Warum waren 1816 nur wenige Straßen ausgebaut?
2. Zu welchen wirtschaftlichen Folgen führte die „Bevorzugung" der Gastwirte und Handwerker? (Quelle, Sombart)
3. Aus den Vorzügen, die List nennt, kannst Du auf die politische und geographische Situation in Deutschland schließen. Berücksichtige die Zeit! Ziehe auch eine Karte heran!

Die Erde wird nicht größer, aber die Bevölkerung wächst

Werden alle satt?

Abb. 1: Bäuerliches Leben im 17. Jahrhundert. 80 % der Bevölkerung sind in der Landwirtschaft tätig. Die Ernte wird von Hand eingebracht.

Im 18. Jahrhundert hatte die Landwirtschaft das Wirtschaftsleben aller Nationen bestimmt. Um 1800 lebten in Deutschland etwa noch 75–80 % der Bevölkerung hauptsächlich von landwirtschaftlicher Betätigung. Heute sind es nur noch 2,1 %. 1800 waren 4 Bauern notwendig, um einen Menschen zu ernähren, der nicht in der Landwirtschaft tätig war. 1900 versorgte ein Bauer 4 Verbraucher, 1965 waren es bereits 20 Verbraucher! Wie war eine solche Entwicklung möglich?

Die „stille" Revolution

Nach dem 30jährigen Krieg (1618 bis 1648) war die Bevölkerung stark zurückgegangen. So gestaltete sich die Versorgung mit Nahrungsmitteln in Deutschland zumeist ohne große Probleme, wenn die Ernte normal ausfiel. Blieb aber eine gute Ernte aus oder hatten durchziehende Heere die Ernte vernichtet, so kam es immer wieder zu Hungersnöten, denen viele Menschen zum Opfer fielen. Mitte des 18. Jahrhunderts war der alte Stand der Bevöl-

kerung wieder erreicht. In der Folgezeit war ein starkes Bevölkerungswachstum zu verzeichnen. Deshalb war man gezwungen, die Nahrungsmittelproduktion zu erhöhen. Dafür boten sich drei Möglichkeiten an: In Brandenburg-Preußen wurden die Anbauflächen nach Plänen Friedrichs II. durch Trockenlegung von Sümpfen, Eindeichung und Bewässerung durch Kanäle vergrößert. Zudem wurde der Ertrag auf den vorhandenen Flächen durch neue Methoden gesteigert. Die seit dem Mittelalter gebräuchliche Dreifelderwirtschaft wurde verbessert. Zudem erwies sich die Einführung neuer Nutzpflanzen als günstig, wie z. B. seit dem späten 18. Jahrhundert der Anbau der Kartoffel. Da seit 1770 die Getreidepreise ständig gestiegen waren, wurde das Hauptnahrungsmittel Getreide zunehmend durch Weißkohl (seit dieser Zeit sind die Deutschen bekannt als Sauerkrautesser) und Kartoffeln ersetzt. Neben den genannten Verbesserungen wirkten sich auch sorgfältigeres (tieferes) Pflügen und bessere

Düngung mit Stalldung günstig auf die Erträge aus.

Der landwirtschaftliche Fortschritt wurde allerdings durch die alte Agrarverfassung mit den zersplitterten Feldfluren und den verschiedensten Frondiensten behindert. Die neuen Produktionsmethoden (Bebauung der Brache, Abweichen von einer ortsüblichen Fruchtfolge, Stallfütterung von Tieren) konnten von den bisherigen Bauernwirtschaften nicht angewendet werden. Sie waren erst möglich, als im Zuge der Bauernbefreiung in Deutschland (zwischen 1780 und 1835) die Beschränkungen fielen. Danach verdoppelte sich die Anbaufläche zwischen 1800 und 1860. Allerdings vergrößerte sich die Gruppe der landlosen und landarmen Gruppen. Auf dem Lande standen billige Arbeitskräfte zur Verfügung. Der Großgrundbesitz dehnte sich aus, und eine Großproduktion von Getreide, Kartoffeln und Zuckerrüben begann, die den Rohrzucker ersetzten.

Die Wissenschaft hilft

Eine entscheidende Förderung erhielt die Landwirtschaft durch die aufkommende Landbauwissenschaft, die besonders durch Albrecht Thaer (1752 bis 1828) Fortschritte machte. Thaer forderte die Fruchtwechselwirtschaft anstelle der Dreifelderwirtschaft, regte in vielen Schriften eine Ertragssteigerung der Wiesen an, machte Vorschläge zur Verbesserung der Viehzucht und Tierhaltung. Seine Ideen wurden in landwirtschaftlichen Schulen und Hochschulen. Die Forschungen von Justus von Liebig (1803–1873) schufen die Grundlage für die künstliche Düngung und begründeten die für die Zukunft ungeheuer wichtige Agrikulturchemie.

Erfindungen auch für die Landwirtschaft

Techniker hatten schon im 18. Jahrhundert einige technische Verbesserungen und Erfindungen von landwirtschaftlichen Geräten gemacht. Im 2. Drittel des 19. Jahrhunderts gab es zahlreiche Fabriken, die landwirtschaftliche Maschinen herstellten: So gab es beispielsweise Maschinen zum Sähen, Dreschen und Heuwenden. Besonders wichtig war die Mähmaschine, die, von McCormick bereits 1834 erfunden, aber erst 1851 auf den Markt kam. Allerdings blieb anders als in den

USA, wo Arbeitskräfte fehlten, in Deutschland eine schnelle Mechanisierung aus, da abgesehen von den ostdeutschen Gutsbetrieben Klein- und Mittelbetriebe vorherrschten, für die Arbeitskräfte vorhanden und zudem die Maschinen zu teuer waren. Als Antriebskraft konnte die Dampfmaschine, die man seit 1850 in der Landwirtschaft erprobte (sie diente zum Betreiben von Dreschmaschinen), das Pferd nicht verdrängen. Auch die anderen Maschinen kamen nur langsam zum Einsatz, da sie nur für größere Höfe rentabel waren und noch billige Arbeitskräfte zur Verfügung standen.

Justus Liebig über die Landwirtschaft (1859)

Die Wissenschaft hat auf sich genommen, was die Praxis ihrem Wesen nach nicht konnte; sie hat den Boden, die Luft, die Tier- und Menschenexkremente, jede Wurzel, die Blätter, die Halme, die Samen, Früchte und Knollen, das Blut und Fleisch der Tiere, kurz alles untersucht, was die Organismen an verbrennlichen und unverbrennlichen Bestandteilen enthalten und was bei ihrer Erzeugung in Betracht kommen kann. Aus dem konstanten Vorkommen dieser Bestandteile in den Pflanzen hat sie geschlossen, daß sie zur Bildung der Pflanze und ihrer Teile notwendig seien, woraus sich von selbst ergibt, daß sie auch notwen-dig sind für einen Boden, auf welchem sich die Pflanzen entwickeln sollen, und auch notwendig im Dünger, wenn er zu ihrer Erzeugung beitragen solle.
(Aus: Günther Franz, Deutsche Agrargeschichte, S. 36.)

Klagen aus dem Raum Braunschweig

Überfluß an Knechten und Tagelöhnern ist jetzt nicht mehr vorhanden, und der Preis der Arbeit hat sich in letzteren Jahren erhöht. Bauern, die selten ständige Tagelöhner haben, solche nur abwechselnd im Sommer, im Winter fast gar nicht beschäftigen ... müssen größere Opfer bringen; hier bekommen Männer wohl 12$\frac{1}{2}$ Gr. (Groschen), Frauen 7$\frac{1}{2}$ Gr., Kinder 5 Gr. Tagelohn ohne Kost gerechnet (1852 wurde als durchschnittlicher Satz 4 Gr. und Beköstigung angegeben)
(Festgabe für die Mitglieder der XX. Versammlung deutscher Land- und Forstwirthe, Braunschweig 1858.
Zit. nach E. W. Buchholz, Ländliche Bevölkerung an der Schwelle des Industriezeitalters, Stuttgart, 1966, S. 69 f.)

Die veränderten Produktionsmethoden

Dreifelderwirtschaft

einfache	verbesserte
1. Jahr Wintergetreide	Wintergetreide
2. Jahr Sommergetreide	Sommergetreide
3. Jahr Brache	Blattfrucht
4. Jahr Wintergetreide	Wintergetreide
usw.	usw.

Fruchtwechselwirtschaft

1. Jahr Getreide
2. Jahr Blattfrucht
3. Jahr Getreide
4. Jahr Blattfrucht
usw.

Nach: F.-W. Henning, Die Industrialisierung in Deutschland 1800 bis 1914. Paderborn [3]1976, S. 49 (= UTB 145).

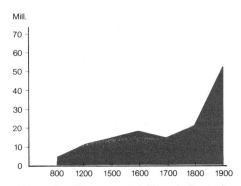

Abb. 4: Bevölkerungsentwicklung in Deutschland

Abb. 2: Mähmaschine für Gras und Korn, um 1850

Abb. 5: Landleben heute: Mähdrescher

1. Beschreibe die Bevölkerungsentwicklung in Deutschland!
2. Erkundige Dich, worin die Vorzüge der verschiedenen landwirtschaftl. Produktionsmethoden liegen!
3. Welche Untersuchungen sind notwendig, um zu den Ergebnissen von Liebig zu kommen? Frage einen Chemie- oder Biologielehrer, woraus sich Kunstdünger zusammensetzt?
4. Aus welchen Gründen behinderte die alte Agrarverfassung den Fortschritt in der Landwirtschaft?
5. Warum klagen die Bauern?
6. Wie stehst Du zu der These: Armut ist durch die Industrialisierung verursacht worden?

Abb. 3: Landleben 1890: Heuernte

123

Das soziale Elend
Verändert die Fabrik den Menschen?

Hunger

Rückblickend gilt für das 19. Jahrhundert, *„daß sich breite Schichten des Volkes die Arbeitsplätze samt ihrer Kapitalausstattung angehungert haben"*. (I. Bog) Das Problem, vor dem man in der ersten Hälfte des 19. Jahrhunderts stand, war dabei keineswegs neu. Schon der merkantilistische preußische Staat hatte sich mit sozialen Problemen auseinandersetzen müssen und teilweise bereits eine sozialfürsorgerische Tätigkeit entfaltet. 1750 heißt es bei Friedrich II., *„es komme ihm darauf an, daß die Fabrique (gemeint ist eine Messerfabrik in Eberswalde) mehr und mehr in Flor (Schwung) komme und der Arbeiter dabey sein gnüglich Brodt und Auskommen habe, zugleich aber auch das Publicum (hier: Käufer) mit guter Arbeit aus solcher versorget werden müsse"*.

Die Zunahme der Bevölkerung brachte ein Überangebot an Arbeitskräften mit sich. Diese mußten sich ihren Lebensunterhalt verdienen und ein Unterkommen finden. Das war zunächst hauptsächlich nur in der Landwirtschaft und im Gewerbe möglich. Die Industrialisierung steckte noch in den Kinderschuhen. So waren beispielsweise in England 1830 nur 5 % aller Arbeiter in der Industrie beschäftigt. In Deutschland war dieser Anteil noch geringer. Schon zur Zeit Friedrichs II. war die Not bei der Bevölkerung, die im gewerblichen Sektor arbeitete, am größten. In der folgenden Zeit bis zur Mitte des 19. Jahrhunderts wuchs die Zahl der gewerblich Tätigen immer mehr, weil Zulassungsbeschränkungen aufgehoben wurden (Einführung der Gewerbefreiheit in Preußen 1810/11).

Wer leidet besonders

Es ging den Heimarbeitern, den Spinnern und Webern in Schlesien, Sachsen und Westfalen besonders schlecht. Bei Mißernten war es auch in anderen Gebieten kaum besser. Von Preußen wird in zeitgenössischen Quellen bezeugt, daß man sich vielfach kein Brot leisten konnte und so tagaus tagein die billigen Kartoffeln essen mußte. In der Eifel mischte die Bevölkerung Baumrinde unter das Brot und die Kartoffeln. Immer mehr Menschen wurden durch die völlige Verarmung an den Rand der Gesellschaft gedrängt.

Kinder ohne Kindheit

Die ausländische Konkurrenz drückte auf die Preise. Um mit dieser Konkurrenz mithalten zu können, wurden die Löhne gedrückt und die Arbeitszeit erhöht. Das war den Unternehmen leicht möglich, da genügend Arbeitskräfte zur Verfügung standen. Im Textilgewerbe waren bis zu 16 Arbeitsstunden täglich üblich. Dort stellte man auch bevorzugt Kinder und Frauen ein, da diese noch billiger arbeiteten. Bis im Jahre 1839 das erste Arbeitsschutzgesetz Kindern unter 9 Jahren Fabrikarbeit verbot, arbeiteten diese vom vierten Lebensjahr ab in Tag- und Nacharbeit 10 bis 14 Stunden. Der Lohn reichte noch nicht einmal für den Kauf eines Schwarzbrotes aus.

Für das als Hausindustrie arbeitende Textilgewerbe waren mit diesem Gesetz die sozialen Mißstände jedoch noch nicht ausgeräumt. Denn gerade in diesem sterbenden Gewerbe vergrößerte sich das Elend immer mehr; es war ein langsamer Tod, gegen den sich die Gewerbetreibenden verzweifelt

wehrten, wie der Weberaufstand von 1844 zeigte. Hoffnungslosigkeit und Verzweiflung breiteten sich aus, die traditionellen Erwerbsquellen verfielen, neue standen kaum zur Verfügung.

Fabrikarbeiter in den Städten wurden dabei noch beneidet, denn ein Berliner Maschinenbauer verdiente um 1850 das Zehnfache eines sächsischen Textilarbeiters.

Auf die erschütternden Zustände in England hat Friedrich Engels (Mitarbeiter und Freund von Karl Marx) in seinem Buch: Die Lage der arbeitenden Klasse in England, 1845 hingewiesen: Kinder ab 4 Jahren wurden in den Kohlen- und Eisenbergwerken eingesetzt, um das losgehauene Material zu den Pferdewagen und Hauptschächten zu schleppen und um die Türen, die die einzelnen Abteilungen unter Tage trennten, für Arbeiter und Wagen zu öffnen und schließen. Die Kinder mußten *„auf diese Weise 12 Stunden täglich im Dunkeln einsam in einem engen, meist feuchten Gang sitzen"*. Für den Transport der Kohle und des Eisensteins wurden ältere Kinder und heranwachsende Mädchen eingesetzt, weil *„dies Material in ziemlich großen Kufen ohne Räder über den holprigen Boden der Stollen fortgeschleift werden muß, oft über feuchten Lehm oder durch Wasser, oft steile Abhänge hinauf, und durch Gänge, die zuweilen so eng sind, daß die Arbeiter auf Händen und Füßen kriechen müssen"*. Ärzte beobachteten bei Kindern eine *„eigentümliche Verdrehung der unteren Enden des Schenkelknochens"*, führten diese Beobachtung zunächst auf Rachitis zurück, erkannten dann aber doch, *„daß das Übel erst angefangen hatte, seitdem die Kinder in der Fabrik arbeiteten."* Die Zahl der in der Industrie, teilweise unter schwersten Bedingungen, arbeitenden Kinder, Halbwüchsigen und Frauen ist für unsere Zeit und unter unseren gesellschaftlichen Verhältnissen unvorstellbar. Im Jahre 1838 waren beispielsweise in der englischen Textilindustrie nur 23 % männliche Arbeiter beschäftigt. So dauerte es nicht lange, bis auch die Öffentlichkeit auf die elende Lage, insbesondere der Kinder aufmerksam wurde. Der Ruf nach Fürsorgemaßnahmen führte jedoch erst ganz allmählich und in kleinen Schritten zum Abbau dieser Mißstände.

Abb. 1: Kinder betteln um Arbeitsmöglichkeiten.

Arbeitsbedingungen

Mein Vater war Spinnmeister in Eisenach; er hat bis Anfang der fünfziger Jahre jeden Tag, den Gott werden ließ, vierzehn, fünfzehn, sechzehn Stunden bei der Arbeit stehen müssen: vierzehn Stunden, von morgens fünf bis abends sieben, bei normalem Geschäftsgang; sechzehn Stunden, von morgens vier bis abends acht Uhr, bei gutem Geschäftsgang – und zwar ohne jede Unterbrechung, selbst ohne Mittagspause. Und ich habe dabeigestanden, wie mein Vater sein Mittagessen, an eine Maschine gelehnt oder auf eine Kiste gekauert, aus dem Henkeltopf mit aller Hast verzehrte, um mir dann den Topf geleert zurückzugeben und sofort wieder an seine Arbeit zu gehen.

(E. Abbé, Sozialpolitische Schriften, 1920, zit. nach: Fritz Hauenstein, Karl Marx und die Arbeitswelt, FAZ vom 14. 10. 67, S. 5.)

Der Arbeitsplatz

Eine der ältesten, aus den 1820er Jahren stammende Fabrikanlage wird noch gegenwärtig (1879) in Aachen benutzt; ich bin zurückgetaumelt, als mir die staubige, stinkende, heiße Luft aus den niedrigen Räumen durch die Tür entgegenströmte. Vielfach wurden auch alte Klöster, Schlösser und sonstige Baulichkeiten zu Werkstätten eingerichtet. In den Wollspinnereien war die Staubentwicklung noch die geringste, weil das Material geölt wurde, am größten und am gefürchtetsten war sie in den Baumwollspinnereien. Man bedenke nur, daß die damaligen Wölfe, in welchen die Baumwolle durch rasche Umdrehung zerfasert und gereinigt wird, ohne Umhüllung und Abzugsventilation waren. Der Lärm war so entsetzlich, daß kein Wort vernommen wurde.

(Alfons Thun, Die Industrie am Niederrhein und ihre Arbeiter, Teil 1, Leipzig 1879, S. 173 f.)

Maschine und Familie

Die schlimmste Seite des Faktoreiwesens ist die Zerstörung des Familienlebens, die Verhinderung des Jugendunterrichts, die Gewöhnung an Trunk und Völlerei. Immer mehr hat man die Kinder in die Faktoreien gesteckt, wo sie an jedem Tag in der Zeit ihrer jugendlichen Entwicklung zehn Stunden lang zwischen lärmenden Maschinen sitzen. Die Luft in den Räumen ist oft zum Ersticken. Während der Körper hier entnervt und geschwächt wird, erhält der Geist keine Bildung. Von elterlicher Erziehung ist nicht die Rede. Einige wenige Handgriffe lernt das Kind bald maschinenmäßig ausüben; den zerissenen Faden anzuknüpfen, der Stecknadel den Kopf aufzusetzen, ist jahraus, jahrein sein ununterbrochenes Geschäft.

(Von Schulze-Gaevernitz, 1853, zit. nach: W. Köllmann, a. a. O., S. 33)

Der Bürgermeister von Ratingen beantwortet eine Anfrage des Düsseldorfer Landrats über Kinderarbeit in seinem Bezirk (1824)

Wie ist die Lebensart obengenannter Kinder beschaffen?
Sie arbeiten 12 Stunden. Die nicht in den Fabriken arbeitenden betteln.
Wie ist der Gesundheitszustand dieser Kinder . . .?
Die meist gehend und stehend verrichtete Arbeit in luftigen Gebäuden erhält Kinder gesund, die nicht darin arbeitenden sind krank vom Elend und betteln.
Wenn der Gesundheitszustand der Fabrikkinder schlechter ist als der übrigen Kinder, liegt der Grund in den Arbeiten oder worin?
Er ist nicht schlechter, sondern besser.
Wie ist die Gesundheit der Erwachsenen, die als Kinder in Fabriken gearbeitet haben?
Die in der Spinnerei in der Kindheit gearbeitet haben, sind erwachsen meist gesunde, starke Handwerker.
Welche Gesetze über Benutzung der Kinder zu Fabrikarbeiten erscheinen . . . zweckmäßig?
Keine.
Wo arbeiten Kinder?
Baumwollspinnerei.
Wie viele Kinder arbeiten tags: *150* nachts: *keine*
Alter? *von 6 bis 16*
Arbeitsstunden? *12*
Gesundheitszustand? *gut*
Welche Arbeiten verrichten die Kinder?
Aufpassen und andere Baumwollgarnarbeiten.

(Zit. nach: W. Köllmann, Industrielle Rev., a. a. O., S. 37 f., bearbeitet.)

Abb. 2: Bergleute fahren in einen Schacht ein.

Abb. 3: Mädchen tragen Kohle

Löhne, Gehälter, Lebenshaltungskosten (1850)

Arbeiter in Elberfeld	3 Taler 7 Gr
Arbeitsunfähiger Holzhacker erhält von der Armendirektion	2 Taler
Heimarbeit am Webstuhl für eine Weberin mit Spulen	1 1/2 Taler
Heimweber Leinwand	4 Taler
Spitzenlohn	6 Taler 10 Gr
Ministerialrat	200 Taler
Ministerialdirektor	333 Taler
Vikar	15 Taler

Täglicher Bedarf für 4 Personen:

- Brot 2 SGr 9 Pfg.
- Holz 10 Pfg.
- Wohnung 2 SGr
- Kartoffeln (1 Mahlzeit) 1 SGr 9 Pfg.
- 1/2 Pfund Fleisch 3 SGr 5 Pfg.

(Mindestbedarf: Es fehlen noch Seife, Kleidung, Kaffee, Mehl, Milch, Erbsen, Bohnen, Tabak, Fett, Hausrat usw.)
1 Taler = 30 Silbergroschen; 1 Silbergroschen = 12 Pfennig
Diese Verdienste setzen voraus, daß stetig gearbeitet werden konnte.
Zusammengestellt nach: W. Köllmann, a. a. O., S. 20 ff.

1. Beantworte die Frage: Verändert die Fabrik den Menschen? Auf welche Quelle, auf welches Material stützt Du Dich besonders? Beschreibe die Verhältnisse am Arbeitsplatz, und prüfe die übliche Arbeitszeit, die Entlohnung und die Kosten für den Lebensunterhalt!
2. Fertige eine zweite Übersicht an und trage entsprechende Daten für die Kinderarbeit ein!
3. Vergleiche die Erklärung des Bürgermeisters von Ratingen mit dem Text: Maschine und Familie! Ziehe zusätzlich die Darstellung und die Bilder heran!
4. Wie erklärst Du Dir die schlechte Bezahlung?
5. Wie erklärst Du Dir, daß sich Kinder unter den geschilderten Umständen nach Arbeit drängten? (Vgl. Abb. 1)
6. Suche aus den vorausgehenden Seiten Hinweise, Materialien und Quellen, wo historische Ereignisse, politische Entscheidungen und gesellschaftliche Entwicklungen die Entstehung sozialen Elends erklären!

Menschenwürdiges Leben

Marx hatte das Ziel vor Augen, den Menschen aus seiner von unwürdigen Arbeits- und Lebensbedingungen herrührenden Entfremdung zu reißen und ihm seine Würde wiederzugeben. Der Mensch sollte die Verhältnisse prägen und nicht die Verhältnisse den Menschen. Aber wer sollte die Verhältnisse ändern? Der als Unternehmer gescheiterte westfälische Politiker Friedrich Harkort sagte 1849: *„Da spricht man viel von Proletariern, ohne das Wort zu deuten. Einen Proletarier nenne ich den, welchen seine Eltern in der Jugend verwahrlost, nicht gewaschen, nicht gestriegelt, weder zum Guten erzogen noch zur Kirche und Schule angehalten haben. Er hat sein Handwerk nicht erlernt, heiratet ohne Brot und setzt seinesgleichen in die Welt, welche stets bereit sind, über anderer Leute Gut herzufallen, und den Krebsschaden der Kommunen bilden".*

Welches Handwerk sollte ein Kind erlernen und wann sollten die Eltern ihre Kinder erziehen? Weil die Frauen selbst arbeiten gehen mußten, gaben sie ihre Säuglinge, *„alten Frauen in Obhut, die ihnen, um sie am Schreien zu verhindern, Opium einflößten".* Kein Einzelfall ist die Fabrikarbeiterin, die am Morgen ihre Wohnung verließ, am Abend heimkehrte, ihre kleinen Kinder versorgte, das Nötigste im Haushalt erledigte und erst nachts um drei erschöpft einschlief.

Hinzu kam, daß der Arbeiter und seine Familie keinen Schutz gegen Krankheit, Unfall und Invalidität hatten. Sie litten unter unglaublichen Wohnverhältnissen und wurden teilweise noch durch das Truck-System (Bezahlung in Warenwert statt Geld) um ihren vollen Lohn geprellt.

Schlimm und unvorstellbar waren Wohnungselend, drohende Arbeitslosigkeit (je nach Bedarf und wirtschaftlicher Marktlage wurden Tausende eingestellt und entlassen), Hunger und Arbeitsbedingungen. Vielleicht die einschneidendste Veränderung und Schwierigkeit war doch die erzwungene Anpassung an die Bedingungen der Industriearbeit: Im Gegensatz zu

Abb. 1: Borsig-Arbeiter beim Schmieden des Eisenrades einer Lokomotive (Holzschnitt von Paul Meyerheim 1878)

den vorindustriellen handwerklich-agrarisch ausgerichteten Produktionsformen trennte die Fabrikarbeit Familie und Arbeitsstätte und forderte eiserne Disziplin und Anpassung an den Rhythmus der Maschine. Der Arbeiter wurde „lebendiges Anhängsel" und „bloßes Zubehör der Maschine" (Marx). Die Anpassung beschränkte sich aber nicht nur auf die Arbeitsbedingungen, sondern veränderte das gesamte Lebensverhältnisse. Es entstanden unhygienische Massenquartiere, die Kinder verwahrlosten, die sich gegenseitig tragende Großfamilie zerfiel, und an die Stelle herkömmlicher Bindungen trat die Anonymität der Fabrikhalle und der Großstadt.

Sind verzweifelte Arbeiter Staatsfeinde?

In den ersten Jahrzehnten des 19. Jahrhunderts kam es daher in England, Frankreich und Deutschland zu Aufständen verzweifelter Arbeiter und Handwerker, die unter übelsten Umständen um ihre Existenz kämpften. Unterschiedlich große Gruppen zogen über Land, zerstörten Maschinen und Fabriken, auch einzelne Unternehmer wurden ermordet. England führte daraufhin die Todesstrafe für *Maschinenstürmer* ein, und überall begegneten Polizei und Militär den Aufständischen mit äußerster Härte.

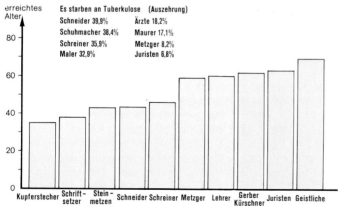

Abb. 2: Beruf und Lebenserhaltung (um 1850)

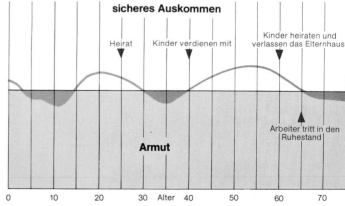

Abb. 3: Arbeiter zwischen Armut und sicherem Auskommen (um 1900)

Schon eine Lösung?

1847 sagte der Politiker Reichensperger: „*Die Krankheit liegt für Deutschland nicht in der zu dicht gewordenen Bevölkerung, nicht in dem Maschinenwesen und in dem Übermaße der Fabrikindustrie überhaupt, sondern sie liegt gerade in dem Mangel derjenigen Maschinen und Fabriken, welche unsern Arbeitern statt den englischen Arbeit und Verdienst schaffen sollen*". Nicht die Zerstörung von Maschine und Fabrik konnte eine Lösung des Problems der Massenarmut herbeiführen, sondern gerade die weitere Technisierung. Der Historiker Werner Conze schrieb 1954, daß die Industrie trotz aller frühen Schonungs- und Rücksichtslosigkeit endgültig nicht zum Verderben der Proletarier, sondern zu deren Rettung beigetragen habe. Er begründete seine Theorie mit dem Beispiel der Dreschmaschine, die „*auf dem Lande ihren Siegeszug antrat und die Überzähligen vom Lande vertrieb*". Aber dadurch wurden die Tagelöhner nicht brotlos, „*sondern frei gemacht für die Industrie, die sie aus der Gefahr der ‚Nahrungslosigkeit‘ herausführte*". Wenn damit auch keineswegs die „soziale Frage" gelöst war, war doch für viele ein Existenzminimum geschaffen, das deutlich über dem Stand der Massenarmut (Pauperismus) der dreißiger Jahre lag.

Fabrikordnung in einer Baumwollfabrik der Herren Staub & Söhne in Altenstadt (1853)

§ 7: Wenn in einem Arbeitssaal während der Arbeitszeit ein Gegenstand beschädigt wird, so sind die Arbeiter des ganzen Saales für den Schaden haftbar.
§ 8: Ein friedliches Betragen wird den Arbeitern zur strengen Pflicht gemacht.
§ 9: Ferner werden bestraft:
1) Unehrerbietiges Betragen gegen die Aufseher.
3) Eigenmächtige Abänderung an den Maschinen, der Beleuchtung, Heizung und Werkzeugen.
5) Verspätung und Versäumnisse, besonders der Unfug des blauen Montags und das Herbeiholen von Speise und Trank.
8) Lärm machen auf dem Weg zu und von der Fabrik.
9) Beschädigung an Häusern, Gärten, Bäumen, Zäunen, Brunnen und dgl.
14) Der Arbeitslohn wird von den Fabrikinhabern am ersten Zahltag nach dem Eintritt des Arbeiters festgesetzt und später nach Umständen erhöht oder erniedrigt.
22) Die Fabrikbesitzer sind jedoch zur augenblicklichen Entlassung des Arbeiters ohne Vergütung von Lohn berechtigt, [bei]: Diebstahl oder Untreue; Prügelei, Unzucht oder Betrunkenheit im Fabrikgebäude
Auflehnung gegen die Fabrikordnung
Beschimpfung der Aufseher
Weigerung der Übernahme einer ordentlichen Arbeit in der Fabrik.
(Dt. Zentralarchiv Abt. Merseburg bearb.)

Welche Begründung wird gegeben?

Es ist der Fabrikation eigenthümlich, daß auch Frauen und Kinder zur produktiven Arbeit herangezogen werden, deren Hand, sofern die bewegende Kraft von einem mechanischen Motor geliefert wird, zur Herbeiführung des Effekts genügt und deren Dienst häufig fast nie in einer Aufsicht und Nachhülfe besteht. Bei manchen Zweigen, wie Cigarren- und Häkelwaren, zeigen sich aber auch die Arbeiterinnen meist gewandter. Wenn auch der damit zusammenhängenden Lockerung des Familienbandes manche Bedenken entgegenstehen, so entspricht doch die schonende Beschäftigung des schwachen Geschlechts, welche in den besseren deutschen Fabriken stattfindet, ebensosehr seinem eignen Interesse, wie dem der Industrie.
(G. v. Viebahn (Hrsg.), Statistik des zollvereinten und nördlichen Deutschlands, Bd. 3, Berlin 1858 ff, S. 1031 f)

Das Truck-System

(Truck = v. engl. to truck = tauschen)
Die eine Gruppe von Fabrikherren betrieb die Sache mit einer Art ‚Wechselpressung‘; sie gab den Arbeitern statt Baar nur ‚schriftliche Anweisungen‘ auf Zahlungen. Im besten Fall hatten dann die Leute die Verbaarung ihrer Anweisungen bei einem Bankier einzuziehen. Häufig lagen aber die Zahlungshäuser weit von der Fabrik ab. Dann mußten die Geplagten noch den Rest ihrer von der Arbeit abgezehrten Kräfte zur Einholung der Baarzahlung aufbrauchen. Was Wunder, wenn sie auf dem Nachhauseweg in einer Schnapskneipe einsprachen. Viel schlimmer erging es denen, deren Anweisungen auf Stellen lauteten, an die der Fabrikherr Forderungen zu machen hatte, die er auf keine andere Weise, als durch die drängenden Arbeiter eintreiben konnte. Eine andere Gruppe prellender Arbeitgeber machte ihre Verbind-lichkeiten in ‚Waarenzahlung‘ ab; sie gaben ihnen Anweisungen auf Kleinhandlungen, in denen sich die Arbeiter statt baaren Geldes mit stickigem Mehl, angefaulten Kartoffeln, ranziger Butter, schadhaften Schuhen segnen mußten. Dabei fand es sich in der Regel, daß die Arbeitgeber selbst entweder ‚heimlich Eigenthümer‘ dieser Zwangskrambuden waren, oder doch ‚Teil an der Beschaffung der schlechten Waaren‘ hatten.
(H. J. A. Körner, Lebenskämpfe in der Alten und Neuen Welt. Eine Selbstbiographie, Bd. 1, Leipzig 1865, S. 387 ff.)

Eine erste Reaktion? (1834)

Was die Bezahlung der Fabrikarbeiter durch Waren anlangt, so hat sich ganz neuerlich das Ministerium des Innern für Handel und Gewerbe mit dem Ministerium des Innern und der Polizei über diesen Gegenstand in Vernehmung gesetzt. Letzteres ist der Meinung gewesen, daß es nicht ratsam sei, in dieses privatrechtliche Verhältnis gesetzgebend einzugreifen ... Ein gesetzliches Verbot solcher [Vereinbarung] würde aber teils die bürgerliche Freiheit in einer an sich erlaubten Handlung über die Gebühr beschränken, teils den Arbeitern selbst nicht selten zum Nachteile gereichen. Denn mancher Fabrikant wird eben dadurch, daß er andere Waren an Zahlungsstatt annimmt, seinen Absatz wesentlich befördern und durch den doppelten Gewinn, den er als Fabrikant und als Wiederverkäufer der an Zahlungsstatt angenommenen Waren macht, in den Stand gesetzt sein, seinem Geschäfte einen größeren Umschwung zu geben.
(J. Kuczynski, Geschichte der Lage der Arbeiter, Bd. 1, S. 271)

Abb. 4: Arbeitssaal einer Drahtzieherei um 1870. Die Organisation der industriellen Arbeit ist voll ausgebildet.

1. Beschreibe das Truck-System!
2. Mit welcher Begründung lehnt der Staat einen Eingriff in das Truck-System ab?
3. Welche Bedeutung hat die Arbeit der Kinder für eine Arbeiterfamilie? Werte das Diagramm aus!

Die soziale Frage

Überläßt man die Arbeiter ihrem Schicksal, oder wird das Elend gebannt?

Abb. 1: Chartisten-Versammlung bei London 1848

Erste Ansätze

Das Elend zahlreicher Arbeiter wurde in unterschiedlicher Weise gesehen, und es wurde auf verschiedene Weisen nach Abhilfe gesucht. Abgesehen vom Kinderschutzgesetz griff der Staat bis in die Mitte des 19. Jahrhunderts nicht regelnd ein. Diese Einflußnahme hatte jedoch einen einfachen Grund: Die Musterungsbehörden hatten festgestellt, daß die Tauglichkeit der Rekruten durch große gesundheitliche Schäden deutlich zurückgegangen war. Erste Lösungsvorschläge kamen vor allem aus der gebildeten Oberschicht. Männer wie der Philosoph Franz von Baader (1765–1841) und der Gesellschaftstheoretiker Adam Müller (1779–1829) erklärten überzeugend die Entstehung des Proletariats, sahen allerdings nur in der Rückkehr zur alten Ordnung Möglichkeiten für eine Verbesserung der Zustände. Baader hatte schon 1835 mit Blick auf die Erfahrungen in England gewarnt: *„Wie könnt ihr euch doch wundern, wenn diese Proletarier… endlich auf den Einfall kommen, sich zu ihrem eigenen Vorteil zusammenzurotten oder, wie sie sagen, zu assoziieren?"*. Sie forderten soziale Reformen, um den Besitzlosen einen Erwerbsweg zu sichern. Andere wie der preußische Beamte Ludwig Gall (1794–1863) und die Dichterin Bettina v. Arnim (1785–1859) riefen die führenden Schichten und den König in die Verantwortung. Der Dichter Georg Büchner (1813–1837) forderte eine demokratisch-patriotische Revolution. Von katholischer und evangelischer Seite riefen W. v. Ketteler (1812–1877), A. Kolping (1813–1865) und J. H. Wichern (1808–1881) zu einer Rückbesinnung auf urprüngliche christliche

Werte auf, in denen sie ein Gegengewicht zum Kapitalismus sahen.

Unternehmer als Reformer

Überhaupt nahmen sich immer mehr liberale Bürger der drängenden Probleme an wie beispielsweise Harkort, der soziale Einrichtungen für die Arbeiter in seinen Betrieben schuf und unermüdlich den Staat zu Besserungen aufforderte.

Der englische Unternehmer Robert Owen (1771–1858), der sich vom Arbeiter zum Miteigner eines der größten Industrieunternehmen emporgearbeitet hatte, machte es sich zu einem Hauptanliegen, die wirtschaftliche und auch moralische Situation seiner Arbeiter zu verbessern. Weil er erkannt hatte, in welchem Maße die Industriearbeit auch in den privaten Lebensraum des Arbeiters eingriff, versuchte er, die Folgen abzuschwächen oder zu verhindern. So erließ er ein Nichtbeschäftigungsgebot für Kinder unter 10 Jahren, führte einen „Normalarbeitstag"=(10 1/2 Stunden) ein, sorgte in Kinderschulen für die Betreuung der Kleinen und richtete Kranken- und Pensionskassen ein. Noch heute gilt Owen als geistiger Vater der englischen Genossenschafts- und Gewerkschaftsbewegung.

Andere Unternehmer bemühten sich um Verbesserung der Arbeits- und Wohnbedingungen, sie bauten winterfeste (!) Häuser, sanitäre Anlagen oder versuchten Altersgrenzen für Kinder- und Frauenarbeit im Bergwerk durchzusetzen. Aber auf einen sozial eingestellten Unternehmer kamen hundert andere. Hier konnte nur der Staat helfen.

Die Arbeiter wehren sich

Der eigentliche Anstoß zur Verbesserung ihrer Lage ging von den Arbeitern selbst aus. Sie sahen nur eine Möglichkeit, nämlich den Zusammenschluß, um gemeinsam für die Verbesserung ihrer Lebens- und Arbeitsbedingungen zu kämpfen. Dieser war jedoch in fast allen Ländern verboten. Als 1824 schließlich das Verbot, sich zusammenzuschließen (Koalitionsverbot), in England aufgehoben wurde, und 1861 Sachsen, 1869 der Norddeutsche Bund gleiche Gesetze schufen, kam es schnell zu ersten Vereinigungen der Arbeiter. Bereits 1824 hatten englische Arbeiter die erste Gewerkschaft, Trade Union, gegründet, um Lohnfragen und Arbeitsbedingungen zu regeln.

In Deutschland entstanden zunächst kleine Gewerkschaften: 1865 die Gewerkschaft der Tabakarbeiter, 1867 die der Schneider. Größere Bedeutung hatten die Zusammenschlüsse zu Arbeiterbildungsvereinen, die über Vermittlung von Bildung die Chancen zur Verbesserung der gesellschaftlichen Stellung heben sollten.

1863 gründete Ferdinand Lassalle (1825–1864) den Allgemeinen deutschen Arbeiterverein, die Anhänger von Karl Marx schlossen sich um August Bebel und Wilhelm Liebknecht in der sozialistischen Arbeiterpartei zusammen. Neben den sozialistisch orientierten Gewerkschaften gab es auch christliche und liberale, die die gemeinsamen Interessen von Kapital und Arbeit hervorhoben.

Auch wenn die Arbeiterbewegung von den Behörden argwöhnisch überwacht wurde und immer wieder mit Verboten und polizeilichen Eingriffen zu rechnen hatte, so prägte sie doch immer stärker das politische Bewußtsein der Arbeiter. Daran konnte auch das Gesetz „Gegen die gemeingefährlichen Bestrebungen der Sozialdemokratie" (Sozialistengesetz) von 1878 nichts ändern. Dieses Gesetz verbot alle sozialdemokratischen, sozialistischen und kommunistischen Vereine, Versammlungen, sogar Druckschriften und unterstellte die Mitglieder einer verschärften Polizeikontrolle. Nach der Aufhebung des Gesetzes 1890 zeigte sich durch den sprunghaften Anstieg der Mitgliederzahlen, daß das Verbot das Zusammengehörigkeitsgefühl der Arbeiter nur gestärkt hatte. Die sozialistischen Gewerkschaften, die 1891 schon 277 000

Abb. 2: Der Ausbruch des Streiks, Holzstich v. R. Köhler, 1893

Mitglieder hatten, bejahten den Klassenkampf und das Kampfmittel Streik und sahen wie Karl Marx die Lösung nur in einer revolutionären Veränderung der Gesellschaft.

Staatliche Reformen

Der Staat allerdings war während der Dauer der Sozialistengesetze 1878 bis 1890 nicht untätig geblieben.
Stand Deutschland vorher noch hinter England zurück, so setzte es sich unter Bismarck mit einer aktiven Sozialpolitik an die Spitze der europäischen Länder. Mit dem wirtschaftlichen Aufschwung nach der Reichsgründung 1870 waren auch die sozialen Probleme gewachsen. Bismarck erklärte dazu, daß der Staat auch eine Wohlfahrtsinstitution sei und Sozialreformen durchführen müsse. Die Bedeutung der Reformen für die soziale Sicherung der Arbeiter ist erheblich. Zwar wurde durch diese Maßnahmen der revolutionäre Schwung des Sozialismus gebremst, doch sahen viele Arbeiter die Gesetzgebung als eine schon lange fällige Leistung an.
Mit der Regierungszeit Wilhelms II. wurde dann die Reihe weiterer sozialpolitischer Gesetze fortgeführt, besonders auf dem Gebiet des Arbeitsschutzes und des Arbeitsrechts.
So hatte sich gegen Ende des Jahrhunderts die Lage langsam, aber doch stetig gebessert, ohne daß aber die Sorgen um einen ausreichenden Lebensbedarf gänzlich überwunden waren.

Die Chartistenbewegung (1838)

Die sechs Punkte der Volkscharta:
● allgemeines Wahlrecht
● kein Eigentumszensus für Parlamentsmitglieder (damit die Wahlkreise auch Arme aufstellen konnten)
● Bezahlung der Abgeordneten
● geheime Wahl
● gleiche Wahlkreise
● jährliche Legislaturperioden

Der Chartismus, meine Freunde, ist nicht nur eine politische Bewegung mit dem Hauptziel, für euch das Wahlrecht zu *erkämpfen. Der Chartismus ist eine Frage eurer Lebensbedingungen. Die Charter bedeutet eine schöne Wohnung, gutes Essen und Trinken, Wohlstand und kurze Arbeitszeit.*
(Nach E. Grassi [Hrsg.], Die Frühsozialisten 1789–1848, Bd. 1, S. 124, und W. O. Henderson, Die industrielle Rev., a. a. O., S. 170.)

Gesetzesvorschlag des 5. Rheinischen Provinziallandtags an den Preuß. König, 1837

Die Stände-Versammlung hat daher erkannt, daß es notwendig sei, daß von des Königs Majestät die Erlassung eines Gesetzes erbeten wurde:
1. daß kein Kind vor dem vollendeten neunten Jahre zur Arbeit in den Fabriken bestimmt werden solle;
2. daß die Kinder vor ihrem Eintritt in eine Fabrik einen dreijährigen Schulbesuch nachweisen sollen, insofern nicht örtliche Verhältnisse, welche von der Ortsobrigkeit untersucht und festgestellt werden sollen, eine Abweichung hiervon nötig machen;
3. daß die Kinder höchstens 10 Stunden zur Arbeit in den Fabriken angehalten und
4. ihnen zwischen diesen 10 Arbeitsstunden zwei Freistunden, von welchen die eine um die Mittagszeit mit Bewegung in freier Luft gewährt werden sollen.
(Zit. nach Köllmann, a. a. O., Nr. 44.)

Die soziale Frage und der preuß. Staat

Die neue Zeit hat notleidende, verkümmerte, seit Jahrhunderten mißhandelte Klassen mit übernommen. Diese mußten, plötzlich sich selbst und dem Kampf der Konkurrenz überlassen, notwendig um so viel zurückbleiben, als die besser Situierten, die Gebildeteren und Besitzenden schneller vorwärts kamen. Der ungeheure Aufschwung der Produktion, des Handels kam den verschiedenen Gesellschaftsklassen nicht gleichmäßig, er kam überwiegend nur einer bevorzugten Minderheit zugute. Die Handelskrisen hatte der Arbeiterstand, zu Tau- *senden plötzlich entlassen, am empfindlichsten zu tragen. Es mußte unausbleiblich der Moment kommen, in dem er sich sagte: also im politischen Leben, im Dienste für das Vaterland, überall soll ich so viel gelten als der Vornehmste, der Reichste – aber im wirtschaftlichen und sozialen Leben, da soll nicht nur die Kluft fortdauern, da soll sie sich gar noch erweitern . . .*
Ist vielleicht der Arbeiterstand allein, ist der einzelne Arbeiter daran schuld, daß er vielfach in Höhlen wohnt, die ihn zum Tier oder zum Verbrecher degradieren (herabwürdigen)? Den Gefahren der sozialen Zukunft kann nur durch ein Mittel die Spitze abgebrochen werden: dadurch, daß das König- und Beamtentum . . . ergänzt durch die besten Elemente des Parlamentarismus, entschlossen . . . die Initiative zu einer großen sozialen Reformgesetzgebung ergreifen.
(Gustav Schmoller, Die soziale Frage und der Preußische Staat, 1874.)

Die Kirchen wollen helfen
Johann Heinrich Wichern zur ,Inneren Mission' 1848

Die Kirche muß die Proletarier suchen und nicht rasten, bis sie sie mit dem heilbringenden Wort gefunden hat. Alle Liebestätigkeit muß sie zusammenfassen, damit sie zu neuer Wirkung kommt, eine wahre Volkskirche wird . . . Überall, wo die Reichen ihr Herz verschließen und wo die Armen vor Not keine Kraft mehr haben, da müßt ihr eingreifen. Alles Predigen wird nichts helfen, wenn nicht zugleich für das leibliche Wohl unserer Brüder gesorgt wird . . .

Denkschrift an die deutsche Nation

Die Innere Mission tritt mitten in die Gärungen und Fragen der Neuzeit, kann aber eben deswegen in den tiefsten Gründen wieder die Quelle der Wiedergeburt des Volkes eröffnen. Sie darf sich den ihr hier begegnenden allgemeineren Fragen unserer Tage um so weniger entziehen und muß sich der praktischen Behandlung derselben um so eifriger hingeben, weil ihr auf diese Weise der tatsächliche Beweis möglich wird, daß dem Christentum nichts Menschliches ein Fremdes ist, vielmehr ein ganz Nahes, ja das Nächste, das es mit den heiligenden, verklärenden Kräften der Erlösung durchdringen will, um so dasjenige zu vollbringen, was jener anderen Kraft und Weisheit, die ohne das Evangelium an diese Aufgabe geht, unmöglich bleiben muß.
(Zit. nach: J. Seiters, Quellen zur Sozialgeschichte des 19. Jhdts. Münster 1962, S. 19 ff.)

Arbeiterfrage und Christentum
Bischof Wilhelm von Ketteler 1864

Die ganze Wucht der Entwicklung liegt jetzt auf dem Arbeiterstande. Da ist es

wieder die Aufgabe des Christentums, die Welt auch von dieser neuen Form der Sklaverei zu befreien und an dieser seine Göttliche Kraft und sein ewig neues Leben zu bestätigen... Vor allem will ich den allgemeinen Gedanken, auf den ich wiederholt zurückkomme, hier förmlich an die Spitze stellen, daß das Christentum und die Kirche auf die sozialen Verhältnisse nicht unmittelbar und durch äußere, mehr oder weniger mechanische Mittel und Einrichtungen, sondern zunächst und vorzüglich durch den Geist einwirkt, den es den Menschen einflößt. Die von uns bisher besprochenen Ursachen der damaligen Lage der Arbeiter sowie die Bösartigkeit der aus diesen Ursachen hervorgegangenen Wirkungen und Folgen haben ihren wesentlichen und tiefsten Grund in dem Abfall vom Geist des Christentums, der in den letzten Jahrhunderten stattgefunden hat.
(Wilhelm Emmanuel von Ketteler, Die Arbeiterfrage und das Christentum.)

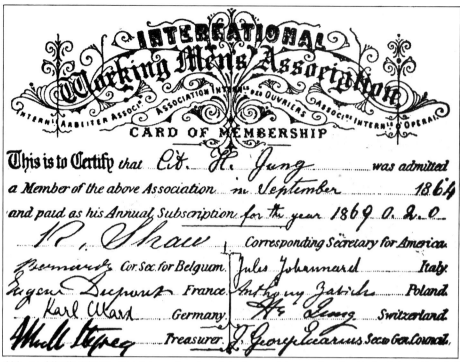

Abb. 3: Mitgliedskarte der Internationalen Arbeitervereinigung (auch „Erste Internationale" genannt), 1864 ausgestellt auf Hermann Jung. Unterschrift von Karl Marx.

Der Papst schaltet sich ein (1891)

Leiden und Dulden ist einmal der Anteil unseres Geschlechtes, und so große Anstrengungen man auch zur Besserung des Daseins machen mag, die Gesellschaft wird niemals frei von großer Plage werden. Die, die vorgeben, sie könnten es dahin bringen, die dem armen Volke ein Leben ohne Not und nur voll Ruhe und Genuß vorspiegeln, täuschen fürwahr die Menschen mit einem Truge...
Die Arbeiter dürfen nicht wie Sklaven angesehen und behandelt werden; ihre persönliche Würde, geadelt durch ihre Würde als Christen, werde stets heilig gehalten; Handwerk und Arbeit erniedrigen sie nicht, vielmehr muß, wer vernünftig und christlich denkt, es ihnen als Ehre anrechnen, daß sie selbständig ihr Leben unter Mühe und Anstrengungen unterhalten; unehrenhaft dagegen und unwürdig ist es, Menschen bloß zu eigenem Gewinn auszubeuten und sie nur so hoch zu taxieren, wie ihre Arbeitskräfte reichen ... Habt auch gebührende Rücksicht auf das geistige Wohl und die religiösen Bedürfnisse der Arbeiter... Endlich können und müssen aber auch die Arbeitgeber und die Arbeiter selbst zu einer gedeihlichen Lösung der Frage durch Maßnahmen und Einrichtungen mitwirken, die den Notstand möglichst heben und die eine Klasse der andern näher bringen helfen.
(Papst Leo XIII.: Enzyklika: Rerum novarum)

Die Arbeiter wollen sich selbst helfen
Ferdinand Lasalle: Offenes Antwortschreiben zur Berufung eines allgemeinen deutschen Arbeiterkongresses in Leipzig (1. 3. 1863)

... Den Arbeiterstand zu seinem eigenen Unternehmer machen – das ist das Mittel, durch welches – und durch

welches allein –, wie Sie jetzt sofort selbst sehen, jenes eherne und grausame Gesetz beseitigt sein würde, das den Arbeitslohn bestimmt! Wenn der Arbeiterstand sein eigener Unternehmer ist, so fällt jene Scheidung zwischen Arbeitslohn und Unternehmergewinn und mit ihr der bloße Arbeitslohn überhaupt fort, und an seine Stelle tritt als Vergeltung der Arbeit: der Arbeitsertrag!
Die Aufhebung des Unternehmergewinns in der friedlichsten, legalsten und einfachsten Weise, indem sich der Arbeiterstand durch freiwillige Assoziationen als sein eigener Unternehmer organisiert, die hiermit und hiermit allein gegebene Aufhebung jenes Gesetzes, welches unter der heutigen Produktion von dem Produktionsertrag das eben zur Lebensfristung Erforderliche auf die Arbeiter als Lohn und den gesamten Überschuß auf den Unternehmer verteilt, das ist die einzige wahrhafte ... Verbesserung der Lage des Arbeiterstandes. Deshalb ist es Aufgabe des Staates, Ihnen dies zu ermöglichen ...

Unternehmer: Alfred Krupp zu seinen Arbeitern 1877:

Ich habe Kräfte gebraucht und solche engagiert, ich habe ihnen den geforderten Lohn gezahlt, meistens ihre Stellung verbessert und, nach gesetzlichen Bestimmungen, den Kontrakt verlängert oder sie entlassen ...
Ich habe den Mut gehabt, für die Verbesserung der Lage der Arbeiter Wohnungen zu bauen, worin bereits 20 000 Seelen untergebracht sind, ihnen Schulen zu gründen und Einrichtungen zu treffen zur billigen Beschaffung von allem Bedarf. Ich habe mich dadurch in eine Schuldenlast gesetzt, die abge-

tragen werden muß. Vor fünfzig Jahren lebte kein Arbeiter so gut in Nahrung, Wohnung und Kleidung als heute. Keiner wird tauschen wollen mit dem Lose seiner Eltern und Vorfahren.
(Alfred Krupp, Ein Wort an meine Angehörigen. Aus: Ernst Schraepler, Quellen zur Geschichte der sozialen Frage in Deutschland, Bd. 2, Göttingen 1957, S. 95–99.)

Der Staat greift ein:
Bismarck begründet die Sozialgesetze

Für den Arbeiter ist da immer eine Tatsache, daß der Armut und der Armenpflege in einer großen Stadt zu verfallen gleichbedeutend ist mit Elend, und diese Unsicherheit macht ihn feindlich und mißtrauisch gegen die Gesellschaft. Das ist menschlich nicht unnatürlich, und solange der Staat ihm da nicht entgegenkommt, oder solange er zu dem Entgegenkommen des Staats kein Vertrauen hat, da wird er, wo er es finden mag, immer wieder zu dem sozialistischen Wunderdoktor laufen, und ohne großes Nachdenken sich von ihm Dinge versprechen lassen, die nicht gehalten werden. Deshalb glaube ich, daß die Unfallversicherung, sobald sie namentlich ihre volle Ausdehnung bekommt auf die gesamte Landwirtschaft, auf die Baugewerke vor allem, auf alle Gewerke, doch mildernd auf die Besorgnis und auf die Verstimmung der arbeitenden Klassen wirken wird. Ganz heilbar ist die Krankheit nicht, aber durch die Unterdrückung äußerer Symptome derselben, durch Zwangsgesetze halten wir sie nur auf und treiben sie nach innen.
(Bismarck zur Begründung seiner sozialpolitischen Gesetzgebung. Reden im Deutschen Reichstag am 15. und 20. März 1884).

Programm der Sozialdemokratischen Arbeiterpartei (Eisenach, August 1869)

I. Die Sozialdemokratische Arbeiterpartei erstrebt die Errichtung des freien Volksstaates.

II. Jedes Mitglied verpflichtet sich, mit ganzer Kraft einzutreten für folgende Grundsätze:

1. Die heutigen politischen und sozialen Zustände sind in höchstem Grade ungerecht und daher mit der größten Energie zu bekämpfen.

2. Der Kampf für die Befreiung der arbeitenden Klassen ist nicht ein Kampf für Klassenprivilegien und Vorrechte, sondern für gleiche Rechte und gleiche Pflichten und für die Abschaffung der Klassenherrschaft.

3. Die ökonomische Abhängigkeit des Arbeiters von den Kapitalisten bildet die Grundlage der Knechtschaft in jeder Form, und es erstrebt deshalb die Sozialdemokratische Partei unter Abschaffung der jetzigen Produktionsweise (Lohnsystem) durch genossenschaftliche Arbeit den vollen Arbeitsertrag für jeden Arbeiter.

4. Die politische Freiheit ist die unentbehrlichste Vorbedingung zur ökonomischen Befreiung der arbeitenden Klassen. Die soziale Frage ist mithin untrennbar von der politischen, ihre Lösung durch diese bedingt und nur möglich im demokratischen Staat ...

(Zit. nach: W. Mommsen, Deutsche Parteiprogramme, München 1960, S. 311 f.)

Aus der Geschichte der deutschen Gewerkschaften:

Im Mittelalter schlossen sich Handwerksgesellen zu ,Bruderschaften' zusammen und bildeten eine Gegenbewegung zu den Zünften und Innungen der Handwerksmeister.

1840 Erster Tarifvertrag für Schriftsetzer in Leipzig

23. Aug. 1848 Arbeiterkongreß in Berlin: ,Arbeiterverbrüderung'. Forderungen: Normallöhne, Arbeitslosenfürsorge, Einschränkung der Kinderarbeit

1865–1870 Gründung der Freien Gewerkschaften, die sozialistisch ausgerichtet sind

1869 Gründung des Verbands deutscher Gewerkvereine durch Hirsch, Dunker und Schulze-Delitzsch (Hirsch-Dunkersche Gewerkvereine)

1878–1890 Verbot der Freien Gewerkschaften durch das Sozialistengesetz

1894 Christliche Gewerkschaften der Eisenbahnhandwerker und Bergarbeiter

1900 Gesamtverband christlicher Gewerkschaften Deutschlands

Ziele der Gewerkschaften:

Die sozialistischen: *grundlegende Wandlung der sozialen Verhältnisse durch radikale Änderung der Wirtschaftsordnung*

Programm der Sozialistischen Arbeiterpartei (Gotha, Mai 1875)

(Die Partei Lassalles und die von Bebel und W. Liebknecht gegründete Partei haben sich vereinigt.)

Die Sozialistische Arbeiterpartei Deutschlands fordert innerhalb der heutigen Gesellschaft:

1. Möglichste Ausdehnung der politischen Rechte und Freiheiten ...

2. Eine einzige progressive Einkommensteuer für Staat und Gemeinde anstatt aller bestehenden, insbesondere der das Volk belastenden indirekten Steuern.

3. Unbeschränktes Koalitionsrecht.

4. Einen den Gesellschaftsbedürfnissen entsprechenden Normalarbeitstag. Verbot der Sonntagsarbeit.

5. Verbot der Kinderarbeit und aller die Gesundheit und Sittlichkeit schädigenden Frauenarbeit.

6. Schutzgesetze für Leben und Gesundheit der Arbeiter. Sanitätliche Kontrolle der Arbeiterwohnungen. Überwachung der Bergwerke, der Fabrik-, Werkstatt- und Hausindustrie durch von Arbeitern gewählte Beamte ...

(Zit. nach: W. Mommsen, Deutsche Parteiprogramme, a. a. O., S. 313 f.)

Die liberalen ,Hirsch-Dunkerschen': *Interessenausgleich zwischen Kapital und Arbeit bei Anerkennung der bestehenden Gesellschaftsordnung*

Die christlichen: *Wahrung der Arbeiterinteressen auf Grundlage der christlichen Soziallehre*

(Nach: Franz Lepinski, Die Gewerkschaftsbewegung in Deutschland. Frankfurt o. J.)

Gewerkschaftsmitglieder

1875	50 000
1891	412 000
1905	1 300 000
1913	3 293 000

1. Suche aus den vorhergehenden Seiten Ursachen für das ,Soziale Elend' heraus! Worin siehst Du die Hauptursache?

Entwicklung der Sozialgesetzgebung

Erfurter Programm der Sozialdemokrat. Partei Deutschlands 1891

Zum Schutze der Arbeiterklasse fordert die Sozialdemokratische Partei Deutschlands zunächst:

1. Eine wirksame nationale und internationale Arbeiterschutzgesetzgebung auf folgender Grundlage:

a) Festsetzung eines höchstens acht Stunden betragenden Normalarbeitstages.

b) Verbot der Erwerbsarbeit für Kinder unter vierzehn Jahren.

c) Verbot der Nachtarbeit, außer für solche Industriezweige, die ihrer Natur nach aus technischen Gründen oder aus Gründen der öffentlichen Wohlfahrt Nachtarbeit erheischen.

d) Eine ununterbrochene Ruhepause von mindestens 36 Stunden in jeder Woche für jeden Arbeiter.

e) Verbot des Trucksystems.

2. Überwachung aller gewerblichen Betriebe ... durch ein Reichs-Arbeitsamt ... Durchgreifende gewerbliche Hygiene.

3. Rechtliche Gleichstellung der landwirtschaftlichen Arbeiter und Dienstboten mit den gewerblichen Arbeitern ...

4. Sicherung des Koalitionsrechts.

5. Übernahme der gesamten Arbeiterversicherung durch das Reich mit maßgebender Mitwirkung der Arbeiter an der Verwaltung.

(W. Mickel, Quellen zur Sozial- und Wirtschaftspolitik im 19. und 20. Jahrhundert, Frankfurt 1963, S. 36.)

2. Wie wurde das ,soziale Elend' gesehen? Welche gesellschaftlichen Gruppen bemühen sich um Abhilfe? Welches sind die Gemeinsamkeiten der Lösungsvorschläge, wo liegen die Unterschiede? Welches sind die jeweiligen Motive?

3. Warum hat der Staat sich erst so spät um eine entsprechende Sozialpolitik bemüht? Welche Begründung wird von Bismarck für die staatliche Sozialpolitik gegeben?

4. Untersuche die Entwicklung der Sozialgesetzgebung in den verschiedenen Ländern! Welche Stellung nimmt Deutschland im Vergleich zu den andern Ländern ein?

	K	A + I	U	A	F
Belgien	1844	1884	1903	1920	1930
Deutschland	1883	1889	1884	1927	1954
Frankreich	1928	1885	1898	1905	1932
England	1911	1908	1897	1911	1945
Italien	1910	1861	1898	1919	1936
Schweden	1891	1913	1901	1934	1947
Schweiz	1911	1916	1911	1924	1952
UdSSR	1922	1922	1922	1922	1944
USA	1965	1935	1908	1935	—

K = Krankenvers., A + I = Alters- und Invalidenvers., U = Unfallvers., A = Arbeitslosenvers., F = Familienbeihilfen.

Quelle: International Labour Review. Aus: Die moderne Gesellschaft – Formen menschlichen Zusammenlebens. Freiburg 1972, S. 449.

Regionalstudie Ruhrgebiet
Kommt Deutschland zu spät oder schafft es den Durchbruch?

Als in England die Industrialisierung schon recht weit fortgeschritten war, steckte in Deutschland die Entwicklung noch in den Kinderschuhen. Zwar wurde bereits 1788 in Preußen die erste Dampfmaschine aufgestellt, doch blieb es bei solchen vereinzelten Erscheinungen. Von einer Industrie in unserm Sinne kann man noch nicht sprechen. Die Anfänge des Ruhrbergbaus im 18 Jh. waren kleine „Pütts" (Gruben m. geringer Tiefe = Teufe) von nur lokaler Bedeutung. Um 1800 förderte ein Stollenbetrieb 1200 Tonnen Kohle im Jahr, ein Bruchteil der heutigen Tagesförderung einer einzigen größeren Zeche. Wurde mehr Kohle benötigt, so vermehrte man die Zahl der Bergleute und verlängerte die Arbeitszeit.

Für das Zurückbleiben gegenüber England gibt es eine Reihe von Gründen: Ein Blick auf die Karte liefert einen ersten Hinweis: Es gab kein politisches Zentrum, das Reich war aufgesplittert in über 300 sehr unterschiedliche Kleinstaaten, und daher hatte sich auch keine wirtschaftliche Einheit herausbilden können. Jeder Staat hatte seine eigene Währung, eigene Manufakturen und Verkehrswege, die er anlegte, ohne sich um seinen Nachbarn zu kümmern. Überall gab es Zollschranken:

„1821 reiste ein Professor aus Thüringen nach Bremen. Seine Frau lud heimlich einen Sack Kaffee (Kolonialware!) auf. Der Rückweg sollte über Göttingen führen. An der hannoverschen Grenze hielt ein Zollwächter die Reisenden an: ‚Haben Sie Zollwaren?' Man verneinte. In Lippe-Detmold wurde der Sack entdeckt, beschlagnahmt und abgewogen. Für jedes Pfund mußte der Professor Strafe zahlen und außerdem den Sack verzollen. An der preußischen Grenze wies er die Quittung vor ... Als der Wagen die kurhessische und wieder die hannoversche Grenze passierte, zahlte man ordnungsgemäß Zoll. In Göttingen hatte der Professor genug. Heimlich ließ er den verwünschten Sack zurück."
(Nach: W. Trog, Die nationale und die industrielle Revolution. München o. J. S. 50)

Den Bau von Chausseen, die über Landesgrenzen führten, betrachtete man als Gefahr, da man bei Kriegen Durchmärsche von Truppen befürchtete. Die Wege blieben schlecht. Dies führte zu zahlreichen Reparaturen an den Postkutschen und verlängerte die

Reise daher. Aus diesem Umstand erwuchsen vielen Leuten Einnahmen, auf die sie angewiesen waren. Denn die meisten Menchen waren arm und litten in vielen Bereichen immer noch unter den Nachwirkungen des 30jährigen Krieges. Mit den napoleonischen Kriegen Anfang des 19. Jhs. erwuchsen zudem weitere Belastungen. Dieser Umstand förderte nicht gerade eine risikofreudige Einstellung bei Kaufleuten und Gewerbetreibenden, die für einen Aufschwung notwendig gewesen wäre. Landwirtschaft und Gewerbe waren durch hohe Steuern und Abgaben belastet. Deutschland war noch erstarrt im Feudalismus und im obrigkeit-

lichen Denken. Zwar hatten einige weitblickende hohe Beamte Friedrichs II. etliche Industriebetriebe ins Leben gerufen, doch hinderte andererseits die preußische Verwaltung das Aufkommen eines selbstbewußten Bürgertums. Überall dirigierte der Staat, so daß eine freie Unternehmertätigkeit zunächst ausgeschaltet blieb.

Zwar wurden Anfang des 19. Jhs. durch die preußischen Reformen notwendige Voraussetzungen für einen Anschluß an die neue Zeit geschaffen (Entlassung der Bauern aus der Erbuntertänigkeit, Freizügigkeit, Gewerbefreiheit und Aufhebung der Zunftprivilegien), doch fand die 1810 in Preußen

eingeführte Gewerbefreiheit, auf die sich viele beriefen, im Bergbau keinen Eingang. Die „Bodenschätze waren unersetzbar", die Bergbaupolitik orientierte sich daher noch immer an merkantilistischen Grundsätzen.

Erst nach der Mitte des 19. Jhs. waren in Deutschland die Voraussetzungen für Freizügigkeit, Freiheit der Berufswahl, Gewerbefreiheit und freie Konkurrenz gegeben.

Zwischen Ruhr und Emscher 1754:
Hier sind gar keine Fabriken; die Einwohner ernähren sich vom Ackerbau, Viehzucht, auch sonstigen bürgerlichen Nahrungen. Es ist gar keine Hoffnung,

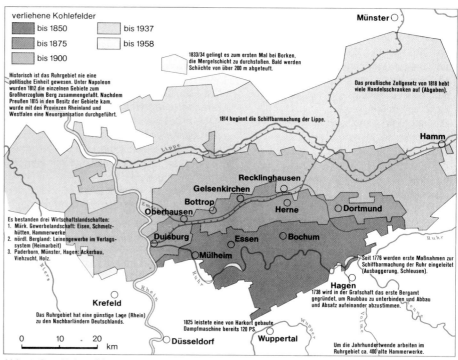

Abb. 1: Das Ruhrgebiet

hierselbst Fabriken anzulegen, weil Fremde sich an diesem Orte nicht niederlassen, und die Eingeborenen neigen nicht dazu, denn wo der Ackerbau vorherrscht, da fallen die Fabriken weg.
Urkunde aus Wattenscheid 1754.
(Nach: F. Meier, Die Änderung der Bodennutzung und des Grundeigentums im Ruhrgebiet, 1961, S. 9)

Bergmannsarbeit 1735
Es kommt wohl einem Bauern die Lust an, etwas zu verdienen, was er dort mit dem sogenannten Kohlegraben am kürzesten zu erreichen meint. Er besorgt sich einen Mutschein (behördliche Erlaubnis, an einem bestimmten festge-

legtem Platz Bergbau treiben zu dürfen) und ist dann selbst Gewerke, Bergmeister und Kohlengräber. Er arbeitet vormittags einige Stunden, nimmt ohne Maß alles weg, solange er Kohle findet, und geht nachmittags wieder an seine Hausarbeit.
(nach W. Brepohl, Der Aufbau des Ruhrvolkes. Recklinghausen, 1948, S. 42)

Technischer Stand in Deutschland
Im Jahre 1801, ehe die Stifte Essen und Werden noch mit den preußischen Landen vereinigt waren, baute ich die erste Feuer-Maschine nach altem Prinzip ... Einige schwuren geradezu, daß es unmöglich sei, und andere prophezeiten mir, weil es mir als gemeinem Handwerker jetzt wohl ging, meinen Untergang ... besonders, weil in der hiesigen Gegend nicht einmal ein Schmied war, der imstande gewesen wäre, eine ordentliche Schraube zu machen ... Deshalb mußte ich auch Schmiedearbeiten machen, ohne sie jemals gelernt zu haben. Indessen schmiedete ich fast die ganze Maschine mit eigener Hand, selbst den Kessel, so daß ich 1 bis 1¹/₂ Jahr fast nichts anders als Schmiedearbeiten verfertigte ... Das Bohren der Zylinder setzte mir neue Hindernisse entgegen. Ich verfertigte mir auch eine Bohrmaschine ohne jemals eine solche gesehen zu haben.
(Franz Dinnendahl, Selbstbiographie [bearb.] Nach: Treue, Quellen zur Geschichte d. industriellen Revolution, Göttingen u. a. 1966, S. 52)
Franz Dinnendahl war gelernter Schreiner, er errichtete die erste Dampfmaschine des Ruhrgebiets auf der Zeche Vollmond bei Langendreer, heute ein Ortsteil von Bochum.

Industriespionage im 18. Jh.
... weil ich mir oneracht des Geheimen von Herrn Watt und Boulton, durch einige kleine Trinkgelder, eine vorteilhafte Gelegenheit verschafte, den Mechanismus der Wattischen Feuer- und Dampfmaschine vollkommen zu studieren. Ich arbeitete nun 6 Wochen an meinen Zeichnungen, denn ich mußte nicht nur allein vor Boulton geheim seyn, sondern auch vor allen dahir befindlichen Arbeitern; aus der Ursache kostete mich diese Arbeit unbeschreibliche Müh, weil ich nicht nur keinen Menschen um etwas fragen konnte, sondern auch nicht durfte, um keinen Verdacht zu erregen ...
(G. v. Reichenbach, Tagebuch einer Reise nach England (1791), zit. nach Klemm, Technik, Eine Geschichte ihrer Probleme, 1954, S. 262 f.)

Erfinder haben es in England besser
Der Buchdrucker F. König erfand eine Schnellpresse. 1814 schrieb er:
„*Auf dem Kontinent findet ein Unternehmen dieser Art keinerlei Aufmunterung und Unterstützung. Das Patentwe-*

Abb. 2: Holzkohlenerzeugung im Meiler (zeitgenössische Darstellung 1750)

O = Wasserrad mit Welle
b/c/d/h/i/k = Blasebalgkonstruktion; Hebelarme d werden von der Welle des Wasserrades gehoben. Gewichte am Ende der Hebel drücken die Arme herunter, dadurch strömt die Luft in den Ofen, der von oben mit Erz, Holzkohle beschickt wird.

Abb. 3: Beschicken eines Hochofens um 1750

sen, wie es in England besteht, ist daselbst entweder unbekannt oder noch nicht eingeführt; es mangelt somit an jeglicher Anregung des persönlichen Unternehmergeistes; und denkende Köpfe sehen sich deshalb gezwungen, *ihre Erfindung irgendeiner Regierung anzubieten und um Unterstützung nachzusuchen.“*

Kohle, Eisen und Stahl verändern die Welt

Um 1815, zu einer Zeit als in England die erste Phase der Industrialisierung weitestgehend abgeschlossen war, gab es in Deutschland nur zwei Industriegebiete von Bedeutung: Oberschlesien und das Saargebiet.

Warum dauerte es nur wenige Jahre, bis das Ruhrgebiet sich in Deutschland an die Spitze geschoben hatte und schließlich den Weltruhm deutscher Industrieerzeugnisse „made in germany" begründete? Folgende Voraussetzungen für die stürmische Entwicklung des ‚Kohlenpotts' sind unbestreitbar: Aufhebung der Binnenzölle in Preußen (1818), allmählicher Abbau des merkantilistischen Systems, Einführung der Gewerbefreiheit und Förderung privater Unternehmerinitiative und schließlich die Begründung des Deutschen Zollvereins (1834). Durch den letzten Schritt fielen die zahlreichen Schlagbäume, ein wichtiges Handelshindernis war beseitigt, und es entstand ein einheitlicher großer Markt. Der politische Abschluß der wirtschaftlichen Einigung erfolgte mit der Gründung des Deutschen Reiches 1871.

Dennoch lassen sich schon ab etwa 1850 Anzeichen für eine beschleunigte Entwicklung der Industrie erkennen: Von 1814 bis 1835 steigerte sich der Kohletransport von 60 000 t auf 400 000 t, und dadurch wurde er rentabel und für Investoren interessant. Ermöglicht wurde diese Steigerung durch den Ausbau des Eisenbahnnetzes. Der erweiterte Handel, die Produktions- und Absatzsteigerung verlangten hohen Kapitaleinsatz, förderten aber auch das Entstehen großer Inländischer Kapitalien. Noch 1849 hieß es in einer Denkschrift: *„Es ist notorische Tatsache, daß im Rheinlande in letzter Zeit mehrere Kohlen- und andere Bergwerke für Rechnung französischer und englischer Kapitalisten erworben worden sind und für deren Rechnung ausgebeutet werden."* Der hohe Geldbedarf und die Hoffnung vieler Menschen auf schnelle Gewinne durch die junge Industrie förderten die Gründung einer neuen Finanzierungsform. Es bildeten sich die Aktiengesellschaften. Auch entstanden zahlreiche Banken, die als Kreditgeber für Handel, Handwerk und Industrie auftraten.

Eine Schlüsselrolle nahm der Maschinenbau ein. Von 245 Lokomotiven, die 1842 in Deutschland im Verkehr waren, kamen die meisten bis auf wenige Ausnahmen aus England, lediglich 38 waren in Deutschland fabriziert. Nur 9 Jahre später wurden von 1084 Lokomotiven 679 in deutschen Fabriken montiert und nur noch 281 importiert. Es war gelungen, die wichtigen Vorarbeiten maschinell zu leisten und zu präzisieren, weil man neu entwik-

Abb. 1: Postkarte zur Jahrhundertfeier der Kruppschen Werke, Essen 1912

kelte Bohrmaschinen und Drehbänke mit Dampfmaschienantrieb betreiben konnte. Der stetig wachsende Bedarf erforderte neue und rationellere Fertigungsmethoden und einen intensiveren Kohleabbau. Träger dieser Entwicklung waren Unternehmen wie beispielsweise die Gutehoffnungshütte in Sterkrade (heute Oberhausen), die sich aus einer ursprünglichen Eisenhütte zu einem gemischten Betrieb mit Kohlezechen, Erzgruben, Hochöfen, Walz- und Hammerwerken und Fertigungsanlagen entwickelte. So entstanden die ersten Ballungszentren.

Ein deutliches Zeichen einer solchen Konzentration ist auch das Ansteigen der Beschäftigungszahlen beispielsweise bei Krupp. Von 122 Mitarbeitern (1846), stieg die Zahl über 1200 (1857) auf 21 000 (allein in der Gußstahlfabrik 1887!). Solche Unternehmen erlaubten es, neuentwickelte Erfindungen industriell umzusetzen, bw. förderten sie eigene Entwicklungen. Seine Leistungen waren so aufsehenerregend, daß sie bereits 1851 Erzeugnisse der Engländer in den Schatten stellten. Auf der berühmten Londoner Weltausstellung 1851 stellte

die Fa. Krupp den größten bis dahin jemals gegossenen Gußstahlblock aus, der sehr bewundert wurde. A. Krupp revolutionierte mit seinen nahtlosen Radreifen (Radbandagen) den Eisenbahnbau, lieferte Achsen und Federn, Kolben und Schiffswellen. 1862, das sind nur sieben Jahre nach der englischen Erfindung, wurde das erste Stahlwerk mit Bessemer-Birnen auf dem Kontinent von der Firma errichtet. Dieses Verfahren löste das bisher übliche Puddel-Verfahren ab. Der Vorzug lag in der wesentlich kürzeren Produktionszeit (20 Min. gegenüber 24 Stunden) bei stark verbesserter Qualität des Stahls. Dies war für die Waffenproduktion, die Entwicklung sicherer Verkehrsmittel und präzise arbeitende Maschinen von großer Bedeutung.

Über die „mechanische Werkstätte"

1826 wurde der eiserne Hochofen ... im Werk angeblasen ... Der Chemiker Goldammer machte um diese Zeit die erste Analyse des heute bekannten Blackbands aus dem Hörder Reviere, welcher versuchsweise, bei zu schwachem Gebläse, am hiesigen Hochofen verschmolzen wurde ... Die Opfer und

A: Die Birne wird mit geschmolzenem Roheisen gefüllt.

B: In die aufgerichtete Birne wird Luft/Sauerstoff geblasen. Dabei verbrennen Kohlenstoff und Verunreinigungen (Blas- und Brennvorgang ca. 20 Min.).

C: Der reine Stahl wird in eine Gießpfanne entleert und anschließend in Barren gegossen.

Abb. 2: Bessemer-Birne zur Stahlerzeugung

Abb. 3: Krupps Stahlkanone (50 t), ein Geschenk an den König von Preußen (Paris 1867)

Entwicklung der Kokereiindustrie in t

1830	1 142	1890	4 226 000
1850	73 112	1900	9 744 000
1860	197 558	1913	26 703 000
1870	341 033	1929	34 205 000
1880	1 291 130	1938	33 634 000

(G. Winkelmeyer, Standortfragen der Kohlen-industrie des Ruhrgebietes, in: Beiträge zur Industriewirtschaft des Ruhrgebiets. Rhein-Westf. Institut für prakt. Wirtschaftsforschung, H. 32, Essen 1947, S. 38)

Binnenwanderung

Von den Einwohnern Rheinland-Westfalens
waren geboren in:

	Tausend	%
Rheinland/Westfalen	9 080,6	
Ostdeutschland	512,7	38,1
Berlin/Brandenburg	42,1	3,1
Nordwestdeutschland	154,1	11,4
Mitteldeutschland	128,4	9,5
Hessen	154,5	11,5
Süddeutschland	101,5	7,6
Ausland	253,5	18,8

(nach: Ploetz, Raum und Bevölkerung in der Weltgeschichte, T. III, 2. Aufl. Würzburg 1958, S. 222)

Einsatz von Koksöfen

	Anzahl der Öfen
1850	448
1880	3 100
1900	10 000
1913	18 000

(G. Winkelmeyer, a. a. O., S. 37)

Steinkohlenförderung in Mio. t.:

	Ruhrgebiet	Deutschland	GB
1860	4,4	12,3	81,3
1870	11,8	23,3	112,2
1880	22,5	42,2	149,3
1890	35,5	64,4	184,5
1900	60,1	109,3	228,8
1910	89,1	151,1	268,7

(W. Köllmann, a. a. O., S. 16)

Schwierigkeiten waren große. Der Übermut und die Völlerei der Ausländer, Mangel an passenden Materilien und guten Wegen, die Unerfahrenheit der hiesigen Arbeiter – all dies führte eine Menge Übelstände herbei, welche man heute nicht mehr kennt. Allein durch Beharrlichkeit behauptete sich die neue Industrie!
(Friedrich Harkort, Geschichte des Dorfs, der Burg und der Freiheit Wetter als Beitrag zur Geschichte der Grafschaft Mark, Hagen, 1856, S. 37 ff.)

Ein Urteil aus England

Die Hüttenwerke in Oberhausen nehmen nach grober Schätzung eine Fläche ein, die man dem Low Moor in Yorkshire vergleichen kann ... Das Herzstück des Unternehmens ist das Walzwerk. Darum gruppieren sich insgesamt 37 Puddel- und Flammöfen, zu denen jeweils ein Hammer und die entsprechenden Walzen gehören ... Man kann Nasmyths Dampfhammer und die schottische Walze hier sehen, die den Puddelhammer ersetzen soll ... Wir können feststellen, daß das Unternehmen so lief, daß kaum etwas zu wünschen übrig blieb. Man schafft ruhig und beständig wie in englischen Betrieben, obwohl Arbeiter aus allen Nationen zusammengebracht worden sind.
(Industry of the Rhine, Series II, London 1848, S. 43 f.)

Ein amerikanischeer Schriftsteller beschreibt (1964) die historische Entwicklung an der Ruhr:

Alfred Krupps Reich dehnte sich rasch aus. Mitte der sechziger Jahre des 18. Jahrhunderts zeigte sich bei ihm ein immer stärker werdender Sinn für Schwung und Tempo ... Er riß die alte Gußstahlfabrik nieder und errichtete sie von Grund auf neu, außerdem fügte er drei Maschinenwerkstätten, drei Walzstraßen, eine Stellmacherei, eine Achsendreherei, ein Hammerwerk für Geschütze und eine Dampfkesselwerkstatt hinzu. Die Industrie drängte mit aller Gewalt ins Kohlenrevier, und mit ihr kam das neue deutsche Proletariat: Ehemalige Bauern, die noch nie eine Maschine gesehen hatten, die jetzt in Häusern zusammengepfercht wohnten, die für die Hälfte von ihnen gedacht waren – Essens Einwohnerschaft wuchs während dieses Jahrzehnts um 150 Prozent – und die sich darauf versteiften, als Erinnerung an ihr früheres Landleben eine Kuh oder ein Schwein zu halten oder ein winziges Stück Land zu bebauen. Der Wegzug bedeutete für sie eine schmerzhafte Trennung mit erschreckenden Folgen. Englands Arbeiterklasse hatte ein halbes Jahrhundert zur Verfügung gestanden, damit sie sich an das neue Leben gewöhnen konnte. Den Preußen blieben dafür nur wenige Jahre ...
(William Manchester, Krupp. München 1968, S. 99)

Leistung der Hochöfen

	Anzahl der Hochöfen	in t Roheisen
1837	6	360
1851	15	7 270
1871	64	414 300
1913	86	8 200 000

(W. Helmrich, Wirtschaftskunde des Landes Nordrhein-Westfalen, Düsseldorf 1960, S. 60)

1. Beschreibe die Situation im Ruhrgebiet 1750 und 1840! Stelle einen Vergleich an nach folgenden Gesichtspunkten: a) Wie wurde produziert? b) Welche Schwierigkeiten bestanden? c) Welche Rolle spielte der Staat?

2. Welche Bedingungen erklären den Beginn der Industrialisierung?

3. Versuche, aus den Statistiken und Quellen den Zeitpunkt zu ermitteln, von dem an die Entwicklung besonders rasch und intensiv verlief!

4. Länder, die relativ spät in die industrielle Revolution eintraten, werden auch „Spätkommer" genannt.
– Hat ein solches Land nur Nachteile gegenüber den bereits weiterentwickelten, oder siehst Du auch Vorteile?
– Welche Bedeutung hat in diesem Zusammenhang die Spionage?
– Ist Deutschland Deiner Ansicht nach ein „Spätkommer"?

Die Unternehmer

Wer ist Träger der industriellen Revolution?

Unternehmer sind kein „Ergebnis" der Industrialisierung des 19. Jahrhunderts, denn schon seit dem 15. Jahrhundert gibt es Betriebe gewerblicher Erzeugung, bei denen der Verkauf der Waren durch einen Verleger betrieben wird. Dieses Verlagssystem kennt verschiedene Formen. So gab es selbständige Handwerker, die zu Hause mit eigenem Gerät und eigenem Rohstoff ihrem Gewerbe nachgingen, die Aufgabe des Verlegers bestand ausschließlich im Vertrieb der Waren. Es gab aber auch selbständige und unselbständige Lohnarbeiter, denen der Unternehmer die Rohstoffe vorlegte (vorschoß, daher der Name), teilweise auch die Werkzeuge stellte und nach Herstellung die Waren vertrieb. Einzelne Verleger, auch Handwerker gingen dann dazu über, Arbeitsräume [Manufakturen] einzurichten, in denen unselbständige Arbeitskräfte mit geliefertem Werkzeug und Rohstoff in reiner Handarbeit Massenproduktion leisteten. Das wurde möglich, weil Spezialisten eingestellt wurden und der Arbeitsprozeß zergliedert wurde: „Einer zieht den Draht, ein anderer richtet ihn, ein dritter schrotet ihn ab, ein vierter spitzt ihn zu, ein fünfter schleift ihn am oberen Ende" (Adam Smith). So konnte ein Betrieb mit 10 Arbeitern pro Tag 48 000 Nadeln herstellen, ein einzelner Arbeiter hätte pro Tag nur 20 angefertigt.

Der absolutistische Staat förderte die Manufakturen sehr, da der große Bedarf (an Uniformstoffen, Waffen, Schuhwerk, Beschlägen usw.) von Flotte, Heer und Verwaltung nur über zuverlässige Massenproduktion gedeckt werden konnte.

Wurden schließlich in einem Arbeitsraum (Werkstatt) Maschinen aufgestellt, die von Arbeitern bedient wurden, so sprach man von Fabriken. Diese mußten wegen des zunächst einzigen Energielieferanten auf dem Lande in der Nähe starker Wasserläufe errichtet werden. Erst die Dampfmaschine ermöglichte die Standortverlagerung in die Stadt (dort gab es genügend Arbeitskräfte). Weil diese Maschinen aber noch sehr teuer waren – 1799 kostete ein Dampfmaschinenimport von der Firma Boulton & Watt noch 30 000 Taler – konnten nur kapitalkräftige Unternehmer Fabriken gründen bzw. erweitern. Damit war schon die erste Voraussetzung für eine Konzentration gegeben.

Gibt es in diesem Zusammenhang

Abb. 1: Der Unternehmer Alfred Krupp (1812–1887) Ölporträt, Villa Hügel, Essen

Abb. 2: Relief: Arbeiter über Industrieland-schaft (Jubiläumsgeschenk)

auch eine Erklärung für den Vorsprung Englands? Unternehmer- und auch Erfinderaktivitäten wurden dort z. B. früh gefördert, weil Schutz durch ein Patentwesen vorhanden war. Auch bestanden seit der „glorious revolution" keine Zünfte mehr, die ja sehr zurück-

haltend gegenüber Neuerungen waren. Und schließlich gab es eine recht breite Schicht fähiger Unternehmer, Kaufleute, Verleger und Reeder, die vom Staat unabhängig waren. Sie wurden durch eine puritanische Pflicht- und Arbeitshaltung angetrieben, die zugleich auf einem gesunden Erwerbsstreben begründet war.

Die vier in Deutschland vorerst entscheidenden Hindernisse gab es nicht: den fehlenden Markt, den alles reglementierenden Staat, Kapitalmangel und technische Probleme. Für die Lösung von technischen Problemen, für die Ausbildung und Schulung von Spezialisten gab es in England eine Reihe von Schulen und Gesellschaften, die z. T. vom Staat getragen (Royal Society), z. T. von privater Seite (Lunar Society) gegründet wurden und auf breitem Gebiet die Voraussetzungen für die technologische Entwicklung schufen.

Natürlich konnten die deutschen Unternehmer von dieser Entwicklung auch profitieren, etwa wenn Patente abgelaufen waren, wenn Produkte nachgebildet, nicht selten wohl auch ausspioniert werden konnten. So versuchte beispielsweise 1823 Eberhard Hoesch, in England ein neuartiges Verfahren zur Stahlerzeugung (Puddle-Verfahren) auszuspionieren. Er war entschlossen, nur mit einem brauchbaren Ergebnis zurückzukehren, erregte Verdacht, wurde verfolgt und versteckte sich in einem kaltliegenden Ofen, wo er stundenlang ausharrte. Zu seinem Schrecken wurde der Ofen unter ihm angeblasen, es gelang ihm jedoch, in letzter Minute zu flüchten. Mancher technische und kostspielige Umweg wurde so bisweilen vermieden. Schließlich gab es auch wissenschaftliche und technische Zusammenarbeit in Firmen und Gesellschaften.

Das Ruhrgebiet ist ein Beispiel dafür, wie sich Fabrikanten, Bankiers und Großkaufleute gegen den Staat behaupten und der „Obrigkeitsstaat" das Prinzip der freien Konkurrenz gestattete. In Oberschlesien war es die herrschende Schicht des Adels (Magnaten), der im Besitz des rohstoffreichen und waldreichen Bodens war und unternehmerische Initiative besaß. Nachdem Oberschlesien an Preußen gefallen war (1742), ließen die Magnaten Eisenerze verhütten. Allerdings entwickelte sich Oberschlesien erst zum Schwerindustriezentrum, als auf den bereits vorhandenen staatlichen Hütten Kokshochöfen errichtet wurden (ab 1796). Diese waren in der Folge das erfolgreiche Beispiel, das von den adligen Privatunternehmern nachgeahmt wurde.

Wie in Schlesien bildete auch sonst der Grundbesitz die Voraussetzung für die Macht des Adels. Nachdem die Landwirtschaft im Laufe der Industrialisierung ihren Vorsprung gegenüber der Leistung der Industriebetriebe verloren hatte, wurde auch die Stellung des Adels erschüttert. Da es als unangemessen galt, sich in „bürgerlichen" Geschäften zu engagieren, blieben die Unternehmer, die zumeist aus bürgerlichen Familien kamen, „unter sich", und sie bildeten den „neuen Adel", das Besitz- oder Geldbürgertum. Eine neue Führungsschicht war entstanden.

Friedrich Krupp schreibt 1821 an den Verein zur Beförderung des Gewerbefleißes in Preußen

... daß ich mich aus besonderer Vorliebe für das Hüttenwesen, seit dem Jahre 1811 vorzüglich mit der Veredelung des Stahls beschäftigt, und durch große Aufopferung meines Vermögens und (meiner) Körperkräfte, auch durch meine eigene Tätigkeit und Ausdauer den Gußstahl fabrikmäßig und öconomisch richtig, ohne fremde Hülfe und Unterstützung zu produzieren, erfunden habe ...

August Borsig
Geburt/Herkunft:
13. 6. 1804; schlesische Handwerker- und Bauernfamilie

Werdegang:
Erlernung des Zimmerhandwerks, anschließend Besuch des Berliner Gewerbeinstituts, das von P. Chr. W. Beuth gegründet worden war – dort Ausbildung als Maschinenbauer
Leistung:
1837 Gründung einer Eisengießerei und Maschinenbauanstalt (Bau von Dampfmaschinen)
1841 Bau der ersten Lokomotive, setzt sich gegen den englischen Konkurrenzdruck durch (1854 wird bereits die 500. Lokomotive ausgeliefert)
1847 Verlegung des Eisenwerks an die Spree (Wasserstraße!)
1854 Erwerbung eines großen Grubenkomplexes in Oberschlesien (Kohle und Eisen)
† 6. 7. 1854
1870 Verlegung des Eisenwerkes nach Oberschlesien durch seine Nachfolger

Mathias Stinnes (1790–1845)
Aus seinen geringen Einkünften als Schifferknecht spart er sich einen Kahn zusammen und macht sich als Achtzehnjähriger selbständig. Als erste Aufträge verfrachtet er Kohle nach Holland. Als der Rhein von den Holländern für Ausländer gesperrt wird, versorgt Stinnes Abnehmer am Oberrhein und befördert auf der Talfahrt Holz und Getreide. Um Vermittlungsgebühren zu sparen, gründet er ein eigenes Spedi-

Entwicklung der Familie Hoesch:
im frühen 16. Jh.: Bauern in der Eupener Gegend.
ab 1550: Zum ersten Mal beschäftigt sich ein Familienmitglied mit der Bearbeitung von Metallen.
um 1640: Die Hoeschs sind in der Nordeifel führend in der Eisenherstellung. Sie betreiben im Vichttal (gefällstarke Wasserläufe, Erz und Wald [Holzkohle]) einen Hochofen und einen Hammer.
im 18. Jh.: Ausbau zu einem vorindustriellen Unternehmen (Eberhard Hoesch). Seine Söhne Eberhard und Wilhelm kämpfen gegen die überlegene englische Konkurrenz, die mit der Puddlemethode das bessere Produktionsverfahren besitzt.
1819 produziert das kleine Hüttenwerk mit 22 Arbeitern ca. 230 t Gußstahl und 175 t Stabeisen.
1823 versucht Eberhard H., das Puddleverfahren in England auszuspionieren (Darauf stand die Todesstrafe!).
1824 errichtet er in Lendesdorf ein Puddle- und Schweißwerk.
1839 Herstellung der Schienen für die Rheinische Eisenbahn (erster deutscher Auftrag). Danach Bau des modernsten Puddle- und Walzwerkes in Eschweiler/Düren (Steinkohlegruben).
1852 übernimmt Eberhards Neffe Leopold das Werk. Im Laufe der Zeit erschöpfen sich die Erzvorkommen der Eifel, Holzkohle und Wasserkraft haben sich überlebt. Die Transportkosten für Rohstoffe und Absatzprodukte steigen. Die Hoeschs verlegen ihre Firma ins Ruhrgebiet. „Wer Eisen herstellen will, muß zur Kohle, muß sich ins Netz der Straßen stellen, die den Anschluß an die Wirtschaft der Welt garantieren. Man muß ins Ruhrgebiet gehen."
(Nach: Aufbruch ins Revier: Hoesch 1871–1961. Verlag Mensch und Arbeit, München 1962, S. 54 ff.)

1. Erstelle eine Übersicht nach folgenden Merkmalen: Herkunft/Leistung–Werdegang/Industriebereich! Bezieht auch Krupp ein!
2. Stelle einen Vergleich an zwischen Verlag-, Manufaktur- und Fabriksystem! Prüft dabei:
– Wie wurde gearbeitet (mit eigenem/fremdem Werkzeug/Rohstoff)?
– Wie unterscheiden sich Verleger und Fabrikant?
– Wie ist der Arbeitsprozeß organisiert?
– Sind Lebens- und Arbeitsraum getrennt?
3. Beurteile den Werdegang der Familie Hoesch! Ziehe die Ergebnisse der Regionalstudie Ruhrgebiet heran und fasse zusammen, welche Standortfaktoren für die Ansiedlung/Verlegung eines Industriebetriebes wichtig waren!
4. Beurteile die Bedeutung der Unternehmer für die Industrialisierung!

Friedrich Krupp

August Borsig

Hugo Stinnes

so trug ich kein Bedenken, im Jahre 1818 eine ... zweckmäßig eingerichtete Gußstahlfabrik neu zu erbauen ... Ehe und bevor ich diesen neuen Plan begann, hatte ich schon aus meinem Privatvermögen ein Capital von circa Fünfzig Tausend Thaler zu den Versuchsarbeiten aufgeopfert, und hoffte mit Recht auf einige Unterstützung vom Königl. Preuß. Staate ...
(W. Berdrow, Friedrich Krupp, der Gründer der Gußstahlfabrik in Briefen und Urkunden, Essen 1915. S. 243 f.)

tionsgeschäft. Damit ist der Anfang für die sich später entwickelnde Großreederei gemacht. Mit den nun größeren Gewinnen werden Zechen gekauft, von da an wird die Kohle auf eigene Rechnung verladen. Um die Transportkosten aus Konkurrenzgründen niedrig zu halten, läßt Stinnes eigens konstruierte Schleppzüge bauen. Mit dieser Rationalisierung und den dadurch erwirtschafteten Gewinnen ist die Entwicklung zum Großunternehmen eingeleitet, die ihren Höhepunkt in dem von Hugo Stinnes (1870–1924) errichteten Stinneskonzern findet.

137

Die Stadt im 19. Jahrhundert
Zuflucht oder Elend?

Abb. 1: Stadtbahn und Rollwagen, Berlin 1882, Zeichnung von H. Lüders

Abb. 2: London (1870), Holzstich von G. Doré

Die Stadt – ein Magnet

Für die Zeitgenossen war das Anwachsen der Städte schon im frühen 19. Jh. beängstigend. Manchester z. B. wuchs von etwa 6000 Einwohnern im Jahr 1685 auf ca. 72 000 im Jahr 1801. Dabei vermehrte sich nicht die in der Stadt ansässige Bevölkerung so stark, sondern es floß ein stetig anwachsender Strom Zuwanderer vom Land in die Stadt.

Technische Neuerungen, die die Standortfaktoren für die Fabriken veränderten, führten dazu, daß die Städte Ballungszentren für Industrieunternehmungen wurden, denn nur hier fanden sich die für die Massenproduktion benötigten vielen Arbeitskräfte. Und weil die Stadt wegen der vielen Fabriken auch ein großes Angebot an Arbeitsplätzen erhoffen ließ, war sie wiederum Anziehungspunkt für Arbeitslose, für Handwerker, die außerhalb der Stadt ihre kleinen, unwirtschaftlich arbeitenden Betriebe aufgeben mußten, und für Bauern, die frei geworden waren.

Es wurden wichtige Gesetze erlassen, die dem wachsenden Selbstbewußtsein der Bürger Rechnung trugen (Städteordnung 1808), die Mobilität der Bevölkerung ermöglichen (Aufhebung der Erbuntertänigkeit 1807) und neue Existenzen schaffen sollten (Gewerbefreiheit 1810). Das Gesetz über die Gewerbefreiheit z. B. erlaubte Betriebseröffnungen auch außerhalb des Zunftbereiches, die Allmacht der im Mittelalter entstandenen Zünfte war gebrochen.

Als dann noch die Eisenbahn neue Lebensadern durch das Land zog und getrennte Wirtschaftsbereiche überregional verband, konnten die Städte als Märkte Impulse für das ganze Land geben.

Welche Möglichkeiten bietet die Stadt?

Für viele galt die Stadt als die große Chance schlechthin, und das erklärte sich nicht nur daraus, daß es dort überhaupt Arbeitsplätze gab, sondern die gezahlten Löhne waren auch höher als die in der Landwirtschaft und in der Kleinindustrie.

Mancher, der sich als Tagelöhner sehr abhängig gefühlt hatte, empfand es als angenehmer, in einer Fabrik zu arbeiten, in der er nur ein Rädchen im großen Getriebe war. Im Gleichklang

Abb. 3: Berliner Kücheneinrichtung

der Arbeit vieler wurden ihm der Verzicht auf Eigenpersönlichkeit und die Abhängigkeit, die im Grunde gleich geblieben waren, nicht mehr so deutlich wie zuvor. Auch versprach die Stadt dem einzelnen einen möglichen gesellschaftlichen Aufstieg, denn die großen Städte zeigten in den gesellschaftlichen Schichten mehr Durchlässigkeit. Einigen kleinen Kaufleuten, ehemaligen Krämern und Kleinhändlern, Manufakturbesitzern gelang es, in die Schicht der industriellen Unternehmer aufzusteigen, die die Oberschicht der Stadt bildeten. Diese Oberschicht schloß sich gegenüber anderen ab, nicht viel anders, als es der Adel früher getan hatte. An die Stelle der Ständegesellschaft war die Klassengesellschaft getreten. Denn außer der bürgerlichen Oberschicht hatten sich noch weitere Klassenunterschiede herausgebildet: Es gab die freien Berufe, Beamte, Wissenschaftler, kleinere Unternehmer, größere Handwerker und Geschäftsleute, kurz das, was wir den Mittelstand nennen.

Und schließlich gab es die große Klasse der Proletarier (der Begriff kommt aus dem Lateinischen und meint Menschen, die keinen Besitz ihr eigen nennen außer ihren Kindern). Sie kamen in die Stadt, um Arbeitsplatz und Wohnung zu finden. Das Bedrükkende war, daß zu viele diese Hoffnung teilten. Sie vermehrten das Angebot an Arbeitskräften, die Unternehmer konnten auswählen und die Löhne drücken.

„Bevölkerungswachstum, Landflucht, unbeabsichtigte Folgen großer Erfindungen ... Grundstücksspekulationen und dahinter die liberalistische Überzeugung von der Unantastbarkeit des persönlichen

Abb. 4: Berliner Arbeiterwohnung um 1910

Eigentums an Grund und Boden – konnten da die Städte anders werden, als sie heute sind?"
(U. Schultz, Umwelt aus Beton oder Unsere unmenschlichen Städte, rororo aktuell, S. 16.)

Urteile über die Stadt

Die Krankheit unserer heutigen Städte und Siedlungen ist das traurige Resultat unseres Versagens, menschliche Grundbedürfnisse über wirtschaftliche und industrielle Forderungen zu stellen
(W. Gropius, Architekt)

Stadtluft macht frei
(mittelalterlicher Rechtsgrundsatz)

Aber es wird eine höhere und höchste Blütezeit des Industrialismus kommen und mit ihr und durch dieselbe wird die moderne Welt, die Welt der Großstädte, zusammenbrechen.
(O. Spengler, Kulturphilosoph um die Jahrhundertwende)

Alle Hochkultur ist Stadtkultur
(A. Rüstow, Historiker)

Wie wohnte man?

Eine Berliner Statistik sagt für 1871, daß 600 000 = zwei Drittel der Bevölkerung in kleinen Wohnungen (= höchstens 2 heizbare Zimmer) lebten, davon 162 000 in Kleinwohnungen (Zimmer und Küche). Die große Anzahl solcher Kleinwohnungen war möglich, weil eine Bauordnung von 1853 Miethäuser von 56 Meter Tiefe erlaubte, sofern sie Höfe von 5,3 m² hatten. Diesen Platz brauchte eine Feuerspritze zum Wenden! Es gab Häuserblocks mit 250, ja 1000 Familien, durch-

schnittlich waren die Kleinwohnungen in diesen Mietskasernen mit 7 Personen belegt.

Weil die Mietbelastung auch bei steigendem Einkommen immer größer wurde – 1831 betrug die durchschnittliche Jahresmiete ca. 85 Taler, 1870 150 Taler, 1871 160 Taler – halfen sich die Familien, indem sie Bettstellen an Schlafgänger vermieteten. Als Bett diente dabei häufig nur ein einfacher Strohsack, der umschichtig benutzt wurde. 1871 gab es 60 574 Schlafburschen und 18 124 Schlafmädchen (unverheiratete und frisch zugezogene Arbeiter).
(Zahlen nach: Berliner Städtisches Jahrbuch für Volkswirtschaft und Statistik, 6. Jg. 1872 und R. Eberstadt, Handbuch des Wohnungswesens und der Wohnungsfrage, Jena 1919.)

Wohnungselend

In der Kellerstube Nr. 3 traf ich einen Holzhacker mit einem kranken Bein ... Dieser wurde arbeitsunfähig beim Bau der Bauschule. Erst als er ökonomisch völlig ruiniert war, wurden ihm monatlich 15 Sgr. zu Theil ... Jetzt erhält er von der Armendirektion 2 Thaler monatlich. In Zeiten, wo es die unheilbare Krankheit des Beines gestattet, verdient er 1 Thaler monatlich; die Frau verdient das Doppelte, die Tochter erübrigt 1¹/₂ Thaler. Die Gesamteinnahme beträgt also 6¹/₂ Thaler im Monat. Dagegen kostet die Wohnung 2 Thaler, eine ‚Mahlzeit Kartoffeln' 1 Sgr. 9 Pf.; auf zwei tägliche Mahlzeiten berechnet, beträgt die Ausgabe für das Hauptnahrungsmittel 3¹/₂ Thaler im Monat. Es bleibt also noch 1 Thaler übrig zum Ankauf des Holzes und alles dessen, was eine Familie neben rohen Kartoffeln zum Unterhalte bedarf ...
(Bettina von Arnim, Dies Buch gehört dem König, Bettina's sämtl. Schriften Bd. IX, S. 537.)

Ein Entwicklungsprozeß

1800: London = 1. europäische Stadt von 1 Mio.
1870: weltweit gibt es 164 Städte mit mehr als 100 000 Einwohner
1930: weltweit gibt es 611 Städte mit mehr als 100 000 Einwohner
1990: wird mehr als die Hälfte der Weltbevölkerung in Großstädten leben.

Die Bevölkerung wandert

Landgemeinden	1810 in %	1871 in %	1965 in %
Landgemeinden (unter 5000 Einw.)	90	75	33
Mittelstädte (20–100 000)	9	7,6	17
Großstädte (mehr als 100 000)	1	5,5	31

(1810 u. 1871 = Gebiet des Deutschen Reiches 1965 = Bundesrepublik Deutschland; nach Informationen zur politischen Bildung, Bevölkerung und Gesellschaft, 130, 1968, S. 21)

Abb. 5: Berlin, Tiergartenviertel

Krankheit und Tod waren die ständigen Begleiter der Massen, die in Europas Städten eingepfercht waren. Die übervölkerten Städte erstickten allmählich in ihrem eigenen Schmutz. Infektionskrankheiten grassierten; 1850 waren sie die Ursache von 94 Prozent aller Todesfälle in Europa. In vielen Industriestädten lebten Tausende von Arbeitern in feuchten Kellern, wahren Brutstätten von Krankheiten; die meisten Kinder, die dort zur Welt kamen, wurden nicht alt.

Bevölkerungsexplosion (in Mio.)

1780	21	1875	43
1800	23	1900	56
1825	28	1914	67
1850	35		

Bevölkerungsdichte:
1780	38 Menschen je qkm
1914	125 Menschen je qkm

(nach: F.-W. Henning, Die Industrialisierung in Deutschland, S. 17)

1. Wann erfolgte die stärkste Bevölkerungszunahme?
2. Was sind die entsprechenden Ursachen?
3. Welche Folgen ergeben sich daraus für die Wirtschaft?
4. Was sind die Ursachen für die Verstädterung/Binnenwanderung?
5. Welches der auf diesen beiden Seiten behandelte Problem hältst Du für besonders eindrucksvoll?
6. Bemerk die Urteile über die Stadt! Welches Urteil kommt Deiner Ansicht nahe?
7. Informiere Dich über heutige Probleme Deiner Heimatstadt!

Kritik am Fabrikzeitalter: Marx und Engels

Der Kommunismus – das „aufgelöste Rätsel der Geschichte"?

Marx/Engels und ihre Vorläufer

Erschüttert von den sozialen Folgen der Industrialisierung und bedrückt durch die unliberale Haltung des Staates, schlossen sich besonders in England und Frankreich Intellektuelle und Handwerker zu sozialistischen Zentren zusammen. Diese wurden auch zu Anziehungspunkten für zahlreiche Deutsche. So gründeten dort Flüchtlinge den „Bund der Geächteten", der für die „Befreiung und Wiedergeburt Deutschlands und die Verwirklichung der in der Erklärung der Menschen- und Bürgerrechte ausgesprochenen Grundsätze" kämpfen wollte. Für die Arbeiter und Handwerker wurde eine 1838 von Godwin, Owen und Ricardo, die Franzosen Saint-Simon, Babeuf und Le Blanc und andere den Kapitalismus kritisiert. Sie schrieben ihre Vorstellungen von einer Überwindung der immer schlimmer werdenden Lage der Arbeiter nieder. Marx und Engels haben sich mit ihnen auseinandergesetzt und bauen z. T. auf ihren Ideen auf. Marx glaubte, das entscheidende Gesetz der Geschichte gefunden zu haben. Die Menschheit mache eine Entwicklung durch, an deren Ende der Gegensatz zwischen arm und reich, Kapitalisten und Proletariern unüberbrückbar geworden sei, so daß es zur Revolution kommen müsse. Das Proletariat übernehme die Macht, und nach Bebel (1840–1913) Gründer der Sozialistischen Arbeiterpartei, nahm ihn auf. Heute dient er vielfach dazu, die Diktatur der kommunistischen Einheitsparteien zu rechtfertigen, die sich auf seine „Gesetze" berufen.

Die zeitgenössische Situation: England zur Zeit von Karl Marx (um 1850)

Eine Gattung Weberei nach der anderen wird ihnen von dem mechanischen Webstuhl streitig gemacht, und außerdem ist die Handweberei die letzte Zuflucht aller in anderen Branchen brotlos gewordenen Arbeiter, so daß sie stets überfüllt ist. Daher kommt es, daß in Durch-

Abb. 1: Karl Marx (1818–1883)

Abb. 2: Friedrich Engels (1820–1895)

W. Weitling (1808–1871) verfaßte Schrift wichtig: *„Die Menschheit, wie sie ist und wie sie sein sollte".* Weitling konstruierte eine utopische Gesellschaft. Dies bedeutet eine Gesellschaft, wie sie seinen Idealen und Wunschvorstellungen entsprach. Er skizzierte dabei den Gegensatz zwischen Reichen und Armen, aber erkannte als neue Ursache für die Ungleichheit in seiner Zeit noch nicht Fabrik und Maschine.

8 Jahre später setzten sich Karl Marx (1818–1883) und Friedrich Engels (1820–1895) mit Weitlings Ideen auseinander.

Daneben hatten auch die Engländer tariat übernehme die Macht, und nach einer Übergangsphase ende die Entwicklung nach der Erwartung von Marx im klassenlosen Kommunismus. In diesem Endstadium solle Überfluß herrschen, die Herrschaft von Menschen über Menschen aufgehoben sein und vollkommene Freiheit herrschen, so daß jeder nach seinen Fähigkeiten und Bedürfnissen leben könne. Diese Gedanken waren innerhalb der nach Lösungen suchenden Arbeiterbewegung nur eine von vielen Theorien. Doch keine hat eine solch gewaltige Wirkung gehabt wie sie. An Marx spaltete sich die Arbeiterbewegung. F. Lasalle (1825–1864) lehnte ihn ab, A. *schnittsperioden der Handwerker sich glücklich schätzt, wenn er 6 bis 7 Sh. (Shilling) wöchentlich verdienen kann, und selbst um diese Summe zu erringen, muß er 14–18 Stunden täglich hinter seinem Webstuhl sitzen. Die meisten Gewebe erfordern ohnehin ein feuchtes Arbeitslokal, damit der Einschlagsfaden nicht jeden Augenblick reißt, und teils daher, teils wegen der Armut der Arbeiter, die keine bessere Wohnung zahlen können, sind die Werkstätten der Handweber meist ohne bretternen oder gepflasterten Fußboden ... Oft wohnten ein halb Dutzend dieser Handweber, von denen einige verheiratet waren, in einer Cottage, die ein oder zwei Arbeitszimmer*

und ein großes Schlafzimmer für alle hatte, zusammen. Ihre Nahrung besteht fast einzig aus Kartoffeln, vielleicht etwas Haferbrei, selten Milch und fast nie Fleisch ... Seht, ruft die Bourgeoisie triumphierend aus, seht, wie diese armen Weber darben müssen, während es den Fabrikarbeitern gut geht, und dann urteilt über das Fabriksystem; als ob nicht gerade das Fabriksystem und die dazu gehörige Maschinerie die Handweber so schmählich tief herabgedrückt hätte ...
(Friedrich Engels, Die Lage der arbeitenden Klasse in England 1845)

Marx/Engels: Entfremdung durch Fabrikarbeit

Die Arbeit der Proletarier hat durch die Ausdehnung der Maschinerie und die Teilung der Arbeit allen selbständigen Charakter und damit allen Reiz für die Arbeiter verloren. Er wird ein bloßes Zubehör der Maschine, von dem nur der einfachste, eintönigste, am leichtesten erlernbare Handgriff verlangt wird.
(Marx/Engels, Manifest der Kommunistischen Partei, MEW Bd. 4, S. 468 f.)

In Manufaktur und Handwerk bedient sich der Arbeiter des Werkzeugs, in der Fabrik dient er der Maschine. Dort geht von ihm die Bewegung des Arbeitsmittels aus, dessen Bewegung er hier zu folgen hat. In der Manufaktur bilden die Arbeiter Glieder eines lebendigen Mechanismus. In der Fabrik existiert ein toter Mechanismus unabhängig von ihnen, und sie werden ihm als lebendige Abhängsel einverleibt ...
(K. Marx, Das Kapital, MEW Bd. 23, S. 445)

Wenige besitzen alles! Die Masse verelendet!

Wo die Maschine allmählich ein Produktionsfeld ergreift, produziert sie chronisches Elend in der mit ihr konkurrierenden Arbeiterschicht ... Es folgt daher, daß in dem Maße, wie Kapital akkumuliert (anhäuft), die Lage des Arbeiters ... sich verschlechtern muß ... Die Akkumulation von Reichtum auf dem einen Pol ist also zugleich Akkumulation von Elend, Arbeitsqual, Sklaverei, Unwissenheit, Brutalisierung ... auf dem Gegenpol ...
(K. Marx, Das Kapital, MEW Bd. 23, S. 454 u. 673 ff.)

Marx/Engels: Ein Programm für die Diktatur des Proletariats

Das Proletariat wird seine politische Herrschaft dazu benutzen, der Bourgeoisie nach und nach alles Kapital zu entreißen, alle Produktionsinstrumente in den Händen des Staats, d. h. des als herrschende Klasse organisierten Proletariats, zu zentralisieren und die Masse der Produktionskräfte möglichst rasch zu vermehren. Für die fortgeschrittensten Länder werden ... die folgenden (Maß- nahmen) ziemlich allgemein in Anwendung kommen können:
*1. Expropriation (Enteignung) des Grundeigentums und Verwendung der Grundrechte zu Staatsaufgaben;
2. Starke Progressiv-Steuern;
3. Abschaffung des Erbrechts;
4. Konfiskation (Einziehung) des Eigentums aller Emigranten und Rebellen;
5. Zentralisation des Kredits in den Händen des Staates durch eine National-bank mit Staatskapital und ausschließlichem Monopol (Vorrecht, alleiniger Anspruch);
6. Zentralisation alles Transportwesens in den Händen des Staates;
7. Vermehrung der National-Fabriken ... Urbarmachung und Verbesserung der Ländereien nach einem gemeinschaftlichen Plan;
8. Gleicher Arbeitszwang für alle. Errichtung industrieller Armeen, besonders für den Ackerbau;
9. Vereinigung des Betriebs von Ackerbau und Industrie, Hinwirken auf die allmähliche Beseitigung des Gegensatzes von Stadt und Land;
10. Öffentliche und unentgeltliche Erziehung aller Kinder. Beseitigung der Fabrikarbeit der Kinder in ihrer heutigen Form ...*
(Marx/Engels, Manifest der Kommunistischen Partei, a. a. O., S. 481)

Marx/Engels: Die Geschichte der Menschheit verläuft nach einem Gesetz

Ein Gespenst geht um in Europa – das Gespenst des Kommunismus ... Die Geschichte aller bisherigen Gesellschaft ist die Geschichte von Klassenkämpfen. Freier und Sklave, Patrizier und Plebejer, Baron und Leibeigener, Zunftbürger und Gesell, kurz Unterdrücker und Unterdrückte standen in stetem Gegensatz zueinander ... der jedesmal mit einer revolutionären Umgestaltung der ganzen Gesellschaft endete oder mit dem gemeinsamen Untergang der kämpfenden Klassen ... Unsere Epoche, die Epoche der Bourgeoisie, zeichnet sich jedoch dadurch aus, daß sie die Klassengegensätze vereinfacht hat. Die ganze Gesellschaft spaltet sich mehr und mehr in zwei große feindliche Lager ... Bourgeoisie und Proletariat ...
(Marx/Engels, Manifest der Kommunistischen Partei [1848], a. a. O., S. 468)

Kampfruf der Sozialisten

Die Kommunisten verschmähen es, ihre Ansichten und Absichten zu verheimlichen. Sie erklären es offen, daß ihre Zwecke nur erreicht werden können durch den gewaltsamen Umsturz aller bisherigen Gesellschaftsordnung. Mögen die herrschenden Klassen vor einer kommunistischen Revolution zittern. Die Proletarier haben nichts in ihr zu verlieren als ihre Ketten. Sie haben eine Welt zu gewinnen.

Proletarier aller Länder vereinigt euch!
(Marx/Engels, Manifest der Kommunistischen Partei, a. a. O., S. 493)

Fehldeutung

Die Konzentration des Kapitals hat nicht, wie Lenin sagte, zu „Stagnation und Fäulnis" geführt, es gibt immer noch kleinere und mittelgroße Betriebe, die eine große Wirtschaftsmacht darstellen.

Die von Marx erkannte Verelendung in Industrienationen ist nicht eingetreten. Es ist vielmehr so, daß auch die Masse der Arbeiterschaft dank gestiegener Einkünfte im Vergleich zum 19. Jahrhundert am allgemeinen Wohlstand teilhat. Letztlich führte dieses Ergebnis auch zu einer Aussöhnung der Arbeiterschaft mit dem Staat.

Entgegen der Marxschen Voraussage ist die Mittelklasse nicht verschwunden, sondern stark angestiegen. Man kann heute deshalb nicht von einer einfachen Zweiteilung der Gesellschaft in Kapitalisten und lohnabhängige Proletarier sprechen, so daß auch diese Voraussetzung, nach der es zur proletarischen Revolution kommen muß, nicht gegeben ist. Schließlich: Mit fortschreitender Demokratisierung wurde die Teilhabe einzelner Interessengruppen am Staat immer größer. Sozialistische und sozialdemokratische Parteien beeinflußten die Gesetzgebung. Allmählich sicherte auch der Staat den sozialen Schutz des einzelnen.

Weil Staat und Industrie neue Ergebnisse der Technik für die Arbeitswelt nutzbar gemacht haben, entstanden neue Arbeitsplätze und auch ein größeres Güterangebot. Das große Konsumangebot war nach Marx eine der Ursachen des Zusammenbruchs des Kapitalismus, da wegen der Verelendung der Proletarier kein Markt mehr vorhanden war. Diese Voraussage ist auch nicht eingetroffen, weil es gelang, neue Märkte zu schaffen, bzw. zu erschließen (z. B. Entwicklungsländer).

1. Welches moderne Schlagwort kennst Du für den Einsatz von Maschinen, die von nur wenigen Menschen bedient werden?
2. Auf welche historischen Epochen/Beispiele beziehen sich Marx/Engels, wenn sie von der Geschichte der Klassenkämpfe sprechen?
3. Suche aus dem Kapitel „Arbeiter und Maschinen" Quellen und Informationen, die Dir die Entstehung der 10 Punkte im „Komm. Manifest" erklären helfen!
4. Nach Marx hätte die Endrevolution schon zwingend eingetreten sein müssen. Formuliere eine Kritik an den Theorien!
5. Auf welche Lösung der sozialen Probleme zielte das „Komm. Manifest"?
6. Welche Länder berufen sich heute auf Karl Marx? Informiere Dich!

Künstler und Schriftsteller sehen die Welt der Arbeit

Wie reagieren sie auf die Industrialisierung?

Auf welcher Seite steht der Künstler?

Eigentlich gibt es keine unpolitische Kunst und Literatur, denn Dichtung und Kunst sind aufgrund ihrer gesellschaftlichen Wirksamkeit politisch. Dabei können sie sowohl zur Erhaltung als auch Schwächung bzw. Veränderung von Herrschaftsverhältnissen beitragen. Der Künstler kann unbewußt zur Erhaltung bestehender Verhältnisse beitragen, wenn er die Realität nicht wahrnimmt, Schwächen, negative Seiten seiner Umwelt dem Betrachter nicht mitteilt. Politisch im engeren Sinne wird der Künstler, Dichter, Schriftsteller, wenn er sich bewußt auf Herrschaftsverhältnisse bezieht und sich dabei seiner Darstellungsform bedient, um politische Absichten zur Wirkung zu bringen. Unter Herrschaftsverhältnissen muß man die Machtausübung von Menschen über Menschen verstehen im staatlichen, wirtschaftlichen, sozialen, juristischen und religiösen Bereich.

Soziale Probleme der Unterschicht sind in Kunst und Literatur Deutschlands, die sich zumeist an den Interessen der Ober- und Mittelschichten orientierte, zumal sie von diesen meist finanziert wurde, nicht häufig und erst recht spät aufgenommen worden. Erst im Zusammenhang mit der industriellen Entwicklung des 19. Jahrhunderts mit den furchtbaren sozialen Spannungen und Kämpfen nehmen sich Künstler der Probleme des Vierten Standes an, oder der Vierte Stand äußert sich selber. Besonders der schlesische Weberaufstand von 1844, die erste Erhebung der Opfer der Industrialisierung, hat zahlreiche Dichter und bildende Künstler zu Werken angeregt, in denen Mitgefühl, Mitleiden, Solidarität, Anklage, Ruf nach Reformen und nach Revolution laut wird. Gerhart Hauptmann hat sein in Schlesien spielendes Drama „Die Weber" den Aufständischen von Langenbielau gewidmet. Käthe Kollwitz schuf einen tief bewegenden Zyklus von Radierungen über dieses erschütternde Geschehen, als Tausende an Hungertyphus starben und sich gegen die Ausbeutung auflehnten. Heinrich Heine, in Deutschland von der Polizei verfolgt, floh ins Ausland. Auch er erhebt in seinem Webergedicht bittere Anklage. Neben den sozialistischen Theoretikern wie Marx und Engels gibt es in der Mitte des 19. Jahrhunderts eine Reihe von revolutionären Schriftstellern wie Georg Herwegh, Ferdinand

Abb. 1: Ausschnitt aus dem Gemälde „Arbeit" (1863) von Ford Madox Brown.

Freiligrath und Georg Weerth, die sich auf die Seite der Arbeiterschaft stellen. Antrieb sind dabei die Idee der Gerechtigkeit, Freiheit und Gleichheit der Menschen, der Humanität oder einfach das soziale Gewissen.

Ernst Adolf Willkomm:
Weiße Sklaven

Auszug aus dem Roman: Weiße Sklaven I. Leipzig 1845. Dokumentarischer Roman. Darstellung der Arbeitsverhältnisse der Industriearbeiter

Hundert und mehr Mädchen und Knaben, in einem Alter von vierzehn bis sechzehn Jahren, schlecht gekleidet und von bleichem Ansehen, liefen ruhelos geschäftigt hin und her, um die mit furchtbarer Schnelligkeit arbeitenden Maschinen zu bedienen. Der ganze weite Saal war mit einem trüben, öligen Nebeldunst erfüllt, der aus den staubfeinen, fast unsichtbaren Wollenteilchen gebildet ward, die immerwährend von den Maschinen abflogen. Häufiges abgebrochenes Husten der Arbeitenden fiel jedem Fremden auf und ward auch sogleich von Sloboda und Heinrich bemerkt. Es machte einen fast unheimlichen Eindruck, die vielen Gestalten stumm und traurig in dieser brühwarmen, feuchten und fettigen Atmosphäre ewig hüstelnd umherwandern zu sehen, Hände, Gesicht, Kleider und Haare mit feinen Wollenflöckchen bedeckt, die nicht selten an den reizbaren

Stellen der Haut ein heftiges Jucken verursachten.

„Diese Arbeit muß anstrengen", sagte Sloboda, „und scheint mir nicht ganz unschädlich zu sein. Arme Kinder, wie sie husten!"

Adrian lächelte. „Glauben Sie diesen intriganten Geschöpfen nicht", sprach er, „sie verstellen sich und heucheln einen krampfhaften Kitzel in der Kehle, der in Wahrheit nicht vorhanden ist."

(Zit. nach B. Ogan [Hg.], Formen oppositioneller Literatur in Deutschland, Stuttgart: Reclam 1975. Dort findest Du weitere geeignete Texte und Literaturhinweise.)

1. Welche Haltung nehmen die Künstler zu ihrem Gegenstand ein? Wer trifft nach Euren Beobachtungen besser den Sachverhalt? Warum? Begründe!
2. Betrachte genau die Bilder! Welche Absicht erkennst Du? An wen wendet sich der Künstler (auch K. Kollwitz)?

Clara Müller: Fabrikausgang (1860–1905)
Ein Glockenzeichen gellt im Arbeitssaal.
Da stockt der Lärm – und kreischend geht das Tor:
Ein Jüngling stürmt, ein Knabe fast, hervor;
Im staubigen Rock, die Mütze tief im Genick,

Ein frohes Leuchten noch im Kinderblick,
Staunt er die Welt wie neugeboren an –
Da schiebt ihn seitwärts schon sein Neben-mann.
Da drängt's hervor, wie flügellahme Brut,
Da wächst und wogt des Elends graue Flut.

Des Landes Mark, der Großstadt Kraft und Glut
Verschlingt des Elends uferlose Flut.
(G. Brinker-Gabler [Hrsg.], Deutsche Dich-terinnen vom 16. Jh. bis zur Gegenwart, Frankfurt 1978, S. 260)

Abb. 2: „Das Meeting" um 1830. Englische Karrikatur

Abb. 4: Adolf von Menzel (1815–1905): Gemälde „Das Eisenwalzwerk" 1875.

Abb. 3: Der Freund der Armen. Englische Karrikatur der Zeitschrift Punch

Heinrich Heine: Die schlesischen We-ber
Im düstern Auge keine Träne,
Sie sitzen am Webstuhl und fletschen die Zähne;
„Deutschland, wir weben dein Leichentuch,
Wir weben hinein den dreifachen Fluch –
Wir weben, wir weben!
Ein Fluch dem Götzen, zu dem wir gebeten
In Winterskälte und Hungersnöten;
Wir haben vergebens gehofft und geharrt,
Er hat uns geäfft und gefoppt und genarrt –
Wir weben, wir weben!
Ein Fluch dem König, dem König der Reichen,
Den unser Elend nicht konnte erweichen,
Der den letzten Groschen von uns erpreßt
Und uns wie Hunde erschießen läßt –
Wir weben, wir weben!
Ein Fluch dem falschen Vaterlande,
Wo nur gedeihen Schmach und Schande,
Wo jede Blume früh geknickt,
Wo Fäulnis und Moder den Wurm erquickt –
Wir weben, wir weben!
Das Schiffchen fliegt, der Webstuhl kracht,
Wir weben emsig Tag und Nacht –
Altdeutschland, wir weben dein Leichentuch,
Wir weben hinein den dreifachen Fluch.
Wir weben, wir weben!

Frauen im 19. Jahrhundert
Bildung für alle?

Abb. 1: Helene Lange

Im Zeitalter der Industrialisierung wurde Bildung zur Voraussetzung des beruflichen Erfolgs und trug somit zur Verbesserung der persönlichen Lage der in der Industrie Beschäftigten bei. Der Wille, viel zu lernen war in den Unterschichten stark entwickelt, da in einer geregelten Ausbildung, die einzige Möglichkeit gesehen wurde, dem vorgegebenen Elend zu entfliehen. So entstanden die ersten Arbeiterbildungsvereine, die schnell starken Zulauf erhielten. Ihre Schlagworte wie „Bildung ist Macht" oder „Wissen ist Macht" zeigten deutlich, daß die Bildung als Möglichkeit beruflicher und zugleich politischer Veränderung erkannt worden war.

In einer besonderen Lage befanden sich die Mädchen. Sie waren vom Besuch der neu eingerichteten Fachschulen (Bergakademie Freiberg/ Sachsen 1765; Technische Gewerbeschule Berlin 1821, Spezialschulen für Uhrmacher, Bauhandwerker, Textilbereiche um 1830) ausgeschlossen. Noch galt vielfach der Grundsatz, daß „Kenntnisse im Schreiben und Rechnen für Mädchen zwar nützlich, aber nicht unentbehrlich seien" (Kurhessische Schulordnung 1853).

Die Lehrerin Helene Lange (1848 bis 1930) forderte für die Frauen gleiche Bildungsmöglichkeiten wie für den Mann, um andere Bereiche als die drei klassischen K – Kirche, Küche, Kinder – zu erschließen. 1889 konnten Mädchen auf einem von H. Lange eingerichteten Gymnasium in Berlin die Hochschulreife erlangen. In anderen Ländern studierten bereits seit Jahrzehnten Mädchen, in Deutschland öffneten sich die Universitäten für sie erst sehr zögernd ab 1900, zum einen, weil man eine „Verweichlichung der Wissenschaft" befürchtete, zum anderen warnten Gelehrte vor einem „frühen Tod durch Überanstrengung des schwachen weiblichen Gehirns". Noch um die Jahrhundertwende erschien eine wiss. Arbeit mit dem Titel: „Über den physiologischen Schwachsinn des Weibes."

In Großbritannien und in den USA verlief der Kampf um die soziale und politische Emanzipation der Frau früher und sehr viel radikaler. In ihrem Kampf um das Stimmrecht war ihnen jedes Mittel recht, um die Aufmerksamkeit der Öffentlichkeit auf sich zu ziehen. Der Staat schlug hart und mit schweren Strafen zurück, aber schließlich erhielten die Frauen 1918 das Wahlrecht.

Emanzipation – eine alte Forderung

„Alles, was ich für den weiblichen Schriftsteller fordere, ist daß man ihn ohne Schonung, aber auch ohne Vortheil behandele ... Und so komme ich denn immer wieder darauf zurück, für die Frauen jene Emancipation zu verlangen, die ich ... schon vielfach für uns begehrt: die Emancipation zu ernster Pflichterfüllung, zu ernster Verantwortlichkeit und damit zu der Gleichberechtigung ..."
(Fanny Lewald, a. a. O., Bd. III, S. 54 f.)

Gleiche Chancen?

„Während man es für einen jungen Mann als eine Sache der Ehre ansieht, sich sein Brod zu erwerben, betrachtet man es als eine Art von Schande, die Töchter ein Gleiches thun zu lassen ... Bringt irgendwo die Nothwendigkeit es mit sich, daß ein Mädchen für ihren Unterhalt arbeitet, nimmt eine Kaufmannstochter, eine Professorentochter eine Stelle als Lehrerin, als Gesellschafterin, als Kindergärtnerin an, so wird dies Ereigniß irgendwie beschönigt. Es heißt: die Tochter habe eine unwiderstehliche Neigung, die Welt kennen zu lernen, sie habe eine so große Vorliebe für den Verkehr mit Kindern, sie solle sich doch auch einmal Jahr und Tag unter fremden Menschen bewegen lernen ... man entschließt sich nur in den seltensten Fällen dazu, einfach zu sagen: das Mädchen geht fort, um sein Brod zu verdienen ...
Hat in einer Familie ein Sohn keine Anlage zum Studiren, so ist man gern geneigt, ihn Kaufmann, Maschinenbauer, Techniker und in guten, verständigen Bürgerfamilien auch Handwerker werden zu lassen. Für das besterzogene, innerlich tüchtigste Frauenzimmer aber würde man bei solchem Schritte gleich wieder Bedenken tragen ... Aus der Besorgnis, daß sie sich wie Unmündige betragen könnten, erhält man sie also Lebenslang in einer Unmündigkeit, in der aus ihnen unmöglich etwa Rechtes werden kann.
(Fanny Lewald, Meine Lebensgeschichte, Berlin 1861/1862, Bd. 3,1, S. 258 ff.)

Ansichten über die Frau, 1884

Frauen ... sind ... Repräsentanten der Sitte, der Liebe, der Scham, des unmittelbaren Gefühls ... jene vertreten vorzugsweise das Familienleben, diese (gem. die Männer) vorzugsweise das öffentliche und Geschäftsleben ... das Weib strebt nach Anmut, Schicklichkeit und Schönheit, der Mann nach Fülle, Kraft und praktischer Zweckmäßigkeit ... Der Mann war stets in der Staats- und Religionsschöpfung, in der Philosophie, in Kunst und Wissenschaft produktiv, neugestaltend und maßgebend ... Nicht als ob es irgendwelche Bildungssphäre gäbe, die der Frau als solcher verschlossen wäre. Erreichbar ist daher in den ideellen Lebensgebieten für jeden schlechthin jedes ...
Prinzipiell läßt sich den Frauen auch nicht wohl das Recht abstreiten, sich denjenigen Berufszweigen zu widmen, die eine akademische Vorbildung erfordern (Frauenstudium). Selbstverständlich aber dürften ihnen in dieser Beziehung auch keine Vorrechte eingeräumt werden ... Bei strenger Festhaltung dieser Bedingungen würde in Deutschland die Zulassung der Frauen zum Universitätsstudium wohl keine Bedenken haben, aber auch erschwerlich eine große Bedeutung für die Frau erlangen, da die Zahl der Frauen, die eine vollständige Gymnasialbildung durch das Zeugnis der Reife nachzuweisen im Stande wären, voraussichtlich immer sehr klein bleiben würde.
(Brockhaus' Conversations-Lexikon, 7. Bd. 13. Aufl. Leipzig 1884)

1. Wie beschreibt F. Lewald die Situation junger Mädchen? Welche Unterschiede werden zwischen Sohn und Tochter genannt?
2. Welche weiblichen Berufe werden von F. Lewald als „klassische" Aufgabenbereiche der Frau genannt?
3. Beschaffe Dir Informationen darüber, welche Berufe von Frauen/Mädchen heute überwiegend ausgeübt werden!

Wir besichtigen technische Denkmäler

Wie planen wir ein Projekt?

6

Abb. 1: Dortmund-Bövinghausen, Zeche Zollern II/IV, Portal der Maschinenhalle (1903), Architekt Bruno Möhring

Abb. 2: Die Luisenhütte in Wocklum (gegr. 1758) im Sauerland bei Balve

Abb. 3: Würzburg, Alte Mainbrücke (1475 bis 1488)

Abb. 4: Lüneburg, „Neuer Wasserturm" (1906)

Abb. 5: Bad Reichenhall, Saline, Solepumpen (1851)

Abb. 6: Henrichenburg bei Dortmund, Schiffshebewerk (1899)

Abb. 7: Müngsten bei Solingen, Eisenbahnbrücke (1897)

techn. Kulturdenkmal
● des Bergbaus

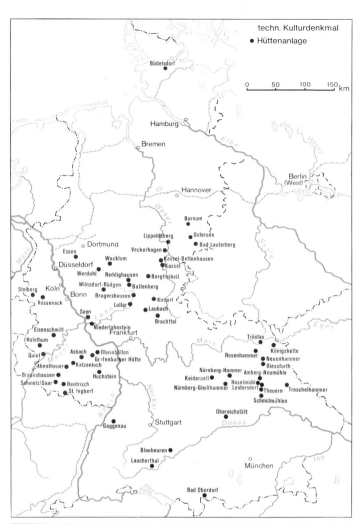

techn. Kulturdenkmal
● Hüttenanlage

techn. Kulturdenkmal
● Steinbruch oder Kalkofen
Kanal bzw. Schleuse

Beispiel für einen Beobachtungsbogen

Name: *Klasse:*
Gruppe: *Spezielle Aufg.:*

1. Freies Beobachten:
Wir achten auf Datierung,
Erklärungen an Wänden, Schildern usw.

2. Gezieltes Beobachten:
Aus welchem Material besteht der Gegenstand?
Wann und von wem wurde er hergestellt?
Größe, Beschaffenheit, Zusammenhang der Teile, Funktion, Energieträger?
Welche Fertigkeiten/Kenntnisse wurden für die Herstellung benötigt?
Änderten sich die Gegenstände im Laufe der Zeit?
Worin liegt der erkennbare „Fortschritt"?

3. Vermutungen/Folgerungen:
Warum wurde der Gegenstand „überflüssig"? usw.

4. Was hat mir am besten gefallen?

5. Was würde ich verändern?

6. Raum für Fragen

Was ist ein technisches Denkmal?

Ein technisches Denkmal ist ähnlich wie ein Kunstdenkmal ein beweglicher oder auch unbeweglicher Gegenstand, der aus der Vergangenheit stammt. Er kann *als charakteristisches Wahrzeichen seiner Epoche das Verständnis für einen Arbeitsvorgang in der ganzen Vielschichtigkeit der Industrie, des Handels, des Verkehrs und der Versorgung"* wekken (Slotta).

Die römischen Wasserleitungen (Aquaeducte) waren ursprünglich technische Bauten, dennoch legte man auf das kunstvolle Aussehen wert. Ähnliches gilt für Hammerwerke mit Herrenhäusern oder Bahnhofshallen und Ausstellungsgebäude. Als 1851 für die Londoner Weltausstellung eines der ersten reinen Glas- und Eisenbauten als Ausstellungshalle errichtet wurde, hieß es: *„Schaut auf die Werke des Mittelstandes der zivilisierten Welt. Er hat in London einen Kristallpalast gebaut"* (Harkort).

Die Zeugen der Vergangenheit dieses Umwälzungsprozesses sind in technischen Denkmälern zu erschließen.

Welche Ziele kann der Besuch eines technischen Denkmals verfolgen?

Du kannst sehen:

- wie die gebaute Umwelt, die Gegenstände wirken (schön, häßlich usw.)
- wie sich z. B. Fabriken auf ihre nähere und weitere Umwelt auswirken
- wie verschiedenartig Wohnstätten von Arbeitnehmern und -gebern sind
- welche Arbeitsstätten es gab
- welche Produktionsmittel es gab
- welche Produktionsvorgänge in welchen Arbeitsstätten abliefen
- welche Produktionsverhältnisse herrschten
- Du kannst sehen, wie diese Zeugen der Vergangenheit den Industrieprozeß zeigen.

Du kannst erkennen:

- wie sich Wohnstätte und Arbeitsstätte veränderten und den Menschen prägten
- daß Unternehmervillen und frühe Fabriken Bauformen des Adels nachahmten
- daß sich in den Bauten eine Hierarchie erkennen läßt
- aus welchen Gebrauchsfunktionen sich Fabrikanlagen zusammensetzten
- daß die Wirklichkeit erlernte Erkenntnisse verdeutlichen, aber auch korrigieren kann
- daß Geschichte für das Erfassen und Erkennen Deiner Umwelt notwendig ist.

Warum ist es wichtig, technische Denkmäler zu **sehen** und ihre Bedeutung zu **erkennen**?

Es geht auch darum, daß Du die vorgefundenen Verhältnisse mit den eigenen vergleichen kannst.

Du wirst vielleicht „betroffen" sein und über die Denkmäler Geschichte erleben und Distanz zu Deiner eigenen Zeit bekommen, Distanz gegenüber dem „Fortschritt", indem Du die Leistungen der Vergangenheit erkennst: *„Was haben die auch schon alles gekonnt"*.

Die Hinweise über technische Denkmäler auf dieser Seite sind nicht vollständig. Das liegt einerseits daran, daß der Platz hier beschränkt ist, andererseits erklärt es sich auch daher, daß es noch verhältnismäßig wenig Beispiele und Literatur über dieses Thema gibt, obwohl man sich schon seit einigen Jahren mit Industrie-Archäologie (so wird diese Wissenschaft genannt) beschäftigt. Die Hinweise hier sind nur als Hilfe gedacht. In aller Regel ist anzunehmen, daß es auch in Deiner Umgebung technische Denkmäler gibt. Du mußt sie nur „entdecken": Es können Fabriken, Kanäle, Brücken, alte Hütten- und Hammerwerke, Zechen, aber auch Schlachthöfe, Ziegeleien oder Hafenanlagen sein.

Wie wird ein Projekt geplant?

Du mußt wissen, daß ein Projekt im Unterricht von Dir verlangt, andere Aufgaben zu bearbeiten als der „normale" Unterricht. Das liegt daran, daß Du hier bei der Planung und Durchführung stärker als üblich beteiligt werden kannst.

Wo Maschinen Kunstwerke sind

Ich fand bisher Brücken langweilig. Jetzt weiß ich warum. Niemand hat mir die Problematik dieser Bauwerke nahegebracht und die listigen Konstruktionen erklärt, mit denen sich die verschiedenen Völker zu verschiedenen Zeiten gegen die Tücken der Natur behauptet haben. Warum überspannten die Indianer mit schwankenden Gebilden aus Zweigen und Textilien ihre Flüsse? Wo liegt der tiefere mathematische Sinn der grandiosen Bögen, die Brückenbauer in die Landschaft stellen? ... Wohin auch der erste Weg führt – an den Dampfmaschinen, den klobigen Stahlkolossen, mit denen die industrielle Revolution begann, kommt man nahezu mit Sicherheit vorbei ... Eine eindrucksvolle Parade früher Ingenieurskunst. Wer richtig hinschaut, entdeckt die raffinierten Tricks, mit denen hier Energie gespart wurde, indem der Dampf gleich mehrfach ausgenutzt wurde ... An jeder Maschine ... selbst am Gerät des Bergmanns, der damit unter Tage in Schmutz und Dunkelheit schuftet, ist eine freche Abweichung von der baren Nützlichkeit zu entdecken ... Design, das hat es immer schon gegeben. (Unter Design versteht man das Bemühen um schöne Gestaltungsformen praktischer Gegenstände.)
(Th. v. Randow über das Deutsche Museum in München, Die Zeit, Nr. 11, 1978, S. 35)

Arbeitsstufen:

1. Entscheidung

Es muß abgesprochen werden, welches technische Denkmal besichtigt werden soll. Dazu geben Euch die Karten eine erste Hilfe.

Es werden bestimmt in der Klasse mehrere Vorschläge gemacht werden, und Ihr müßt Euch entscheiden. Führt dazu ein Rundgespräch, welches Objekt am geeignetsten ist. Überprüft die Vorschläge jeweils anhand der Ziele! Wenn die Karten für Euren Unterricht kein Beispiel zur Verfügung gestellt haben, versucht ein technisches Denkmal in Eurer Umgebung zu entdecken.

2. Vorbereitungen

Gibt es bereits Informations- und Anschauungsmaterial über das Denkmal: Photos, Prospekte, Führer, Bücher, Reklame, Lexikon usw.?

Bemüht Euch auch in anderen Fächern (Physik, Kunst, Deutsch) um Informationen!

Sichtet das Material, verteilt es auf Arbeitsgruppen, die beim Besuch später als Expertengruppen den Rest der Klasse führen.

Überlegt, was Ihr gemeinsam und was Ihr getrennt beobachten und untersuchen wollt!

Besprecht auch, wie groß die Gruppen sein sollen.

Entwerft einen Beobachtungsbogen! Auf der rechten Seite findet Ihr eine Anleitung dazu.

3. Besuch

Für den Besuch eines technischen Denkmals gelten grundsätzlich die gleichen Verhaltensregeln wie für einen Museumsbesuch (vgl. Bd. 1).

Ihr braucht Schreibmaterial und Euren Beobachtungsbogen. Vergewissert Euch noch einmal vor Untersuchungsbeginn über die gestellten Aufgaben. Ist klar, zu welcher Gruppe Du gehörst und was Deine besondere Aufgabe ist? Halte jede Frage und Auffälligkeit fest! Überlege bei Beobachtungen, was sie bedeuten könnten! Versuche Zusammenhänge zu erkennen (z. B.: Welche Funktion erfüllt ein Teil für den Gesamtablauf?).

4. Nachbereitung

- Gab es Organisationsfehler?
- Waren die Vorinformationen ausreichend?
- Hätte man anders auswählen müssen!
- Haben die Gruppen ihre Aufgabe erfüllt?
- Erwies sich der Beobachtungsbogen in seiner Anlage als vernünftig?
- Konntet Ihr etwas mit den Ergebnissen der anderen Gruppen anfangen?
- Hat Euch das Projekt geholfen, die oben genannten Ziele zu erreichen?

Das ‚Größere Britannien'
Mehr Gerechtigkeit? Mehr Freiheit? Mehr Frieden?

Kolonien gab es schon vor Jahrtausenden. Die ältesten wurden von den Phönikern, einem alten Seefahrervolk, den Griechen und Römern gegründet. Nach der Entdeckung Amerikas (1492) und des Seewegs nach Indien (1498) traten die Portugiesen und Spanier als Kolonisatoren auf. Bald kamen die Niederländer, Engländer und Franzosen hinzu. Später gab es einen Wettlauf der Großmächte um die unentwickelten Gebiete der Erde. Dadurch wollten sie sich Siedlungsraum für ihre stark anwachsende Bevölkerung, Absatzgebiete für ihre Industrieerzeugnisse und billige Rohstoffquellen erschließen. Höhepunkt dieser Entwicklung waren die Jahre zwischen 1873 und dem Ausbruch des Ersten Weltkriegs (1914), die als das Zeitalter des Imperialismus bezeichnet werden (von lat. imperium = Weltreich).

Ein „Größeres Britannien" jenseits der Meere forderten viele britische Politiker. Sie wollten die Kolonien zu einem festen Weltreich zusammenschließen, das von den Engländern beherrscht wurde.

Der Ausbau des Empire
Als das Zeitalter des Imperialismus begann, besaß England bereits zahlreiche Kolonien. Es kam also in den folgenden Jahren darauf an, das Empire, wie das britische Weltreich genannt wurde, zu verteidigen und zu vergrößern.

Bis dahin hatten die Engländer versucht, ihre Interessen möglichst durchzusetzen, ohne in den Kolonien die politische Herrschaft zu übernehmen: Sie ließen ihre Kolonien vorzugsweise von Siedlern oder Kaufleuten erschließen, denen der englische Staat einen großen Handlungsspielraum gewährte. In den siebziger Jahren des 19. Jahrhunderts erfolgte ein deutlicher Wandel: Die Regierung beteiligte sich fortan bewußt und zielstrebig an der Vergrößerung des Empire, indem sie die britischen Interessen notfalls mit militärischer Gewalt durchsetzte. Großbritannien versuchte jetzt, seine durch die fortschreitende Industrialisierung auch in anderen Ländern gefährdete Weltmachtstellung dadurch zu verteidigen, daß es sich stärker als bisher auf sein Empire stützte.

Sein noch fortbestehender industrieller und technischer Vorsprung sowie seine weit überlegene Flotte sicherten

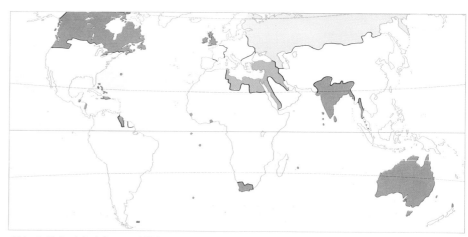

Abb. 1: Kolonialreiche um 1830

Großbritannien im 19. Jahrhundert zunächst den ersten Platz unter den Großmächten.

Zu viel Waren, zu wenig Käufer
Nach einer beispiellosen wirtschaftlichen Blüte gab es seit 1873 ernste Rückschläge. Diese Zeit wirtschaftlicher Probleme, die nicht nur in Großbritannien, sondern auch in anderen Staaten auftraten, dauerte bis 1896. Sie wurde schon damals als „große Depression" bezeichnet (Depression = Niedergeschlagenheit). Eine wesentliche Ursache der wirtschaftlichen Probleme bestand darin, daß es immer schwerer wurde, die von der Industrie massenhaft erzeugten Waren zu verkaufen. Die britische Wirtschaft verlor in der zweiten Hälfte des 19. Jahrhunderts ihre führende Stellung auf dem Weltmarkt. Als die Industrielle Revolution auch in mehreren anderen Ländern abgeschlossen war, verschärfte sich der Wettbewerb. Viele ausländische Firmen waren den britischen überlegen.

Außerdem gingen verschiedene europäische Staaten und die USA dazu über, den Verkauf eigener Erzeugnisse zu erleichtern, indem die Einfuhr fremder Waren durch hohe Zölle erschwert wurde. Im eigenen Land konnten oder wollten die britischen Unternehmer ihre Erzeugnisse wegen der Armut großer Teile der Bevölkerung, sinkender Preise und geringer Gewinne nicht verkaufen. Wo sollten sie aber ihre Waren anbieten?

In dieser Lage meinten viele Engländer, daß Kolonien der rettende Ausweg seien. Sie verlangten deshalb von ihrer Regierung, in Übersee Gebiete zu erwerben, in denen sie ihre Erzeug-

nisse absetzen konnten. Da die Unternehmer in diesen wirtschaftlich nicht erschlossenen Gebieten noch genug Kunden fanden, hielten sie es nicht für nötig, die britische Industrie zu modernisieren. Folglich waren ihre Erzeugnisse auf dem Weltmarkt bald noch weniger konkurrenzfähig.

Bankier Europas und der Welt
Viele Unternehmer hatten während der Industriellen Revolution eine Menge Geld verdient. Wo sollten sie jetzt ihr Kapital anlegen? Angesichts der schlechten Lage der englischen Wirtschaft lohnte es sich kaum, das Geld im eigenen Lande zu lassen. Deshalb neigten zahlreiche Geschäftsleute dazu, ihr Kapital im Ausland anzulegen. Der Strom des englischen Kapitals floß hauptsächlich in die USA, nach Südamerika und innerhalb des Empire nach Kanada, Australien, Neuseeland, Südafrika, aber auch nach Indien. Die USA wurden um 1900 Englands größter Schuldner. England war der bedeutendste „Bankier Europas und der Welt" (so lautet die Formulierung eines Historikers der Gegenwart, W. J. Mommsen). Auf diese Weise lebten englische Geschäftsleute von den Zinsen, die sie für ihr früher erworbenes Kapital erhielten.

Rückständigkeit der Industrie
Der gewaltige Reichtum, der durch die überseeischen Geldgeschäfte zusätzlich nach Großbritannien floß, hatte aber zur Folge, daß die Unternehmer noch weniger auf die Leistungsfähigkeit ihrer Betriebe achteten. Dies hemmte wiederum die Entwicklung der Industrie.

Je größer ein Betrieb war, desto billiger

konnte er produzieren. Deshalb schlossen sich Unternehmer freiwillig zusammen. Ihren Großbetrieben waren schwächere Unternehmen oft nicht mehr gewachsen. Sie brachen zusammen oder wurden aufgekauft. Während in den USA und in Deutschland viele Großbetriebe entstanden, gab es in

wir alle die Erhaltung und Mehrung der nationalen Stärke und das Gedeihen des Vereinigten Königreichs ... Unser zweites Ziel ist oder sollte sein: die Verwirklichung des größten Wunschbildes, das jemals Staatsmännern in irgendeinem Lande oder aus irgendeiner Zeit vorgeschwebt hat: die Schaffung eines Rei-

Cecil Rhodes, der bedeutendste Vorkämpfer des britischen Imperialismus in Südafrika, 1877:

„Ich behaupte, daß wir die erste Rasse in der Welt sind und daß es um so besser für die menschliche Rasse ist, je mehr von der Welt wir bewohnen. Ich behaupte, daß jeder Acker, der unserem Gebiet hinzugefügt wird, die Geburt von mehr Angehörigen der englischen Rasse bedeutet, die sonst nicht ins Dasein gerufen worden wären. Darüber hinaus bedeutet es einfach das Ende aller Kriege, wenn der größere Teil der Welt in unserer Herrschaft aufgeht ...
Da Gott offenkundig die englisch sprechende Rasse zu seinem auserwählten Werkzeug formt, durch welches er einen Zustand der Gesellschaft hervorbringen will, der auf Gerechtigkeit, Freiheit und Frieden gegründet ist, muß er offensichtlich wünschen, daß ich tue, was ich kann, um jener Rasse so viel Spielraum und Macht wie möglich zu geben."
(Rhodes, The Last Will, S. 57 ff. u. S. 97 f.)

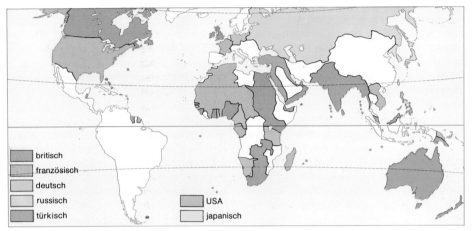

Abb. 2: Kolonialreiche um 1914

Legende:
- britisch
- französisch
- deutsch
- russisch
- türkisch
- USA
- japanisch

England dagegen überwiegend kleine und mittlere Betriebe, meist Familienunternehmen. Aktiengesellschaften, d. h. Großunternehmen, die sich ihr Kapital durch den Verkauf von Aktien (= Anteilscheine) besorgten, hatten in England geringere Bedeutung.
In diesem Zusammenhang spielte Indien eine wichtige Rolle. Da die englischen Unternehmer dort immer noch genug Käufer für ihre Waren fanden, sahen sie keine Notwendigkeit, ihre Betriebe zu modernisieren. Die Rückständigkeit der Industrie erschwerte aber den Absatz englischer Waren auf anderen Märkten.
Nach dem Ersten Weltkrieg hatte Großbritannien seine Rolle als „Bankier Europas und der Welt" ausgespielt. Viele Länder des britischen Weltreichs verlangten ihre Unabhängigkeit.

Aus einer Rede des britischen Kolonialministers Joseph Chamberlain, 1903:

„Wir haben zwei Ziele: Zuerst wünschen

ches, wie es die Welt noch nie gesehen hat ...
Unser auswärtiger Handel hat, praktisch genommen, 30 Jahre lang stillgestanden, ist zeitweise herabgegangen und ist nun in den allerglücklichsten Zeiten zwar aufwärtsgestiegen, aber auch kaum erheblich höher als vor 30 Jahren ...
Unsere nationale Existenz beruht auf unserer industriellen Leistungsfähigkeit und Produktion. Wir sind nicht etwa ein wesentlich Ackerbau betreibendes Land; dies kann niemals die Hauptquelle unseres Wohlstandes sein. Wir sind ein großes industrielles Land.
Daraus folgt eins: daß der Handel innerhalb unseres Weltreiches für unser Gedeihen in der Gegenwart unbedingt notwendig ist. Geht dieser Handel nieder oder hört er nur auf, im Verhältnis zu unserer Bevölkerung zuzunehmen, dann sinken wir zu einer Nation fünfter Klasse herab."
(Guggenbühl, Allgemeine Geschichte IV, S. 303 ff.)

Cecil Rhodes in einem Brief 1895:

„Ich war gestern im Ostende von London und besuchte eine Arbeiterversammlung. Als ich nach den dort gehörten wilden Reden, die nur ein Schrei nach Brot waren, nach Hause ging, da war ich von der Wichtigkeit des Imperialismus mehr denn je überzeugt. Meine große Idee ist die Lösung des sozialen Problems, d. d. um die 40 Millionen Einwohner des Vereinigten Königreichs vor einem mörderischen Bürgerkrieg zu schützen, müssen wir Kolonialpolitiker neue Ländereien erschließen, um den Überschuß der Bevölkerung aufzunehmen, und neue Absatzgebiete schaffen für die Waren, die sie in ihren Fabriken und Minen erzeugen. Das Empire, das habe ich stets gesagt, ist eine Magenfrage. Wenn Sie den Bürgerkrieg nicht wollen, müssen Sie Imperialisten werden."
(Nach Ludwig Helbig, Imperialismus, Frankfurt 1976, S. 6)

1. Wozu brauchte England Kolonien?
2. Beurteile die Wirtschaftspolitik vom Standpunkt eines englischen Arbeiters!
(Diskussion)

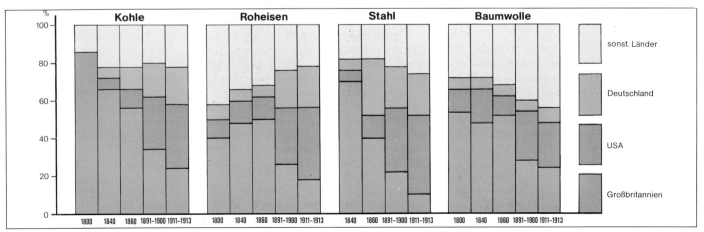

Abb. 3: Anteil der industriellen Produktion Großbritanniens an der gesamten Weltproduktion

Der strahlendste Edelstein in der englischen Krone

Wie erging es den Indern unter britischer Herrschaft?

1498 entdeckte Vasco da Gama den Seeweg nach Indien. Daraufhin betrachteten europäische Mächte fast genau 450 Jahre lang das „Wunderland" im Osten als ihr Interessengebiet. Nach den Portugiesen und Holländern setzten sich dort die Engländer fest und nutzten das reiche Land wirtschaftlich aus. Das geschah durch eine große Handelsgesellschaft, die Ostindische Kompanie. 300 Jahre lang haben Inder gegen diese Fremdherrschaft gekämpft.

Indien war mit Abstand die wichtigste und reichste britische Kolonie. Deshalb wurde es damals *„der strahlendste Edelstein in der englischen Krone"* genannt.

Die britische Kolonialherrschaft

Indiens Kultur zählt zu den ältesten der Welt. Gewerbe und Handel waren hoch entwickelt. Im 17. und 18. Jahrhundert galt Indien als die „Werkstatt der Welt". Mit den indischen Textilien konnte selbst die englische Maschinenindustrie zunächst nicht konkurrieren. Als 1874 der konservative Politiker Benjamin Disraeli englischer Premierminister wurde, wandelte sich die englische Kolonialpolitik. Das wirkte sich auch in Indien aus. Um die Abhängigkeit der Kolonie zu unterstreichen, veranlaßte Disraeli die englische Königin Viktoria, 1877 den Titel einer Kaiserin von Indien anzunehmen. Königin Viktoria hat das Land, dessen Kaiserin sie war, nie gesehen. An der Spitze der Verwaltung in Indien stand ein Vizekönig, der jeweils auf fünf Jahre ernannt wurde.

Die britische Verwaltung in Indien befand sich in einer besonderen Lage:
1. In dem zu regierenden Gebiet, dessen Größe und Einwohnerzahl Europa entsprach, hielten sich einschließlich der Truppen nie mehr als 100 000 Briten auf.
2. Außerdem zerfiel das Gebiet in zwei große Teile: Neben Britisch-Indien, das englischer Verwaltung unterstand, gab es etwa 600 Fürstentümer. Jedoch achteten die Engländer streng darauf, daß die indischen Fürsten nichts unternehmen konnten, was britischen Interessen widersprach.

Die Einheit der Kolonie wurde vor allem durch die Beamtenschaft, die Armee und die Polizei gesichert. Für die Verwaltung Britisch-Indiens hatte die Londoner Regierung einen besonderen Beamtendienst geschaffen, den „Indian Civil Service". Die sorgfältig ausgewählten und gut bezahlten Beamten des „Indian Civil Service" galten als pflichtbewußt, gerecht und tüchtig, waren aber vom Volk abgeschlossen. Die wichtigste Stütze der britischen Herrschaft war jedoch die Armee, die aus rund 75 000 Engländern und 150 000 Indern bestand. Sie war die schlagkräftigste Truppe, die je von einer Kolonie aufgestellt worden ist, und brauchte den Vergleich mit den Berufsheeren Europas nicht zu scheuen. Nicht zuletzt mit Hilfe dieser Armee, deren Kosten von Indien getragen wurden, war es Großbritannien möglich, bei der Aufteilung der Welt seine Interessen durchzusetzen. Die indische Armee befähigte Großbritannien, bei der Aufteilung Ost-Afrikas und Südostasiens mitzuwirken und im Ersten Weltkrieg einen großen Teil des Türkischen Reiches zu erobern.

Die Auswirkungen

Die britische Herrschaft hinterließ in Indien tiefe Spuren. Schulen und Universitäten hatten zwar den Vorteil, daß die Gebildeten dieselbe Sprache lernten, nämlich Englisch. Sie orientierten sich aber zu sehr an europäischen Vorbildern und dienten in erster Linie der Vorbereitung auf den Verwaltungsdienst.

In der ersten Hälfte des 19. Jahrhunderts nutzten die Briten ihren Vorsprung in der maschinellen Herstellung billiger Stoffe dazu, den indischen Markt mit ihren Erzeugnissen zollfrei zu überschwemmen. Indien wurde zum lebenswichtigen Absatzmarkt für britische Baumwollwaren, die das einheimische Textilgewerbe vernichteten. Das Land erhielt zwar das beste Straßen-, Eisenbahn- und Kanalsystem Asiens. Dies begünstigte aber die Verbreitung der britischen Industriewaren. Die Kolonialherren legten riesige Plantagen an, auf denen Tee, der blaue Farbstoff Indigo und Jute, eine zum Spinnen geeignete Faser, erzeugt wurden. Dadurch verringerten sie jedoch die Ackerfläche, die den Bauern zur Verfügung stand. Indien hat die Begegnung mit der westlichen Zivilisation teuer bezahlt: mit Arbeitslosigkeit, Übervölkerung und Hungersnöten. Anders als in Europa flüchteten die brotlos gewordenen Weber und Handwerker aus den Städten in die Dörfer, die überfüllt wurden. Viele Inder gerieten in Schulden.

Der Freiheitskampf Indiens

1857/58 revoltierte ein Teil Indiens gegen die Fremdherrschaft. Dieser große Aufstand ging von einer Meuterei indischer Soldaten aus. Er war vorerst der letzte Versuch, die Briten aus dem Lande zu jagen.

Nach dem Aufstand wurde die britische Verwaltung strenger. Gleichzeitig wuchs bei den Indern das Nationalgefühl. Insbesondere die Gebildeten der mittleren Schichten verlangten mehr Einfluß auf die Regierung. Um die Unzufriedenheit einzudämmen, wurde in Zusammenarbeit mit englischen Beamten der indische National-Kongreß ins Leben gerufen. Die erste Sitzung des Kongresses fand 1885 in Bombay statt.

Um die Jahrhundertwende verstärkte sich die Bereitschaft, der Fremdherrschaft Widerstand zu leisten. Dies wurde verursacht durch furchtbare Hungersnöte, Pestepidemien und die Teilung der Provinz Bengalen. Der Sieg Japans über das imperialistische Rußland (1905) war für die indischen Nationalisten ein ermutigendes Beispiel. Er zeigte ihnen, daß eine asiatische Macht auch eine europäische bezwingen konnte. Die indischen Nationalisten führten ihren Kampf mit zwei Waffen: mit Terror und mit einem Kaufstreik gegenüber englischen Waren. Das Tragen von selbstgesponnenem Tuch wurde geradezu zum Symbol des Freiheitskampfes. Der Absatz britischer Baumwollwaren sank erheblich.

Tilak, ein radikaler Wegbereiter der Befreiungsidee, tarnte den politischen Kampf als Glaubensbewegung. Er wußte, daß sich die britische Regierung in religiöse Angelegenheiten nicht gern einmischte. Zunächst erneuerte er den Hindu-Kult des elefantenköpfigen Gottes Ganescha, der alle Hindernisse überwindet. Dann erinnerte er die Inder an die Taten Schiwadschis, der im 17. Jahrhundert die Heere eines mächtigen Tyrannen besiegt und ein selbständiges Reich gegründet hatte.

Im Widerstand gegen die harten Gegenmaßnahmen der britischen Regierung entstanden Selbstbewußtsein und Standhaftigkeit der Inder. Daran konnte Mahatma Gandhi (1869–1948) mit seinem waffenlosen Kampf gegen die britische Herrschaft erfolgreich anknüpfen. 1947 wurde Indien durch ein vom britischen Parlament erlassenes Gesetz unabhängig.

Abb. 1: Die indische Kaiserkrone der englischen Königin

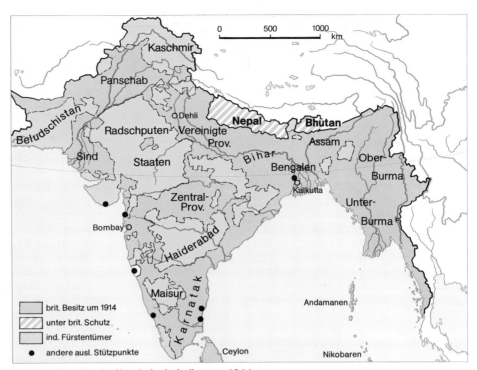

Abb. 2: Die britische Kronkolonie Indien um 1914

Großbritanniens Ausfuhr von Baumwollstoffen (in %)

Jahr	Europa und USA	Unentwickelte Länder	Sonstige Länder
1840	29,5	66,7	3,8
1860	19,0	73,3	7,7
1880	9,8	82,0	8,2
1900	7,1	86,3	6,6

(E. J. Hobsbawm: Industrie und Empire. Bd. 1. S. 149)

Aus der Rede des Präsidenten des National-Kongresses, 1886:

„Es geschieht unter der zivilisierenden Herrschaft der Königin und des Volkes von England, daß wir hier zusammentreffen, durch nichts gehindert, und uns erlaubt ist, frei unsere Meinungen auszusprechen ohne die geringste Furcht und ohne das geringste Zaudern. So etwas ist möglich unter britischer Herrschaft. (Lauter Beifall) Also stelle ich klar die Frage: Ist dieser Kongreß eine Pflanzstätte für Aufruhr und Rebellion gegen die britische Regierung (Zurufe: Nein, nein); oder ist er ein weiterer Grundstein der Beständigkeit jener Regierung (Zurufe: Ja, ja)? Da konnte es nur eine Antwort geben, und die haben Sie bereits gegeben, denn wir sind uns durchaus bewußt der zahllosen uns erwiesenen Wohltaten. Deren Beweis ist, kurz gesagt, schon die Existenz dieses Kongresses ... Wir sind zusammengetroffen als ein politischer Körper, um unseren Herrschern unsere politischen Ansichten zu schildern, nicht um soziale Reformen zu erörtern."

(Philips, The Evolution of India and Pakistan, S. 139 f.)

Abb. 3: Inder verbrennen englische Stoffwaren in Bombay

Tilak auf einer Tagung in Kalkutta, 1907:

„Unser politisches Streben braucht eine Kraft, die es voranzutreiben vermag, und dazu ist am besten ein Nationalheld geeignet. Einen größeren Helden als Schiwadschi kann man aber in der ganzen indischen Geschichte nicht finden. Er wurde in einer Zeit geboren, als das ganze Volk eine Hilfe gegen die Mißregierung dringend nötig hatte, und Schiwadschis Selbstaufopferung, sein Mut und sein Heldentum bewiesen der Welt, daß Indien nicht von der Vorsehung verlassen war."

(Edwardes, Illustrierte Geschichte Indiens, S. 374)

Aus einer Ansprache indischer Nationalisten auf den Schiwadschi-Festen:

„Wie ein Herr die Geschichte Schiwadschis bloß vorzutragen, sichert noch nicht die Unabhängigkeit; es ist notwendig, sich wie Schiwadschi ... ohne Zögern an verwegenen Unternehmungen zu beteiligen. Dies wissend, solltet ihr guten Leute unter allen Umständen jetzt zu den Schwertern und Schilden greifen. Wir werden unzähligen Feinden die Köpfe abschlagen. Hört zu! In einem nationalen Krieg werden wir unser Leben auf dem Schlachtfeld aufs Spiel setzen. Mit dem Lebensblut der Feinde, die unsere Religion zerstören, werden wir die Erde tränken."

(The History and Culture of the Indian People X, 2, S. 590)

Behütet der weiße Mann?

Aus einem Gedicht des englischen Schriftstellers Rudyard Kipling (1865–1936)

„Nehmt auf Euch des weißen Mannes Bürde-
Erntet, was von jeher sein Lohn war:
Den Tadel derer, die er behütet ..."

1. Beurteilt die britische Kolonialpolitik in Indien! Bildet zwei Parteien: Befürworter und Gegner! (Diskussion)

2. Vergleiche Ziele und Methoden indischer Politiker bei ihrem Freiheitskampf! (Referat)

7

Dollar-Diplomatie

Warum haben sich die USA in die Angelegenheiten anderer Länder eingemischt?

Durch den Unabhängigkeitskrieg (1775 bis 1783) haben sich die ehemals englischen Kolonien in Nordamerika vom Mutterland gelöst. Seitdem vergrößerten die USA ihr Herrschaftsgebiet quer durch den gesamten Kontinent bis zum Pazifischen Ozean. Die Bestrebungen, den Machtbereich auszudehnen, beschränkten sich bald nicht mehr auf Nordamerika. Wie in anderen Staaten schuf die Industrielle Revolution auch in den USA die Voraussetzungen für eine imperialistische Politik.

Die Farmer brauchen neue Käufer

An einer Ausdehnung des staatlichen Machtbereichs über die Grenzen der USA hinaus waren in erster Linie Farmer, Unternehmer, Kaufleute, Reeder und Politiker interessiert.

Bis zum Beginn des 20. Jahrhunderts war die Landwirtschaft auch in den USA der wichtigste Wirtschaftszweig. Arbeitskräfte waren im Farmland knapp. Deshalb entschlossen sich die Farmer frühzeitig, Maschinen einzusetzen, zum Beispiel den Rotationspflug, der in einem Arbeitsgang pflügte, eggte und säte. Solche Maschinen arbeiteten am wirtschaftlichsten in Großbetrieben, die in den endlosen Prärien möglich und notwendig waren. Erstaunliche Erfolge gab es bei der künstlichen Bewässerung regenarmer Gebiete, im Kampf gegen Pflanzen- und Tierkrankheiten sowie bei der Auswahl oder Züchtung von Pflanzen.

Bald wurden mehr Nahrungsmittel erzeugt, als man im Inland verkaufen konnte. Die Farmer waren in immer stärkerem Maße darauf angewiesen, die Überproduktion auszuführen. 1880 betrug der Anteil landwirtschaftlicher Erzeugnisse an der gesamten Ausfuhr 83 %. Jahrzehntelang bestand der Export überwiegend aus Weizen, Mais und Baumwolle. Die Erweiterung des Straßen- und Schienennetzes ermöglichte es, die landwirtschaftlichen Erzeugnisse schneller und billiger in die Städte und Häfen zu transportieren. Mit modernen Ozeandampfschiffen erschlossen sich die Amerikaner den Weltmarkt.

Die „offene Tür"

Die industrielle Produktion war so stark gestiegen, daß sie den Bedarf bei weitem übertraf. Deshalb kam es auch in den USA zwischen 1873 und 1896 zu einer Wirtschaftskrise.

Wie in europäischen Ländern gehörte diese Krise zu den wesentlichen Ursachen des Imperialismus. Viele Amerikaner forderten die Erschließung fremder Märkte. Sie hofften, durch eine Steigerung des Exports die Wirtschaftskrise meistern zu können. Leitbild des nordamerikanischen Imperialismus war eine „Politik der offenen Tür": Alle interessierten Staaten sollten einen gleichberechtigten Zugang zu den ausländischen Märkten erhalten. Den Aufbau eines Kolonialreiches haben die USA nicht angestrebt. Die Tür zum Weltmarkt sollte vor allem für den Export von Waren offengehalten werden. Geldgeschäfte im Ausland spielten vorerst eine geringere Rolle. Die amerikanischen Geldgeber waren den ausländischen, insbesondere den britischen, unterlegen: Ihr Kapital war noch zu gering. Bis zum Ersten Weltkrieg ähnelten die außenwirtschaftlichen Beziehungen der USA denjenigen eines Entwicklungslandes in unserer Zeit. Die USA lebten damals vom Export landwirtschaftlicher Erzeugnisse und mußten sich im Ausland Geld leihen.

Die Supermächtigen

In der Landwirtschaft waren die USA führend, in der Entwicklung der Industrie holten sie mächtig auf. Erfindungen bewirkten eine Steigerung der Produktion. Da Arbeitskräfte teuer waren, bevorzugten Unternehmer Produktionstechniken, für die möglichst wenig Menschen gebraucht wurden. Der Schlüssel des Erfolges der Industrie hieß Massenproduktion. Das Fließband, das Henry Ford in seiner Automobilfabrik errichten ließ, wurde damals weltweit bestaunt.

Typisch für die amerikanische Entwicklung war die Bildung von Trusts, d. h. von Großbetrieben, die durch Zusammenschluß ehemals rechtlich selbständiger Unternehmen entstanden. Mit solchen Großbetrieben wollten deren

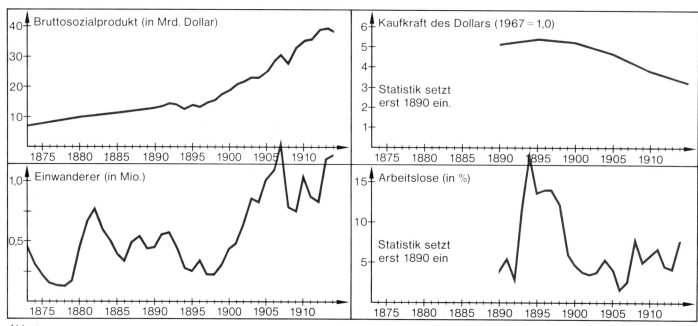

Abb. 1

Abb. 2: Jugendliche sortieren Schiefer im Kohlenbergwerk Pennsylvania (zeitgenössische Darstellung)

Gründer den Markt beherrschen. Zu den mächtigsten Trusts gehörten die Standard Oil Company des „Petroleumkönigs" John D. Rockefeller und die United States Steel Corporation (Stahlproduktion) von John Pierpont Morgan.

Die Standard Oil Company war zeitweise fast der einzige Anbieter auf dem Weltmarkt. (Beherrscht eine Firma einen bestimmten Markt derartig total, so sagt man, sie verfügt über ein Monopol.) Dieses riesige Unternehmen hatte Rockefeller mit Weitblick und Rücksichtslosigkeit aufgebaut. Statt Rohöl über Zwischenhändler zu erwerben, kaufte er direkt ab Bohrloch. Statt Fässer zu bezahlen, ließ er eine eigene Faßfabrik bauen. Er setzte eigene Tank- und Eisenbahnwagen ein und verfügte über eigene Tanklager. Er spielte die Eisenbahngesellschaften, die von seinen Frachten lebten, gegeneinander aus, um Rabatte zu erhalten. Als die Pipelines (Rohrfernleitungen) aufkamen, begann er sofort mit dem Bau eines eigenen Netzes, verhinderte aber ähnliche Bemühungen anderer Ölfirmen. Verschiedene Gerichte haben zwar festgestellt, daß die Standard Oil Company mit ungesetzlichen Mitteln arbeitete, waren aber gegenüber dem Wirtschaftsriesen machtlos. Schließlich beherrschte Rockefeller 95 % der amerikanischen Erdölproduktion. Von ihm hing es ab, wieviel das Erdöl auf dem Weltmarkt kostete. Wegen ihrer ständigen Überproduktion mußte die Standard Oil Company den Export ausdehnen. Bei der Eroberung ausländischer Märkte erfreute sie sich der Unterstützung des Außenministeriums. In seinen Erinnerungen schrieb Rockefeller: *„Einer unserer größten Helfer war das Auswärtige Amt in Washington. Unsere Botschafter, Geschäftsträger und Konsuln haben uns dabei geholfen, in neue Märkte bis an die Enden der Welt vorzudringen."*
Es gab zwar Anti-Trust-Gesetze. Aber die Regierung konnte oder wollte sich nicht entschließen, energisch gegen die Wirtschaftsriesen vorzugehen.

Der „große Stock"
1901 wurde Theodore Roosevelt Präsident der USA, ein Bewunderer der Macht, der von der weltpolitischen Aufgabe seines Landes überzeugt war. Roosevelt hatte 1898 im Spanisch-Amerikanischen Krieg auf Kuba die „rauhen Reiter", ein Regiment freiwilliger Kavalleristen, geführt und ließ sich seitdem als Kriegsheld feiern. Bei seiner Außenpolitik befolgte er den Grundsatz: *„Ruhig Wort und großer Stock, damit kommst du weit."* Leidtragende dieser Politik des „großen Stocks" waren neben anderen die Philippinen, Kuba, Panama und die Dominikanische Republik: In diesen Staaten wurde der Einfluß der USA erheblich verstärkt.

Bitterste Armut mitten im Überfluß.
Die wirtschaftlichen und außenpolitischen Erfolge wurden jedoch mit dem Elend und Leid der arbeitenden Bevölkerung bezahlt. Mitten im Überfluß sollen zwischen zehn und zwanzig Millionen Amerikaner in bitterster Armut gelebt haben. Die Einschränkung der Konkurrenz hatte zur Folge, daß die Preise höher als notwendig waren. Mit den steigenden Lebenshaltungskosten hielten die Löhne keineswegs Schritt. In den Genuß der Annehmlichkeiten, die das Leben in einer Stadt bot, kamen nur die Wohlhabenden. Die Lebens- und Arbeitsverhältnisse des größten Teils der städtischen Bevölkerung verschlechterten sich dagegen ständig. Die schlechtbezahlten Arbeiterfamilien drängten sich in den Mietskasernen, deren Zimmer oft nicht einmal ein Fenster hatten. In vielen Wohnungen gab es keine eigene Toilette. Da Müllbeseitigungsanlagen und Kanalisation fehlten, verbreiteten sich Ungeziefer und Krankheiten. Die Sterblichkeitsrate lag weit höher als auf dem Lande. In vielen Industrien war die Arbeitszeit unerhört lang. Zahlreiche Männer und Frauen arbeiteten täglich ohne Pause 12 Stunden, häufig sogar noch länger, und zwar in staubigen, feuchten und schlecht gelüfteten Räu-

men. Mindestens 1,7 Millionen Kinder unter 15 Jahren mußten regelmäßig arbeiten gehen.
Zeitweilig war die Arbeitslosigkeit so hoch wie in keinem anderen Land. Den einheimischen Arbeitern entstand durch die Einwanderer eine erhebliche Konkurrenz.

Der „amerikanische Traum"
Trotz dieser teilweise skandalösen Zustände entwickelte sich der Zusammenschluß von Arbeitern in Gewerkschaftsbewegungen jahrzehntelang nur schwach. Das lag nicht zuletzt an dem Bewußtsein vieler Arbeiter, denen die Chancen für einen Aufstieg groß genug erschienen. Unternehmer wie Rockefeller verkörperten für sie den „amerikanischen Traum" von Freiheit, Erfolg und Fortschritt. Außerdem verhinderten vorerst die Uneinigkeit der Arbeiter, das gewerkschaftsfeindliche Verhalten der Arbeitgeber und der Widerstand des Staates den Aufbau von Organisationen, die stark genug waren, um dauerhafte Erfolge erringen zu können.
Dennoch gab es heftige Arbeitskämpfe. Mehrere Streiks wurden durch den Einsatz von Militär blutig niedergeschlagen (Abb. 9).
Um die wachsende Unzufriedenheit der Bevölkerung auffangen zu können, meinten viele Politiker und Unternehmer, durch außenpolitische Erfolge von dem Elend im Inneren ablenken zu können. Ein Senator schrieb in einem Brief: *„Wenn wir nicht Absatzmärkte für unsere Waren und Ausdehnungsmöglichkeiten in Asien und in der Karibischen See erhalten, werden wir kaum Schutz gegen eine große soziale Revolution finden."*

Aufstieg zur Weltmacht
Zu Beginn des 20. Jahrhunderts befanden sich die USA in einer völlig veränderten Lage. Das Land mit der leistungsfähigsten Landwirtschaft war auch zum größten und kapitalkräftigsten Industriestaat geworden. Die Schulden mittelamerikanischer Staa-

153

Die Entwicklung der Wirtschaft der USA

Jahr	Fabrikarbeiter (Mio.)	Kohleproduktion (Mio. t)	Roheisenproduktion (Mio. t)	Eisenbahngleise (Mio. km)	Weizenproduktion (Mio. Scheffel)	Baumwollprodukion (Mio. Ballen)
1860	1,3	16	0,8	0,049	173	4,5
1890	4,1	141	8,5	0,264	504	7,5
1910	ca. 7	441	28,9	0,386	684	10

(E. Angermann: Der Aufstieg der Vereinigten Staaten von Amerika 1607–1914. S. 37.)

Abb. 3

ten in Europa wurden zu einem großen Teil durch nordamerikanische Anleihen abgelöst. Im Ersten Weltkrieg bezogen Großbritannien und Frankreich umfangreiche Lieferungen von Kriegsmaterial aus Amerika. Da sie diese Lieferungen nicht bezahlen konnten, mußten sie in den USA Kredite aufnehmen. 1918 war aus dem früheren Schuldner der größte Kreditgeber der Welt geworden. Die USA stiegen zur Weltmacht auf.

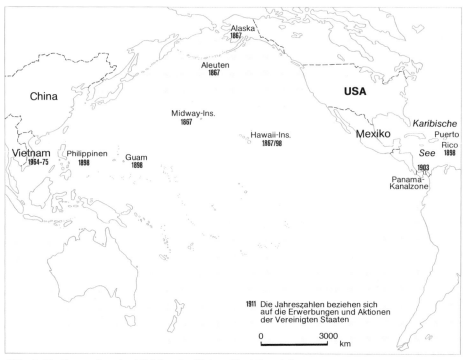

Abb. 4: Die Expansion der USA im staatlichen Machtbereich

Aus Präsident Monroes Botschaft an den Kongreß, 1823 (Monroe-Doktrin):

„An den Kriegen der europäischen Mächte ... haben wir nie irgendwelchen Anteil genommen, noch verträgt es sich mit unserer Politik, so etwas zu tun ... In den vorhandenen Kolonien und Besitzungen irgendeiner europäischen Macht haben wir uns nicht eingemischt und werden uns nicht einmischen. Aber bei den Regierungen, die ihre Unabhängigkeit erklärt und aufrechterhalten haben ..., könnten wir irgendein Eingreifen einer europäischen Macht mit dem Zweck, sie zu unterdrücken oder ihr Schicksal auf andere Weise zu bestimmen, nur als Zeichen einer unfreundlichen Gesinnung gegen die Vereinigten Staaten betrachten ..."

(Commager, Documents I, S. 235 ff.)

Aus Präsident Roosevelts Botschaft an den Kongreß, 1904:

„Es ist nicht wahr, daß die Vereinigten Staaten irgendwelchen Landhunger verspürten oder irgendwelche Pläne hinsichtlich der anderen Nationen der westlichen Erdhalbkugel hätten, außer solchen, die ihrer Wohlfahrt dienen. Alles, was dieses Land wünscht, ist, die Nachbarländer beständig, in Ordnung und wohlhabend zu sehen. Jedes Land, dessen Volk sich gut beträgt, kann auf unsere warme Freundschaft rechnen. Wenn eine Nation zeigt, daß sie mit vernünftiger Wirksamkeit und Anstand in gesellschaftlichen und politischen Angelegenheiten zu handeln weiß, wenn sie Ordnung hält und ihre Schulden zahlt, braucht sie kein Eingreifen der Vereinigten Staaten zu fürchten. Ständiges Übeltun oder Unvermögen, die sich in einer allgemeinen Lockerung der Bande zivilisierter Gesellschaft auswirken, können in Amerika wie sonstwo schließlich das Eingreifen einer zivilisierten Nation fordern, und in der westlichen Erdhalbkugel mag das Festhalten der Vereinigten Staaten an der Monroe-Doktrin

sie ... in offenkundigen Fällen solchen Übeltuns oder Unvermögens zur Ausübung einer internationalen Polizeigewalt zwingen ..."

(Botschaften der Präsidenten der Vereinigten Staaten von Amerika zur Außenpolitik, S. 76 f.)

Aus einem Buch des Pfarrers Josiah Strong, 1885:

„Mir scheint, daß Gott in seiner unendlichen Weisheit die angelsächsische Rasse auf eine Stunde vorbereitet, die ganz bestimmt einmal in dieser Welt kommen wird ... Es gibt keine neuen Welten mehr. Die noch nicht unter den Pflug genommenen Landstriche der Erde sind

Abb. 5: Streik der Blusennäherinnen in New York, 1910

begrenzt und werden bald in Besitz genommen sein. Die Zeit kommt, wenn der Bevölkerungsdruck auf die Unterhaltsmittel hier genauso spürbar sein wird wie bereits in Europa und Asien. Dann wird die Welt in ein neues Stadium ihrer Geschichte eintreten, in das entscheidende Konkurrenzringen der Rassen, für das der Angelsachse jetzt schon geschult wird. Dann wird diese Rasse von unvergleichbarer Energie in ihrer ganzen zahlenmäßigen Stärke und mit der Macht ihres Reichtums hinter sich – der Vertreter, so wollen wir hoffen, der größten Freiheit, des reinsten Christentums, der höchsten Zivilisation – sich über die Erde ausbreiten, nachdem sie bereits besonders aggressive Züge entwickelt hat, in der Absicht, der Menschheit ihre Gesetze aufzudrücken. Wenn ich das, was ich lese, richtig verstehe, dann wird sich diese mächtige Rasse über Mexiko ausbreiten, über Mittel- und Südamerika, über die Inseln des Meeres, über Afrika und noch darüber hinaus. Und kann irgend jemand daran zweifeln, daß das Ergebnis dieses Konkurrenzringens der Rassen das Überleben des Tauglichsten sein wird?"

(Strong, Our Country, S. 174 f.)

Aus einer Rede des Schriftstellers Jack London, 1906:

„Betrachten wir die Vereinigten Staaten, das wohlhabendste und aufgeklärteste

Land der Welt. In den Vereinigten Staaten gibt es 10 Millionen Menschen, die in Armut leben. Mit Armut sind die Lebensbedingungen gemeint, unter denen wegen des Mangels an Lebensmitteln und angemessenem Wohnraum nicht einmal das Normalmaß an Arbeitskraft aufrechterhalten werden kann. In den Vereinigten Staaten gibt es 10 Millionen Menschen, die nicht genug zu essen haben. Weil sie nicht genug zu essen haben, gibt es in den Vereinigten Staaten 10 Millionen Menschen, die ihre Körper nicht in dem normalen Gesundheitszustand halten können. Das bedeutet, daß die 10 Millionen Menschen zugrunde gehen, an Körper und Seele langsam sterben, weil sie nicht genug zu essen haben. Überall in diesem weiten, wohlhabenden und aufgeklärten Land gibt es Männer, Frauen und Kinder, die im Elend leben. In all den Großstädten, wo sie zu Hunderttausenden und zu Millionen eingeschlossen in Elendsvierteln leben, wird ihr Elend zur Tierähnlichkeit. Kein Höhlenmensch litt jemals so chronisch Hunger wie sie, schlief jemals in solchem Schmutz wie sie, wurde von Fäulnis und Krankheit so zernagt, noch schuftete er so schwer und so lange wie sie ...

Von diesem akuten Elend berichten täglich die Zeitungen. Einige der zahllosen Beispiele wollen wir zitieren:

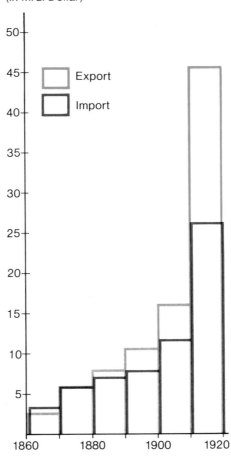

Export und Import von Waren (in Mrd. Dollar)

Export
Import

Abb. 6: (nach Guggisberg, USA II, S. 314)

... ‚Das Wohltätigkeitsamt wird von Zehntausenden von Anträgen Arbeitsloser überschüttet, so daß es sich außerstande sieht, mit der Situation fertig zu werden.‘ ...

Weil er keine Arbeit findet, um damit sein Essen zu verdienen, annonciert der moderne Mensch in der Tagespresse folgendermaßen:

‚Junger Mann, gute Ausbildung, nicht in der Lage, Anstellung zu finden, verkauft alle Rechte und Ansprüche auf seinen Körper an Arzt oder Bakteriologen zu experimentellen Zwecken. Preis zu erfragen unter: Box 3466.‘ ...

‚Frank A. Mallin ging Mittwoch abend zum Hauptpolizeirevier und bat darum, wegen Landstreicherei eingesperrt zu werden. Er sagte, er wäre so lange erfolglos auf der Suche nach Arbeit gewesen, daß er ganz gewiß schon ein Landstreicher sei. Auf jeden Fall sei er so hungrig, daß man ihm zu essen geben müsse. Polizeirichter Graham verurteilte ihn zu 90 Tagen Gefängnis.‘"
(Nach E. Brüning, Anspruch und Wirklichkeit, Berlin 1976, S. 243–245)

1. Untersuche, welchen Vorteil Farmer, Unternehmer, Kaufleute, Reeder und Politiker hatten! (Gruppenarbeit)
2. Erkläre den Begriff Dollar-Diplomatie!
3. Entwirf einen Brief eines eingewanderten italienischen Industriearbeiters an seinen in der Heimat gebliebenen Freund!

Abb. 7: Fließband in Henry Fords Automobilfabrik 1911

Abb. 8: Wohnung in einem New Yorker Elendsviertel

Abb. 9: Streik in den Pullman-Werken 1894. Der erste Fleischzug verläßt Chicago von Kavallerie begleitet

Abb. 10: Pennbrüder in einer New Yorker Kneipe um 1900

„Cuba libre"

Freiheit von wem? Freiheit für wen?

„Cuba libre" (freies Kuba) wird auf den Getränkekarten vieler Restaurants angeboten: weißer Rum mit Coca-Cola. „Cuba libre" nannten bereits Ende des 19. Jahrhunderts kubanische Aufständische ihren Freiheitskampf gegen die spanische Kolonialherrschaft. Denselben Namen erhielt damals ein Getränk aus Wasser und gekochtem Bienenhonig, dem möglicherweise auch etwas Rum beigemischt wurde. An die Stelle von Wasser und Honig trat zu Beginn dieses Jahrhunderts das amerikanische Coca-Cola. Geblieben ist die Bedeutung des Namens: der Ruf nach Freiheit.

Die USA verdrängen Spanien

Kuba war seit dem 16. Jahrhundert spanische Kolonie. Im 19. Jahrhundert haben Kubaner wiederholt versucht, die Fremdherrschaft abzuschütteln. Nachdem die Spanier 1878 einen zehnjährigen Aufstand niedergeworfen hatten, strömte amerikanisches Kapital in die kubanische Landwirtschaft. Die kubanischen Betriebe waren durch den Aufstand ruiniert und wurden deshalb von ihren Besitzern eilig verkauft. Das Hauptinteresse amerikanischer Geschäftsleute richtete sich auf die Zuckerplantagen. Aber auch in Tabakplantagen, Erzbergwerken und Eisenbahnen wurde viel Geld angelegt. Die Folge war eine zunehmende wirtschaftliche Verbindung der spanischen Kolonie mit den USA.

Als 1895 die Befreiungsbewegung „Cuba libre" einen neuen Aufstand gegen die spanische Kolonialherrschaft unternahm, sahen amerikanische Geschäftsleute nicht nur eine Gefahr für ihre Geldanlagen, sondern sie sahen zugleich auch die Wirtschaftsentwicklung in den USA gefährdet. Die öffentliche Meinung stand auf der Seite der Befreiungsbewegung, denn seit dem eigenen Unabhängigkeitskrieg gegen England stieß der Kolonialismus in den USA auf starke Ablehnung. Am 19. April 1898 verabschiedete der amerikanische Kongreß eine Resolution (verbindliche Erklärung). In dieser Resolution wurde feierlich versichert, daß das kubanische Volk frei und unabhängig sei.

Außerdem wurde versichert, daß die USA weder die Absicht noch den Wunsch hätten, die Eigenständigkeit (Souveränität) Kubas anzutasten oder Einfluß auf die Regierung oder die Rechtsprechung auszuüben, es sei

denn, er diene der Befriedung der Insel.

Aus diesen Gründen kam es 1898 zu dem Spanisch-Amerikanischen Krieg. Spanien wurde in wenigen Monaten besiegt. In dem Frieden von Paris mußte Spanien sein Kolonialreich im Karibischen Meer und Pazifischen Ozean an die USA abtreten. Auf Kuba setzten die USA eine Militärregierung ein. Die Kubaner erhielten den Auftrag, eine Verfassung zu beschließen. Diese Verfassung mußte jedoch eine vom amerikanischen Kongreß beschlossene Bestimmung enthalten, das Platt-Amendment (Platt = Name des für den Entwurf verantwortlichen Senators,

Abb. 1: Colonel Theodore Roosevelt und seine Rough Riders in Cuba (1898)

Amendment = Zusatz zu einer Verfassung). Erst nachdem die USA die Erfüllung ihrer Forderungen durchgesetzt hatten, zogen sie ihr Militär von der Insel zurück. 1902 wurde die Republik Kuba gegründet.

„Wirtschaft, Ordnung, Gerechtigkeit"

Als die amerikanischen Truppen abzogen, waren auf Kuba die Bedingungen für eine demokratische Regierung nicht günstig. Um ihre Interessen zu wahren, befürworteten die meisten Angehörigen der Oberschicht eine enge Zusammenarbeit mit den USA. Die einflußreichen Kaufleute, überwiegend Spanier, die einheimischen Grundbesitzer und die hohe Geistlichkeit betrachteten das Platt-Amendment als Garantie ihres Wohlstandes. Wahlfälschungen und Korruption (Bestechung) waren an der Tagesordnung. Der erste Präsident Kubas, Tomás Estrada Palma, war vor seiner Kandidatur amerikanischer Staatsbürger. Er trat sein Amt 1902 mit der Losung

„Wirtschaft, Ordnung, Gerechtigkeit" an. Er konnte sich jedoch bald nur noch mit Hilfe von diktatorischen Maßnahmen und Terror an der Regierung halten. Hierbei bediente er sich auch der kubanischen Armee.

Die Schutzherrschaft der USA

Die Republik Kuba war völlig von nordamerikanischem Kapital abhängig, das schnell in die gewinnbringenden Wirtschaftszweige eindrang. Einerseits förderten die Amerikaner den Fortschritt der Zivilisation, indem sie moderne Straßen bauten, Schulen und Krankenhäuser errichteten und das Gelbfieber überwanden. Andererseits verschuldeten sie Unterentwicklung, Armut, Überfremdung und die Entstehung einer Monokultur, d. h. einer einseitigen Bodennutzung. Mit amerikanischem Kapital wurden zahlreiche neue Zuckerwerke gebaut, bereits bestehende übernommen und modernisiert sowie ganze Landstriche billig aufgekauft. An dem kubanischen Zucker war auch die United Fruit Company interessiert, der größte Bananen-Händler der Welt. 1901 erwarb die Company mit 75 000 Hektar ein Gebiet, genauso groß wie das heutige Hamburg. 1905 besaßen insgesamt 13 000 Amerikaner 7–10 % des kubanischen Landes. Kuba war eine einzige Zuckerplantage, die einen einzigen Markt, nämlich den nordamerikanischen, mit Rohzucker versorgte. Durch den Verkauf ihres Landes sanken die ehemals freien Bauern zu Landarbeitern oder Pächtern herab. Hauptträger und Nutznießer der Durchdringung Kubas mit amerikanischem Kapital wurden John D. Rockefellers Cuban American Sugar Company und

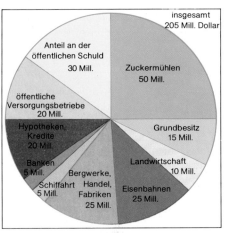

Abb. 2: Amerikanischer Besitz auf Kuba 1911

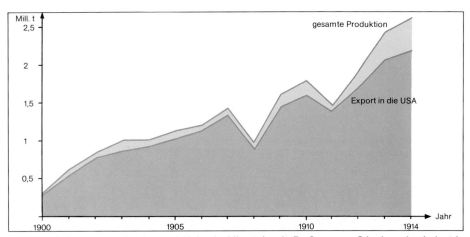

Abb. 3: Die Zuckerproduktion auf Kuba in Mio. t (nach R. Guerra y Sánchez: La Industria Azúcarera de Cuba, S. 200)

die National City Bank, die sich in den Händen seines jüngeren Bruders William Rockefeller befand.

Kuba war so stark in die Abhängigkeit nordamerikanischen Kapitals geraten, daß die Mehrheit des Volkes sich zwar gegen eine politische Angliederung der Insel an die USA wehrte, aber nicht gegen eine wirtschaftliche. Dies gilt vor allem für das Bürgertum. Die ursprünglichen Ideale der kubanischen Befreiungsbewegung, völlige Eigenständigkeit zu erreichen, waren gescheitert. Das Befreiungsheer, das möglicherweise diese Entwicklung hätte verhindern können, löste sich selbst auf. Aufstände gegen die kubanische Regierung wurden regelmäßig mit militärischer Hilfe der USA niedergeschlagen.

Kuba wird kommunistisch

1934 hoben die USA das Platt-Amendment auf. Der eigentliche Machthaber wurde General Batista. Gegen Batistas Militärdiktatur, die von den USA geduldet und gestützt wurde, führte der Rechtsanwalt Fidel Castro mit seinen Anhängern einen Guerillakrieg (= Krieg kleiner bewaffneter Gruppen). Batista unterlag und floh ins Ausland. Castro, seit 1959 Ministerpräsident, setzte Bodenreform und die Enteignung ausländischen Besitzes durch. Er neigte sich dem Marxismus zu und verstärkte die Beziehungen Kubas zur Sowjetunion. 1961 scheiterte ein Invasionsversuch von Exilkubanern. Heute muß man Kuba zu der sozialistischen Staatenwelt des Ostblocks zählen. Seine ursprüngliche wirtschaftliche Abhängigkeit von den USA hat es teilweise gegen eine neue militärische und wirtschaftliche Abhängigkeit von der UdSSR eingetauscht. So erklärt sich beispielsweise die Anwesenheit kubanischer Truppen in Afrika in unseren Tagen (1979). Sie unterstützen dort die kommunistisch ausgerichteten Befreiungsbewegungen afrikanischer Staaten.

Ausschnitte aus dem Platt-Amendment, 1902:

„Die Regierung von Kuba erkennt den Vereinigten Staaten das Recht zu, zur Wahrung der kubanischen Unabhängigkeit, zur Erhaltung der Regierung, die den Schutz des Lebens, Eigentums und der persönlichen Freiheit garantiert, ... zu intervenieren (= in die Verhältnisse eines anderen Staates eingreifen) ...
Die Regierung von Kuba wird, um es den Vereinigten Staaten zu ermöglichen, die Unabhängigkeit Kubas zu gewährleisten und seine Bevölkerung zu beschützen, ... den Vereinigten Staaten Landstrecken verkaufen oder verpachten, die für Kohlen- und Marinestationen an besonders zu bezeichnenden Orten benötigt werden ...“ (Chapman, A history of the Cuban Republic, S. 136 f.)

Tomás Estrada Palma in einem Brief an einen Freund, 10. Oktober 1906:

„Seit meiner aktiven Teilnahme am Zehnjährigen Krieg habe ich immer geglaubt, daß die Unabhängigkeit nicht das letzte Ziel aller unserer edlen und patriotischen Bestrebungen war. Das Ziel war, eine stabile Regierung zu besitzen, die fähig ist, Leben und Eigentum zu schützen und allen Einwohnern dieses Landes, Einheimischen und Ausländern, die Ausübung der natürlichen und bürgerlichen Rechte zu garantieren ...
Ich habe niemals gefürchtet, zuzugestehen oder laut zu sagen, daß ich die politische Abhängigkeit, die uns die Wohltaten der Freiheit sichert, hundertmal für unser geliebtes Kuba einer souveränen und unabhängigen Republik vorziehe, die durch verderbliche Taten periodischer Bürgerkriege in Verruf gebracht und elend gemacht wird.“
(L. H. Jenks, Our Cuban Colony, S. 89 f.)

1. Beurteile die Auswirkungen des Einflusses der USA auf Kuba! (Diskussion)
2. Suche die Stellen heraus, in denen von Freiheit gesprochen wird! Beantworte jeweils folgende Fragen: Freiheit von wem? Freiheit für wen? (Referat)

Abb. 4: Castro: „Ihr seid Agenten einer fremden Macht!“ (Der Tagesspiegel, 18. 4. 1961)

157

Weltmacht als Ziel

Fehlstart des deutschen Kaiserreiches?

Abb. 1: Flottenschauspiele, Ausstellungsplakat von C. Schön in Berlin um 1910

Die „verspätete Nation"

Als das Deutsche Kaiserreich 1871 gegründet wurde, nahmen andere Nationalstaaten Europas längst eine beherrschende Stellung ein. Auch die Industrielle Revolution hat in Deutschland später als in England und Westeuropa stattgefunden. Zu spät kam das Deutsche Kaiserreich auch bei der Eroberung von Kolonien: Die älteren Kolonialmächte hatten die lohnenden Gebiete der Welt bereits unter sich aufgeteilt.

Sicherheitsventile?

Die Gründung des Deutschen Kaiserreiches fiel in eine Zeit wirtschaftlichen Aufschwungs. Mächtig angeheizt wurde die Konjunktur durch die Milliarden, die Deutschland von dem 1870/71 besiegten Frankreich als Kriegsentschädigung erzwang. Mit einem beträchtlichen Teil dieser Milliarden kauften deutsche Geschäftsleute Aktien amerikanischer Eisenbahngesellschaften. Wegen dieser engen geschäftlichen Verbindung führte der Zusammenbruch einer bedeutenden New Yorker Bank auch in Deutschland zu einem wirtschaftlichen Rückschlag. Um die Krise zu überwinden und die Gegensätze in der Bevölkerung zu mildern, forderten insbesondere Vertreter der Großindustrie und des großen Grundbesitzes eine Steigerung des Außenhandels und den Erwerb von Kolonien. Gern sprach man von „Sicherheitsventilen" für den „überheizten Dampfkessel". Zwischen 1884 und 1886 erwarb das Deutsche Reich „Schutzgebiete" in Südwestafrika, Kamerun, Togo, Ostafrika und in der Südsee. Bismarck verhinderte eine allzu riskante Kolonialpolitik, die zu einem Krieg mit England oder Frankreich treiben konnte. Das änderte sich aber, als Wilhelm II. 1888 Deutscher Kaiser wurde. Sein Motto war: „*Weltpolitik als Aufgabe, Weltmacht als Ziel, Flotte als Instrument.*" 1890 zwang er Bismarck zum Rücktritt.

Kartelle – „Kinder der Not"

Durch die Wirtschaftskrise und die unsichere politische Lage seit Bismarcks Rücktritt sahen sich viele Unternehmer gefährdet. Um ihre wirtschaftliche Position zu stärken, schlossen sie sich zu Großbetrieben zusammen.

Typisch für die deutsche Entwicklung waren die Kartelle. Diese entstanden durch den Zusammenschluß rechtlich selbständiger Unternehmen, die sich in einem Vertrag über Preise, Produktionsmengen oder Absatzgebiete einigten. Dadurch konnten sie die Konkurrenz weitgehend ausschalten. Mit seinem Kartellvertrag erfaßte das „Rheinisch-Westfälische Kohlensyndikat"

87 % der Produktion im Ruhrgebiet. Da solche Kartelle hauptsächlich in Zeiten eines wirtschaftlichen Rückgangs entstanden, erhielten sie die Bezeichnung „Kinder der Not". 1908 gab es in Deutschland etwa 450 Kartelle.

Das „goldene Zeitalter"

Mitte der neunziger Jahre begann eine neue Blütezeit der Weltwirtschaft, und ein stürmischer Aufschwung setzte ein. Deshalb nannte man die Jahre vor dem Ersten Weltkrieg das „goldene Zeitalter". Die Eisenproduktion, der Bergbau und der Eisenbahnbau verloren ihre führende Rolle. Neue Wirtschaftszweige traten in den Vordergrund: die Elektrotechnik, der Motorenbau und die chemische Industrie. Schließlich stand Deutschland an der Spitze der Industriestaaten Europas. Da mehr produziert wurde, als man im eigenen Land verkaufen konnte, waren die Unternehmer auf den Export angewiesen.

„Vaterlandslose Gesellen"

Von dem wirtschaftlichen Aufschwung hatten Arbeiter und Handwerker nur geringen Nutzen. Zwar stiegen die Löhne, aber die Lebensbedingungen waren vielfach noch schlecht. Viele Arbeiterfamilien konnten sich nicht gleichzeitig genug Essen, ausreichend Kleidung und eine gesunde Wohnung leisten. Hunderttausende lebten in viel zu engen, düsteren Hinterhauswohnungen. Ihre Mitsprache war besonders in den Gemeinden und Ländern durch das Drei-Klassen-Wahlrecht eingeschränkt.

In den Mietskasernen gedieh der Wille, eine Umwälzung der Verhältnisse herbeizuführen. Bei den Reichstagswahlen von 1890 bekam die Sozialdemokratische Partei, die Partei der Arbeiter, die meisten Stimmen. Sie wurde jedoch durch die Einteilung der Wahlkreise benachteiligt und erhielt im Reichstag weniger Sitze als andere Parteien. Erst nach ihrem großen Wahlsieg im Jahre 1912 stiegen die Sozialdemokraten zur stärksten Partei im Reichstag auf. Da sie den bestehenden Staat ablehnten und eine Umwälzung der bestehenden Verhältnisse wollten, wurden sie von der Regierung als „vaterlandslose Gesellen" bekämpft.

Angriff oder Verteidigung?

In Regierungs- und Unternehmerkreisen hoffte man, durch einen anhaltenden und möglichst gleichmäßigen wirtschaftlichen Aufschwung die Lebensverhältnisse weiter verbessern zu können. Deshalb wollten die deutschen Unternehmer, Kaufleute und die Regierung jetzt Absatzgebiete in Übersee sichern. Bernhard von Bülow, Staatssekretär des Auswärtigen Amts, schrieb, daß „nur eine erfolgreiche Außenpolitik ... helfen, versöhnen, beruhigen, sammeln, einigen" könne. Die imperialistische Politik des Deutschen Kaiserreichs war zugleich Angriff nach außen und Verteidigung nach innen. Admiral Alfred von Tirpitz gelang es, den Kaiser und große Teile der Bevölkerung für den Aufbau einer starken Schlachtflotte zu begeistern. Die Flotte sollte den deutschen Handel schützen und den Aufstieg Deutschlands zur Weltmacht ermöglichen. Durch den Bau deutscher Schlachtschiffe verschlechterte sich jedoch das Verhältnis zu England, das ohnehin durch Rivalitäten im Welthandel und in der Kolonialpolitik belastet war.

Ein Tischgespräch Bismarcks
Versailles, den 9. Februar 1871
„Ich will auch gar keine Kolonien. Die sind bloß zu Versorgungsposten gut. In England sind sie jetzt nichts anderes, in Spanien auch nicht. Und für uns in Deutschland – diese Koloniengeschichte wäre für uns genauso wie der seidne Zobelpelz in polnischen Adelsfamilien,

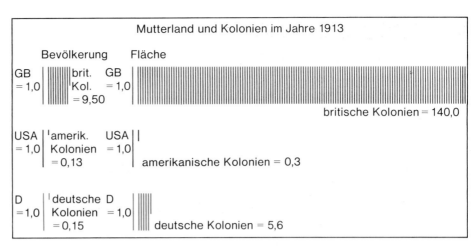

die keine Hemden haben."
(Bismarck: Gesammelte Werke VII, S. 503)

Abneigung gegen Kolonien
Rede Bismarcks im Deutschen Reichstag 1884:
„Was die Kolonialfrage anlangt: Wir sind zuerst durch die Unternehmungen hanseatischer Kaufleute, verbunden mit Landankäufen und gefolgt von Anträgen auf Reichsschutz dazu veranlaßt worden, die Frage einer näheren Prüfung zu unterziehen. Ich wiederhole, daß ich gegen Kolonien, die als Unterlage ein Stück Land schaffen und dann Auswanderer herbeizuziehen suchen, Beamte anstellen und Garnisonen errichten, – daß ich meine frühere Abneigung gegen

diese Art Kolonien, die für andere Länder nützlich sein mögen, heute noch nicht aufgegeben habe.
Es ist sodann darauf hingewiesen, daß unsere Kolonialunternehmungen ganz außerordentlich kostspielig sein und unseren notleidenden Reichsschatz in eine noch schlimmere Lage bringen würden als jetzt. Es ist das allerdings richtig, wenn wir damit anfangen wollten, eine Anzahl von oberen und unteren Beamten dorthin zu schicken und zunächst eine Garnison dorthin zu legen, Kasernen, Häfen und Forts zu bauen. Das ist aber nicht entfernt unsere Absicht, wenigstens die meinige nicht. Meine von Seiner Majestät dem Kaiser gebilligte Absicht ist, die Verantwortlichkeit für die Kolonie dem Unternehmungsgeiste unserer seefahrenden und handeltreibenden Mitbürger zu überlassen. Unsere Absicht ist, nicht Provinzen zu gründen, sondern kaufmännische Unternehmungen."
(Bismarck: Gesammelte Werke XII, S. 479 ff.)

Bagdadbahn
Als der Direktor der Deutschen Bank, Georg von Siemens, eine Eisenbahnlinie durch die Türkei bis Bagdad bauen will und anfragt, ob er die Unterstützung des Deutschen Reiches bekäme, schreibt ihm Bismarck:
„In der Tat gehen deutsche Unternehmer durch Kapitalsanlagen in türkischen Eisenbahnbauten ein Risiko ein, welches zunächst in den Schwierigkeiten der Rechtsverfolgung im Orient liegt, aber durch kriegerische und andere Verwicklungen noch gesteigert werden kann. Die darin für deutsches Kapital liegenden Gefahren werden ausschließlich den Unternehmern zur Last fallen. Sie werden nicht darauf rechnen dürfen, daß das Deutsche Reich sie gegen die mit gewagten Unternehmungen im Auslande verbundenen Wechselfälle sicherstellen werde."
(Helferich: Siemens III S. 35)

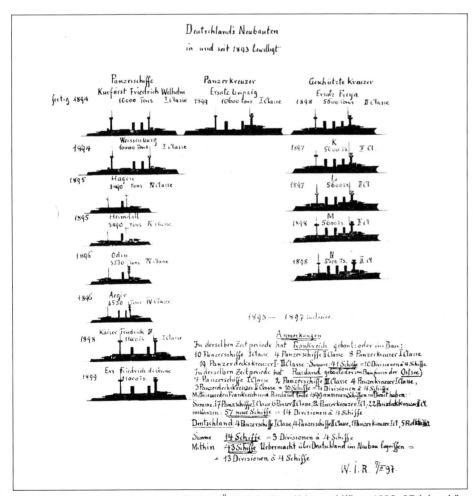

Abb. 2: Kaiser Wilhelm II. zeichnet Schiffe: Übersicht über Kriegsschiffbau 1893–97 (eigenhändige Zeichnung des Kaisers)

Keine Soldaten nach Afrika

Als der Afrikareisende Wolf Bismarck zu überreden versucht, weitere Gebiete in Afrika zu erobern, antwortet Bismarck 1888:

„Schicke ich einen preußischen Leutnant da hinein, so muß ich unter Umständen ihm noch mehrere nachschicken, um ihn herauszuholen. Das führt uns zu weit. Die englischen Interessen gehen bis zu den Quellen des Nils, und das Risiko ist mir zu groß.

Ihre Karte von Afrika ist ja sehr schön, aber meine Karte von Afrika liegt in Europa. Hier liegt Rußland, und hier" – nach links deutend – „liegt Frankreich, und wir sind in der Mitte; das ist meine Karte von Afrika."

(Bismarck: Gesammelte Werke VIII, S. 646)

Tischrede Kaiser Wilhelms II.

„Aus dem Deutschen Reiche ist ein Weltreich geworden. Überall in fernen Teilen der Erde wohnen Tausende unserer Landsleute. Deutsche Güter, deutsches Wissen, deutsche Betriebsamkeit gehen über den Ozean. Nach Tausenden von Millionen beziffern sich die Werte, die Deutschland auf der See fahren hat. An Sie, meine Herren, tritt die ernste Pflicht heran, Mir zu helfen, dieses größere Deutsche Reich auch fest an unser heimisches zu gliedern."

(Rede zum 18. I. 1896)

Bismarcks Nachfolger ist anderer Meinung

1899 sagte von Bülow im Reichstag:

„Es ist Zeit, daß wir gegenüber der seit zwei Jahren wesentlich veränderten Weltlage, uns klar werden über die Haltung, die wir einzunehmen haben. Untätig beiseite stehen, wie wir das früher oft getan haben, während andere Leute sich in den Kuchen teilen, das können wir nicht und wollen wir nicht. Die rapide Zunahme unserer Bevölkerung, der beispiellose Aufschwung unserer Industrie, die Tüchtigkeit unserer Kaufleute, kurz, die gewaltige Vitalität des deutschen Volkes haben uns in die Weltwirtschaft verflochten und in die Weltpolitik hineingezogen. Wenn die Engländer von einem Greater Britain reden, wenn die Franzosen sprechen von einer Nouvelle France, wenn die Russen sich Asien erschließen, haben auch wir Anspruch auf ein größeres Deutschland. Schon durch die Notwendigkeit der Kohlenbeschaffung sind wir angewiesen auf die Erwerbung maritimer Stützpunkte."

(Fürst Bülow: Reden I S. 89 ff. gekürzt)

Kriegsschiffbau fördert Wirtschaft

Der Präsident des Deutschen Flottenvereins mit fast 1 Million Mitgliedern schrieb 1901 an Tirpitz:

„Von Herren verschiedener Parteirichtungen bin ich gebeten worden, eine Bewegung einzuleiten, welche dahin

Abb. 3: Die kaiserliche Jacht „Hohenzollern" weiht den Kaiser-Wilhelm-Kanal (Nordostseekanal) ein (1895)

geht, den Reichstag zu veranlassen, an die Regierung die Bitte zu richten, angesichts der schlechten Konjunktur und der ungünstigen Geschäftslage von Handel und Industrie und der damit zusammenhängenden Arbeitslosigkeit vieler Tausender von Arbeitern den auf einen längeren Zeitraum verteilten Bau von Kriegsschiffen in möglichst beschleunigtem Tempo herbeizuführen.

Dadurch ... würden viele Industriezweige neue Aufträge erhalten, wodurch nicht nur diese über Wasser gehalten, sondern auch in den Stand gesetzt würden, ihre Arbeiter zu beschäftigen und bereits entlassene wieder einzustellen. Einer der wichtigsten Faktoren, die hier zur Sprache kommen, wäre aber der, daß durch den Auftrag neuer Kriegsschiffe und die dadurch herbeigeführte Belebung von Handel und Industrie die betreffenden Börsen-Kurse steigen ..."

(Kehr: Primat der Innenpolitik S. 146 f.)

Schulen statt Schiffe

August Bebel, Führer der Sozialdemokratischen Partei Deutschlands, am 10. Februar 1900 vor dem Reichstag:

„Wir brauchen in Deutschland innerhalb der nächsten 15 bis 20 Jahre mindestens 15000 bis 20000 Schulhäuser über das hinaus, was die Kommunen (= Gemeinden) zu bauen imstande sind. Nehmen Sie jährlich den Bau von nur 800 solcher Schulhäuser zu je 60000 Mark durchschnittlich vor, dann haben Sie eine Ausgabe von 48 Millionen Mark zu machen. Nehmen Sie ferner unsere Gesundheitsverhältnisse an ... Bewilligen Sie durch das Reich jedes Jahr den Kommunen nur die Kleinigkeit von 100 Hospitalen (= Krankenhäuser), jedes zu 500 000 Mark Kosten, was wenig ist, so haben Sie jährlich wieder 50 Millionen Ausgaben zu machen.

Wir brauchen Erholungsanstalten, Rekonvaleszentenanstalten (= Anstalten für Genesende), Schwindsuchtsanstalten für die vielen Hunderttausende von Kranken. Wir würden dadurch zahlreiche Familienväter, Familienmütter, Kinder er-

halten und deren Glück schaffen. Und es würden die Armenlasten dadurch vermindert. Bauen Sie jährlich die Kleinigkeit von 60 solcher Anstalten, jede zu 500 000 Mark, so haben Sie wieder 30 Millionen Mark ... Rechnen Sie dazu die Kosten der Lehrer, der Ärzte, des Aufsichtspersonals, rechnen Sie ferner die Gewerbe, die alle beschäftigt werden, so finden Sie, daß weit mehr Menschen davon unterhalten werden als mit Ihrer ganzen Marine und Flotte."

Risikoflotte

Als 1900 im Reichstag Geld für neue Kriegsschiffe beantragt wurde, gab Großadmiral Tirpitz dafür folgende Begründung: „Unter den gegebenen Umständen gibt es nur ein Mittel, um Deutschlands Handel und Kolonien zu schützen: Deutschland muß eine Flotte von solcher Stärke haben, daß selbst für die größte Flotte ein Krieg mit ihm ein solches Risiko in sich schließen würde, daß ihre eigene Überlegenheit gefährdet wäre. Für diesen Zweck ist es nicht absolut notwendig, daß die deutsche Flotte ebenso groß ist wie die der größten Seemacht, weil in der Regel eine große Seemacht nicht in der Lage sein wird, ihre ganze Kraft gegen uns zu konzentrieren."

(Eyck: Wilhelm II., S. 263 f.)

1. Wer wollte in Deutschland Kolonien haben? Aus welchem Grund?
2. Gibt es die Länder, die einmal deutsche Kolonien waren, noch heute? Wie heißen sie jetzt?
3. Vergleicht die Auffassung über den Flottenbau miteinander. Diskutiert die Standpunkte von Tirpitz, dem Präsidenten des Flottenvereins und Bebels miteinander.
4. Wie unterscheidet sich die Haltung zu Kolonien bei Bismarck von der Bülows? Welchen Standpunkt nimmt Kaiser Wilhelm II. ein?
5. Welcher Zusammenhang besteht zwischen Flotte und Kolonien? Welcher zwischen Eisenbahnen und Kolonie?
6. Welche Gefahren waren mit dem Flottenbau verbunden?

Die Eroberung Deutsch-Südwestafrikas
Lockruf der Diamanten?

Süwestafrika ist kein Name mit einer langen Tradition, sondern eine geographische und politische Lagebestimmung. Südwestafrika war zu Beginn des Imperialismus kein altes, reiches „Wunderland" wie Indien, sondern ein armes, wenig fruchtbares, äußerst dünn bevölkertes und kaum erforschtes Land. Was veranlaßte also das Deutsche Kaiserreich, dort eine Kolonie zu gründen? Was veranlaßte damals Tausende von Menschen, Entbehrungen und Risiken auf sich zu nehmen und nach Südwestafrika zu gehen?

„Die Flagge folgt dem Handel"

Bereits in der Mitte des 19. Jahrhunderts hatten in Südwestafrika Angehörige der Rheinischen Missionsgesellschaft ihre Tätigkeit aufgenommen. 1883 landete der Bremer Kaufmann Lüderitz in der später nach ihm benannten Bucht, um von den Eingeborenen Land zu kaufen. Allerdings war dieses Land eine Sandwüste ohne wirtschaftlichen Wert. Lüderitz ließ sich von der Hoffnung leiten, in Südwestafrika Bodenschätze zu finden, vor allem Diamanten, Gold und Silber. Anfangs handelte er auf eigene Faust. Als es Schwierigkeiten mit den Engländern gab, wandte er sich an das Auswärtige Amt in Berlin. Daraufhin erklärte Bismarck am 24. April 1884, daß Lüderitz und dessen Niederlassungen „unter dem Schutze des Reiches" stünden. Mit dieser Erklärung befolgte Bismarck den Grundsatz „die Flagge folgt dem Handel". Diese Erklärung gilt als „Geburtsurkunde der deutschen Kolonialpolitik". Aber trotz der Schutzerklärung konnte Lüderitz sein Unternehmen nicht in Schwung bringen. Als sich seine Erwartung, auf lohnende Bodenschätze zu stoßen, nicht erfüllte, drohte ihm der Bankrott. Seine Besitzungen übernahm die Deutsche Kolonialgesellschaft für Südwestafrika.

„Jetzt ist es deutsches Land"

Da 1885 erst drei deutsche Beamte in Südwestafrika waren, kümmerten sich die Eingeborenenstämme kaum um die „Schutzherrschaft" des Reiches und setzten ihre Kämpfe um die Vormacht fort. 1888 entschlossen sich die Herero, die deutsche „Schutzherrschaft", die für sie ohne Wert war, aufzukündigen. Das Auswärtige Amt in Berlin entschied deshalb, etwa 20 Soldaten nach Südwestafrika zu entsenden. Dies war der Anfang der sogenannten Schutztruppe, die im Laufe der Jahre ständig verstärkt wurde und schließlich aus etwa 15 000 Mann bestand.

Im November 1892 schlossen die Stämme der Herero und Nama Frieden. Dadurch wurde die Lage völlig verändert und der Kampf gegen die eingedrungenen Deutschen ermöglicht. In Berlin erkannte man die drohende Gefahr. Am 1. März 1893 erklärte Kanzler Caprivi im Reichstag: „Jetzt ist es deutsches Land und muß als deutsches Land erhalten werden."

In den nächsten zehn Jahren gelang es den Siedlern, sich durch Betrug und Gewalt einen beträchtlichen Teil des Landes und des Viehs der Herero und Nama anzueignen. Zum Beispiel weckten sie bei den unerfahrenen Eingeborenen neue Bedürfnisse, unter anderem nach Alkohol, und drängten den Afrikanern allerlei Waren auf. Bei diesen Geschäften gewährten sie bereitwillig Kredit. Wenn die Eingeborenen, wie es oft geschah, nicht fristgemäß zahlen konnten, forderten sie deren Vieh. Auf diese Weise verdienten die weißen Siedler und Händler doppelt: Einerseits verlangten sie für ihre Waren überhöhte Preise, andererseits setzten sie den Wert für das gepfändete Vieh willkürlich fest.

Die Eingeborenen ließen sich das nicht widerspruchslos gefallen, und es kam zu einer Reihe von kleineren Aufständen gegen die deutschen Eindringlinge. Zwischen 1893 und 1903 gab es kaum ein Jahr, in dem keine Kämpfe stattfanden. Da sich aber die Stämme nicht auf ein gemeinsames Vorgehen einigten, konnten die Erhebungen leicht niedergeschlagen werden. Außerdem benutzten die Deutschen die Aufstände dazu, den Eingeborenen ihr Land und Vieh zu stehlen.

„Wem gehört Hereroland?"

Am 12. Januar 1904 brach der große Heroaufstand aus. An die Spitze der vereinigten Herero trat der Oberhäuptling Samuel Maharero. Die Aufständischen besetzten ganz Hereroland und töteten dabei über 100 deutsche Siedler und Soldaten. Die entscheidende Ursache für den Aufstand war der Verlust von Land und Vieh. Einige hundert deutsche Siedler, denen noch vor zehn Jahren nahezu nichts gehört hatte, besaßen inzwischen ebensoviel Rinder wie 80 000 Herero. Aber auch die völlige Rechtlosigkeit der Eingeborenen, eine Rinderpest, eine furchtbare Typhus-Epidemie, eine Heuschreckenplage und eine Dürre-Katastrophe trugen dazu bei, daß die Herero verarmten und zu den Waffen griffen. Den unmittelbaren Anlaß bildete der Bau der Otavibahn, deren Gleise quer durch das Hereroland führen sollten.

Angesichts der Überlegenheit der deutschen Truppen hatten die Herero keine Chance. Es wird berichtet, daß die Herofrauen bei Gefechten einen Sprechchor bildeten. Um die kämpfenden Männer anzuspornen, riefen sie: „Wem gehört Hereroland? Uns gehört Hereroland." Die deutschen Truppen kreisten die Aufständischen am Waterberg ein und trieben sie im August 1904 in das Sandfeld der Omaheke, das als wasserlos galt. Noch in demselben Jahr erhoben sich die Nama. 1907 erklärte der deutsche Kaiser zwar den Kriegszustand für aufgehoben, Frieden konnte er aber dadurch nicht erreichen. Erst das Jahr 1909 brachte das Ende der Kämpfe. Von den ehemals 80 000 Herero lebten nach dem Krieg nur noch 16 000, von den 20 000 Nama weniger als 10 000. Durch eine kaiserliche Verordnung vom 26. Dezember 1905 wurden die Herero und Nama enteignet. Ihr gesamtes Land ging in den Besitz des Deutschen Reiches über. Zu den Kriegsgewinnlern gehörten vor allem die Gesellschaften, die in Südwestafrika Land verkauften, die Firma, von der die Schutztruppe ihre Ausrüstung bezog, der Reeder, der die Transporte durchführte, und die weißen Siedler. Nachdem die Aufstände niedergeschlagen und die Verkehrswege ausgebaut worden waren, zog Südwestafrika immer mehr Menschen an. Von entscheidender Bedeutung waren jedoch die Diamantenfunde im Jahre 1908. Das günstige Höhenklima trug dazu bei, daß Südwestafrika die wichtigste deutsche Siedlungskolonie wurde. Während sich dort 1903 erst 3701 Weiße aufhielten, waren es 1913 bereits 14 840.

Theodor Leutwein, damals Landeshauptmann, in einem Bericht an Kanzler Hohenlohe-Schillingsfürst, 4. Juli 1896:

„Kolonialpolitik ist überhaupt eine inhumane Sache, denn sie kann schließlich doch nur auf eine Beeinträchtigung der Rechte der Ureinwohner zugunsten der Eindringlinge hinauslaufen. Wer dem

Abb. 1: Herero mit einer Ziegenherde 1904 (Holzstich)

Abb. 2: Am Bahnhof Windhuk wird an Eingeborene Lohn ausgezahlt

nicht zustimmt, der muß überhaupt Gegner jeder Kolonialpolitik sein ... Aber man darf nicht auf der einen Seite den Eingeborenen auf Grund zweifelhafter Verträge das Land wegnehmen und zu diesem Zweck Leben und Gesundheit seiner hier befindlichen Mitbürger auf das Spiel setzen, auf der anderen Seite aber im Reichstag für Humanität schwärmen."

Aus dem vom deutschen Generalstab bearbeiteten Buch über die Kämpfe in Südwestafrika, Berlin 1906:

„Für wenig wahrscheinlich wurde ein Abzug der Hereros in südöstlicher Richtung gehalten, da eine derartige Bewegung sie in das Durstgebiet der Omaheke führen mußte. Auf dieser Seite brauchten deshalb nur schwächere Kräfte eingesetzt zu werden. Sollten die Hereros indessen doch versuchen, hier durchzubrechen, so mußte ein solcher Ausgang der deutschen Führung um so erwünschter sein, als der Feind dann freiwillig in sein Verderben rannte. Denn

in dem wasserlosen Sandfelde mußte er verdursten ...

Keine Mühen, keine Entbehrungen wurden gescheut, um dem Feinde den letzten Rest seiner Widerstandskraft zu rauben; wie ein halb zu Tode gehetztes Wild war er von Wasserstelle zu Wasserstelle gescheucht, bis er schließlich willenlos, ein Opfer der Natur seines eigenen Landes wurde. Die wasserlose Omaheke sollte vollenden, was die deutschen Waffen begonnen hatten: die Vernichtung des Hererovolkes ...

‚Das Drama spielte sich auf der dunklen Bühne des Sandfeldes ab. Aber als die Regenzeit kam, als sich die Bühne allmählich erhellte und unsere Patrouillen bis zur Grenze des Betschuanalandes vorstießen, da enthüllte sich ihrem Auge das grauenhafte Bild verdursteter Heereszüge.

Das Röcheln der Sterbenden und das Wutgeschrei des Wahnsinns ... sie verhallten in der erhabenen Stille der Unendlichkeit!'

Das Strafgericht hatte sein Ende gefunden.

Die Hereros hatten aufgehört, ein selbständiger Volksstamm zu sein."
(Generalstabswerk I, S. 136, 211, 218)

Matthias Erzberger, Abgeordneter des Zentrums, in einer Reichstagsrede über die kaiserliche Verordnung vom 26. Dezember 1905:

„Es ist im Grunde nichts anderes als eine im großen vorgenommene Beraubung der Eingeborenen ... Nicht nur die Stammesorganisation soll aufhören ..., auch das Stammesvermögen wird den Eingeborenen entzogen. Ein solcher moderner Raubzug ist eines Rechtsstaates unwürdig. Nach Durchführung der Verordnung sind die Eingeborenen in Südwestafrika verarmte Sklaven, die in keiner Weise sich wieder emporarbeiten können ... Der Schwarze wird ‚Arbeitstier' beim Weißen! Eine moderne Sklaverei hält mit dieser Verordnung ihren Einzug in Südwestafrika."
(Der Tag, Nr. 9, 6. 1. 1906)

Aufstellung des ehemaligen Gouverneurs Theodor Leutwein über Morde und deren Sühne 1893 bis 1904 (Leutwein, Elf Jahre, S. 431)

A Ermordung Weißer durch Eingeborene		B Ermordung Eingeborener durch Weiße	
Opfer	Sühne	Opfer	Sühne
1 Engländer	1 Todesurteil und 1 Freiheitsstrafe	2 Nama	1. Instanz: 5 ¹/₂ Jahre Zuchthaus
1 Reiter der Schutztruppe	6 Todesurteile		2. Instanz: 3 Monate Gefängnis
1 Bure	2 Todesurteile	1 Herero	1 Jahr Gefängnis
1 Engländer	1 Todesurteil	1 Herero	2 Jahre Gefängnis
2 Siedler	2 Todesurteile	1 Häuptlings-	1. Instanz: Freispruch
1 Polizist	3 Todesurteile	tochter	2. Instanz: 3 Jahre Gefängnis

Außenhandel Deutsch-Südwestafrikas (in Mio. Reichsmark)

	Import	Export
1898	5,87	0,92
1903	7,93	3,44
1908	33,18	7,80
1913	43,32	70,30

1. Ein englischer Geschichtsforscher schreibt, Deutschland habe sich als Kolonialmacht „nicht schlechter aufgeführt als die anderen Länder in der Zeit vor 1914". Setze Dich mit dieser Behauptung kritisch auseinander! (Diskussion)

2. Berichte über die neueste politische Entwicklung in Südwestafrika, dem heutigen Namibia! (Referat)

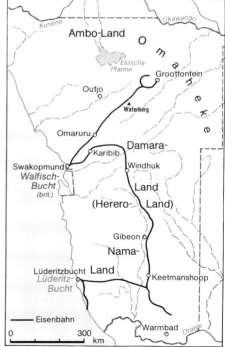

Abb. 3: Deutsch-Südwestafrika

Boxer und Barbaren

Wie kam es zum Untergang des chinesischen Kaiserreiches?

Das „Himmlische Reich"

Das chinesische Kaiserreich bestand um 1900 über 4000 Jahre. Seine Kaiser im „Reich der Mitte" erhoben den Anspruch, „Söhne des Himmels" zu sein. Die chinesische Kultur gehört mit zu den ältesten der Welt, andere Völker dagegen galten den Chinesen als Barbaren. So schrieb 1793 der chinesische Kaiser an den englischen König: „Das Himmlische Reich erzeugt alles im Überfluß. Es besteht kein Grund, die Waren fremder Barbaren für unsere Bedürfnisse einzuführen."

„Der kranke Mann des Ostens"

Im vorigen Jahrhundert erlebte China aber zahlreiche Krisen: Die Bevölkerung wuchs von 300 auf 400 Millionen; es gab mehrere große Bauernaufstände; die kaiserlichen Beamten wurden immer unfähiger, das Land zu regieren, und ließen sich bestechen; die Wirtschaft entwickelte sich nicht weiter; es entstand eine allgemeine Verarmung. Besonders verhängnisvoll wurde der Opium-Handel. Mit der Einführung des Tabaks begannen viele Chinesen, Opium zu rauchen. 1835 soll es etwa zwei Millionen Opiumraucher gegeben haben. Das stellte einmal eine gesundheitliche Gefahr dar. Es führte aber auch dazu, daß für die Einfuhr von Opium viel Silber aus dem Lande ins Ausland abfloß, weil China gleichzeitig weniger von seinen Hauptprodukten, Seide und Tee, ins Ausland verkaufen konnte. Mehrfach hatten die Kaiser in strengen Erlassen das Opiumrauchen und den Opiumhandel verboten. Die Opiumeinfuhren wurden aber immer größer, da die englische Ostindische Handelskompanie mit bestechlichen chinesischen Beamten zusammenarbeitete und z. B. um 1840 über eine viertel Million Kilo Opium nach China einschmuggelte. Als die Chinesen sich energisch wehrten und fast 20 000 Kisten mit Opium vernichteten, die die Engländer in Kanton gelagert hatten, kam es zum Ersten Opiumkrieg (1839 bis 1842). Die Chinesen verloren gegen die Engländer, die bessere Waffen hatten.

Ungleiche Verträge

China mußte Hongkong an Großbritannien abtreten, durfte nur noch geringe Zölle auf englische Waren erheben, mußte den Engländern besondere Rechte und eigene Gerichte gestatten und sich verpflichten, jedes Vorrecht,

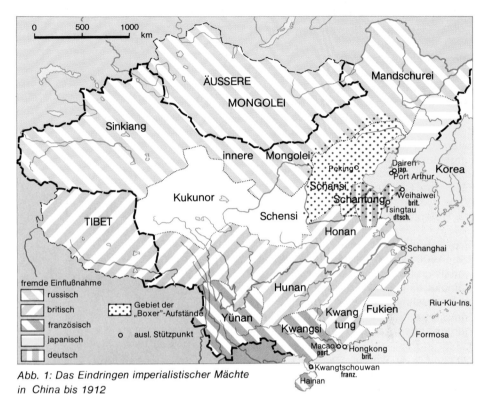

Abb. 1: Das Eindringen imperialistischer Mächte in China bis 1912

das es irgendeinem fremden Staat im Handel gewährte, automatisch auch den Engländern einzuräumen. Ähnlich ungleiche Verträge mußte China in der Folgezeit mit Frankreich, den USA und Rußland abschließen.

Innere Unruhen

In der zweiten Hälfte des 19. Jahrhunderts gab es zahlreiche Unruhen in China. Keine Provinz des Landes blieb davon verschont. Am wichtigsten war eine Bauernrevolution, die das „Himmlische Reich des allgemeinen Friedens" (Taiping) gründete. Sie schaffte den Privatbesitz an Land ab, richtete gemeinsame Kassen und Getreidespeicher ein, verbot Tabak, Opium und Alkohol. Als die Führer sich aber gegenseitig bekämpften, unterlag die Revolution den kaiserlichen Truppen, die von europäischen Soldaten unterstützt wurden. Auch Erhebungen der Moslems in China wurden in langen blutigen Kämpfen niedergeschlagen.

Verlorene Kriege

Von den inneren Unruhen geschwächt, verlor China 1884/85 einen Krieg gegen Frankreich, das sich damit die Gebiete des heutigen Vietnam, Laos und Kambodscha sicherte. Gedemütigt fühlten sich die Chinesen

aber besonders durch die Niederlage gegen die Japaner 1894/95. Das westlich modernisierte Japan wollte Korea von China erobern und schlug in einem Krieg die chinesische Armee und Flotte vernichtend. China verlor im Friedensschluß Korea, Formosa (Taiwan) und die Halbinsel Lioatung (Port Arthur).

Großmächte als „Krankenpfleger"

Als die imperialistischen Mächte die Schwäche Chinas erkannten, nahmen sie ihren Vorteil rücksichtslos wahr. 1898 „pachtete" das Deutsche Reich Kiautschou für 99 Jahre. Dieser Vertrag, der eine der reichsten Provinzen dem Einfluß der deutschen Wirtschaft sicherte, gab den „Startschuß für die Aufteilung des chinesischen Raumes unter die Großmächte", wie der Historiker W. J. Mommsen schreibt. Die europäischen Großmächte und Japan rissen Häfen oder sogar ganze Provinzen und Gebiete vom „Reich der Mitte" los. In weiteren „ungleichen Verträgen" mußte China Gebiete abtreten und den ausländischen Mächten Konzessionen einräumen: Diese durften Bergwerke und Eisenbahnen errichten, brachten „verpachtete" Gebiete in ihren Besitz und kontrollierten die chinesischen Staatsfinanzen. Ausländische Schiffe durften auf allen chinesischen Flüssen fahren.

Das gegenseitige Mißtrauen der Großmächte verhinderte die Aufteilung Chinas. Andererseits war China zu riesig und zu weit entfernt, als daß es eine einzige fremde Macht zur Kolonie machen konnte. Alle Industriestaaten aber versuchten, eine Tür in dem großen China als Absatzmarkt für ihre Industrieprodukte offenzuhalten.

Die tödliche Krankheit

China durfte auf ausländische Waren keinen Zoll erheben, es besaß auch nicht genügend Kapital zum Aufbau einer eigenen Industrie. Dadurch konnten preiswerte amerikanische, europäische und japanische Industriewaren ungehindert im Land abgesetzt werden. Das Gewerbe in den ländlichen Gebieten Chinas aber ging zugrunde. Viele verarmte Handwerker zogen in die Hafenstädte.

Boxeraufstand

Um 1900 erhielt eine Geheimgesellschaft großen Zulauf, die sich „Faustkämpfer für Recht und Einigkeit" nannte, im Ausland „Boxer" genannt wurde. Mit Unterstützung der Witwe eines chinesischen Kaisers übernahmen die Boxer in Peking die Macht und gingen gegen die Ausländer vor. Sie töteten chinesische Christen, ermordeten den deutschen Gesandten und belagerten das Gesandtschaftsviertel. Eine „Vereinigte Armee der acht Staaten" (England, Deutschland, Frankreich, Rußland, USA, Italien, Österreich-Ungarn und Japan) unter deutschem Oberbefehl eroberte nach heftigen Kämpfen Peking und unternahm mehrere Straffeldzüge. Im Friedensvertrag mußte China 450 Millionen Silberdollar Entschädigung zahlen und Gesandtschaften mit Entschuldigungen in die europäischen Hauptstädte schicken.

Sturz des Kaisers

Die Unzufriedenheit mit dem chinesischen Kaiserhaus wurde immer größer. Der aus einer Bauernfamilie stammende Arzt Sun Yat-sen gründete eine „Gesellschaft zur Wiederherstellung Chinas". Sein Programm vertrat drei Prinzipien: „Nationale Selbständigkeit, Republik und Lebenssicherung für alle durch Landreform". Es gewann viele Anhänger. Nach neuen Unruhen im Lande stürzte sie 1911 den Kaiser: China wurde Republik.

Ein Platz an der Sonne

Staatssekretär von Bülow sagt 1897 im deutschen Reichstag:

„Wir empfinden ... durchaus nicht das Bedürfnis, unsere Finger in jeden Topf zu stecken. Aber allerdings sind wir der Ansicht, daß es sich nicht empfiehlt, Deutschland in zukunftsreichen Ländern von vornherein auszuschließen vom Mitbewerb anderer Völker. (Bravo!) ...

Wir betrachten es als eine unserer vornehmsten Aufgaben, gerade in Ostasien die Interessen unserer Schiffahrt, unseres Handels und unserer Industrie zu fördern und zu pflegen ...

Wir sind gegenüber China erfüllt von wohlwollenden und freundlichen Absichten. (Heiterkeit links) ...

Wir wünschen die Fortdauer der Freundschaft, welche Deutschland seit langem mit China verbindet und die bisher nie getrübt wurde. Aber die Voraussetzung für die Fortdauer dieser Freundschaft ist die gegenseitige Achtung der beiderseitigen Rechte ...

Wir müssen verlangen, daß der deutsche Missionar und der deutsche Unternehmer, die deutschen Waren, die deutsche Flagge und das deutsche Schiff in China geradeso geachtet werden wie diejenigen anderer Mächte. (Lebhaftes Bravo.)

Wir sind endlich gern bereit, in Ostasien den Interessen anderer Großmächte Rechnung zu tragen ...

Mit einem Worte: wir wollen niemand in den Schatten stellen, aber wir verlangen auch unseren Platz an der Sonne. (Bravo!)"

Auslandsschulden der chinesischen Regierung
(in 1000 Pfund Sterling)

Jahr	Militär	Verwaltung	Eisenbahn	Industrie	Summe
1881	1 108	0	0	0	1 108
1883	560	0	0	0	560
1884	2 563	0	0	0	2 563
1885	1 000	0	0	0	1 000
1886	750	192	0	0	942
1887	0	250	243	0	493
1888	0	462	0	0	462
1889	0	0	440	0	440
1893	0	197	0	0	197
1894	1 635	0	0	0	1 635
1895	20 820	0	0	0	20 820
1896	16 000	0	0	0	16 000
1898	16 000	0	6 800	0	22 800
1900	0	0	0	210	210
1901	0	0	0	48	48
1902	0	0	1 600	0	1 600
1903	0	0	1 000	0	1 000
1904	0	0	2 250	0	2 250

(Chi-ming Hou: Foreign Investment and Economic Development in China 1840–1937. Cambridge/Mass. 1965, S. 227)

Abb. 2: Britische Gefangene werden vor einen chinesischen General gebracht

Politik der „offenen Tür"

Der amerikanische Außenminister schreibt 1899 an die deutsche Regierung:

„Die Regierung der Vereinigten Staaten wäre erfreut, wenn die Regierung Seiner Deutschen Majestät förmliche Zusicherungen erteilen und bei Vereinbarungen mit den anderen interessierten Mächten über ähnliche Zusicherungen Hilfestellung leisten würde, daß jede [der beteiligten Mächte] innerhalb ihrer Einflußbereiche

1. in keiner Weise sich in irgendeinem Vertragshafen oder in irgendwelche wohlerworbenen Rechte innerhalb eines sogenannten „Interessengebietes" oder

eines Pachtgebietes, das sie in China haben mag, einmischen wird ...
3. Daß sie von Schiffen fremder Nationalität, die einen Hafen in einem solchen „Gebiet" anlaufen, keine höheren Hafengebühren erheben wird als von den Schiffen eigener Nationalität und bei innerhalb ihres „Gebietes" gebauten, kontrollierten oder betriebenen Linien keine höheren Eisenbahntarife für [fremde] Handelsware ... als für ähnliche [eigene] Waren erhoben werden ..."
(Commager, Documents. S. 190)

Fremde Teufel

Aus einem Aufruf der „Boxer", 1900:
„Fremde Teufel sind gekommen und haben durch ihre Lehre viele zu ihrem römischen oder protestantischen Glauben verleitet ... Sie haben ohne Grenze ihre Kraft mißbraucht, bis alle guten Beamten verdorben und ihre Diener geworden waren aus Begierde nach fremdem Reichtum. Der Telegraf und die Eisenbahn sind eingerichtet worden, man hat Gewehr- und Geschützfabriken angelegt, und diese Anstalten verursachen den fremden Teufeln eine boshafte Freude; ebenso ist es mit den Lokomotiven, den Ballons und den elektrischen Lampen, Erfindungen, die diese fremden Teufel für vorzüglich halten. Obwohl ihr Rang ihnen dies Recht nicht gibt, lassen sie sich in Sänften tragen; China aber betrachtet sie doch als Barbaren, die Gott verdammen wolle."
(Wippermann, Dt. Geschichtskalender 1900, Seite 356)

Abb. 3: Deutsche Marinetruppen in Peking während des Boxeraufstandes (deutsche Darstellung)

„Hunnenrede" Kaiser Wilhelms II.

Bei der Abreise der deutschen Expedition, die gegen die Boxer in China kämpfen sollte, hielt Kaiser Wilhelm II. folgende Rede: „Ihr sollt das große Unrecht, das geschehen ist, sühnen. Die Chinesen haben das Völkerrecht umgeworfen, sie haben ... der Heiligkeit des Gesandten, der Pflicht des Gastrechts Hohn gesprochen. Es ist das um so empörender, als das Verbrechen begangen worden ist von einer Nation, die auf ihre uralte Kultur stolz ist.
Ihr sollt fechten gegen einen verschlagenen, tapferen, gut bewaffneten, grausamen Feind. Kommt ihr an ihn, so wißt: Pardon wird nicht gegeben, Gefangene werden nicht gemacht.
Wie vor tausend Jahren die Hunnen unter ihrem König Etzel sich einen Namen gemacht haben, der sie noch jetzt in Überlieferung und Märchen gewaltig erscheinen läßt, so möge der Name Deutscher in China auf tausend Jahre durch euch in einer Weise bestätigt werden, daß niemals wieder ein Chinese es wagt, einen Deutschen auch nur scheel anzusehen."
(Hohlfeld: Dokumente der dt. Pol. u. Gesch. Bd. II)

1. Was verliert China durch die „ungleichen Verträge"?
2. Wie begründet Staatssekretär von Bülow die deutsche Politik in China?
3. Entwirf ein Antwortschreiben der deutschen Regierung an den amerikanischen Außenminister.
4. Wogegen kämpfen die Boxer? Wie beurteilst Du ihre Einstellung?
5. Welche Wirkung wird die Rede Kaiser Wilhelms an das Expeditionskorps gehabt haben?
6. Aus welchen Gründen steigen die chinesischen Auslandsschulden in einigen Jahren ganz besonders stark an?
7. Vergleiche die beiden Bilder. Wie werden die Chinesen jeweils dargestellt?

Abb. 4: „Boxer" greifen Briten und Franzosen an (chinesische Darstellung)

Juden – Sündenböcke Europas

Werden die Juden gleichberechtigt?

Judenvertreibungen

Bereits im Mittelalter wurden die Juden vielfach verfolgt, weil sie keine Christen waren, so besonders während der Kreuzzüge. Der von der Kirche geleitete Kampf führte dazu, daß sie aus Spanien und Portugal um 1500 ganz vertrieben wurden. Auch England und Frankreich wiesen sie aus. Die Bürger der deutschen Städte griffen mehrfach die jüdischen Gemeinden an, 1513 wurde die größte deutsche Judensiedlung in Regensburg völlig zerstört.

Die Juden wanderten auf das Land oder zogen vor allem in das östliche Polen.

Schutzjuden

In der Neuzeit duldeten die Fürsten in Europa die Angehörigen der ‚jüdischen Nation‘, weil sie sich Vorteile davon versprachen. Sie galten als ‚Schutzjuden‘ des Landesherrn und mußten ihm dafür ein Schutzgeld bezahlen. Außerdem hatten sie noch viele weitere Abgaben zu entrichten: So mußten sie auf Reisen an jedem Stadttor nicht nur ihre Waren, sondern auch sich selbst verzollen. Das war der Leibzoll. – Die Juden durften sich nur an bestimmten Orten aufhalten. Viele Landesteile und Städte blieben ihnen ganz verboten. Eine Zunahme der jüdischen Bevölkerung wurde dadurch begrenzt, daß die Eheschließung nur einem, bei reiche-

Abb. 1: Moses Mendelsohn vor dem Stadttor

Abb. 2: Jüdische Flüchtlinge aus Rußland im Judenviertel von Wien (Zeitgenössische englische Karikatur, 1903)

ren Familien auch zwei Söhnen gestattet war. Einwandern ließ man nur solche Juden, die Kapital und Handelsverbindungen besaßen.

Berufe

In die Zünfte wurden Juden nicht aufgenommen, dadurch durften sie fast keinen Handwerksberuf ausüben. Da ihnen auch der Landbesitz verboten war und sie nicht als Bauern arbeiten konnten, blieb ihnen fast nur der Handel. Sie betrieben die Handelszweige, die von Christen verschmäht wurden: Trödel- und Hausierhandel, Geld- und Kreditgeschäfte. Der jüdische Viehhändler auf dem Dorf war oft der einzige, der den Bauern gegen Zinsen Bargeld leihen konnte. Da die Juden aber an den Notlagen bei einer schlechten Ernte verdienten, wurden sie zunehmend unbeliebt.

Die größe Mehrzahl der Juden aber lebte in Armut als Trödler oder Gehilfe eines Schutzjuden.

Hofjuden

Eine kleine Schicht besonders reicher Juden spielte an den Höfen der Fürsten eine wichtige Rolle. Ihre Handelbeziehungen waren wichtig, um den Hof mit allen Waren zu versorgen.

Jüdische Lebensweise

Die Sonderstellung der Juden ergab sich nicht allein aus den Gesetzen der Fürsten, ihre Absonderung wurde auch von ihnen selbst gefördert, da sie das aufgrund ihrer Religion für notwendig hielten. Sie hatten ihre eigenen Feiertage (Versöhnungsfest, Jom Kippur, Laubhüttenfest, Passahfest, Neujahrs-

fest bei anderem Kalender, Purimfest). Ihr Ruhetag war nicht der Sonntag, sonder der Sabbat, der von Freitag- bis Samstagabend dauerte. In dieser Zeit verrichtet kein gläubiger Jude Arbeit, wozu auch das Schreiben, Fahren, Gartenarbeit wie das Pflücken von Obst usw. gehörten. Außerdem gab es Speisevorschriften, die aus der Bibel abgeleitet waren. Das Essen mußte rein, auf jüdisch ‚koscher‘ sein: Milch- und Fleischspeisen durften nicht von dem gleichen Teller gegessen werden, der Genuß von Schweinefleisch war verboten, und Tiere mußten so geschlachtet werden, daß das Blut ausfloß.

Die jüdische Kirche, die Synagoge, war gleichzeitig Schule. Da die lateinische Schrift aber nicht gelehrt wurde, war es den meisten Juden unmöglich, nicht hebräisch geschriebene Bücher zu lesen. Meist sprachen die Juden untereinander jiddisch. Diese Sprachform hatte sich aus mittelhochdeutschen, hebräischen und polnischen Bestandteilen entwickelt. Heiraten mit Andersgläubigen waren recht selten, Ehen kamen oft durch Heiratsvermittler zustande. Die Heiratskandidaten sahen sich nur ein- oder zweimal kurz bei Besuchen und konnten Zustimmung und Ablehnung äußern. Die Ehe wurde zwischen den betroffenen Familien beschlossen, wobei auch die Mitgift der Braut ausgehandelt wurde.

Judenemanzipation

Gegen Ende des 18. Jahrhunderts vertraten immer mehr Menschen die Auffassung, die Juden müßten gleichberechtigt werden. Lessing schrieb

Bürger-Brief.

Wir Ober-Bürgermeister, Bürgermeister und Rath dieser Königlichen Preußischen Haupt- und Residenzstadt Berlin, erklären hiermit, daß Wir den

Kaufmann Herrn Herz Berend

auf sein geziemendes Ansuchen, und nach beigebrachter Qualification, zum Bürger angenommen, Ihn auch dadurch derer, einem hiesigen Bürger zustehenden, Rechte und Wohlthaten theilhaftig machen wollen. Da nun derselbe, zur Versicherung seiner Treue und seines Gehorsams, nachstehenden Eid geleistet hat:

Ich *Herz Berend* gelobe und schwöre bey יהוה dem Gott Israels, daß ich, nachdem ich von Einem Hoch-Edeln Magistrat zum Bürger angenommen worden, Seiner Königl. Majestät von Preußen, meinem allergnädigsten Könige und Herrn, getreu und unterthänig, auch Einem Hoch-Edeln Magistrat dieser Stadt gehorsam und gewärtig seyn will. Ferner schwöre ich, das Beste dieser Stadt und Bürgerschaft nach meinem Vermögen zu befördern, Schaden und Nachtheil abzuwenden, und alle mir als Bürger obliegende Pflichten gewissenhaft zu erfüllen; insonderheit aber den Bestimmungen der allgemeinen Städte-Ordnung vom 19ten November 1808, mich unweigerlich zu unterwerfen, und solche nach

Abb. 3: Berliner Bürgerbrief eines Juden

Abb. 4: Karikatur auf Judenemanzipation 1848

1779 sein Theaterstück ‚Nathan der Weise': Dort räumte er allen drei Religionen, den Juden, Christen und Moslems, Gleichwertigkeit ein und forderte ihre Anhänger in einem Gleichnis zu gegenseitiger Duldsamkeit (Toleranz) auf. Sein jüdischer Freund, der Buchhändler und Philosoph Moses Mendelsohn (1729–1786) warb in Berlin für die Gleichberechtigung der Juden.

Die amerikanische Erklärung der Menschenrechte (1776) versprach allen Glaubensgemeinschaften und Rassen die gleichen politischen Rechte.

In Frankreich erhielten während der Französischen Revolution alle Juden die uneingeschränkte Gleichstellung. 1808 grenzte Napoleon diese allerdings wieder ein. Die preußische Regierung erließ 1812 ein ‚Edikt betreffend die bürgerlichen Verhältnisse der Juden in dem preußischen Staate': Alle Juden wurden damit zu ‚Einländern und preußischen Staatsbürgern' erklärt. Sie erhielten die gleichen Rechte und Pflichten wie die übrigen Bürger und mußten von nun an auch Militärdienst leisten. – Die Juden waren somit gleichberechtigt oder emanzipiert.

Ein Hoffaktor

‚Vom Fürsten Franz Wilhelm von Salm wurde 1805 mein Großvater Nathan Strauss zum Hoffaktor, das heißt zum Hoflieferanten ernannt. Wie mein seliger Vater oft erzählte, hatte mein Großvater alle Naturalien, Waren, lebendes und totes Inventar für die fürstliche Hofhaltung zu liefern. Unter anderem hatte der Fürst auch eine Schwadron Husaren zu stellen. Mein seliger Großvater lieferte dafür nicht nur die Pferde, sondern auch die Ausrüstung derselben, das Sattelzeug, Verpflegung und Futter, die Uniformen und Waffen. Ferner hat er im Auftrage und für Rechnung des Fürsten die Straße von Gerlachsheim bis Diestelhausen gebaut. Er war eine gern gesehene Persönlichkeit am fürstlichen Hofe.'
(nach Levi Strauss: Jugenderinnerungen 1898–1912 in Richarz: Jüdisches Leben in Deutschland, S. 130)

1. Fertige je eine Liste an, die die Unterschiede zwischen Juden und Christen aufzählt.
2. Welche Gründe gab es für die Ablehnung der Juden?
3. Welche Gründe gab es für die Gleichberechtigung der Juden?
4. Welche Unterschiede zwischen Juden und Christen bleiben auch nach der Gleichberechtigung bestehen?
5. Warum kannst Du den Namen des Gottes, bei dem der Berliner Bürger Berend schwört (Abb. 2), nicht lesen? Kannst Du feststellen, wie der Gott heißt?
6. Ist die Karikatur von 1848 von einem Freund der Juden gezeichnet?

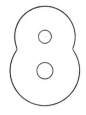

Juden – eifrige Staatsbürger

Gleichen sich die Juden den anderen Nationen an?

Durchsetzung der Gleichberechtigung

Im 19. Jahrhundert schufen fast alle europäischen Staaten Gesetze zur Gleichberechtigung der Juden (1858 England, 1867 Österreich-Ungarn, 1870 Schweden und Italien). Nur in Rußland und Russisch-Polen blieben die Rechte der Juden zunächst weiter beschränkt. Es kam hier mehrfach zu Judenverfolgungen (Pogromen).

Trotz der äußeren Gleichberechtigung blieben die Juden jedoch auch in Westeuropa vielfach immer noch in einer Sonderrolle: Man ließ sie gar nicht oder nur sehr ungern Beamte oder Offizier werden, es sei denn, sie traten durch Taufe zum Christentum über. Nur verhältnismäßig wenige Juden vollzogen diesen Schritt. Als es 1894 in der französischen Armee zu einem Spionageverdacht kommt, wird sofort der jüdische Offizier Dreyfus verdächtigt und aufgrund gefälschter Dokumente zu lebenslanger Verbannung verurteilt. Dieses Beispiel ist besonders bekannt geworden, weil sich der vielgelesene französische Schriftsteller Emile Zola für Dreyfus und die Wiedergutmachung der diesem widerfahrenen Ungerechtigkeit einsetzte. Es ist jedoch ganz sicher kein Einzelfall und typisch für eine ganze von Vorurteilen gegenüber den Juden gezeichnete Epoche.

Fabrikanten, Bankiers, Ärzte

Da durch die Industrialisierung die Zahl der Handwerker und Landwirte abnahm, Berufe im Handel aber bessere Aussichten hatten, wurden die Juden nicht Bauern und Handwerker, wie es die Gleichberechtigungsgesetze vorgesehen hatten. So gelang es einigen von ihnen zu Bankiers aufzusteigen oder an die Spitze bedeutender Handelshäuser zu kommen. Bekannt wurden die Banken von Bleichröder, Oppenheim, Rothschild und Warburg. Um 1880 war jeder zweite Direktor oder Inhaber einer Bank in Preußen Jude.

Sehr viele Juden ließen ihre Kinder studieren. Obwohl nur rund 1 Prozent der Bevölkerung in Deutschland Juden waren, stellten sie 10 Prozent aller Studenten. Eine Mehrzahl von diesen wurde Arzt, da die Berufe im Staatsdienst versperrt waren, häufig wurden sie auch Journalisten und Rechtsanwälte.

Abwanderung in Städte

Mit der Gleichberechtigung (Emanzipation) der Juden erhielten sie auch das Recht der Freizügigkeit, sie konnten ihren Wohnsitz überall frei wählen. Immer häufiger wanderten Juden aus den kleinen Orten in die Großstädte ab. Zwei Ursachen werden am häufigsten dafür genannt: der Eisenbahnanschluß und das Gymnasium. Da sich in den Städten die Bevölkerung konzentrierte, war es für den jüdischen Kaufmann wichtig, bei seinem Absatzmarkt zu wohnen und über gute Eisenbahnverbindungen zu verfügen. Die Stadt bot zugleich bessere Bildungsmöglichkeiten für die Kinder, worauf die jüdischen Familien im Hinblick auf die damit verbundenen Aufstiegsmöglichkeiten großen Wert legten. Bald besuchte

Abb. 1: Der Eisenbahnkönig Bethel Henry Stronsberg 1870

eine unverhältnismäßig große Zahl der Söhne von Juden die städtischen Gymnasien.

Angleichung

Mit dem Leben in der Stadt änderte sich auch die Strenge, mit der die religiösen Gesetze eingehalten wurden. Die Männer hielten ihren Laden jetzt auch am Sabbat geöffnet, die Söhne schrieben auch am Sonnabend in der Schule Arbeiten, und viele Juden aßen nicht mehr koscher. Man paßte sich dem Leben der anderen Bürger an. Zunehmend wurde in jüdischen Familien jetzt nur noch hochdeutsch gesprochen. Die Juden aus den polnischen Gebieten galten als nicht fortschrittlich, da sie in Kleidung, Sprache und religiöser Gesetzestreue am alten festhielten (orthodox waren). Man schickte die Kinder auch lieber auf die städtischen als auf jüdische Schulen. Das ging soweit, daß 1841 ein Berliner Schuldirektor klagt: *‚Der Jude fürchtet für seine Kinder den steten Umgang mit jüdischen Mitschülern so sehr, daß er selbst die christliche Schule meidet, die er von vielen jüdischen Schülern besucht weiß.'*

Politische Tätigkeit

Immer mehr Juden beteiligten sich jetzt auch aktiv an der Politik des Landes, zu dem sie sich zugehörig zählten. – In der Nationalversammlung der Paulskirche wurde der Jude Gabriel Riesser Vizepräsident und Mitglied der Kaiserdeputation. Davor hatte der jüdische Demokrat Jacoby aus Königsberg geschrieben: *‚Wie ich selbst Jude und Deutscher zugleich bin, so kann mir der Jude nicht frei werden ohne den Deutschen und der Deutsche nicht ohne den Juden'*. – Eine wichtige Rolle spielten die deutschen Juden besonders in der Nationalliberalen Partei: Ihr Mitbegründer Eduard Lasker half Bismarck, seine Reichsgründungspolitik zu verwirklichen, und der Nationalliberale Bamberger schuf das neue Münzwesen des Deutschen

Reiches. In England wird 1874 mit Disraeli ein Jude sogar Premierminister, der die Politik seines Landes maßgeblich bestimmte.

Probleme

Bei aller Angleichung der Juden an die Menschen, mit denen sie gemeinsam in einem Staate lebten, blieben doch Unterschiede bestehen. Aus Religion, Abstammung, Tradition, Zusammenhalt und Berufsverteilung bildete die Mehrzahl von ihnen immer noch eine erkennbare eigene Gruppe. Dazu kam vielfach Neid auf die Juden, die ihren wirtschaftlichen Aufstieg in einer Zeit erlebten, in der viele Christen noch arme Industriearbeiter waren. Vor allem das eingesessene Kleinbürgertum neidete den Juden ihren plötzlichen Aufstieg und versuchte diese mit böswilligen Verleumdungen herabzusetzen.

Zionismus

Die Judenpogrome in Rußland und Benachteiligungen der Juden in Westeuropa, wie sie z. B. im Dreyfuß-Prozeß deutlich wurden, veranlaßten Theodor Herzl (1860–1904) dazu, zu verlangen, daß die Juden einen eigenen Staat erhalten sollten. Der erste jüdische Weltkongreß 1897 forderte als Ziel des Zionismus „für das jüdische Volk die Schaffung einer öffentlich-rechtlich gesicherten Heimstätte in Palästina." (dem Stammland der Juden)

Lebensgeschichte eines deutschen Juden

‚Unser Großvater wohnte in Gronau an der Leine, das damals zum Königreich Westfalen unter Hyronimus (Jerôme), dem Bruder Napoleons, gehörte. Der Fürst erließ auch den Befehl, daß alle Juden statt der bisherigen sich deutsche Namen geben sollten. So hat unser Großvater sich Oppenheimer genannt.
Mein Vater erhielt zur Bar-Mizwa (Einsegnung in der Synagoge) einen Taler, um mit diesem Geld sein Geschäft zu beginnen. So ging er am Sonntag morgens zu Fuß nach Hannover und kaufte sich dafür kleine Waren, mit denen er in der Umgebung Handel trieb und in wenigen Tagen mit seinem Taler einen Taler oder mehr verdient hatte. Auf diese Weise vergrößerte er stets sein Betriebskapital und konnte bald ein Geschäft in Gronau eröffnen.'
1829 wurde er zum Bürger der Stadt Gronau vereidigt.
‚1834 verheiratete sich unser Vater und hat eine große Mitgift von 300 Louisdors erhalten. Sein Schwiegervater betrieb eine Lichter- und Seifenfabrik. Unser Vater begann nun den An- und Verkauf von Metallen, Knochen, Glas und Schweinshaaren, später auch von Getreide und Wolle.'
Um 1840 überträgt ihm die Regierung des Königs Ernst August von Hannover

den Verkauf der Erzeugnisse einer Eisenhütte und eines Eisenwerks. ‚Hierdurch wurde seine Stellung gestärkt, so daß bald die ganze Gegend ihn als Sparkasse und Ratgeber ansah ...
1842 trat ein Ereignis ein, das seinem Vermögen einen erheblichen Zuwachs bringen sollte. Beim großen Hamburger Brand waren auch Lagerhäuser mit Metallen aller Art verbrannt, die als großer Block aus dem Schutt hervorragten. Kurz entschlossen lieh er sich Kapital, ritt nach Hamburg, beriet sich mit seinem Schwager Samuel und kaufte den ganzen Block für einen sehr billigen Preis." Er transportierte das Eisen zu der Eisenhütte und legte damit den Grundstock zu einem größeren Vermögen. Später erhielt er auch die Vertretung der Feuer- und Hagelversicherung. 1868 übersiedelte er nach Hannover und eröffnete ein Bankgeschäft.'
(Louis Oppenheimer: Lebensgeschichte unseres seligen Vaters Hirsh Oppenheimer 1922 gekürzt aus Richarz, Jüdisches Leben in Deutschland S. 145–149)

Gleichberechtigung in Preußen (1812)?

§ 7 Die für Einländer zu achtende Juden sollen gleiche bürgerliche Rechte und Freiheiten mit den Christen genießen.
§ 8 Sie können daher Lehr- und Schul- und Gemeindeämter verwalten.
§ 9 Inwiefern Juden zu anderen öffentlichen Staatsämtern zugelassen werden können, behalten wir uns vor.
§ 10 Es steht ihnen frei, in Städten sowohl als auf dem platten Lande sich niederzulassen.
(Edikt von 1812, gekürzt nach Freund: Emanzipation der Juden, Berlin 1912 Bd. II. S. 455 ff.)

Gesetz über Gleichberechtigung 1869

„Wir Wilhelm (I.), von Gottes Gnaden König von Preußen usw., verordnen im Namen des Norddeutschen Bundes nach Zustimmung des Bundesrates und des Reichstages:
Alle noch bestehenden, aus der Verschiedenheit des religiösen Bekenntnisse hergeleiteten Beschränkungen der bürgerlichen und staatsbürgerlichen Rechte werden hierdurch aufgehoben. Insbesondere soll die Befähigung zur Teilnahme an der Gemeinde- und Landesvertretung und zur Bekleidung öffentlicher Ämter vom religiösen Bekenntnis unabhängig sein."
(nach Freund: Emanzipation der Juden, Berlin 1912, S. 522)

Ein eigener Staat?

„Die Judenfrage besteht überall, wo Juden in merklicher Anzahl leben.
Wir sind ein Volk, e i n Volk. Wir haben überall ehrlich versucht, in der uns umgebenden Volksgemeinschaft unterzugehen und nur den Glauben unserer Väter zu bewahren. Man läßt es nicht zu. In unseren Vaterländern, in denen wir ja

auch schon seit Jahrhunderten wohnen, werden wir als Fremdlinge ausgeschrien. Man wird uns nicht in Ruhe lassen. – Palästina ist unsere unvergeßliche historische Heimat. Dieser Name allein wäre ein gewaltiger Sammelruf für unser Volk. Wenn Seine Majestät, der Sultan, uns Palästina gäbe, könnten wir uns dafür

Abb. 2: Jüdische Einwanderer aus Osteuropa in New York

anheischig machen, die Finanzen der Türkei gänzlich zu regeln. Wir würden als neutraler Staat im Zusammenhang bleiben mit ganz Europa, das unsere Existenz garantieren müßte. Wir würden die Ehrenwache um die heiligen Stätten bilden.
Wir haben keine Fahne. Wir brauchen eine. Ich denke mir eine weiße Fahne mit sieben goldenen Sternen.
Noch einmal: Die Juden, die wollen und werden ihren Staat haben. Wir sollen endlich als freie Männer auf unserer eigenen Scholle leben und in unserer eigenen Heimat ruhig sterben."
(Theodor Herzl: Der Judenstaat gekürzt aus ‚Jüdischer Glaube' hg. K. Wilhelm, Bremen 1961)

Juden in deutschen Städten

	1816	1871
Berlin	3 373	36 015
Hamburg	7 000	13 796
Breslau	4 409	13 000
Frankfurt/M.	4 309	7 620
Köln	150	3 172
München	380	2 903

1. Welche Bedingungen müssen die Juden erfüllen, um sich ihrem Vaterland anzupassen?
2. Bildet zwei Gruppen und tragt Gründe für und gegen die Anpassung der Juden an ihre Vaterländer zusammen.
3. Vergleicht die Abbildungen auf Seite 166 bis Seite 169 miteinander. Welche Probleme haben sich für diese Juden geändert, welche werden gleich geblieben sein?
4. Wer wird für, wer wird gegen Herzls Vorschlag, einen Judenstaat zu errichten, gewesen sein?

Zeitübersicht

	Ereignisse	Ereignisse	Wirtschaft/-Politik
vorindustrielle Zeit	1492 Kolumbus entdeckt Amerika	1517 M. Luther Anschlag der Thesen	Grundherrschaft, Dorfherrschaft, Gutsherrschaft Genossenschaften (Städtebünde Hanse; Rheinischer, Schwäbischer Städtebund, Gilden, Zünfte), Fernhandel, Geldwirtschaft
17./18. Jahrhundert	1648 Ende des 30jährigen Krieges 1700 Gründung der Akademie der Wissenschaften in Berlin 1776 Die Vereinigten Staaten von Nordamerika erklären sich von Großbritannien unabhängig	1661 Ludwig XIV. Beginn des Absolutismus 1787 Die Vereinigten Staaten von Nordamerika geben sich eine Verfassung 1789 Beginn der Französischen Revolution	(1694 Gründung der Bank von England) Überseehandel Plantagenwirtschaft Merkantilismus (Staatlich gelenkte Wirtschaft, Manufakturen, Sicherung des Rohstoffbedarfs durch Zoll- und Kolonialpolitik) Volkswirtschaftslehre von Adam Smith (1723–1790), 1776 „Untersuchung über das Wesen und die Ursachen des Volkswohlstandes" Dreieckshandel
19. Jahrhundert	1804 Napoleon Kaiser 1814/15 Neuordnung Europas auf dem Wiener Kongreß 1832 Hambacher Fest der Süddeutschen Demokraten 1848 März-Revolution. Deutsche Nationalversammlung 1864 Erste Sozialistische Internationale 1866 Norddeutscher Bund 1870 Deutsch-französischer Krieg 1872 Dreikaiserbündnis Deutschland, Rußland, Österreich-Ungarn 1872 Bismarck geht im ‚Kulturkampf' gegen die Katholische Kirche vor 1876 Die englische Königin Viktoria wird Kaiserin von Indien 1884 Beginn der neuen deutschen Kolonialpolitik 1894 Französisch-russisches Bündnis 1900 Zweites Flottengesetz in Deutschland, starke Erweiterung der Kriegsflotte 1900 Europäische Großmächte werfen den Boxeraufstand in China nieder	1803 Reichsdeputationshauptschluß: Das Deutsche Reich wird neu geordnet, die geistlichen Gebiete unter weltlichen Fürsten aufgeteilt 1815 Deutscher Bund (39 deutsche Fürsten schließen sich zusammen) 1819 Karlsbader Beschlüsse 1865 Genfer Konvention 1871 Pariser Arbeiteraufstand (Commune) scheitert. Gründung des Deutschen Reiches 1897 1. jüdischer Weltkongreß	Unternehmertum 1805 Preußische Gewerbeordnung: Erleichterung für die Schaffung von Großbetrieben, Verbot gewerkschaftlicher Zusammenschlüsse 1808 Steinsche Städteordnung (Selbstverwaltung) 1810 Einführung der Gewerbefreiheit in Preußen 1818 Preuß. Zollgesetz: Freigabe des Handels 1828 Gründung regionaler Zollvereine 1834 Deutscher Zollverein 1847 Wirtschaftskrise in Europa 1851 Weltausstellung in London 1857 Weltwirtschaftskrise 1818–1849 Gründung von 18 Aktiengesellschaften in Deutschland mit 88,095 Mio. Mk. Kapital 1847–1857 Gründung von 37 Banken/Notenbanken 1850–1859 271 Aktiengesellschaften mit 603,6 Mio. Kapital Kolonialwirtschaft / Folgen des Imperialismus

Produktionsort/Arbeitsformen	Wissenschaft/Technik	Soziale Entwicklung
Werkstatt und Arbeitsplatz im Haus, Hausindustrie Einzelarbeit, Kleingruppen; Arbeitshierarchie (Meister-Geselle-Lehrling)	Grundwerkzeuge und einfache Maschinen; Energie: Muskelkraft von Tier und Mensch, Wind- und Wasserkraft Erfindungen der Renaissance: da Vinci (1452–1519), Kopernikus (1473–1543), Kepler (1571–1630), Galilei (1564–1649).	Spitäler; Siechenhäuser; Gilden und Zünfte sorgen für ihre in Not geratenen Mitglieder, Frauenklöster und Beginenhäuser versorgen unverheiratete Frauen, Großfamilie hilft sich, Schutz im Rahmen der lehnsrechtlichen Bindung, Almosen
Manufakturen: Zusammenfassung der Arbeiter; überwiegend handwerkliche Arbeit; Spezialisierung Verlagswesen Heimindustrie Auflösung des Arbeitsprozesses (Teilschritte)	1711 entwickelt Newcomen die atmosphärische Dampfmaschine 1733 verbessert J. Kay den Webstuhl 1740 Huntsman erfindet in England den Gußstahl 1768/69 Dampfmaschine von J. Watt 1769 Arkwright erfindet die Wasserspinnmaschine (water-frame) 1784 Erfindung des Puddel-Verfahrens 1784 Erfindung des mechanischen Webstuhls von E. Cartwright 1793 Baumwollentkörnungsmaschine von E. Whitney 1796 erster deutscher Kokshochofen in Oberschlesien	1763 Preuß. Landschulreglement; Einführung der Schulpflicht 1774 Beginn der Pockenschutzimpfung in Deutschland 1794 Allg. preußisches Landrecht 1798 Th. R. Malthus (1760–1834) untersucht den Zusammenhang von Ernährungsmöglichkeiten der Erde mit dem Bevölkerungswachstum. M'sches Gesetz: Die Bevölkerungszahl steigt schneller als die Ernährungsmöglichkeiten
Fabrik; Arbeitsteilung, Mechanisierung, Automation Einsatz von Schwermaschinen (Dampfhämmer); Maschineneinsatz „erlaubt" Beschäftigung von Frauen und Kindern; Fließbandarbeit	Weiterentwicklung der Dampfmaschine 1801 erste deutsche Zuckerrübenfabrik (F. C. Achard) 1804 ff. der mechanische Webstuhl wird mit dem Handwebstuhl konkurrenzfähig 1752–1828 Albrecht Thaer: Grundsätze der rationellen Landwirtschaft (1809–1812) 1807 erstes brauchbares Dampfschiff mit 20 PS fährt auf dem Hudson (R. Fulton) 1815 erster Gußstahl auf dem Kontinent von Krupp nacherfunden 1810 Flachdruck-Schnellpresse von Fr. Koenig 1830 Eröffnung der Eisenbahn Liverpool-Manchester 1835 erste deutsche Eisenbahnlinie Nürnberg-Fürth 1839 Justus Liebig (1803–1873) entwickelt den Kunstdünger 1855 Bessemerverfahren zur Stahlerzeugung (Massenproduktion von Stahl) 1860 die Rotationspresse ermöglicht hohe Zeitungsauflagen 1864 Siemens-Martin-Stahlverfahren 1879 Erfindung der elektrischen Glühbirne durch Edison 1879 Thomas-Verfahren: Stahlherstellung aus schlechtem (phosphorhaltigem Roheisen) 1883 Daimler-Maybach entwickeln einen brauchbaren Benzinmotor 1885 baut einen Kraftwagen mit Benzinmotor 1897 Erfindung des Kunststoffs Galalith	1804 Code civil 1804 Begrenzung der Kinderarbeit in England auf 12 Stunden 1812 Judenemanzipation 1814 Erste Gewerkvereine in England 1819 Factory act: Begrenzung der Arbeitszeit in eng. Fabriken auf 12 Stunden, Verbot von Kinderarbeit unter 9 Jahren 1834 Entstehung des Chartismus in England 1839 Verbot von Nacht- und Sonntagsarbeit für 9–16 Jahre alte Jugendliche in Preußen, Einführung des 10-Stunden-Tages für Jugendliche 1845 Friedr. Engels „Lage der arbeitenden Klassen in England" 1846 Gesellenvereine und Gesellenhäuser von Adolf Kolping (1813–1865) 1848 Marx/Engels „Manifest der kommunistischen Partei" 1865 Allgemeiner Deutscher Frauenverein 1865 Abschaffung der Sklaverei in Amerika 1869 Sozialdemokratische Partei in Eisenach gegründet durch A. Bebel und W. Liebknecht 1869 Gesetz über die Gleichberechtigung der Juden 1875 Zusammenschluß der Anhänger Lassalles und Bebels in Gotha 1878 Sozialistengesetze Bismarcks 1883 ff. Arbeiterversicherungsgesetzgebung: 1883 Krankenversicherung, 1884 Unfallversicherung, 1889 Invaliditäts- und Altersversicherung 1890 Freie Gewerkschaften, Verbindung mit SPD

Register